国家社科基金
后期资助项目

中国古代图书出版营销研究

Research on the Marketing of Chinese Ancient Publishing

李鹏 著

学习出版社

图书在版编目（CIP）数据

中国古代图书出版营销研究/李鹏著.
-北京：学习出版社，2013.7
（国家社科基金后期资助项目）
ISBN 978-7-5147-0098-5

Ⅰ.①中… Ⅱ.①李… Ⅲ.①出版工作-文化史-研究-中国-古代②图书-销售-商业史-研究-中国-古代 Ⅳ.①G239.292②F729.2

中国版本图书馆 CIP 数据核字（2013）第 120911 号

中国古代图书出版营销研究
ZHONGGUO GUDAI TUSHU CHUBAN YINGXIAO YANJIU

李　鹏　著

责任编辑：李　岩　张　俊
技术编辑：贾　茹
封面设计：杨　洪

出版发行：学习出版社
　　　　　北京市崇外大街 11 号新成文化大厦 B 座 11 层（100062）
　　　　　010-66063020　010-66061634

网　　址：	http://www.xuexiph.cn
经　　销：	新华书店
印　　刷：	北京市密东印刷有限公司
开　　本：	710 毫米×1000 毫米　1/16
印　　张：	20.25
字　　数：	342 千字
版次印次：	2013 年 7 月第 1 版　2013 年 7 月第 1 次印刷
书　　号：	ISBN 978-7-5147-0098-5
定　　价：	39.00 元

如有印装错误请与本社联系调换

国家社科基金后期资助项目
出版说明

后期资助项目是国家社科基金设立的一类重要项目，旨在鼓励广大社科研究者潜心治学，支持基础研究多出优秀成果。它是经过严格评审，从接近完成的科研成果中遴选立项的。为扩大后期资助项目的影响，更好地推动学术发展，促进成果转化，全国哲学社会科学规划办公室按照"统一设计、统一标识、统一版式、形成系列"的总体要求，组织出版国家社科基金后期资助项目成果。

全国哲学社会科学规划办公室

目　录

绪　言 ……………………………………………………………（ 1 ）

第一章　中国古代图书出版的营销要素 …………………（ 6 ）
　一、中国古代人们对图书的需要 ……………………………（ 6 ）
　　（一）秦以前知识阶层的消长与图书需要 ………………（ 7 ）
　　（二）汉代知识阶层的养成与图书需要 …………………（ 8 ）
　　（三）魏晋南北朝思潮风尚的变迁与图书需要 …………（ 10 ）
　　（四）隋唐五代的图书需要 ………………………………（ 11 ）
　　（五）宋代教育的发达与图书需要的高涨 ………………（ 14 ）
　　（六）元代的图书需要 ……………………………………（ 17 ）
　　（七）明代的图书需要 ……………………………………（ 18 ）
　　（八）清代的图书需要 ……………………………………（ 22 ）
　二、中国古代的图书 …………………………………………（ 28 ）
　　（一）中国古代图书的形态 ………………………………（ 29 ）
　　（二）中国古代图书的装帧 ………………………………（ 32 ）
　　（三）中国古代图书的生产 ………………………………（ 34 ）
　三、中国古代图书的交换 ……………………………………（ 37 ）
　　（一）中国古代图书出版的国内市场 ……………………（ 38 ）
　　（二）中国古代图书出版的国际市场 ……………………（ 41 ）
　　（三）中国古代图书出版的销售方式 ……………………（ 55 ）
　四、小结 ………………………………………………………（ 62 ）

第二章　中国古代文化政策与图书出版营销 (63)

一、从正面促进图书营销的文化政策 (64)
 (一) 征求图书充实官藏的政策对图书营销的影响 (65)
 (二) 朝廷颁行图书对于图书营销的影响 (71)

二、历代禁书政策对图书营销的阻碍及反向刺激 (77)
 (一) 历代禁书政策对图书营销的阻碍 (78)
 (二) 禁书政策对图书营销的反向刺激作用 (92)

三、禁书政策影响图书营销个案分析：《水浒传》金圣叹腰斩本在清代的流行 (97)
 (一) 金圣叹假托古本腰斩《水浒传》 (97)
 (二) 禁书政策下图书出版商趋利避祸的选择 (102)

四、小结 (105)

第三章　中国古代图书出版的市场细分 (106)

一、地理细分 (106)
 (一) 对地区的选择 (106)
 (二) 对地段的选择 (108)

二、人口细分 (111)
 (一) 历代书价及基于人口收入考量的低价营销策略 (111)
 (二) 宗教信仰带来的细分市场 (126)

三、小结 (140)

第四章　中国古代图书出版的产品细分 (141)

一、从传统目录学看中国古代图书出版的产品细分 (141)
 (一) 传统目录学对图书内容的细分 (142)
 (二) 四部分类中较为热门的图书选题 (144)
 (三) 出版图书品种的专门化 (156)

二、特色产品之道（一）：编辑、加工 (158)

（一）注解、注音、标注节拍……………………………（158）
　　（二）插图………………………………………………（160）
　　（三）标点、评论………………………………………（167）
　　（四）编排………………………………………………（169）
　　（五）节要、选辑………………………………………（169）
　三、特色产品之道（二）：刻印、制作技术……………（171）
　　（一）套印………………………………………………（171）
　　（二）翻刻、影写与影刻………………………………（176）
　　（三）由书法名家或著者写样…………………………（177）
　　（四）巾箱本（袖珍本）………………………………（179）
　四、小结……………………………………………………（184）

第五章　中国古代图书出版业的广告……………………（186）
　一、书名页上的广告………………………………………（189）
　　（一）极富广告色彩的书名……………………………（190）
　　（二）书名页上的专门广告……………………………（203）
　　（三）书名页上的企业品牌及形象广告………………（209）
　　（四）书名页上的版权告示、刻书预告及
　　　　　图书核心（精彩）内容展示……………………（213）
　　（五）书名页上的内容图示……………………………（217）
　二、书中广告………………………………………………（219）
　　（一）具广告色彩的序、跋及评阅意见………………（220）
　　（二）凡例中植入广告语、比较广告、征稿广告、
　　　　　刻书预告及版权告示……………………………（226）
　　（三）牌记的广告功能…………………………………（239）
　　（四）启事式售书书目广告……………………………（248）
　　（五）启事式征稿广告…………………………………（253）
　　（六）卷末为续书做广告………………………………（259）
　三、中国古代图书的广告欺骗……………………………（262）

（一）谎称刊刻所据底本为善本……………………………（263）
　　（二）宣称文字校对绝对无误……………………………（266）
　　（三）书名夸张失实………………………………………（266）
　　（四）假托名人作序、评点、注释或编纂………………（267）
　　（五）改换书名，旧书充新书……………………………（269）
　四、小结……………………………………………………（269）

第六章　中国古代图书出版营销的个案研究：吕氏天盖楼 ………（272）
　一、天盖楼藏书的积累………………………………………（273）
　　（一）抄书与购书…………………………………………（273）
　　（二）吕留良藏书特色……………………………………（277）
　二、天盖楼所编书与所刻书…………………………………（281）
　　（一）天盖楼编刻图书的选题……………………………（281）
　　（二）天盖楼编刻图书的优胜之道………………………（286）
　三、天盖楼图书的销售………………………………………（289）
　　（一）从禁毁清单看天盖楼图书的销售…………………（290）
　　（二）天盖楼图书的销售方式……………………………（305）
　四、小结……………………………………………………（306）

主要参考文献 ………………………………………………（307）

后　　记 ……………………………………………………（312）

Contents

Introduction ·· (1)

**Chapter I Marketing Elements of Chinese
               Ancient Publishing** ·· (6)
  1.1 Pursuit of Books in Ancient China ······································· (6)
    1.1.1 *Literacy Population and People's Demands for
           Books before the Qin Dynasty* ····································· (7)
    1.1.2 *Training of Intelligentsia and People's Demands
           for Books in the Han Dynasty* ····································· (8)
    1.1.3 *Trend of Thought and People's Demands for Books
           during the Period of Liuchao (Six Dynasties)* ············ (10)
    1.1.4 *People's Demands for Books during the Sui,
           Tang and Wudai (Five Dynasties)* ····························· (11)
    1.1.5 *Flourish of Education in the Song Dynasty
           and the Rising Demands for Books* ··························· (14)
    1.1.6 *Demands for Books during the Yuan Dynasty* ············· (17)
    1.1.7 *Demands for Books during the Ming Dynasty* ············· (18)
    1.1.8 *Demands for Books during the Qing Dynasty* ············· (22)
  1.2 Books in Ancient China ·· (28)
    1.2.1. *Varied Forms of Books in Ancient China* ··················· (29)
    1.2.2 *Bookbinding and Layout of Books in
           Ancient China* ··· (32)
    1.2.3 *Making of Books in Ancient China* ······························ (34)
  1.3 Book Swap in Ancient China ·· (37)
    1.3.1 *Home Market of Chinese Ancient Books* ····················· (38)
    1.3.2 *Overseas Market of Chinese Ancient Books* ················ (41)
    1.3.3 *Sales Approach of Chinese Ancient Books* ·················· (55)
  1.4 Summary ·· (62)

Chapter II Cultural Policy and Marketing of Publishing in Ancient China ……………………………………… (63)

  2.1 Cultural Policy for Book Sales ……………………………… (64)

    2.1.1 *Policy of Enriching Government's Libraries and Its Influence on Sales of Books* ……………………… (65)

    2.1.2 *Influence of Books Published by the Government on Book Trade* ……………………………… (71)

  2.2 Banned Booklist Policy and Its Influence on Sales of Books ………………………………………………… (77)

    2.2.1 *Discouraging Sales of Books* ……………………………… (78)

    2.2.2 *Promoting Sales of Books* ………………………………… (92)

  2.3 Case Study: *Jin Shengtan's* Edition of *Shuihuzhuan* Won Its Dominance of Book Markets in the *Qing* Dynasty ……………………………… (97)

    2.3.1 *Jin Shengtan's Trim of the Book Shuihuzhuan* ……… (97)

    2.3.2 *Publishers' Choice to Avoid Risks and Make Profits under the Policy of Banned Booklists* ………… (102)

  2.4 Summary ……………………………………………………… (105)

Chapter III Market Segments of Chinese Ancient Publishing …… (106)

  3.1 Geographic Market Segment ………………………………… (106)

    3.1.1 *Region* ……………………………………………………… (106)

    3.1.2 *Section* ……………………………………………………… (108)

  3.2 Population Subdivision ……………………………………… (111)

    3.2.1 *Book Price and Marketing Strategy of Low Price based on People's Low Incomes* ………………… (111)

    3.2.2 *Book Market on Religious Beliefs* ……………………… (126)

  3.3 Summary ……………………………………………………… (140)

Chapter IV Subdivision of Books in Ancient China ……………… (141)

  4.1 Analysis of Book Subdivision According to Traditional Bibliographic Science ………………………… (141)

    4.1.1 *Classification of Ancient Books* ………………………… (142)

4.1.2 *Favorite Topics in Ancient Chinese Books According to Sibu (the Four Species Taxonomy)* ……………… (144)

4.1.3 *Division and Profession of Book-making* …………… (156)

4.2 Highlight 1: Editing ……………………………………… (158)

    4.2.1 *Appending of Notes, or Pronunciation and Rhythm Symbols* ……………………………………… (158)

    4.2.2 *Illustrations* ……………………………………… (160)

    4.2.3 *Punctuation and Comments* ……………………… (167)

    4.2.4 *Layout and Arrangement* ………………………… (169)

    4.2.5 *Extraction* ………………………………………… (169)

4.3 Highlight 2: Engraving, Making and Printing ……………… (171)

    4.3.1 *Overprinting* ……………………………………… (171)

    4.3.2 *Copy Books Using Techniques of Fanke, Yingxie and Yingke* …………………………………… (176)

    4.3.3 *Copy Words for Engraving (the author himself or a famous calligrapher)* ……………………… (177)

    4.3.4 *Pocket Edition of Books* ………………………… (179)

4.4 Summary ……………………………………………………… (184)

Chapter V Ads in Chinese Ancient Books …………………… (186)

5.1 Ads on the Title Page ……………………………………… (189)

    5.1.1 *Appealing Titles* …………………………………… (190)

    5.1.2 *Ads for Specific Purposes* ………………………… (203)

    5.1.3 *Ads Aiming to Popularize Brands and Identity of Publishers* …………………………………… (209)

    5.1.4 *Copyright Notice, New Books Ads or Spotlight of Contents* ………………………………… (213)

    5.1.5 *Illustrations of Contents* ………………………… (217)

5.2 Ads in Books ………………………………………………… (219)

    5.2.1 *Preface, Postscript and Recommendations* ……… (220)

    5.2.2 *Ads in Fanli (Specifications about Book's Content or How the Book Is Edited)* ………………… (226)

    5.2.3 *Ads in Paiji* ………………………………………… (239)

5.2.4 *List of Books Ready for Sale in a Notice* ……………(248)
　　　5.2.5 *Notice to Contributors* ……………………………(253)
　　　5.2.6 *Advertising of Continued Contents*
　　　　　 at the Ending of a Book ………………………………(259)
　5.3 Fraudulence of Ads in Chinese Ancient Books …………(262)
　　　5.3.1 *False Claiming of Books Based on the*
　　　　　 Best Edition ………………………………………(263)
　　　5.3.2 *Claiming Faultless in Books* …………………………(266)
　　　5.3.3 *Exaggerated Words in Book Titles* …………………(266)
　　　5.3.4 *Prefacing, Commenting, Annotating, or*
　　　　　 Compiling Books in the Name of Celebrity …………(267)
　　　5.3.5 *Selling Old Books with New Titles* …………………(269)
　5.4 Summary ……………………………………………………(269)

Chapter VI　Case Study: Family *Lv*'s *Tiangailou Tower* ………(272)
　6.1 Collection of Books ………………………………………(273)
　　　6.1.1 *Primary Source of Books: Scribing*
　　　　　 and Purchasing ……………………………………(273)
　　　6.1.2 *Characteristics of Collected Books*
　　　　　 by Lv Liuliang ………………………………………(277)
　6.2 Books Published by *Tiangailou Tower* …………………(281)
　　　6.2.1 *Topic of Books Published by Tiangailou Tower* ………(281)
　　　6.2.2 *Excellence of Books Published by* Tiangailou
　　　　　 Tower *and its Secret* ……………………………(286)
　6.3 Sale of Books Published by *Tiangailou Tower* …………(289)
　　　6.3.1 *Banned Book Lists and Sale of Tiangailou*
　　　　　 Tower's Books ……………………………………(290)
　　　6.3.2 *Book Marketing of Tiangailou Tower* ………………(305)
　6.4 Summary ……………………………………………………(306)

Bibliography ……………………………………………………(307)

Postscript ………………………………………………………(312)

绪　言

中国古代图书出版涉及图书制作、图书发行售卖以及图书租赁等各行业。其中，图书制作居于至关重要的地位。在中国古代，图书制作的主体包括官方机构、民间团体以及个人，其中官方机构包括中央政府和地方政府相关部门，民间团体包括书院、宗教团体和宗族等，个人按其动机则似乎可以区分为业余爱好型与职业谋生型两类。之所以将一些人划为"业余爱好型"，是因为他们从事图书出版并非是为了营利或谋生，而是出于其他非商业、非职业的原因，例如有人是为了风雅的名声，有人是出于传布图书的热忱等。中国古代图书制作者常常兼营图书的发行售卖乃至图书租赁，自然，也有专营图书售卖或图书租赁的。如果从图书制作的方式加以区分的话，中国古代图书出版业大致可以以印刷术的发明分为两个历史时期：一是写本时代；二是印本时代。不过，即使在印本时代，抄写仍是图书生产制作的一种重要方式。

营销是一个现代商业概念，而如上所述，中国古代的图书出版业其实不完全是商业。在很多中国古人看来，刊刻出版图书是一种功德[①]，它能够给人带来道德上的崇高感，而且还能借此附骥于古人著作之上，使自己也流传不朽。张之洞曾倡言：

> 凡有力好事之人，若自揣德业学问不足过人，而欲求不朽

[①] 有关五代毋昭裔刻书惠及子孙后代的传说很好地反映了这一观念。宋代左拾遗孙逢吉曾对人述及毋家后人入宋之后的际遇："泊蜀归国，豪贵之族以财贿祸其家者十八九。上好书，命使尽取蜀文籍及诸印板归阙，忽见板后有毋氏姓名，乃问欧阳炯。炯曰：'此是毋氏家钱自造。'上甚悦，即命以板还毋氏。至今印者偏于海内。于戏！毋氏之志，本欲广学问于后世，天果从之。大凡处重位、居富贵，多是急聚敛、恣声色、营第宅、植田产以为子孙之计。及一旦失势，或为不肖子所荡，至其后曾无立锥之地。独毋氏反以印书致家累千金，子孙禄食。初其在蜀雕印之日多为众所鄙笑，及其后乃往假贷，虽樊侯种杞梓，未可同年而语。仲尼之教福善余庆，一何伟欤！"这一故事和相关议论，充分说明了在中国古人心目中，刻书是积善，会有福报。见《分门古今类事》卷19"毋公印书"条，文渊阁《四库全书》本。

者，莫如刊布古书一法。但刻书必须不惜重费，延聘通人，甄择秘籍，详校精雕。其书终古不废，则刻书之人终古不泯。如歙之鲍、吴之黄、南海之伍、金山之钱，可决其五百年中必不泯灭，岂不胜于自著书、自刻集乎？且刻书者，传先哲之精蕴，启后学之困蒙，亦利济之先务、积善之雅谈也[①]。

张之洞话里提到的"歙之鲍"即鲍廷博，他与其子鲍士恭刻有《知不足斋丛书》207 种 7814 卷；"吴之黄"指黄丕烈，他刻有《士礼居丛书》22 种，以版本、校雠见长；"南海之伍"指伍崇曜，他刻有《粤雅堂丛书》190 种 1000 余卷、《岭南遗书》59 种 348 卷等；"金山之钱"指钱熙祚，刻有《守山阁丛书》112 种 665 卷、《式古居汇钞》49 种 135 卷、《珠丛别录》28 种 82 卷等。他们和明代的毛晋一样，都因为在图书出版方面贡献卓著而名垂青史。毛晋为了图书出版，不惜变卖田宅房产，其家道渐趋中落，与他不吝资财收藏宋、元善本以及精工刊刻图书有莫大关系。可见，像毛晋这样从事图书出版，并不仅仅是为了射利。另外，不少古人刊刻自己或师友的著作，这种图书出版活动一般也没有太多商业目的。至于在古代图书出版业中占极大比重的官府出版图书，更是有着极为清晰的社会教化、社会公益意识，商业意识虽然不能说没有，但一般不占主导地位。

中国古代图书出版业中，商业意识最强烈的是那些以图书出版为生的书坊主，为了逐利，他们对于市场有一种天然的、自发的敏感。例如，清初著名时文选家兼天盖楼刻局主人吕留良在其《选大题序》中曾写到他与一位书商之间的争论，由于吕留良把绝大多数人所欣赏的文章涂抹得一塌糊涂，书商认为这样选文的话该书将失去市场，他说：

> 且余估也，不善计美恶，而雅计多寡。今一城邑间，凡读书者百，则买书读者三分百之一；贫不能具直者、富不妄费者，而假录读者、并直而共制者，亦三分百之一；其一则竟无须书矣。凡买书者百，其读中下书者半强，中下且不能读者半弱，读最上书者百之一二耳。然一二中又且有贫不能具直者而假录读者、并直而共制者、更傲岸不屑污一顾者，几无须书矣。而吾估纷然，食指繁夥，无不待举火于读

---

① 张之洞：《劝刻书说》，附见于《书目答问》后，见《丛书集成续编》第 4 册，新文丰出版公司 1989 年版，第 779 页。

书者三之一,奈何舍九十余人之所欲得而求售于未必售之一二也①?

这位精明的书商对潜在的图书市场作了一番估算。他认为,在一个地方有读书需要的人,买书来读的人大概只占1/3,而在这些买书读的人中,大概有百分之九十几的人是读中下书的人,能读最上书的人顶多百分之一二而已。因此,像吕留良这样选文的话,刻出来的书势必曲高和寡,对于书商来说,为了生存、赢利计,图书的内容显然应该适合那买书读的人中的百分之九十几,应该以他们的欣赏趣味、品位为准。

实际上,中国古代书坊主很多就是像吕留良笔下这位"估"一样,为了在图书出版中赢利,他们极为细致地琢磨读者心理,把握读者阅读需要,推出相应内容的图书产品,并对图书产品形式加以完善,辅以各种宣传、广告等促销手段,不仅仅销售了一两种具体的图书,还在一个较长的时间段内逐渐建立起自己的品牌。诸如此类,和现代市场营销学所强调的营销策略、营销手段极为相似。其间的区别,主要是营销意识的自觉与否。

现代市场营销学认为,卖方为了把自己的产品卖出去,必须进行市场调研,分析买方的需求,然后根据选定的目标客户的需要,设计开发出质量良好、有特色的产品和服务,设定合理的价格,建立起销售渠道分销产品,有效地利用广告宣传及各种手段开展促销,并进行售后服务。很显然,这种市场营销观念是以消费者为中心的;市场营销也不仅仅是销售这么一个环节,而是包括了产品生产之前、产品的设计生产以及生产出来、销售之后的整个过程②。

从历史实际来看,中国古代图书出版,无论是官府、私家还是书坊主的出版行为,都不具备自觉的现代意义上的市场营销意识,他们在图书出版过程中体现出来的各种营销智慧更多是因为获取利润的驱动自发产生,他们并没有将整个图书出版过程都置于市场营销学划定的框架中加以管理。也就是说,中国古代图书出版业,即使是商业意识最强烈的书坊主们,也并不会依照现代市场营销学的理论对图书出版进行系统的管理。因此,我们必须小心,表面的相似背后其实有着很大的不同。

这样一来,在考察中国古代图书出版营销时,就面临一个很大的危

---

① 吕留良:《吕晚村先生文集》卷5,收入《续修四库全书》编纂委员会:《续修四库全书》第1411册,上海古籍出版社2002年版,第159页。

② 参看科特勒、阿姆斯特朗:《市场营销》,俞利军译,华夏出版社2003年版。

险，正如清儒崔述所警告的那样："人之情好以己度人，以今度古……往往径庭悬隔，而其人终不自知。"① 鉴于此，在拿今天的市场营销学去揣摩中国古代图书出版这一考察过程中，既要竭力避免因为过于牵强比附，导致扭曲历史真实；又要避免为了适应现代理论框架而陷入削足适履的尴尬境地。尤其需要警惕的是，在借助现代市场营销学的系统理论时，不要将中国古代图书出版业的营销描述成一个自觉的、系统的过程。

因此，本课题研究不打算清晰、完整地描述中国古代图书出版业在每一历史时段的营销情况，也就是说，这不是一本《中国古代图书出版业的营销史》之类的书。不过，在论述相关问题时，根据所掌握的材料，本书会尽可能地对其发展历史作一描述。

实际上，本课题研究真正要做的工作是借助现代市场营销学的理论去观照中国古代图书出版业，凸显其作为一个生产行业如何围绕盈利这一目标做了哪些属于营销的事情。从这一视角出发，我们可能会发现一些以前没有受到足够重视的问题极具深入探讨的价值，而对于另外一些以前谈得很多的问题也可能会有新的认识。例如，古代人们对于图书的需要是整个图书出版业得以存在的前提，这一需要是在历史上形成的，在特定历史情境下，由于受到政治、经济、文化等因素的影响，在不同的历史时期有着各自的一些特点。而且，人们对于图书的需要可以具体划分为对不同门类图书的需要，这些不同门类的图书需要显然决定了图书出版业的选题。再如，图书的定价在整个图书出版业的发展中是一个很重要的问题，它不仅圈定了图书的目标消费者，而且对于图书前期的编辑、制作等工作有直接影响，进而直接影响人们对于某些图书出版主体的印象。又如，传统印刷制作技术的演进和提高，如套色印刷、绣像配图等，倘若不再单纯地从技术进步的角度去考虑，而是进一步探讨这种技术提高和当时出版商为了盈利展开的市场竞争之间的内在关系，也会有若干新发现。另外，像政府藏书、焚书等政策，我们通常是从统治者对于意识形态领域的规训与惩罚这个角度去考察，但如果从营销的角度看，这些文化政策构成了当时图书出版业的外部政治环境，它们对整个图书出版的发展造成了什么影响，这也颇为值得深入探讨。

本书的研究范围既包括印本时代，也包括写本时代。对于印本时代，尤其是对于印刷术盛行之后的宋、元、明直至清代晚期之前的情况，叙述得要更为详细些；而此前的写本时代，由于现有材料相对较少，叙述

---

① 崔述：《崔东壁遗书》，上海古籍出版社1983年版，第4页。

也相对简单一些。所讨论的图书出版主体，除了商业色彩浓重的书坊，有时也包括官府的图书制作、发行售卖以及私家的图书制作、发行售卖等，行文过程中，视具体情况不同，或称"中国古代图书出版商"，或称"中国古代图书出版者"：前者主要是指商业意识明显的书坊主，后者则是对所有参与到图书出版活动中的主体的笼统称呼。

在研究过程中，本课题还竭力避免一般出版史研究仅关注"陈迹"而相对忽视"今务"的弊病，在钩稽史料、对历史上中国古代图书出版营销情况进行论述的同时，还不时反观当下图书出版的一些做法，从中发现中国古代图书出版者的营销智慧在今天仍然具有可资借鉴的一些方面。

本书章节的基本框架，参照了现代市场营销学的理论，但并不亦步亦趋。第一章先分析和图书营销有关的三个基本要素，即人们对图书的需要，满足人们需要的产品——图书，以及图书的交换（交换过程中牵涉到卖方和买方，以及交易场所）。第二章主要考察了历代文化政策对于中国古代图书出版营销的影响。第三章分析了中国古代图书市场依据地理以及人口因素进行的细分。第四章分析了中国古代图书出版业者是如何根据人们的需要制作出版不同图书的，即产品的细分。第三、第四章想说明的是，在逐利动机的驱动下，即使是不具备现代市场营销学理论的中国古代图书出版业者，也会自发地琢磨图书消费者不同的需要，试图生产不同产品，并选择一个潜在图书消费者最多、最有可能发生图书交易的地方，以种种最便利于图书交易发生的方式促成图书的实际购买。第五章考察了中国古代图书出版业者为了促进图书营销，在书籍上以及在书籍之外大作和营销有关的各种广告。第六章则以吕氏天盖楼刻局为个案，探讨中国古代图书出版营销与历史情境、政治形势、藏书文化乃至时代思潮、审美趣味变迁之间有着怎样千丝万缕的联系。

由于本课题涉及的学科门类较多（除了传统古典文献学中的目录学、版本学等，还涉及营销学、广告学、传播学等），而笔者学养有限，于其中不少学科不啻门外汉，因此论述过程中肯定有不少阙漏、讹误处。另外，虽然笔者竭尽全力钩稽相关史料，而现代计算机技术提供的一些数据库检索也确实帮笔者发现了不少新材料，但由于中国古代文化精英们耻于言利的传统，在各种载记中并没有留下足够多关于中国古代图书出版营销的直接材料，而有些相关材料则语焉不详，因此在论述过程中有些地方不可避免地借助了逻辑推断，这些推断是否符合历史事实，在新材料发现之前难免见仁见智，本书只是一家之言，聊充引玉之砖而已。诸如此类，笔者恳切希望方家不吝批评和指正，俾不学如我亦能有所进益。

第一章　中国古代图书出版的营销要素

所谓"市场营销",较为权威的定义是:"个人和群体通过创造产品和价值,并同他人进行交换以获得所需所欲的一种社会及管理过程。"①在这一定义中,强调人们的某种需要、欲望是营销发生的前提②,产品的出现就是为了满足人们某种需要、欲望,而人们的需要、欲望得以满足、实现的途径是交换。

据此,倘若把中国古代图书出版营销作为一个过程来分析,那么它主要涉及如下要素:1. 人们对图书的需要;2. 图书;3. 图书的交换,交换过程中牵涉到卖方和买方,以及交易场所。本章拟对这些要素依次作一番历史的考察。

一、中国古代人们对图书的需要

无论是在古代,还是在当代,人们对于图书的需要都属于精神需要。对图书的需要不同于对食物、衣服、居所之类的物质需要,它更多的是和人们渴望交流、对话,希望提升或拓展自我潜能、实现自我价值,以及消闲、娱乐的欲望乃至炫耀心理等紧密联系在一起。因此,当人类还处于茹毛饮血的原始社会阶段,每个人在每一天都为了填饱肚子而疲于奔命的时候,对图书的需要受到压制,表现得并不迫切。只有当人类文明发展到一定阶段,这一需要才逐渐变得强烈起来,而且有这种需要的

---

① 科特勒、阿姆斯特朗:《市场营销》,俞利军译,华夏出版社2003年版,第6页。
② 科特勒、阿姆斯特朗在《市场营销》一书中对"需要"、"欲望"和"需求"进行了细致区分,认为"需要不是市场营销商创造出来的,而是人类自身本能的基本组成部分","欲望是指人类需要经由文化和个性塑造后所采取的形式","当有购买力作后盾时,欲望就变成需求"。见俞利军译本,华夏出版社2003年版,第7页。

人们也逐渐多起来。具体地说，就是只有当人类告别蒙昧、发明了文字后，这种需要才清晰、强烈起来；由于文字作为一种高级、复杂的符号系统需要经过教育和学习才能掌握其运用，因此随着教育的发展，有这种需要的人相应地越来越多。

（一）秦以前知识阶层的消长与图书需要

最早对图书产生需要的是朝廷里的统治者。朝廷为了更顺利地统治万民，需要保存很多档案资料以及典章制度的载记等，这些信息单凭口耳相传很容易产生讹误，而且口耳相传的方式局限于一时一地，不容易保存和传播。但是，这些信息一旦用文字记录下来变成早期图书，不但更容易保存，而且能够传之久远。正因为如此，殷商、西周直至春秋时期才会出现大量的甲骨文书、青铜器铭文以及石刻资料等，这些是早期的图书。不过，由于"学在官府"，能够识字的只是在当时社会中占少数的贵族官僚，一般人没有阅读图书的能力。而且，早期图书中的很大一部分，都是由史官掌管，藏在专门的地方①，除了王室贵族以及史官外，一般人根本见不到。

春秋以后，由于礼崩乐坏，导致"天子失官，官学在四夷"②，原来少数人垄断知识的局面被打破。周王官中的史官从中央流落四方，他们所掌握的文化知识和图书典籍也跟着他们传播得更广泛③，原来由朝廷官员统一掌控的学术文化也渐渐出现诸子百家不同观点的争鸣。学术文化下移最具标志性的事件是孔子兴办私学，提出"有教无类"的教育口号，使得当时社会上很多原来没有机会接受教育的所谓"鄙人"、"贱人"、"野人"④等也掌握了文化知识，极大地扩充了原来仅由少数贵族"学官"组成的知识

---

① 例如，据《史记·老子韩非列传》记载，老子就是"周守藏室之史也"，而所谓"藏室"，据司马贞《索隐》，就是藏书室。商、周时期，藏书的地方另外也有叫"府"、"盟府"、"室"的。例如，《左传·襄公十一年》说"国之典也，藏在盟府"；《史记·封禅书》则说"史书而记，藏之府"；而《史记·六国年表》又说"史记独藏周室"。对于一些特别重要的图书档案，就保存在所谓"金匮石室"中。

② 杨伯峻：《春秋左传注》，中华书局1981年版，第1389页。

③ 《吕氏春秋》卷16《先识览》："夏太史令终古出其图法，执而泣之。夏桀迷惑暴乱愈甚，太史令终古乃出奔商。……殷内史向挚见纣之愈乱迷惑也，于是载其图法出亡之周。……晋太史屠黍见晋之乱也见晋公之骄而无德义也，以其图法归周。"文渊阁《四库全书》本。

④ 孔门之徒号称三千之众，其中除了贵族、一般士人外，也有出身社会下层的，例如《荀子·大略》就说"子贡、季路，故鄙人也"，《吕氏春秋·尊师》则说"子张，鲁之鄙家"，而《史记·仲尼弟子列传》也说"仲弓父，贱人"等。

阶层。新的、数量更庞大的知识阶层导致整个社会对图书需要的增大①。

秦代一统天下之后，在朝廷中设置了博士官，掌通古今，这些博士有很多弟子。但秦代统治者很不喜欢这些知识渊博者，一再加以杀戮：

> 秦虽存其官，而甚恶其徒，转相告引，至杀四百六十余人。又令冬种瓜于骊山，实生，令博士诸生就视，为伏机，杀七百余人。二世时又以陈胜起，召博士诸生议，坐以非所宜言者，又数十人②。

而且，为了统一思想，秦始皇三十四年（公元前213年）李斯建议说：

> 臣请史官非秦记皆烧之。非博士官所职，天下敢有藏《诗》、《书》、百家语者，悉诣守、尉杂烧之。有敢偶语《诗》、《书》者弃市。以古非今者族。吏见知不举者与同罪。令下三十日不烧，黥为城旦。所不去者，医药卜筮种树之书。若欲有学法令，以吏为师③。

秦始皇批准了这一建议，下令焚书。大量坑杀知识阶层以及焚书令的严酷，严重压抑了人们对图书的需要。不过，秦代统一了文字④，在字形上加以简省，李斯等人还编辑了识字课本⑤，这都有利于识字教育，值得肯定。从长远来看，文字的统一对于地域博大、方言众多的中国来说意义非凡，而对于后来中国图书出版业的发展而言，这一举措也影响深远。

（二）汉代知识阶层的养成与图书需要

到了汉代，董仲舒建议汉武帝"兴太学，置明师，以养天下之士"，即确立养士的教育政策，其具体措施是"立太学以教于国，设庠序以化

---

① 当然，这种需要的增大与需要实际是否得到满足是两回事。图书在当时依然很难获得，当时诸子授徒，大多是口耳相传书籍的内容。不过可以推断的是，老师口授的内容，学生会用文字记载下来予以传抄，因为诸子书中像《论语》、《墨子》之类都是这样形成的。笔录、传抄的这些图书，就充分体现了当时知识阶层对于图书的需要。
② 《文献通考》卷40，文渊阁《四库全书》本。
③ 《史记》卷6《秦始皇本纪》，中华书局2000年版，第181页。
④ 《史记》卷6《秦始皇本纪》："书同文字。"中华书局2000年版，第170页。
⑤ 许慎《说文解字序》："秦始皇帝初兼天下，丞相李斯乃奏同之，罢其不与秦文合者。斯作《仓颉篇》，中车府令赵高作《爰历篇》，太史令胡毋敬作《博学篇》，皆取史籀大传，或颇省改，所谓小篆者也。"序见段玉裁：《说文解字注》，上海古籍出版社1988年影印本，第758页。

于邑"，即建立中央和地方官学制度①。建元五年（公元前 136 年），汉武帝设立五经博士。元朔五年（公元前 124 年），博士官置弟子员 50 人，博士弟子经考察优异者可以荐举为官②。马端临《文献通考》卷 40 说这就是汉武帝"所谓兴太学也"。汉昭帝时，太学生增至百人，汉宣帝时增至 200 人，汉元帝时增至千人。至西汉末年，太学规模更加宏大，汉平帝元始四年（公元 4 年），在王莽的建议下，"为学者筑舍万区"③。发展到东汉末年，太学生一度多达 3 万余人。

除了中央的太学，汉代地方上也有官学。最早在地方上设立官学的是汉景帝末年蜀郡太守文翁，他为了改变四川落后的文教，不仅派人到京师从博士受业，而且"又修起学官于成都市中，招下县子弟以为学官弟子……至武帝时，乃令天下郡国皆立学校官，自文翁为之始云。"④汉平帝元始三年（公元 3 年），令郡县普遍设立官学，"郡国曰学，县、道、邑、侯国曰校，乡曰庠，聚曰序"⑤。至东汉，郡国学校更加发达，班固《东都赋》夸称："是以四海之内，学校如林，庠序盈门。"⑥

汉代官学之外，私学兴盛。经师大儒常常自设"精舍"、"精庐"等招收弟子讲学。由于经学成为利禄之途，研修者自然越来越多，一些有名经学大师像马融、郑玄等及门受教的弟子多至上千人⑦。汉代私学除了这种相当于太学的"高级班"，还有更多的是教识字、读《论语》、《孝经》等的"小学"。这种学习者人数更多。

汉代官学和私学的兴盛，使得接受教育的人群越来越多，而读书识字的人越多，对图书有需要的人相应增多。这时对图书的需要体现在以下几个方面：1. 各级官学、私学中受教育者对课本的需求，主要是被朝廷设立为经典的几部典籍、字书以及经学家解经著作；2. 进行文学创作以及学术研究的著作者对各类参考文献的需要；3. 识字阶层为了消闲娱乐产生的图书需要，主要是各类富有小说意味的杂史、杂传等，如《燕丹子》、《汉武故事》、《飞燕外传》、《列仙传》之类的图书。

---

① 《汉书》卷 56《董仲舒传》，中华书局 2000 年版，第 1905 页。
② 《汉书》卷 6《武帝纪》，中华书局 2000 年版，第 114、第 122 页。
③ 《汉书》卷 99《王莽传》，中华书局 2000 年版，第 2989 页。
④ 《汉书》卷 89《循吏传》，中华书局 2000 年版，第 2689 页。
⑤ 《汉书》卷 12《平帝纪》，中华书局 2000 年版，第 248 页。
⑥ 萧统：《文选》，李善注，上海古籍出版社 1986 年版，第 38 页。
⑦ 《汉书》卷 88《儒林传·赞》："自武帝立五经博士，开弟子员，设科射策，劝以官禄，讫于元始，百有余年，传业者寖盛，支叶蕃滋，一经说至百余万言，大师众至千余人，盖禄利之路然也。"中华书局 2000 年版，第 2684 页。

（三）魏晋南北朝思潮风尚的变迁与图书需要

魏晋南北朝是中国历史上动荡、分裂时间最长的一个阶段，因此教育发展状况并不好。官学时兴时废，再加上当时仕进主要靠门阀，一般人企图通过读书受教育、研修经学而跻身权力中心的可能性比起汉代来大大减小。这自然影响了当时一般人读书受教育的积极性，进而影响到这一时期人们对图书的需要，尤其是对原先在汉代极为盛行的各类经学著作的需要。

但是，魏晋时期和经学衰落相对的是玄学的兴盛。士人们面对少有的乱世，深感"时将大变，世将大革"[①]，为了顺时应变，他们以所谓"三玄"即《老子》、《庄子》、《周易》作为思想资源，对一些哲学命题作出自己的演绎，希望借此能够从满是血与火的苦难现实中跳离出来，找到安身立命之地。玄学的大盛，使得士阶层对《老子》、《庄子》、《周易》等书及其注疏著作有较大的需求。

而从南北朝开始，外来的佛教在经过几百年的传播以及逐渐中国化之后，也开始在中国大行其道，随处可见的寺庙和大量的僧尼就是最明显的证据。虔诚的佛教信仰者除了建寺、造像、刻石经外，还传布佛经以及相关的宣教读物。魏晋南北朝时翻译了大量的佛经，从南朝齐梁时僧祐编纂的佛经目录《出三藏记集》的著录可见当时盛况：佛经2162部4328卷。此外，魏晋南北朝志怪小说中有不少是鲁迅所谓"释氏辅教之书"[②]，例如齐颜之推《冤魂志》、《集灵记》，宋刘义庆《宣验记》，齐王琰《冥祥记》等，无非是通过各种故事说明因果报应真的存在，而虔诚念经拜佛确有灵验，以此来劝诱暂未信教者信仰佛教，以及让已信教者坚定自己的信仰。

佛教之外，中国本土宗教道教在当时也极为兴盛。魏晋时，不少大家族世代信奉天师道[③]；而在南北朝时，道教一度还借世俗权力对佛教进行打压，扩大自己的影响力。同样的，道教信仰也催生了一部分信徒对于道教典籍和读物的需求。南北朝的目录书中，像王俭《七志》中道教图书与佛教图书目录附于"经典志"等"七志"之后，阮孝绪《七录》则将佛、道和"经典录"等并为"七录"，足见其时道教图书已经和儒家

---

① 《周易注疏》卷3，文渊阁《四库全书》本。
② 鲁迅：《中国小说史略》，人民文学出版社1973年版，第39页。
③ 可参看陈寅恪：《天师道与滨海地域之关系》，收入《金明馆丛稿初编》，生活·读书·新知三联书店2001年版。

经典、佛教经典鼎足而立。和佛教一样，道教徒也自神其说，以劝诱信徒，正如鲁迅所说："则有方士亦自造伪经，多作异记，以长生久视之道，网罗天下之逃苦空者。"① 魏晋南北朝志怪小说中像王浮《神异记》、王嘉《拾遗记》等都是此类。

可见，魏晋南北朝因为学术风尚变迁以及佛、道宗教信仰缘故，人们对玄学、佛、道类图书有较大需要。这种需要是因为乱世中的苦难刺激人们心灵，无奈、无助的人们渴望摆脱这一切，于是寻求慰藉、寻求皈依的结果。

值得注意的是，乱世中除了学术风尚发生变迁外，因为连绵的战争和疫疠导致的无处不在、随地可见的死亡迫使人们更加追求身后的不朽，文章事业受到知识阶层前所未有的重视，曹丕《典论·论文》断言"文章乃经国之大业，不朽之盛事"，说出的实际上是一个时代的集体心声。正因为如此，当时的文化精英们将很多精力投注到学术研究、文学创作中去，涌现出大量的史学著作、文学著作等。学术研究需要参考文献，而文学创作需要交流，这些都会促使人们对图书产生更大的需要。

另一方面，人们因为审美、娱乐需要对文学类图书也有较大需求，这种需要使得一些作家的作品成为受欢迎的畅销书。例如，晋代左思构思十年、苦心撰成的《三都赋》，请当时颇有时望的皇甫谧作序，张载、刘逵、卫权等人作注解，加上当时位居三公而且文名极盛的张华的赞赏，"于是豪贵之家竞相传写，洛阳为之纸贵"②。再如著名的谢灵运，辞官隐居山野，"每有一诗至都邑，贵贱莫不竞写，宿昔之间，士庶皆徧。远近钦慕，名动京师"③。

（四）隋唐五代的图书需要

隋朝结束了此前魏晋南北朝漫长的分裂局面，再度统一了整个国家。在选举制度方面，隋朝一改过去的征辟、察举制度，建立起以科举考试为主、辅以其他优待方法的人才选拔制度。科举制度为唐以后历代王朝所沿用，对中国历史影响至深。而中国古代人们对图书的需要，也在很大程度上受科举制度的左右。原因很简单，要参加科举考试，就得学习指定的各种经典以及相关参考、辅助的书籍，在功名的诱惑下，人们对

---

① 鲁迅：《中国小说史略》，人民文学出版社1973年版，第41—42页。
② 《晋书》卷92《文苑传·左思》，中华书局2000年版，第1586页。
③ 《宋书》卷67《谢灵运传》，中华书局2000年版，第1160—1161页。

这类图书有极大需要。

和科举制度紧密联系在一起的是教育制度。隋朝国祚短暂，在文教方面来不及有大作为。唐朝尤其是初、盛时期是中国历史上少有的盛世，国家统一，经济繁荣，建立起比较完备的学校制度，在中央主要有国子监，包括国子学、太学、四门学、书学、算学、律学等，此外还有弘文馆、崇文馆等；地方性学校，京都学、都督府学外主要是州、县学①。唐初国子监极受重视，得到了很好的发展。杜佑《通典》卷53 云：

> 贞观五年，太宗数幸国学，遂增筑学舍千二百间。国学、太学、四门亦增生员，其书、算各置博士，凡三千二百六十员。其屯营飞骑，亦给博士授以经业。无何，高丽、百济、新罗、高昌、吐蕃诸国酋长亦遣子弟请入，国学之内八千余人，国学之盛，近古未有②。

可惜的是，在政治、经济诸多因素影响下，唐代中后期学校渐趋衰微。不过，初、盛唐时学校的发达肯定使得人们对图书的需要大增。

值得注意的是，唐代在文教方面不单单是尊崇儒术，对于经学以外的释和道以及一些职业教育，唐人也给予了相当重视。唐代儒、释、道三教并立，一度还极为尊崇道教，唐玄宗开元二十九年（公元741 年），为了弘扬道教，"始于京师置崇玄馆，诸州置道学，生徒有差（京都各百人，诸州无常员），习老、庄、文、列，谓之'四子'，荫第与国子监同"③，即在中央和地方设置了专门的道家学校。而在职业教育方面，像医学、天文、历数、法律、兽医等都有专门的教育。职业教育的发展使得人们对相应的职业类书籍产生更大需求。

唐中叶之后，官学式微，但到了五代时期，私学逐渐兴盛，不少硕学鸿儒隐居于名山胜地，聚集生徒群居相切磋，开宋初书院之先河。这其中最著名的是南唐昇元年间在庐山白鹿洞创设的学馆，由国子监九经教授李善道为洞主，生徒济济，皆为一时俊彦，当时称"庐山国学"。

无论是为了科举功名到官学中肄业，还是为了学术之道到私学中问

---

① 毛礼锐等：《中国古代教育史》，人民教育出版社1979 年版，第293—297 页。
② 杜佑：《通典》，文渊阁《四库全书》本。可参看王溥：《唐会要》卷35 "学校"，中华书局1955 年版，第633 页。
③ 郑樵：《通志》卷58《选举略》，文渊阁《四库全书》本。

学，聚徒授业促进了教育的发展，而教育的发展带来的是受过教育的人们更强烈的图书需要。

此外，照闻一多先生的说法，唐代是"诗唐"①，以诗歌为主要形式的文学创作异常繁荣。当日之诗歌，犹如今日之流行歌曲，受到人们的狂热喜爱。《唐才子传》卷3"王之涣"条下记载了这样一则传说：

  为诗情致雅畅，得齐、梁之气。每有作，乐工辄取以被声律。与王昌龄、高适、畅当忘形尔汝。尝共诣旗亭，有梨园名部至，昌龄等曰："我辈擅诗名，未定甲乙。可观诸伶讴诗，以多者为优。"一伶唱昌龄二绝句，一唱适一绝句，之涣曰："乐人所唱皆下俚之词。"须臾，一佳妓唱曰："黄河远上白云间，一片孤城万仞山。羌笛何须怨杨柳，春风不度玉门关。"复唱二绝，皆之涣词②。

这就是后人津津乐道的"旗亭赌唱"佳话，充分说明了当时著名诗人的经典作品受到大众的喜爱。如果说这事的真实性还存在争议的话，那么白居易所说的某娼妓自夸"我诵得白学士《长恨歌》，岂同他妓哉"之事③，虽然有白居易自得成分在，但基本可信，因为当时白居易的诗"禁省、观寺、邮侯墙壁之上无不书，王公、妾妇、牛童、马走之口无不道。至于缮写模勒，衒卖于市井，或持之以交酒茗者，处处皆是"④。而据《唐才子传》的记载，当时新罗的国相也很喜欢白居易的诗，那些来中国的新罗商人回去把白居易的诗卖给他，一篇能得百金⑤。由这些材料可见当时抄写好的白居易诗歌是可以在市井卖钱或用来抵酒钱、茶钱的，这充分说明了人们当时对于伟大诗人诗作的热爱，使得他们对诗歌作品类

---

① 闻一多：《说唐诗》，收入郑临川编《闻一多论古典文学》，重庆出版社1984年版。
② 辛文房：《唐才子传》，徐明霞校点，辽宁教育出版社1998年版，第28页。
③ 白居易：《白居易集》卷45《与元九书》，顾学颉校点，中华书局1979年版，第963页。
④ 元稹：《白氏长庆集序》，序见《白居易集》前，顾学颉校点，中华书局1979年版，第1页。另，元稹在其《酬乐天余思不尽加为六韵之作》诗中自注："乐天先有《秦中吟》及《百节判》，皆为书肆市贾题其卷云：白才子文章。"可见除诗歌外，白居易的拟判之作也受到对市场极其敏锐的书商的青睐，其中最主要的原因是当时吏部选才须试判，由于"乐天一举擢上第，明年，拔萃登科。由是《性习相近远》、《求玄珠》、《斩白蛇》等赋及《百道判》，新进士竞相传于京师矣"（见元稹《白氏长庆集序》），因此白居易这些应科举的文赋自然成了"新科利器"，在应举的新进士那里很有市场。
⑤ 辛文房《唐才子传》卷6"白居易"条："鸡林国行贾售于其国相，率篇百金，伪者即能辨之。"徐明霞校点，辽宁教育出版社1998年版，第72页。

图书产生了极大需要。

（五）宋代教育的发达与图书需要的高涨

鉴于五代以来强藩导致政权迭相更替，宋太祖将基本国策确定为"兴文教，抑武事"①，企图以此求得政权的长治久安。宋代教育因此比起前代来更为发达，其形式主要也包括官学和私学两个方面。官学方面，中央主要有国子学和太学等。元丰二年（公元1079年），"诏增太学生舍为八十斋，斋三十人"②，可见太学生人数一度多达两三千。此外中央还有若干专门学校，如学习断案律令、古今刑书以及朝廷新颁布条令的律学，以及算学、画学、书学、医学、武学等。而地方州郡经过宋仁宗庆历四年（公元1044年）范仲淹、宋神宗时王安石以及崇宁元年（公元1102年）的3次兴学运动之后，也设有学官和学校③。私学方面，宋代蒙学相当发达，不过，尤其值得重视的还是书院。

书院也有官立的，但以私立为主。书院的创办和发展大多受到政府各种鼓励和资助，诸如赐名、赐匾额、赐书、拨发银两田产等，其主要活动内容是讲学和学术研究，是一种高级形态的私学④。宋代书院比较著名的有白鹿洞书院、岳麓书院、石鼓书院、应天府书院、嵩阳书院、象山书院、丽泽书院等。这些书院吸引了众多学子，为了满足日常的教学和研读，需要大量的藏书。书院的兴盛，使得当时人们对于图书的需要大增。例如，岳麓书院初建时，"时经籍缺少，又遣其徒市之京师，而负以归。士得屋以居，得书以读"⑤。正是因为书院对于图书有极大需要，加上有博学鸿儒任校勘的便利条件等，后来书院大都自己也刊刻出版图书。

与"兴文教"政策紧密联系在一起的是宋朝对文士的优待，正如宋理宗皇后谢太清所言"我国家三百年待士大夫不薄"⑥。这种优待最重要的一个方面就是所谓"与士大夫治天下"⑦，让更多的士人通过科举参与

---

① 《宋史全文》卷3，文渊阁《四库全书》本。
② 《宋史》卷15《神宗本纪二》，中华书局2000年版，第198页。
③ 参看毛礼锐等：《中国古代教育史》，人民教育出版社1979年版，第343—348页。
④ 参看王炳照：《中国古代书院》，商务印书馆1998年版，第1—8页。
⑤ 欧阳守道：《巽斋文集》卷7《赠了敬序》，文渊阁《四库全书》本。
⑥ 《宋史》卷243《后妃下·理宗谢皇后》，中华书局2000年版，第7182—7183页。
⑦ 文彦博反对王安石新法，认为新法更张，失掉人心。宋神宗认为新法虽然让士大夫们不高兴，但对老百姓有利。文彦博提醒宋神宗："为与士大夫治天下，非与百姓治天下也。"可见宋朝优待文士政策使得士大夫俨然将自己与朝廷同列为国家的主人。《宋史全文》卷11，文渊阁《四库全书》本。

到政权中来。与唐代相比，宋代扩大了进士及第名额，宋代进士登科者动辄数百人乃至千余人，这与唐代每科平均 30 人左右比起来，已经是大大"扩招"了。不仅如此，宋代还提高了及第后的地位待遇，士人考取进士之后，无须像唐代那样再参加吏部的考试方可为官，而是直接释褐为官。进士科中的一甲三人，前途尤为不可限量。洪迈《容斋随笔》卷 9 "高科得人"条云："国朝自太平兴国以来，以科举罗天下士。士之策名前列者，或不十年而至公辅，吕文穆公蒙正、张文定公齐贤之徒是也。及嘉祐以前，亦指日在清显。东坡《送章子平序》以谓仁宗一朝十有三榜，数其上之三人，凡三十有九，其不至于公卿者五人而已。"[①] 宋代士人读书中举之后，除了政治待遇很高之外，所享受的俸禄之厚、赏赐之多也令人艳羡，清代赵翼据《宋史·职官志》列举宋代官员俸禄具体情况后，不禁感慨宋朝"恩逮于百官惟恐其不足"[②]。显然，宋代官员俸禄的优厚使得他们有极强的购买力，在文人积习的影响下，购买力的增强自然会带动图书的购买，这对于图书出版业开展营销极为有利。

更为重要的是，宋朝对文士的优待使得整个社会里"万般皆下品，唯有读书高"的观念深入人心，据说为宋真宗所作的《劝学诗》所谓"书中自有千钟粟"、"书中自有黄金屋"、"书中有女颜如玉"等就是这一观念形象而世俗的表达。一时间，整个社会群起而趋之，纷纷读书应举，正如苏辙《栾城集》卷 21《上皇帝书》中所说："凡今农工商贾之家，未有不舍其旧而为士者也。"[③] 这种社会风气无疑极大地刺激了宋代人们对图书的需要。

蒙学的发达使得一般的识字人群大大增多，而在书院的培养和科举的诱导下，士大夫群体也迅速庞大起来，这两个群体的扩大直接导致了宋代人们对图书的需要越发强烈。

值得注意的是，随着城市在宋代的发展，城市中一般识字人群对于图书的需要大大增加。这些人群虽然识字，但他们离读书应举还有一定距离，所以他们对于研究学术或应举备考类文史书籍都没有太大兴趣。不过，由于生活在城市中，比起终日面朝黄土背朝天的农民来，他们又有更多的闲暇和一定的消费能力。因此，为了消闲娱乐，他们对于歌词、

---

① 洪迈：《容斋随笔》，中州古籍出版社 1993 年影印本。
② 赵翼《廿二史札记》卷 25 "宋制禄之厚"条，见王树民：《廿二史札记校证》（订补本），中华书局 2001 年版，第 533—534 页。
③ 苏辙：《苏辙集》，陈宏天、高秀芳校点，中华书局 1990 年版，第 370 页。

话本、戏曲等书籍有较大需要。对于宋代市民阶层来说，唱曲词、说话、演戏等娱乐形式在酒肆、勾栏瓦舍中极为流行，一般情况下他们都是到这些娱乐现场去听或看艺人表演，但对这些娱乐形式的喜欢使得他们对能够放置在案头阅读的这类图书也产生极大需要。这其中，包括讲史、小说、说经的"说话"伎艺尤其受到当时一般市民阶层的欢迎。这些"说话"中讲演的故事记载成书面文字后，就成了中国古代小说发展史上的"市人小说"。从这一称谓就可见这类图书作品主要是为了满足市民阶层的需要产生的①。此外，游戏类书籍也为他们所需要，诸如围棋谱《忘忧清乐集》、赌博书《五木经》之类，也有市场。

先后与宋朝并立的辽、西夏以及金等少数民族政权，在教育方面也模仿汉族政权，建立各级官学。其中，辽和西夏值得称道处寥寥，但是金朝自金世宗、金章宗之后，文教之盛，虽然难与宋朝媲美，而在少数民族政权中实为佼佼者。北方在金的统治下，像中都燕京、南京开封府以及平阳府等地图书出版业仍然兴盛，这充分说明了当时人们对于图书需要依然强烈。

这一时期，除了世俗人士对图书的需要外，宗教徒对图书的需要也颇为引人注目。佛教在经历周世宗灭佛之后，在宋代逐步恢复元气，僧尼和寺院越来越多，到了宋真宗天禧末，"天下僧三十九万七千六百一十五人，尼六万一千二百三十九人"②。这样庞大的僧尼群体，自然对佛教典籍有极大的需要。少数民族政权像辽、西夏和金，也都崇信佛教。正因为此，宋、辽、金都刊刻了佛教《大藏经》，西夏则不仅有西夏文《大藏经》，还有可能也刊刻过汉文《大藏经》③。

除了佛教，道教在宋代也受到尊崇，尤其是宋徽宗，自称"道君皇帝"，狂热信奉道教，《道藏》的刊刻也是顺理成章之事。有宋一代，宋初由王钦若领校《道藏》（经目为《宝文统录》），再由张君房修《大宋天宫宝藏》，徽宗政和间又编刻《万寿道藏》，南宋孝宗淳熙间又重建《道藏》④，对于道教图书的流通极为重视。而且，在重和元年（公元

---

① 参看萧相恺：《宋元小说史》上编《市人小说》，浙江古籍出版社1997年版。按，绿天馆主人《古今小说叙》中曾提及宋高宗晚年"喜阅话本，命内珰日进一帙，当意，则以金钱厚酬"，可见读书以娱乐为各个阶层共同需要。

② 李攸：《宋朝事实》卷7，文渊阁《四库全书》本。

③ 具体说来，北宋和南宋刻有《开宝藏》、《崇宁藏》、《毗卢藏》、《思溪藏》、《碛砂藏》；辽刻有大字本《契丹藏》和小字本《契丹藏》；金刻有《金城藏》。可参看方广锠《佛教典籍概论》（中国逻辑与语言函授大学1993年版）中"宋代的刻本大藏经"一节及李际宁《佛经版本》（江苏古籍出版社2002年版）下编中有关论述。

④ 陈国符：《道藏源流考》，中华书局1963年版，第131—147页。

1118年），宋徽宗还"诏太学、辟雍各置《内经》、《道德经》、《庄子》、《列子》博士二员"①。此前在政和年间，在州、县一级学校已经是"别置斋授道徒"，即州、县学里有专门教授道教经典的地方，道徒可以像儒生读书入仕一样"补道职"②。类似政策虽然短命③，但朝廷用禄位来体现对道教的扶持，这种导向自然会影响人们对和道教有关图书的态度。不仅宋朝如此，与宋朝对峙的金朝也扶植道教，全真教在当时影响很大，信徒很多，因此金也刊刻了《大金玄都宝藏》④。

（六）元代的图书需要

蒙古族建立元朝、入主中原之后，为了统治的需要，有意识地尊孔和提倡理学，设置了各级学校。除了在中央设立国学（分设国子学、蒙古国子学、回回国子学）外，还在地方上设立小学和书院，至元二十八年（公元1291年），"令江南诸路学及各县学内设立小学，选老成之士教之，或自愿招师，或自受家学于父兄者，亦从其便。其他先儒过化之地、名贤经行之所，与好事之家出钱粟赡学者，并立为书院"⑤。

与宋代不一样的是，元朝除了鼓励私人出钱粮、捐田亩建立书院，还由官府直接出资创办或修复书院，"据统计，元代官办书院占书院总数的52.49%，超过了半数以上，其中有7.8%的书院是由朝廷直接主办的，民办书院只占总数的47.51%。实际上，即使是私人或民办的书院，朝廷和各级官府也逐步加强了控制。从而造成了元代书院发展的一个最显著的特点，就是书院逐步官学化"⑥。由于政府的重视和参与，元代书院不仅在数量上大增，而且在分布地域上逐渐从原来比较集中的南方扩展到黄河以北地区⑦。清人谓"书院之设，莫盛于元。而皆设山长以主之，给

---

① 《宋史》卷21《徽宗本纪三》，中华书局2000年版，第266页。
② 《宋史》卷157《选举志三》，中华书局2000年版，第2468—2469页。据明代陈邦瞻《宋史纪事本末》卷11所载，政和四年（公元1114年）春，"置道阶。时王老志、王仔昔、徐知常等得幸，遂赐号'先生'、'处士'等名，秩比中大夫至将仕郎。凡二十六级。后又置道官二十六等，有诸殿侍宸、校籍、授经以拟待制、修撰、直阁之名"。文渊阁《四库全书》本。
③ 《宋史》卷157《选举志三》谓："宣和二年，学罢。"宣和二年为公元1120年，政和年间为公元1111—1118年，可见类似政策施行时间最长也不会超过十年。中华书局2000年版，第2469页。
④ 陈国符：《道藏源流考》，中华书局1963年版，第156页。
⑤ 《元史》卷81《选举志一》，中华书局2000年版，第1350页。
⑥ 王炳照：《中国古代书院》，商务印书馆1998年版，第140页。
⑦ 参看王炳照：《中国古代书院》，商务印书馆1998年版，第137—139页。

廪饩以养之，几遍天下"①，良非虚语。

小学的普遍设立和书院数量的增加，直接导致元代人们对于字书、韵书以及经史类书籍的需要增强。

除了教育导致人们对图书的需要大增外，元代盛极一时的杂剧作为"一代之文学"，也受到需要消闲娱乐书籍的元代人们的极大欢迎。

元代蒙古贵族信奉佛教，元世祖时喇嘛僧八思巴成为"帝师"，此后喇嘛被朝廷奉为帝师，皇帝又从帝师受戒，几乎成了常例。因为统治者崇奉佛教，所以元朝刊刻了各种文字的大藏经②。在元代，道教也受到尊崇，北方全真教的信徒很多；而南方，以江西龙虎山为中心的正一教统领江南诸路道教信徒。为了满足道教徒的需要，蒙元兴起之初也曾刊刻《玄都宝藏》③。

（七）明代的图书需要

朱元璋建立明朝之后，认为"治国以教化为先，教化以学校为本"，除了在中央建立国子监外，还下令天下州县都必须设立学校。《明史》卷69《选举志》称赞道：

> 郡县之学，与太学相维，创立自唐始。宋置诸路州学官，元颇因之，其法皆未具。迄明，天下府、州、县、卫所，皆建儒学。教官四千二百余员，弟子无算，教养之法备矣……盖无地而不设之学，无人而不纳之教。庠声序音，重规叠矩，无间于下邑荒徼、山陬海涯。此明代学校之盛，唐宋以来所不及也④！

明初还恢复了元代创始的社学，洪武八年（公元1375年），明太祖"诏天下闾里皆立社学，延师儒教子弟，有司以时程督"，考虑到当时北方战乱之后人才缺乏，朱元璋还让御史台从国子监中选派优秀生员到各郡去任教⑤；洪武二十四年（公元1391年），朱元璋又让礼部给北方学校

---

① 孙承泽：《春明梦余录》卷56，文渊阁《四库全书》本。
② 除为数众多的汉文《大藏经》外，元朝还曾雕印过木活字的西夏文《大藏经》以及蒙文《大藏经》等。参看方广锠主编：《中国佛教文化大观》，北京大学出版社2001年版，第149—150页。
③ 陈国符：《道藏源流考》，中华书局1963年版，第161页。
④ 《明史》，中华书局2000年版，第1126页。
⑤ 谷应泰：《明史纪事本末》卷14，文渊阁《四库全书》本。

颁发书籍①，以便开展教育活动。明朝要求民间十五岁以下子弟入社学接受识字教育，兼读《御制大诰》及本朝律令。弘治十七年（公元1504年），朝廷又下令要求各府州县建立社学。明代统治者设立社学的初衷主要是将纲常伦理教化贯彻到社会最底层去，但这些社学的开办，客观上使得识字人群大为增加。而识字是人们对图书产生需要的必要条件。

明初因为朝廷全力发展官学，书院没有受到重视。直到明宪宗成化年间，随着白鹿洞书院和岳麓书院的修复，明代书院才逐渐进入一个兴盛时期。到了明代正德、嘉靖两朝，书院数量激增，王阳明、湛若水等四处创设书院，聚徒讲学，影响极大，书院在明代的发展进入极盛时期。不过，由于政治原因，明代书院在嘉靖十六年（公元1537年）、嘉靖十七年、张居正执政的万历七年（公元1579年）以及魏忠贤当权时四次遭禁毁，发展严重受挫。

相对前代而言，明代官学生的生活待遇有较好保障。对于国子监的学生，优待如下：

> 厚给廪饩，岁时赐布帛文绮、袭衣巾靴。正旦、元宵诸令节，俱赏节钱。孝慈皇后积粮监中，置红仓二十余舍，养诸生之妻子。历事生未娶者，赐钱婚聘，及女衣二袭，月米二石。诸生在京师岁久，父母存，或父母亡而大父母、伯叔父母存，皆遣归省，人赐衣一袭，钞五锭，为道里费。其优恤之如此②。

而对于州县生员也会按月拨发廪米、鱼、肉等。可以推论的是，物质生活有一定保障之后，原来受压抑的、潜藏的精神生活需要会因为购买力的增强逐渐变得强烈起来。

最直接刺激明代人们图书需要的还是关乎仕途出身的科举制度。明代的八股取士制度使得人们对于时文制艺类图书产生极大需要。顾炎武曾批评明代士人只看和八股文有关的书籍，此外一概束书不观，他提到乙卯（万历四十三年，公元1615年）以后，坊刻中有4种受欢迎的书籍：

> 曰程墨，则三场主司及士子之文；曰房稿，则十八房进士

---

① 《宝训》卷1"兴学"条，见朱元璋：《洪武御制全书》，张德信、毛佩琦主编，黄山书社1995年版，第441—442页。

② 《明史》卷69《选举志》，中华书局2000年版，第1120页。

> 之作；曰行卷，则举人之作；曰社稿，则诸生会课之作。至一科房稿之刻，有数百部，皆出于苏杭，而中原北方之贾人市买以去，天下之人，惟知此物可以取科名享富贵。此之谓学问，此之谓士人，而他书一切不观。……嗟乎，八股盛而六经微，十八房兴而廿一史废①！

苏杭一带，一科房稿一次就刊印几百部，远销北方，可见这类图书在当时需要量之大。

明代士人热衷于结社，"一般士子们集合起来习举业，来作团体的运动就是社"②。可见，结社本来的目的是以文会友，士人聚集在一起切磋时文以应举。正如谢国桢先生所言，"原来他们要揣摩风气，必须要熟读八股文章，因此那应时的制艺必须要刻版，这种士子的八股文章，却与书坊店里作了一披好买卖"③。而照清初吕留良的说法，"凡社必选刻文字以为囮媒，自周钟、张溥、吴应箕、杨廷枢、钱禧、周立勋、陈子龙、徐孚远之属，皆以选文行天下，选与社例相为表里"④。可见，最初各社的设立，与时文评选有莫大关系，例如日本学者小野和子就说："应社是作为八股文评选机关设立的，但他们决不满足于八股文评选。"⑤ 各社集会时，评选出成员所作八股文编纂成书，交付书坊刊印，这些书就成为士子揣摩时文风气的样本。一些全国性的大社，成员众多，例如复社人数多达两三千人⑥，其编纂的八股文选本也就为众多人所需要。也就是说，结社习举业导致了对于时文类图书的集中需要，各社纷纷与书坊结合起来选刻这类图书。

需要注意的是，所谓时文风气的转移，除了导致士子们对于时尚八股选本的追捧外，也会带来他们对于相关图书的需要。例如，吕留良论及明代八股文写作风尚的变迁时说：

---

① 顾炎武《日知录》卷16 "十八房"条，见黄汝成：《日知录集释》，上海古籍出版社1985年影印本，第1246—1247页。
② 谢国桢：《明清之际党社运动考》，中华书局1982年版，第7页。
③ 谢国桢：《明清之际党社运动考》，中华书局1982年版，第119页。
④ 吕留良：《吕晚村先生文集》卷5《东皋遗选序》，收入《续修四库全书》编纂委员会：《续修四库全书》第1411册，上海古籍出版社2002年版，第150页。
⑤ 小野和子：《明季党社考》，李庆、张荣湄译，上海古籍出版社2006年版，第240页。
⑥ 据日本学者井上进《复社姓氏校录》，全国具体人数为3043。见小野和子：《明季党社考》，李庆、张荣湄译，上海古籍出版社2006年版，第258页。

> 三百年制义之作,坏于万历,极于天启,而特兴于崇祯,说即坏于崇祯……天启间乃又变而为子书。子书犹古也。如《庄》之奇,《列》之逸,《管》、《韩》之雄峭,《荀》、《扬》之劲深,彼又不能为也①。

一旦科考中八股文写作崇尚子书,自然会刺激应举士子对于子部类图书的需要。清经国堂刻《新镌分类评注文武合编百子金丹》10卷,书前凡例夸耀该书"专为趋时应科捷径",并提到"迩来坊间知时尚子书,家家混刻"②,可见当时八股文仍尚子书,人们对这类图书有极大需要。

此外,明代社会经济由于作坊手工业的发达以及商贸交易活动的活跃,空前繁荣,而城市中市民阶层的人数也因此大增。和宋、元市民阶层一样,明代的市民阶层比起农民阶层来要有闲、有钱一些,因此他们消费和娱乐的欲望也更强烈一些。尤其是在盛行一时的心学左派的宣讲下,"制欲非体仁"③ 之类的说法深入人心,人们纷纷正视自己内心的欲望,一时间,欲望张扬乃至被无限放大,人们竭尽所能寻求各种极致的快乐。市民阶层在消费和娱乐心理的驱使下,对小说、戏曲乃至民间俚曲类书籍尤其是有艳情色彩的书籍产生强大需要。而明代中后期文坛上李贽、公安、竟陵诸人提倡小说、戏曲,对此需要更是起了推波助澜的作用。冯梦龙编选"三言"、《挂枝儿》、《山歌》等,以及当时《金瓶梅》、《肉蒲团》等众多的艳情小说,正是为了满足市民阶层对此类图书的需要。

明太祖朱元璋因为年轻时曾当过和尚,建国之后对佛教较为重视,洪武初年组织僧侣校刊《大藏经》,这就是《洪武南藏》。明成祖朱棣永乐年间又下令刊刻了《永乐北藏》及《永乐南藏》。除了官刻,还有民间刊印的《径山藏》以及《万历藏》等④。刊刻《径山藏》时,因为民间资金不如官方雄厚,为了节约成本,将原来的梵夹装改为线装,《径山藏》因此成为现存佛藏中唯一的线装本,因此又通称"方册藏"。径山藏刻成后,无论僧俗,均可到嘉兴楞严寺办理购买手续,这促进了佛藏在普通信

---

① 吕葆中:《刻江西五家稿记言》,见《吕晚村评点江西五家稿》卷首,清刻本。
② 四库全书存目丛书编纂委员会:《四库全书存目丛书》子部第153册,齐鲁书社1997年版,第1页。
③ 心学左派泰州王艮的弟子颜钧持此论调。见黄宗羲:《明儒学案》卷34,文渊阁《四库全书》本。
④ 参看方广锠《佛教典籍概论》中"明代的刻本大藏经"一节,中国逻辑与语言函授大学1993年版。

众或一般读者之间的流通，极大地满足了一般人对佛教图书的需要①。

佛教许诺的是未来解脱轮回之苦、进入涅槃寂灭之境，相较之下，道教直接承诺现世的延年长生以及诸多福佑，信众并不比佛教徒少，他们对道教图书自然有较大需要。明英宗正统间，刊印了《正统道藏》，颁发给天下道观；而神宗万历间又刊《万历续道藏》②。到了明代中叶以后，一些方士极受皇帝宠信，道教因此异常显赫。一般道教信徒为了祈福消灾，发愿印施诸如《三官经》之类的道教经书，印施数量往往很大③。可见，因为道教信仰的存在，道教类图书有一定的市场需求，明代图书出版业在这上面也有一定的作为空间。

（八）清代的图书需要

清代入主中原之后，在教育、科举制度等方面基本沿袭前明。《清史稿》卷106《选举志》称："有清学校，向沿明制。京师曰国学，并设八旗、宗室等官学。直省曰府、州、县学。"④ 中央仍设国子监，地方上府、州、县也都有教官和生员，但教官只主持月课和季考，并不进行教学，清初蒋廷锡上奏时就说"生员经年未尝一至学宫"⑤。此外，清代在地方上也承元、明之制设立社学。雍正元年（公元1723年），礼部侍郎蒋廷锡奏请"敕督抚令所属州县乡堡立社学，择生员学优行端者充社师，量给廪饩。乡民子弟年十二以上、二十以下有志者得入学"⑥，获得批准。

对于书院，清代初期采取了较为严格的限制措施。顺治九年（公元1652年），朝廷下令"不许别创书院及号召游食之徒空谈废业"⑦。不过，清朝对于书院的态度很快由最初的厉禁改为加强控制的同时予以鼓励。雍正十一年（公元1733年），朝廷下令在各省会所在地兴建或修复书院。随后，各府、州、县也相继设立学院，这使得清代书院不仅数量空前，而且分布地域极广泛⑧。由于书院大部分都属于官学性质，原来私学传统中的师生讲习经史学问、修持伦理道德的教育模式日渐式微，书院学生

---

① 柳诒徵：《中国文化史》，上海古籍出版社2001年版，第714页。
② 陈国符：《道藏源流考》，中华书局1963年版，第174页。
③ 参看张秀民：《中国印刷史》，韩琦增订，浙江古籍出版社2006年版，第349页。
④ 《清史稿》卷106《选举志》，中华书局1977年版，第3099页。
⑤ 《清史稿》卷289《蒋廷锡传》，中华书局1977年版，第10250页。
⑥ 《清史稿》卷289《蒋廷锡传》，中华书局1977年版，第10250页。
⑦ 《皇朝通志》卷74，文渊阁《四库全书》本。
⑧ 参看王炳照：《中国古代书院》，商务印书馆1998年版，第182—183页。

热衷的也多是八股制艺。不过,其中也有一些书院继承前代书院自由讲学、钻研学问的精神,例如乾嘉朴学大师惠栋主讲时的紫阳书院和阮元创设的诂经精舍、学海堂等就是如此。书院为了应付科举或研究学问,对图书有大量的需要,例如,清代后期黄彭年主讲保定的莲池书院时,"广置书籍,课以时文、经、史、词章",由于弟子众多,黄彭年请求李鸿章"以官赀购各省书局刻书于院中发卖,仅加运费之半"①,可见莲池书院不仅自己购置图书,还批发图书售卖给书院的学生。而且,一些书院还自己刊刻图书,例如阮元的学海堂就刊有《皇清经解》180 余种。

清代教育制度中和前明不同的地方是清代专门设立了培养满族子弟的学校,主要有培养皇族子弟的宗学、觉罗学,以及培养一般八旗子弟的八旗官学、景山官学、咸安宫官学等。宗学最初只学习满文,雍正二年(公元1724 年)以后,分设满、汉学,宗室子弟可以分学满、汉文;雍正七年(公元1729 年)之后,觉罗学也是如此安排;而八旗官学学生选十名习汉字、读汉书,剩余的都习满文、读满书。这些学校都有汉教习,往往由学问较好的汉人如翰林官或新科进士等担任。这些学校的设立,对于改变满族在文化上整体相对落后的状况有一定帮助②。

随着满族文化水平的提高,他们对于图书的需要也逐渐增强。《郎潜纪闻二笔》卷10 "国初满洲武将得力于《三国演义》"条提到崇德四年(公元1639 年)皇太极让大学士达海将《孟子》、《通鉴》、《六韬》以及《三国演义》等书译成满文③,《三国演义》一书尤其受到武将的喜欢。此后,满族人们对于汉文化、汉文学类图书的需要有增无减,因此有人将《水浒传》、《西厢记》等书翻译成满文刊印,这招致担心满洲沾染汉习的乾隆皇帝的禁毁:

> 满洲习俗纯朴,忠义禀乎天性,原不识所谓书籍。自我朝一统以来,始学汉文。皇祖圣祖仁皇帝欲俾不识汉文之人通晓古事,于品行有益,曾将《五经》及《四子》、《通鉴》等书,翻译刊行。近有不肖之徒,并不翻译正传,反将《水浒》、《西厢记》等小说翻译,使人阅看,诱以为恶。甚至以满洲单字还

---

① 徐珂:《清稗类钞·教育类》"黄彭年主讲莲池书院"条,中华书局1984 年版,第568 页。
② 参看《清史稿》卷106《选举志》,中华书局1977 年版,第3110—3112 页。
③ 陈康祺:《郎潜纪闻初笔二笔三笔》,中华书局1984 年版,第513 页。

音抄写古词者俱有①。

禁令出台本身就说明当时满族人对于这类图书的需要之殷，而这种需要又岂是禁令所能禁止住的，只不过反而给大胆、精明的图书出版业者一个发财的机会罢了。关于这点，本书下一章《中国古代文化政策与图书出版营销》将予以详细探讨，兹不赘言。

从学术史的角度看，清初顾炎武等人痛惩明人空疏不学，倡导实学，发展到乾嘉时期，在学术思潮转变以及政治形势的威逼下，重考据轻义理的朴学成为学界风尚。乾嘉诸老从事的工作，主要是古典文献的整理，包括校勘、注释、辑佚、辨伪等，这些工作无一不需要考据，而考据的前提是网罗众书，相比于那些仅仅从事于文学创作的士人，考据学者对于丰富藏书的依赖性大大增强。因此，盛极一时的乾嘉朴学刺激了人们对于图书的需要。

此外，明、清以来中西文化交流日渐频繁，一些得风气之先的知识精英对西方文化产生浓厚兴趣，他们因此对介绍、传播西方文化知识的图书有一定需要。最初来到中国的传教士为了取得中国人的信服，除了带来、翻译有关基督教教义的图书，还介绍了当时西方比较先进的历法、算术以及工程技术类图书。例如，明代的徐光启、李之藻等与西方传教士利玛窦等人合作，翻译介绍了一些西方图书，其中有著名的欧几里德《几何原本》前6卷以及《勾股义》、《远西奇器图说》之类的图书。清代李善兰、华蘅芳等也与外国人合译了不少西方数学图书，其中有《几何原本》的后9卷。这种需要到了晚清时期因为中国落后挨打激起知识精英们"睁眼看世界"和"师夷长技以制夷"的欲望而变得愈发强烈②。

清代人们因为宗教信仰导致的图书需要，佛教方面官方刊刻了汉文大藏经《龙藏》、由汉文译成满语的大藏经、由藏文译成蒙文的大藏经③；道教方面则刊有《道藏辑要》④。此外，值得特别一提的还有善书。善书，是用来劝人们为善的书。"善书是劝人实践道德的通俗著述，宋明以来，特别

---

① 转引自王利器：《元明清三代禁毁小说戏曲史料》（增订本），上海古籍出版社1981年版，第43页。

② 明代至近代中国翻译、刊刻西方图书的具体情况，可以参看《近代译书书目》，其中收录了王韬《泰西著述考》、徐维则《增版东西学书录》、顾燮光《译书经眼录》、《广学会译著新书总目》、《上海制造局译印图书目录》、《冯承钧翻译著述目录》等六种书目，北京图书馆出版社2003年影印本。

③ 参看赖永海主编：《中国佛教通史》第13卷，江苏人民出版社2010年版，第156—161页。

④ 参看罗伟国：《佛藏与道藏》，上海书店出版社2001年版，第232页。

是清代，善书在民间广泛流行，因劝人们'诸恶莫作，众善奉行'，所以被称为劝善书。"① 善书中最有名的是《太上感应篇》、《文昌帝君阴骘文》、《关圣帝君觉世真经》，被称为"三圣经"。善书在很多情况下是由善人、善堂等施舍赠送的，刊刻出版的动机一般不是为了赢利，而是为了信仰。例如，嘉庆二十三年（公元1818年）重刻、杨运昌校刊《增订丹桂籍》一书书名页左下角刻有"板藏滇省迤西会馆。凡印送者，自备纸墨，任便印刷"字样，可见若要印送该书，只要备好纸墨，不需要像印大藏经那样需付"板头钱"。只不过，善人因为信仰与人为善、善有善报而希望善与人同，因此需要尽可能广泛地传布善书，对善书就有了巨大的需求。市场需求吸引了逐利的图书出版商，他们也加入到善书的刊刻行列中来，他们自然不可能像善人、善堂那样无偿赠送善书。即使是一些专刻善书、宝卷的善书坊、善书局，为了维持善书的长久流通，有时也不免沾上一些营利的色彩②。

此外，中国古代的藏书文化发展到清代，达到其巅峰。对于政府来说，藏书是其文治教化很重要的一个方面，藏书的积累，既展示了统治者稽古右文的姿态，又彰显着他们在文化领域的权威与掌控；对于私家来说，藏书是其值得炫耀的文化资本，藏书的积累，不仅与一个家族能否成为文化世家有关，甚至关系到一个地区的人文培养。满洲统治者原属于汉族士人心目中文化落后的"蛮夷"，入主中原后，为了改变自身文化形象、确立其政权的合法性，从康熙、雍正到乾隆，在文治方面做了种种努力，购求图书充实官藏是其中很重要的一个方面，详细情况见本书下一章。官府藏书之外，清代私家藏书也极其鼎盛。据统计，清代"确有文献记载藏书事实"的藏书家有2082人，"超过了前此历代藏书家的总和"③。在藏书文化的影响下，为了增加藏书数量，官府通过行政力量广泛征求，民间藏书家则长期搜罗购求，汇合成清代最引人注目的图书需要。

以上主要从历代文化、教育政策对于识字人群的养成以及社会自身的经济发展、思潮转移等方面分析了中国古代人们对于图书的需要。从这一纵向的梳理过程中，我们不难发现中国古代人们对于图书的需要主要有以下几个方面：

1. 在文官选拔制度下，不仅后来的科举考试对于经典文献的熟悉程度

---

① 游子安：《劝化金箴：清代善书研究》，天津人民出版社1999年版，第6页。
② 参看游子安：《劝化金箴：清代善书研究》，天津人民出版社1999年版，第152—154页。
③ 范凤书：《中国私家藏书史》，大象出版社2001年版，第269页。

有严格要求，即使是最初的征辟、察举，对于候选者教养的要求实际上也或隐或显包含着对经典文献的学习。熟悉经典需要一个教育、学习的过程，在这一过程中，除了需要经典作为教科书外，最初的启蒙阶段还需要各种童蒙教材。因此，历代人们受利禄或建功立业的诱惑，识字读书，需要大量的童蒙教材以及经典教科书。而在科举制度日渐成熟之后，除了这些，应举士子们还对各类应付考试的辅助类图书产生更大的需要。从总体来看，中国古人因为文官考试选拔制度催生的图书需要是最强烈的需要。

2. 人们出于审美欣赏的需要，出于娱乐消闲的需要，对于文学艺术类图书以及游戏类图书有极大的渴求。宋、元之后，随着城市的发展，市民阶层越来越庞大，人们对于小说、戏曲类图书的需要量也越来越大。这是与因考试选拔带来的图书需要不相上下的一种图书需要，在某些具体历史时期，这一需要甚至超过了后者，例如在元代，科举一度未能正常举行，失去仕进之路的士人对于儒家经典自然难以保持原来的热情，而作为"一代之文学"的元曲却在各个阶层受到广泛欢迎。

3. 知识阶层进行文艺创作、学术著述等知识再生产活动时，需要不少参考文献。古代不少著名的文人、学者读破万卷书，其中有些人所读书就是自己购藏的。例如，唐代邺侯李泌家有书楼，积书3万余卷，后人即用"邺架"指人家里藏书多①。宋、元之后印刷术昌明，图籍日富，文人、学者藏书更易，尤其是到了明、清时期，不少文人、学者甚至成为著名的藏书家，例如茅坤有藏书楼叫"白华楼"，王世贞有"小酉馆"，钱谦益有"绛云楼"，朱彝尊有"曝书亭"，王士禛有"池北书库"②，等等。这些人丰富的藏书从一个侧面说明了知识阶层因为知识再生产的需要，对于图书的需求量不容小视。

4. 人们为了掌握某种职业、技能，对于相关的教育、指导图书产生迫切需要。在官方教育中，专门设立了诸如医学、天文、历数、法律、兽医等职业教育。而在民间，也有不少人从事医术、算命、堪舆等职业，为了谋生，他们自然对能够帮助学习、提高自身技艺的图书有需求。正是因为如此，除了各类医学图书，命理、相术、堪舆、择日、杂占等图书在民间也是广为流布。命理书中，清代人汇辑前代各类命理书所成的《渊海子平》最为通行。相术书，敦煌卷子本中即有《相书》，旧题为汉朝人许负所著，此外像《袁天纲相书》之类的，历朝多有，明清以后尤喜伪托古人撰著此类图书，以图自神其术。堪舆书，像明代的《地理总

---

① 参看《山堂肆考》卷124 "邺架"条，文渊阁《四库全书》本。
② 参看任继愈主编：《中国藏书楼》，辽宁人民出版社2001年版。

括》、《地理大全》之类,也是大行天下。择日书,民间一般用政府颁行的时宪历书就可以了,因为上面每一天都注明了吉凶宜忌。时宪书因此需求量极大,民间图书出版者受利润诱惑,有时也冒险刊刻,企图与政府分一杯羹。杂占书,《连山》、《归藏》、《周易》最古,后世如《卜筮正宗》乃至《推背图》、《刘伯温烧饼歌》等,都属此类,在民间流传甚广。

另外,像指导农业、园艺、水利、建筑营造等技术的图书,也为古代人们所需要,这其中著名的有后魏贾思勰《齐民要术》10卷、宋代陈景沂《全芳备祖》58卷、宋代《营造法式》34卷、宋代沈括《梦溪笔谈》29卷、元代《农桑辑要》7卷、明代潘季驯《河防一览》14卷、明代宋应星《天工开物》3卷、明代徐光启《农政全书》60卷、清代《授时通考》78卷等,都很实用。

5. 人们在日常生活和社会交往中会碰到许多具体问题,也需要指导、辅助类图书。这类图书主要包括两类:

(1) 用于教导庶民日常礼仪规矩的图书,例如明代丘濬《丘文庄家礼仪节》8卷、宋翔《宋氏家仪》4卷以及清代毛奇龄《家礼辨说》诸书,都力图将礼学经典简约化、浅俗化,以便民间践履实用,当时流传很广[①]。乾隆初,成履中所撰《家礼帖式》主要载记仪礼步骤,更为实用,图书出版业者大量翻刻。道光后期,陈鸣盛将该书增广,名为《家礼帖式集成》,成为最通行浅俗的民间礼仪参考书。

(2) 用于教导日常交往应酬类书籍,如教人写书信笺启的《尺牍大全》以及《居家必用事类全集》一类,明、清书坊主编辑、刊刻了大量此类图书。日常生活中除了交际文书外,还有利害攸关的关禁、契约、禀诉、呈结等[②],这些文书都有一定格式和规范需要遵守,因此包含这类文书范文的图书也为不少人所需要。

6. 人们因为思想信仰的缘故,对于佛、道等宗教图书以及各种善书也产生需要。

7. 有些藏书家受藏书文化的影响,需要购求大量的、不同种类的图书。对于藏书家来说,或者因为个人的收藏喜好,或者因为机缘凑巧继承了此前某藏书家的藏书,其藏书的具体类目会呈现出某种特色。但大部分藏书家藏书首先追求的应该是总体数量上的众多(否则不足以号称藏书家),在广求各类目图书的基础上,或者再搜求珍本、善本以提升整

---

① 参看王尔敏:《明清时代庶民文化生活》第五章《日常礼仪规矩》,岳麓书社2002年版。
② 参看王尔敏:《明清时代庶民文化生活》第六章《应世规矩与关禁契约》,岳麓书社2002年版。

体藏书的质量，或者再锐意网罗穷尽某类目图书以形成藏书特色。如上所述，在中国藏书史上，有大量的藏书家同时也是大文人、大学者，他们藏书的首要目的自然是有书可读、可用[①]，但也有些藏书家收藏图书是因为图书乃风雅之物，藏书意味着某种文化身份，而大量的藏书意味着文化资本的积累，这会给藏书家带来旁人艳羡的目光，让他获得极大的心理满足。至于藏书之家因为文化资本的积累，点燃起对未来成为文化世家进而成为簪缨世家的期盼，倒还在这之后，因为远景虽然美好，藏书家本人未必能目睹身历，毕竟还不如当下的心理满足来得实在。

以上七类需要，可以进一步划分为三大类：

一、因为实用目的产生的需要，这种需要和人们提升与完善自我、实现个人在社会中的价值密切相关。1、3、4、5可以归为这一类。

二、出于相对纯粹的思想、情感的需要，害怕孤独的人们需要寻找精神上的寄托和情感上的慰藉，人们需要对话和交流，需要皈依带来的安全感，需要消闲娱乐来排遣孤独，以此尽可能让自己的人生显得更快乐一些。2和6属于这一类。

三、出于炫耀的需要。一些藏书家视藏书为财富之外另一种可用于炫耀的文化资本，他们对于图书的需要是出于一种炫耀的心理。实际上，除了购买大量图书的藏书家之外，不排除有些其他人士在购书时也存有炫耀心理。7属于这一类。

总之，古代人们出于实用、思想情感以及炫耀的需要，需要购置图书，中国古代图书出版因此才有了广阔的英雄用武之地。

二、中国古代的图书

图书是历史的产物，随着时代发展、技术进步，其定义的内涵和外延不断发生变迁，譬如当下互联网上盛行的"电子图书"与此前以纸张、文

[①] 洪亮吉《北江诗话》卷3将他那个时代的藏书家分为考订家、校雠家、收藏家、赏鉴家、掠贩家五种。洪亮吉提到的像钱景开、陶五柳、施汉英等"掠贩家"是著名的图书商，其购藏图书的最终目的是出售，并非通常意义上的藏书家；而像鄞县范氏之天一阁、钱塘吴氏之瓶花斋、昆山徐氏之传是楼等"收藏家"，其藏书目的并不仅仅是为了自己或家人阅读，承担了一定的公共图书馆的职能；像黄丕烈、鲍廷博等"赏鉴家"看重的是书的版本价值，图书所承载的知识内容本身并非其关注焦点；只有像钱大昕、戴震等"考订家"和卢文弨、翁方纲等"校雠家"，其藏书目的是为了有书可读、可用。陈迩冬校点本，人民文学出版社1998年版，第46页。

字图画、印刷术为三要素的图书有很大差异。大体说来，用文字或图画将知识、信息记载在某一形式的实物载体上以实现超时空传播、交流目的的著作物都是图书。在中国古代，《易·系辞上》有"河图洛书"之说，而在后来的实际使用中，"图"和"书"既可以相对而言（前者强调记录知识、信息的手段是图画，而后者是文字），也可以合在一起笼统地说。

（一）中国古代图书的形态

从载体上看，中国古代图书的形态经历了一个漫长的演进过程，大体上可以分为三个阶段：一，殷商至西周和春秋时期的甲骨文书、青铜器铭文、石刻资料等早期图书；二，竹木简书和帛书；三，纸书。在新旧图书形态交替过程中，常常是几种图书形态长期并存，只不过纸书最终成了胜出者。

1. 早期图书。图书产生的最基本前提就是文字的发明和使用。殷商时期，汉字已经由最初的简单刻画符号发展成为较成熟的甲骨文。文字的发明，使得人们能够运用特定的符号系统进行更复杂、更准确的叙述和表达，摆脱了原来结绳记事的简单和模糊[1]；而且，文字作为书写的符号，也不像原来口耳相传中的语音那样是一时一地存在的，它可以超越时空，在更广泛的范围和更久远的时间里传播信息。因此，朝廷自然就采用文字来记录发生的各种大事以及主要的典章制度等。班固《汉书·艺文志》说："古之王者，世有史官……左史记言，右史记事，事为《春秋》，言为《尚书》，帝王靡不同之。"[2] 无论是言还是事，一旦被史官用文字记录下来，就成了图书。因此，《尚书·多士》篇云："惟殷先人，有册有典。"殷商时期的这些"册"和"典"就是中国古代图书的滥觞。我们今天知见的早期图书的形态，主要有殷商至西周和春秋时期的甲骨文书、青铜器铭文、石刻资料等[3]。显然，中国古代这些早期图书在当时不太可能进行商业交易，并不属于本书探讨的范畴。

2. 竹木简书和帛书。如上一节所述，随着学术文化的下移以及私学教育的兴起，春秋时期知识阶层逐渐扩大；及至战国时期，诸子百家争鸣。图书出版业至关重要的作者群和读者群在春秋战国时期都有了极大的扩充，因为他们学习、表达和交流的需要，图书的创作和生产自然也

---

[1]《庄子·胠箧》："昔者容成氏、大庭氏、伯皇氏、中央氏、栗陆氏、骊畜氏、轩辕氏、赫胥氏、尊卢氏、祝融氏、伏羲氏、神农氏，当是时也，民结绳而用之……"见郭庆藩：《庄子集释》，中华书局1961年版，第357页。

[2]《汉书》，中华书局2000年版，第1359页。

[3] 参看李致忠：《中国古代书籍史》，文物出版社1985年版，第20—32页。

格外繁荣，一切都显得生机勃勃。著述的大量增加以及希望读到各类著述的人数增多，使得早期图书形态中的甲骨、青铜器、石头之类的载体既难以承载又不便传播，相对更轻便、更容易获得的竹子、木头、丝帛逐渐成了主要的图书载体。中国古代图书进入竹木简和帛书时代。

用竹木简作为书写载体，这一情况在文献中多有记述，例如，《周礼·王制》载："太史典礼，执简记奉讳恶。"《左传》襄公二十五年载崔杼弑君之后，连杀秉笔直书的太史兄弟二人，当时另一个史官南史氏听说太史都死了，"执简以往"①。王充《论衡》卷12《量知篇》载："竹生于山，木长于林，未知所人，截竹为简，破以为牒，加笔墨之迹，乃成文字。大者为经，小者为传记，断木为椠，析之为板，力加刮削，乃成奏牍。"②除了文献记载，在历史上也曾多次出土竹木简图书实物，较为著名的有：（1）汉武帝末年，从孔子旧宅中发现的战国时的竹简图书；（2）晋武帝时，从战国时魏襄王墓中出土的大量竹简；（3）光绪二十五年（公元1899年）之后，新疆、甘肃一带陆续出土了从汉代到晋代的木简；（4）1930年，发现居延汉简；（5）1972年，山东临沂银雀山出土了包括《孙膑兵法》在内的竹简图书；（6）1993年，湖北荆门郭店出土了包括《老子》、《论语》等书在内的战国中期竹简；（7）1996年以来，长沙走马楼古井中发现从东汉至三国的竹木简约20余万件。

竹木简制作的书长短不一。例如，汉代人称法律为"三尺法"，就是因为书写法令的竹简长达三尺③。所谓"三尺"，实际用的是周的度量，"周以八寸为尺"④，如果用汉的度量则为二尺四寸，所以桓宽《盐铁论》卷10《诏圣》篇云："二尺四寸之律，古今一也。"⑤除了国家法律书籍，书写儒家经典书籍或其他内容重要的书籍时，竹木简也长达二尺四寸，如"《春秋》，策二尺四寸书之"⑥，而东汉曹褒奉皇帝命撰写《新礼》，完成后"写以二尺四寸简"⑦。显然，简越长，书越重，因此一般书籍为了便于携带，通常只有一尺左右，例如先秦诸子书，王充就一再称为

---

① 杨伯峻：《春秋左传注》，中华书局1981年版，第1099页。
② 王充：《论衡》，文渊阁《四库全书》本。
③ 《史记·酷吏列传》："客有让周曰：'君为天子决平，不循三尺法，专以人主意指为狱。'"《集解》："《汉书音义》曰：'以三尺竹简书法律也。'"中华书局2000年版，第2393页。
④ 王充：《论衡》卷28《正说篇》，文渊阁《四库全书》本。
⑤ 桓宽：《盐铁论》，王利器校注，中华书局1992年版，第595页。
⑥ 朱彝尊：《经义考》卷168，文渊阁《四库全书》本。
⑦ 《后汉书》卷65《曹褒传》，中华书局2000年版，第808页。

"诸子尺书"①。可见，简策的长短，和图书内容的重要性、权威性有一定关联，王充在谈到竹木简书的制作时就说"大者为经，小者为传记"②。

竹木简虽然笨重些，但因为制作材料容易获得，所以在纸出现之前是使用最广泛的图书载体。除此之外，也有用丝帛的。《墨子》卷7《天志中》里"书其事于竹帛，勒之金石，琢之盘盂"③ 的说法，说明了当时帛是与竹木简、青铜器、石头等并列的书写载体。20世纪70年代，长沙马王堆汉墓中出土了包括《道德经》、《战国策》、《易经》等在内的大批帛书，从实物角度证明了文献记载不妄。

帛书的长短不定，根据所写书籍内容的多少来裁取，写完了再裁，所谓"古者以缣帛，依书长短，随事裁之"④。

不过，帛书造价不菲，"据现有资料，在汉代，一匹粗缣值六百余钱，一匹白素值八百余钱。折合汉代平均米价，一匹缣相当于六石大米的价格"⑤。这种价格显然不是一般人所能承受。

3. 纸书。到了西汉，中国人发明了造纸术⑥。但在很长的一段时间内，竹木简图书和帛书仍是大家较为认可的图书形态，一般人甚至觉得用纸制作图书不够恭敬，只有那些比较贫穷的人才会迫不得已用纸来抄书，所以崔瑗与友人葛元甫的信中说："今遣奉书钱千为贽，并送《许子》十卷，贫不及素，但以纸耳。"⑦ 由于"缣贵而简重，并不便于人"⑧，所以

---

① 王充：《论衡》卷28《书解篇》，文渊阁《四库全书》本。
② 王充：《论衡》卷12《量知篇》，文渊阁《四库全书》本。
③ 孙诒让：《墨子间诂》，孙启治点校，中华书局2001年版，第206页。
④ 徐坚：《初学记》卷21《文部·纸第七》，文渊阁《四库全书》本。
⑤ 李瑞良：《中国古代图书流通史》，上海人民出版社2000年版，第78页。
⑥ 中国造纸术起源于何时，长期以来有两种意见。一种意见认为东汉宦官蔡伦于公元105年发明纸，主要依据是《后汉书·蔡伦传》中的文献记载。另一种意见以为蔡伦之前已有纸，主要依据是考古发现。1933年参加西北科学考察团的黄文弼先生（公元1893—1966年）首先在新疆罗布淖尔汉代烽燧遗址掘得一枚西汉麻纸。1942年，考古学家劳榦、石璋如二先生更于今甘肃境内额济纳河沿岸查科尔帖的汉代居延遗址发掘出写有字迹的西汉古纸。1957年5月，陕西西安附近的灞桥砖瓦厂工地上发现了灞桥纸。1973年甘肃省考古队在额济纳河东岸汉代肩水金关军事哨所遗址发现了西汉纸。1978年在陕西扶风中颜村，1979年在敦煌西北的马圈湾西汉烽燧遗址，1986年在甘肃天水的放马滩秦汉墓葬群中都有西汉古纸出土。以这些考古发现的西汉古纸为证，则中国发明造纸术的时间至少可以追溯到蔡伦之前二百年乃至更早。不过，正是因为蔡伦完成了造纸原料的开拓和技术的革新，才使得纸的应用变得越来越广泛。可参看钱存训《中国纸和印刷文化史》（郑如斯编订，广西师范大学出版社2004年版）"汉代造纸的起源"以及潘吉星《再论造纸术发明于蔡伦之前》（收入《中国图书文史论集》，现代出版社1992年版，第95页）一文有关论述。
⑦ 欧阳询：《艺文类聚》卷31，汪绍楹校，上海古籍出版社1965年版，第560页。
⑧ 《后汉书》卷78《宦者列传·蔡伦》，中华书局2000年版，第1697页。

纸逐渐取代了笨重的竹木简和昂贵的丝帛，以它为载体的图书逐渐成了主流。到了东晋末年，桓玄下令废除竹简，一律用黄纸①，至此纸完全取代了竹木简和丝帛，中国古代图书形态才彻底进入纸书时代。

（二）中国古代图书的装帧

据董作宾先生的推断，中国早期图书形态中的甲骨文书，很可能已经把一些意义相关的龟甲钻孔编联在一起②。如果这一推测成立，那么这恐怕是中国古代图书装帧的滥觞。

竹木简书，在制作时先把零散的竹木简用麻绳或丝绳编连成册，再在简上写书的内容，最后再将写完的竹木简书切边裁齐，以最后一简为中轴，将有字的一面朝里卷起来③。为了保护图书，竹木简书外面用书衣包好，再放到书箧、书笥中去。

帛书一般是卷轴装，但也有折叠的。长沙马王堆西汉墓出土的帛书大多数折叠成长方形，少数卷在木轴上，盛放在一个长方形漆奁里。有些帛书装帧极为讲究，例如《后汉书·襄楷传》记载，汉顺帝时琅邪人宫崇曾经到宫门呈献一部他师父干吉在曲阳泉得到的道家作品《太平清领书》，共170卷，"皆缥白素、朱介、青首、朱目"④，即洁白的缣帛、朱红的界行、卷首接的是青色的绫子、红色标目，色彩对比鲜明。后来也有特地在白的丝帛上另外用黑丝或红丝织好界行，以便于书写，这就是所谓"乌丝栏"、"朱丝栏"⑤。

纸书的装帧形式先后主要有卷轴装、旋风装、经折装、蝴蝶装、包背装、线装等⑥。

1. 卷轴装。由于纸和帛一样可以任意舒卷，所以纸书装帧最初沿用的

---

① 《太平御览》卷605："《桓玄伪事》曰：'古无纸，故用简，非主于敬也。今诸用简者皆以黄纸代之。'"中华书局1960年影印本，第2724页。

② 董作宾：《新获卜辞写本后记》，《安阳发掘报告》第1期（北平，史语所），1929年版，第182—214页。

③ 有关简策制作的详细过程，参看曹之：《中国古籍版本学》，武汉大学出版社1992年版，第92—96页。

④ 《后汉书》卷30下《襄楷传》，中华书局2000年版，第728页。

⑤ 李肇《国史补》卷下："宋亳间有织成界道绢素，谓之乌丝栏、朱丝栏。"文渊阁《四库全书》本。

⑥ 以下有关纸书装帧形式的描述，参考了李致忠《中国古代书籍史》（文物出版社1985年版）、曹之《中国古籍版本学》（武汉大学出版社1992年版）相关论述。除了这里提到的这些装帧形式，敦煌古书还有所谓"缝缋装"和"粘叶装"。

也是帛书常见的卷轴装，在汉魏六朝和隋唐五代时期这一装帧形式极为流行。纸书的卷轴装就是把若干张写有内容的纸粘连成的卷子缠绕在一根短棒上，为了保护卷子，通常在卷端另外粘接一截硬纸或丝织品，这就是所谓"褾"，也叫"包头"。褾头有一根带子，用来捆束卷子；轴头系一小牌子，用来标明书名和卷次等，这就是所谓"签"。古人有条件者对卷轴、签的材料很讲究，例如轴有用檀木、象牙、琉璃、玳瑁、珊瑚乃至金的，签有用牙、骨乃至玉的。有时这种讲究也不单单是为了美或炫耀财富，它还承担了区分图书内容的辅助功能。例如隋炀帝时秘阁藏书是"上品红琉璃轴，中品绀琉璃轴，下品漆轴"①，而唐代集贤院藏书，"经库皆钿白牙轴，黄褾带，红牙签；史书库钿青牙轴，褾带，绿牙签；子库皆雕紫檀轴，紫带，碧牙签；集库皆绿牙轴，朱带，白牙签以分别之"②。

2. 旋风装。旋风装是图书装帧从卷轴式向册页式转化过程中的过渡形式。卷轴装若纸卷太长时卷舒不便，尤其字书、韵书之类，要查找中间某韵、某字，非把纸卷拉开一大段不可，费时又费力。大约在唐代后期，古人发明了旋风装。其具体装订方法是：用一比书叶略宽的长卷子作为底纸，全书首页单面书写，全幅粘在底纸的右端。从第二页起，双面书写，将每页右侧底部无字的边缘部分鳞次相错地粘在前一页下面右侧的底纸上，看上去错落相积，犹如龙鳞。收藏时将底纸从右向左卷起，外表看起来就和卷轴一样，但打开翻阅时，除了首页粘在底纸上不能翻动以外，其他书页均能自由翻转，这样不仅要翻到哪里就可以翻到哪里，即使从头到尾翻一遍也快如旋风。

3. 经折装。经折装又叫折子装，是唐代后期因佛教传播需要产生的一种新的图书装帧形式。其具体方法是将写好的长条卷子，按照一定的行数，均匀地折叠成长方形折子，然后再在前后粘两块硬纸，作为封底和封面，其折叠方法很像中国的折扇。经折装改变了中国古代图书装帧的卷轴形式，正式变为册页形式。

4. 蝴蝶装。蝴蝶装，简称"蝶装"。图书制作进入雕版时代后，印出来的书是以版为单位的若干书页，倘若仍将这些单页首尾相连粘连成卷子，不仅麻烦而且翻阅不便。古人因此探索出蝴蝶装，其具体方法是将每一印版刷印出来的单页，以有字的一面为准，面对面对折起来，然后把书口的背部粘连在裹背纸上，再在前后包上硬纸作为封面和封底。整

---

① 《隋书》卷32《经籍志》，中华书局2000年版，第616页。
② 《旧唐书》卷47《经籍志》，中华书局2000年版，第1403页。

个外形和今天的平装或精装书并无二致,打开后各页左右对称,状如蝴蝶展翅,于是得名"蝴蝶装"。蝴蝶装盛行于宋代。现存宋绍兴四年(公元1134年)温州州学刻递修本《大唐六典》30卷和淳熙二年(公元1175年)镇江府学刻《新定三礼图》等都是蝴蝶装。

蝴蝶装有一个严重缺陷就是所有书页都是单页,不仅打开书时常遇上空白无字的背面,而且书页后半页的背面和第二页前半页的背面不相连接,读完一面后必须连翻两页,极为不便。为了改进这一缺陷,南宋后期人们发明了包背装。其具体方法是将书页有字的一面正折,然后粘在一张硬厚整纸做的包背纸上。包背装在元代和明代前期最为流行。

5. 线装。线装的起源,大约在北宋末或南宋初,在明代中叶之后,由于包背装一旦经常翻阅,容易散落,线装开始流行。线装的折页形式和包背装一样,只是不用整张硬厚纸作为包背纸,而是在书的前后各加一张和书页大小一致的两张纸作为封底和封面,然后将封底、封面和书页叠在一起在书脑处打孔、穿线。

和帛书卷轴装有书衣一样,纸书时代古人为了保护书,除了加封底、封面、副页外,还制作专门盛放书籍的"函",也叫"书套"。一些珍贵的书甚至做一精致小匣子装起来。

(三)中国古代图书的生产

按照现代营销学的观点,买方组成市场,卖方组成行业。中国古代图书出版行业包括从事图书生产的机构、团体以及个人,它们组织、投资或从事图书制作,并以一定价格将其出售以获取经济利益。

中国古代从事图书生产的机构主要是官府部门,其中既有专门负责图书生产的部门,又有政府其他职能部门因为政治、经济原因也参与图书生产。

早期图书像甲骨文书、青铜器铭文、石刻等基本上都是由政府制作。进入正式图书时代之后,官府同样是图书生产的主力军之一。

早在汉武帝元朔五年(公元前124年),朝廷就下令"置写书之官"[①],后来投笔从戎的班超也曾为官府抄书以谋生。当雕版印刷术成熟之后,更多官府部门参与到图书生产中来,由各级官府部门投资、经营刊刻的图书就是所谓"官刻本"。后唐明宗时宰相冯道奏请朝廷刊刻《九经》,

---

① 《汉书》卷30《艺文志》,中华书局2000年版,第1351页。

是有关官刻本最早的正式记载,但既然雕版印刷术在唐初已经发明[①],官府应该不会迟到五代时才利用这一技术来出版图书,官府开始刻书的时间肯定要早于后唐。

在宋代,中央政府除了国子监刻书外,像德寿殿、崇文院(元丰五年时改为秘书省)、国史院、太医局、太史局印历所、进奏院、大理寺、刑部等,也参与一些门类的图书生产;而地方各州(府、军)县、各路茶盐司、安抚司、提刑司、转运司、漕司、公使库、仓台、计台以及州(府、军)县学等都参与刻书。

到了元代,早在元太宗八年(公元1236年)时就在燕京设立编修所、在平阳设立经籍所,负责图书的编纂和生产。至元年间,在京师设立兴文署专门掌管雕印文书,署中有刻字工匠和印刷工匠。此外,艺文监下辖的广成局也是元代专门负责刻印经籍的机构。其他像太史院印历局专门负责每年的历书印造,太医院刊刻一些医书、医方等,也是元代中央政府机构参与图书生产的一个组成部分。与宋代地方官府机构自行刻书不同的是,元代地方官府机构如各路儒学、郡学、书院等刻书多是奉中央机构下达的命令刊行的。

到了明代,官府刻书之风再度大盛,中央机构像秘书监、国子监、都察院、钦天监、太医院、礼部、兵部、工部、史局、司礼监等以及各级地方机构,无不刻书。此外,藩府刻书也不少。

到了清代,内府刻书尤其是武英殿刻书,刊刻了不少大部头好书,颇为人们称道。清代地方官府也和宋、明一样刊刻了大量图书,尤其是清代后期各省先后设立的官书局,成为中国官刻历史中一大亮点,影响颇大。

需要说明的是,书院作为教育机构,也是古代图书生产中很重要的一支力量。不过如本章第一节所述,书院在其发展史上身份比较特殊,大部分属于私学性质,但也有属于官学的,还有一些介于官、私学之间的。因此,书院在性质上也介于官方机构和民间团体之间。

除了正式的官府机构,民间团体也参与中国古代的图书生产,这其中主要是一些宗教团体,如寺院、道观等,以及宗族主持的祠堂等。寺院、道观为了传教布道,生产佛、道或与之相关的图书;而宗族祠堂则主持抄

[①] 雕版印刷术的起源众说纷纭,有东汉说、晋代说和六朝说、隋代说、唐初说、唐中说、唐末说、五代说等。一般认为,中国在唐代初年发明雕版印刷术。相较而言,活字印刷术发明的时间因为有沈括《梦溪笔谈》的明确记载,基本上没有什么争议。可参看曹之《中国印刷术的起源》(武汉大学出版社1994年版)以及张秀民《中国印刷史》(韩琦增订,浙江古籍出版社2006年版)等书。

写、刊刻族谱或祖上明贤显达的著作。清代乾嘉时人彭元瑞在《〈周益公集〉跋》说："吾乡大族多醵金为宗祠，又刻其先闻人文集曰'祠堂版'，若六一、南丰、山谷、淡庵、象山、文山诸集皆有之。"① 虽然彭元瑞说的是江西一地，但其实这种情况在古代比较普遍，例如，清光绪十七年（公元1891年）补修本《紫峰陈先生文集》13卷书前有陈钦尧所撰《喜得诗文集版记》②，所记正是陈氏宗族重修祠堂后赎回祖上紫峰公遗著版刻加以刷印事。而这类图书居然有了一个专门名称叫"祠堂版"。

在官府机构和民间团体之外，中国古代有不少个人也参与图书生产。在写本时代，个人除了抄书供自己阅读使用或者抄写佛经供养表虔诚外，还有人抄书卖钱。例如，唐代吴彩鸾嫁给书生文箫之后，生活窘迫，于是"彩鸾写《唐韵》，运笔如飞，日得一部，售之，获钱五缗"③。印本时代，无论是家刻还是坊刻，都是中国古代图书生产中举足轻重的组成部分。

相对于官府机构和民间团体，私人从事图书生产往往有更明确的经济目的，是本书探讨古代图书出版营销的重点。

在中国古代，无论是官方机构、民间团体还是个人，它们在从事图书制作时具体生产方式主要是四种：刻写、抄写、拓印和印刷。

早期图书像甲骨文书、石刻等都是用刀刻写的，青铜器铭文则既有可能是刀刻，也有可能是浇铸的。进入正式图书时代，即竹木简书、帛书和纸书时代之后，抄写和印刷成为最主要的图书生产方式。为了改进图书生产技术，中国古人在发明印刷术之前还发明了拓印法④。拓印作为一种图书生产方式较为特殊，它不同于抄写，是一种文字复制技术，可也不同于后来的印刷术⑤。不过，从生产技术发展的角度看，当中国古人

---

① 彭元瑞：《知圣道斋读书跋尾》，收入国家图书馆编：《国家图书馆藏古籍题跋丛刊》第4册，北京图书馆出版社2002年版，第573页。

② 四库全书存目丛书编纂委员会：《四库全书存目丛书》集部第73册，齐鲁书社1997年版，第482页。

③ 《列仙传》，转引自叶德辉《书林清话》卷10"女子钞书"条，刘发等校点，辽宁教育出版社1998年版，第235页。

④ 拓印的发明时间有很多争论，有认为始于东汉熹平年间的，也有认为起源于南北朝的，曹之先生则认为拓印最早出现在唐代，可参看其《中国印刷术的起源》一书相关论述，武汉大学出版社1994年版。

⑤ 拓印时先将金石器物清理干净，然后在器物表面涂一层水蜡或白芨水，将坚韧的薄纸事先浸湿后敷在器物上面，用刷子轻轻拍打，使薄纸嵌入图文凹入部分，待纸干燥后再用朴子蘸墨在纸上轻轻地、均匀地拍刷，最后将纸揭下，就复制成一张黑地白字的拓片。可参看张树栋等：《中华印刷通史》，财团法人印刷传播兴才文教基金会2004年版，第27—28页，以及曹之：《中国印刷术的起源》，武汉大学出版社1994年版，第253—254页。

用拓印的方法将金石器物上的文字制作成图书时，他们其实已经站到雕版印刷术的大门口①。此后中国古人不仅发明了雕版印刷术，还发明了活字印刷术。不过，在中国古代，即使在印刷术发明之后，抄写仍然是一种极为常见的图书复制方式。不仅贫寒士子抄书，即使是财力雄厚的官府，在面对《四库全书》这样卷帙浩繁的一些图书时，还是采用抄写的方式复制生产。这一生产方式导致中国古代很长一段时间内，"佣书"即替人抄书成为一种职业。除了前述著名的班超外，《三国志》卷53《吴书·阚泽传》、《三国志》卷55《魏书·刘芳传》、《三国志》卷66《魏书·崔亮传》、《北史》卷39《房景伯传》、《北史》卷44《崔光传》、《北史》卷83《文苑传·虞世基传》、《梁书》卷33《王僧孺传》、《梁书》卷47《孝行传·沈崇傃传》、《南齐书》卷29《周山图传》、《南史》卷62《朱异传》、《旧唐书》卷60《萧铣传》、《旧唐书》卷110《王琚传》等都提到传主曾经有过佣书谋生的经历。除了替人抄书，还有为自己抄书的，历代贫寒士子多有抄书经历，不少藏书家为了增加藏书量或是为了获得一些珍稀版本图书的副本，也多是手自抄写②。

因此，中国古代正式图书从生产方式来说，大体可以分为两大类：一类是写本，一类是印本。其中印本又包括拓印本、雕版刻本以及活字摆印本。

三、中国古代图书的交换

瞄准人们对图书的需要，中国古代图书出版业制作出各种图书；而后通过交换，图书生产者获得经济利益，而图书消费者获得阅读需要的满足。交换对于整个图书出版业的重要性不言而喻。在交换过程中，涉及卖方、买方以及买卖双方聚集在一起交换货物的场所——市场。

中国古代图书出版中的卖方，通常就是图书的生产者，主要包括参与图书生产的各级官府、书院以及众多的私人图书出版者。上一节所述的民间团体像寺院、道观等生产的图书，在名义上是不投放到市场上买卖的，因为这样一来显得亵渎了神圣的宗教。不过，在"供养"、"施舍"

---

① 曹之先生认为："没有拓印就没有雕版印刷，研究雕版印刷的起源就必须研究拓印的起源。"见其《中国印刷术的起源》，武汉大学出版社1994年版，第254页。
② 参看任继愈主编：《中国藏书楼》，辽宁人民出版社2001年版，第85页。

等虔敬字眼背后仍然有交换发生。

中国古代图书出版中的买方，倘若以传统的社会阶层加以衡量的话，其构成成分主要是士阶层，其中既有读书准备应试的士子，也有已经迈入仕途或从仕途抽身退隐林下的士绅。他们因为应试、文学创作、学术研究以及消闲娱乐等原因需要购买图书，而且作为一个整体，其购买力相对其他社会阶层要强一些。此外，还包括识字并具有购买力的农、工、商等中、下阶层人士，他们主要是因为实用或娱乐消遣的需要购买图书。

值得注意的是，中国古代图书出版的买方，除了国内读者外，还包括在历史上受中国文化影响颇深的日本、朝鲜、越南等东南亚国家以及西方的读者。他们购买中国图书的场所，一般是在中国，但也有经过商人带到他们国度然后由他们购买的。按照现代市场营销学的观点，买方组成了市场；而按照通常的理解，我们又把买卖双方聚集在一起交换货物的场所叫市场。因此，无论从哪个意义出发，中国古代图书出版的市场都可以分为国内市场和国际市场。

（一）中国古代图书出版的国内市场

中国古代图书出版的国内市场主要是各重要城市的书肆、书坊等。

西汉时就有书肆存在。扬雄《法言》卷2《吾子》篇中云："好书而不要诸仲尼，书肆也。"[1] 扬雄一生，早年主要待在家乡成都，四十多岁后来到京师长安，他所说的书肆，应该是他在成都或长安看见的。《法言》一书作于西汉哀帝、平帝之际，可见至少在这之前一些较大的都市已经有卖书市肆。

东汉都城洛阳则有明确记载提到书肆，《后汉书》卷49《王充传》："家贫无书，常游洛阳书肆，阅所卖书，一见辄能诵忆。"[2] 除了洛阳之外，东平宁阳（今山东宁阳）市场上也有卖书的，《后汉书》卷80下《刘梁传》："刘梁，字曼山，东平宁阳人也……少孤贫，卖书于市以自资。"[3]

此外，《太平御览》卷614载："司马彪《续汉书》曰：荀悦十二能读《春秋》，贫无书，每至市间阅篇牍，一见多能诵记。"[4] 这也说明汉代城市中有卖书市场的存在。

---

[1] 扬雄：《扬子法言》，文渊阁《四库全书》本。
[2] 《后汉书》，中华书局2000年版，第1099页。
[3] 《后汉书》，中华书局2000年版，第1779页。
[4] 《太平御览》，中华书局1960年影印本，第2760页。

到了三国两晋南北朝，由于纸的应用逐渐取代简帛，图书交易越来越常见。"佣书"即帮人抄写书籍已经成了一种职业，不少人借此养家糊口①。这些佣书者所抄书籍中的一部分，应该是被雇主拿到市场上进行交易的。这种市场在南朝都城建康（今南京）已经颇为发达。《南史》卷43《江夏王锋》载："武帝时，藩邸严急，诸王不得读异书，五经外唯观《孝子图》而已。锋乃密遣人于市里街巷买图籍，期月之间，殆将备矣。"②萧锋从建康书肆中买书，花了一个月就把书大致买齐了。北朝长安中也有书肆。《旧唐书》卷189上《徐文远传》载北周初年江陵攻陷、徐氏被虏至长安以后生活无所着落，于是徐文远的兄长徐休"鬻书为事"，徐文远因此"日阅书于肆"③。

唐代初年，雕版印刷术发明。印刷技术的进步无疑促进了图书的生产。在唐帝国的首都长安城里，有不少刻书、卖书的书坊存在。现存唐写本《新集备急灸经》，下题"京中李家于东市印"，可见该写本是据长安城中李家的印本传写的，而这个李家书坊位于长安城中的东市里（长安城里有东、西两市）。长安东市里除李家外，还有印《历书》的"大刁家"也是印售印刷品的。此外，国内现存最早印刷品《陀罗尼经咒》是"成都府成都县龙池坊卞家"刻印的，而从现存唐人写经中发现"西川过家"也一直在印卖佛经④，可见在长安外，成都也是一个书坊集中地。据柳玭《柳氏家训》序所说"中和三年癸卯夏，銮舆在蜀之三年也。余为中书舍人，旬休，阅书于重城之东南，其书多阴阳杂说、占梦、相宅、九宫、五纬之流，又有字书、小学，率雕板印纸，浸染不可尽晓"⑤，则当时成都书坊出售大都是雕版印刷的图书。唐代东都洛阳也有书肆，吕温《上官昭容书楼歌》有"君不见洛阳南市卖书肆，有人买得《研神记》"⑥这样的说法。

五代十国时期，文献记载的刻书地点大多也是在当时的都城或大邑，例如开封（五代后梁、后汉、后晋、后周四朝的都城）、洛阳（后唐都城）、江宁（南唐都城）、福州（闽国都城）、成都（蜀国都城）、杭州

---

① 参看刘光裕：《抄本时期书籍流通资料》，收入宋原放主编：《中国出版史料（古代部分）》第二卷，湖北教育出版社2004年版，第407—463页。
② 《南史》，中华书局2000年版，第725页。
③ 《旧唐书》，中华书局2000年版，第3361页。
④ 张秀民：《中国印刷史》，韩琦增订，浙江古籍出版社2006年版，第23页。
⑤ 《爱日斋丛钞》卷1，文渊阁《四库全书》本。
⑥ 吕温：《吕衡州集》卷2，文渊阁《四库全书》本。

（吴越国都城）等①。既有刻书，自然就有卖书的，因此这些地方必然也是书肆较为集中的地方。

宋代，北宋时都城汴京、杭州以及成都、福州是出版中心，自然也成了书坊聚集的地方。在宋人张择端反映汴京上都风貌的《清明上河图》中，绘有书坊；另，《东京梦华录》卷3"寺东门大街"条记载："寺东门大街皆是幞头、腰带、书籍、冠朵铺席、丁家素茶。"② 可见在汴京相国寺东门外，也有不少卖书的，在南宋绍兴二十二年（公元1152年）刻本《抱朴子》卷末牌记上，我们还能看到"旧日东京大相国寺东荣六郎家，见寄居临安府中瓦南街东开印输经史书籍铺"字样，"荣六郎家"只是当时汴京相国寺前众多书坊中可考的一家而已，其他的书坊大都可能毁于金国洗劫汴京时，只有少数像"荣六郎家"这样的书坊一起随宋室南渡，在南宋都城临安（杭州）重新开业。到了南宋，雕版印刷术已经极为成熟，图书出版业空前繁荣，当时都城临安书铺林立，或称经铺、经坊，或称经籍铺、经书铺、书籍铺，或称文字铺。据张秀民先生考证，可考者有20家③，这其中最为有名的无疑是临安府棚北睦亲坊南陈宅书籍铺以及太庙前尹家书籍铺。南宋时，福建建宁府取代福州成为出版业中心，书坊众多，南宋祝穆《方舆胜览》卷11于"建宁府"下云："土产书籍行四方。"句下小注进一步说明："富沙、崇化两坊产书，号为'图书之府'。"④ 在崇化里还形成一条专门的"书坊街"，"天下书籍多出于此，商旅辐辏"，这条街名一直到清代还有⑤。建宁府的书坊，据张秀民先生考证，可考者有近40家⑥。

和两宋对峙的少数民族政权辽国和金国也有自己的图书出版业，主要也是在各自的都城及大都市里，即辽代的南京（或称燕京，今北京），金的中都（今北京）、南京（今开封）以及平阳府（今山西临汾市）。

元代图书出版业繁荣程度远逊于宋代，书坊集中地基本上是传统的出版中心，如都城大都（今北京）、平阳、杭州、建宁等地。

到了明代，中国古代图书出版业迎来又一个高峰。明代胡应麟《少室山房笔丛》卷4《经籍会通四》："今海内书凡聚之地有四：燕市也，

---

① 参看张秀民：《中国印刷史》，韩琦增订，浙江古籍出版社2006年版，第30—37页。
② 孟元老：《东京梦华录》，文渊阁《四库全书》本。
③ 张秀民：《中国印刷史》，韩琦增订，浙江古籍出版社2006年版，第53页。
④ 祝穆：《方舆胜览》，文渊阁《四库全书》本。
⑤ 《大清一统志》卷331《建宁府·书坊街》，文渊阁《四库全书》本。
⑥ 张秀民：《中国印刷史》，韩琦增订，浙江古籍出版社2006年版，第67—68页。

金陵也，阊阖也，临安也。"① 他所说图书聚集的四个地方，分别是北京、明初都城南京以及苏州、杭州。明代南京书坊，据张秀民先生考证，可考者有近百家②；北京书坊可考的有13家③；苏州书坊可考者有37家④；杭州书坊可考者25家⑤。此外，建宁、徽州也有大量书坊存在，据张秀民先生考证，建宁书坊可考者多达84家，徽州也有10家⑥。

  清代，书坊最多的地方是首都北京，大多集中在报国寺、隆福寺以及琉璃厂等处，琉璃厂尤为大家熟知；其次则为苏州、广州⑦。这时南京、杭州、建宁等地已经无复昔日盛况，而广州则作为工商业兴盛的大都市，吸引了很多书坊主来此贸易。而且，广东刻版工价比较低廉，不少来这里卖书的书坊主常常在这里刻好版片，再带到别处刷印出售。例如，乾隆四十二年（公元1777年）在查办沈德潜《国朝诗别裁集》原板片时，广东巡抚李质颖奏称："惟乾隆二十五年曾有江宁怀德堂书客周学先来粤卖书，以粤省书板刻工较江南价廉，曾将《国朝诗别裁》初刻本翻刻板片，带回江南刷卖。"⑧ 清代中后期文人学者在一些书信笔记中也提到广东刻书价钱要更为便宜，可见这在当时已经是人所周知的事情。例如，姚鼐在《与石甫侄孙莹九首》其一这封信里说："闻汝欲刻编修公诗，广州刻价稍易，得成最佳。"在其四中又问："汝刻《援鹑斋诗》得成否？广州刻价差贱，此尚不为难。"⑨ 鸦片战争后，上海作为通商口岸崛起为新的大都市，随着西方印刷技术的引进，它逐渐取代了北京在图书出版业中的核心地位，成为中国近现代最大的出版中心地。

（二）中国古代图书出版的国际市场

  在近现代以前，由于中国文化在世界上尤其是在东南亚一带处于领先地位，周边国家基本都受中国文化的辐射。图书作为思想文化最重要的载体之一，无疑在文化传播过程中扮演了举足轻重的角色。正因为如

---

① 胡应麟：《少室山房笔丛》，文渊阁《四库全书》本。
② 张秀民：《中国印刷史》，韩琦增订，浙江古籍出版社2006年版，第243—246页。
③ 张秀民：《中国印刷史》，韩琦增订，浙江古籍出版社2006年版，第254页。
④ 张秀民：《中国印刷史》，韩琦增订，浙江古籍出版社2006年版，第261—262页。
⑤ 张秀民：《中国印刷史》，韩琦增订，浙江古籍出版社2006年版，第257页。
⑥ 张秀民：《中国印刷史》，韩琦增订，浙江古籍出版社2006年版，第267—269、265页。
⑦ 张秀民：《中国印刷史》，韩琦增订，浙江古籍出版社2006年版，第390页。
⑧ 中国第一历史档案馆编：《纂修四库全书档案》，上海古籍出版社1997年版，第574页。
⑨ 姚鼐：《姚惜抱尺牍》，新文化书社1935年版，引文分别见第79、81页。

此，中国古代图书出版不仅有国内市场，还存在着国际市场。从所掌握的文献来看，明清以前，中国古代图书出版在国际市场中最主要的消费者是日本人、朝鲜人和越南人；而明清以来，西方传教士也大量购买中国图书。

1. 日本。众所周知，日本在历史上曾经很注意向中国学习。日本从7世纪开始，就把向中国派遣"西海使"作为一项基本国策。在隋代，这些西海使也叫"遣隋使"。隋炀帝大业三年（公元607年），日本派小野妹子到中国来，此后日本不断派遣留学生和学问僧随使者到中国来。到了唐代，西海使相应改称为"遣唐使"，前后派遣次数为20次左右。这些抱着寻求文明开化目的来到中国的日本人，大量搜罗各类图书。这其中有些是他们自己抄写的，但更多的自然是在中国图书市场上购买的，《旧唐书》卷199上《东夷·日本》说这些日本人"所得锡赉，尽市文籍，泛海而归"①。例如，唐玄宗开元五年（公元717年）吉备真备曾经作为日本第九次遣唐使团的留学生来中国学习17年，学成回国后，又于唐玄宗天宝十一年（公元752年）担任日本第十一次遣唐使团副使来到中国。吉备真备将他在中国购得的图书予以编目，即《将来目录》（所谓"将来"，就是"带来"、"拿来"之意）。

唐文宗开成三年（公元838年），日本僧人圆仁以请益僧的身份随第十三次遣唐使团来中国，他以日记体的形式写下了他在大唐十年的经历，即《入唐求法巡礼行记》。该书中既有圆仁在中国购书的具体记载，例如，卷1有"二日，买《维摩关中疏》四卷，价四百五十文"，以及"廿日，买新历"等；其中也有他在中国抄书的记载，例如，卷1有"廿五日，就延光寺僧惠威觅得《法花圆镜》三卷"，以及"廿一日，……就嵩山院持念和尚全雅借写《金刚界诸尊仪轨》等数十卷"等②。在白化文等人校注的《入唐求法巡礼行记》一书之后，附录有《日本国承和五年入唐求法目录》、《慈觉大师在唐送进录》及《入唐新求圣教目录》等。这些目录编录了圆仁（回日本死后赐号"慈觉大师"）在中国搜求到的各种图书，重点自然是为数众多的佛教经疏章传，"所求经论念诵法门及章疏

---

① 《旧唐书》，中华书局2000年版，第3633页。按，大庭脩认为："《新唐书·日本传》记录的开元初叶入唐'将所得锡赉尽市文籍'的热心的书籍求购者，恐怕就是真备。"见其《江户时代中国典籍流播日本之研究》，戚印平等译，杭州大学出版社1998年版，第5页。但从新、旧《唐书》的遣词来看，这似乎并非某一个别遣唐使的行为。

② 圆仁：《入唐求法巡礼行记校注》，白化文等校注，花山文艺出版社1992年版，引文分别见第61、第87、第105、第110页。

传记等都计五百八十四部八百二卷"，但其中也有像《大唐新修定公卿士庶内族吉凶书仪》、《开元诗格》、《判一百条》、《祝元膺诗集》等所谓"外书"①。再证以唐末陆龟蒙（？—882年）《圆载上人挟儒书归日本国》一诗所云"九流三藏一时倾，万轴光凌渤澥声。从此遗编东去后，却应荒外有诸生"②，我们不难发现，唐代末年来中国的日本僧人不仅注意搜求佛教经典——"三藏"，而且对于中国其他文献典籍（圆仁目录中的"外书"以及陆龟蒙诗题中的"儒书"和诗中的"九流"）也极力搜罗。需要强调的是，因为雕版印刷术其时尚未盛行，这些使者、僧人搜求到的图书主要是写本，留存至今的，已经被日本人奉为国宝。

9世纪后期，藤原佐世根据当时日本存有的汉籍（既包括从中国传入的文献典籍，也包括一些日本人用汉语写作的书籍），编成《本朝见在书目录》③，这是日本现存汉籍目录书中最古老的一部。该目录书的编撰时间，比《隋书·经籍志》晚200余年，但比《旧唐书·经籍志》早50余年，比《新唐书·艺文志》则早100余年。书中著录中国图书的部数几乎是《旧唐书·经籍志》和《新唐书·艺文志》著录的一半，而且其中有相当多的书在《隋书·经籍志》、《旧唐书·经籍志》以及《新唐书·艺文志》中并未著录④。由此不难看出其时日本人搜罗中国图书之多。

除了日本人自己来中国搜罗图书这一方式，有时一些日本当政者还委托中国商人帮他们采购中国图书。例如，"又据《宇槐记》，久安六年（公元1150年），藤原赖长曾接受宋商刘文冲所赠的《东坡先生指掌图》、《五代史记》和《唐书》；翌年仁平元年，赖长赠以沙金30两为礼，并将他所需的《要书目录》交于刘文冲，委托他代为采购"⑤。

宋朝时，来中国的日本僧人照例搜罗图书。宋代杨亿曾谈到他与日

---

① 圆仁：《入唐求法巡礼行记校注》，白化文等校注，花山文艺出版社1992年版，第537页。按，在《慈觉大师在唐送进录》中，圆仁自己将这些书籍称为"外书"，以示有别于佛教内典。

② 陆龟蒙：《甫里集》卷12，文渊阁《四库全书》本。

③ 清光绪十年（公元1884年）黎世昌影刻《古逸丛书》时改题名为《日本国见在书目录》。贾贵荣辑《日本藏汉籍善本书志书目集成》（北京图书馆出版社2003年版）也收有此书目。

④ 《旧唐书·经籍志》著录经、史、子、集四部图书共3062部，《新唐书·艺文志》著录四部图书3277部；而《本朝见在书目录》著录书的部数各家统计数据不一，大致为1500余部。参看孙猛《浅谈〈日本国见在书目录〉》（《中国索引》2004年第3期）一文以及严绍璗《汉籍在日本的流布研究》（江苏古籍出版社1992年版，第89页）等书。

⑤ 大庭脩：《江户时代中国典籍流播日本之研究》，戚印平等译，杭州大学出版社1998年版，第10页。按，严绍璗《汉籍在日本的流布研究》（江苏古籍出版社1992年版）第23页亦提及此事，但所述略有异词。

本僧人寂照的交往，"予遗以印本《圆觉经》并诗送之"①。尤其值得注意的是，该条笔记中还摘录了宽弘五年（公元1008年）九月日本治部卿原从英写给寂照的一封书信：

> 略云：所咨《唐历》以后史籍及他内外经书未来本国者，因寄便风为望。商人重利，惟载轻货而来，上国之风，绝而无闻。学者之恨，在此一事②。

据原从英的回信，我们可以知道，当时的日本学者很希望购求那些还没有传到他们国家的唐代之后的史书以及其他内外经书，他们想借此了解所谓"上国之风"。这位来宋朝的寂照，自然承担了这一任务。

在寂照之后，宋神宗熙宁五年（公元1072年），日本僧人成寻又来到中国。我们在成寻写的《参天台五台山记》中，能够看到当时有中国的佛教信徒施舍佛经给他，例如，杭州捍江第三指挥第五都长行兵士徐贵主动施舍《四十二章》一卷给他③。书中还有其他中国友人对他馈赠图书的记载，如"志【致】与禅宗《永嘉集》一卷，《证道歌注》一帖"、"禹珪舍与《寒山子诗》一帖"、"圆则座主来，志【致】与显圣寺印本《法华仪轨》一卷"、"嵩大师与'达摩六祖坛经'一帖"等④。此外，书中也记载了购买佛经印本的情况，如：

> 圣秀并后世向印经院买来《大教王经》三卷，《除盖障所问经》廿卷，与一贯二百文了者。印经，十三日可持来者。前后一百二卷日本未到新经，为付小师五人送本国所买取也⑤。

据书中所录牒文，成寻他们在显圣寺印经院共刷印了新经413卷⑥。而且，这些日本僧人所购书不尽为宗教类图书，也有其他图书。例如成寻在熙宁六年正月一日的记载里，有"惟观买来新历二卷（六十文），《天

---

① 杨亿：《杨文公谈苑》，李裕民辑校，上海古籍出版社1993年版，第11页。
② 杨亿：《杨文公谈苑》，李裕民辑校，上海古籍出版社1993年版，第12页。
③ 成寻：《参天台五台山记》，白化文、李鼎霞校点，花山文艺出版社2008年版，第19页。
④ 成寻：《参天台五台山记》，白化文、李鼎霞校点，花山文艺出版社2008年版，引文分别见第29、第33、第269、第284页。
⑤ 成寻：《参天台五台山记》，白化文、李鼎霞校点，花山文艺出版社2008年版，第279页。
⑥ 成寻：《参天台五台山记》，白化文、李鼎霞校点，花山文艺出版社2008年版，第281页。

下郡谱五姓括》一部,《蜀程图》一帖……";正月二日的记载里则有"惟观买来历一卷,《传灯语要》三卷,《杨文公谈苑》三帖,《百官图》二帖,《太上老君枕中经》一帖"等①。熙宁六年(公元1073年),随同成寻一起来中国的五名日本僧人(包括引文中的"惟观"在内)获准回国,他们自然把这些获得的图书带回了日本②。

13—16世纪,是日本文化史上所谓"五山时代"。五山时代,僧人在文化上占主导地位,他们除了究心于内典外,对于佛教之外的中国典籍也极力钻研③。因此,与此前平安时代的僧人搜求图书时主要关注佛教典籍不同的是,五山时代的日本僧人从中国回到日本时往往带回大量外典。例如,1211年,日本僧侣俊芿从杭州回国时除了带了佛典1200余卷外,还有外典汉籍719卷;而1241年辩园园尔(圣一国师)也从中国带回汉籍近百种④。日本僧人在中国获得这些图书的方式,据严绍璗先生考证,主要有三种方式:一是由代表日本政界访华的日本僧人开出一份希望获得的中国图书目录,呈请中国政府照单赐书;一种是由在中国结识的知交好友赠送;一种是出钱购买⑤。前两种方式属于馈赠,但后一种方式属于中国古代图书出版业拥有国际市场的明证,例如,严著中引16世纪日本僧人策彦周良日记,其中明确记载嘉靖二十七年(公元1548年)八月五日购买《本草》十册,银十两十分。

日本进入江户时代(17—19世纪中叶)后,对外闭关锁国,当时能够航行到长崎进行贸易的,只有荷兰船和中国船。中国商船带来大量中国典籍,将中国文化输入日本⑥。图书贸易是其时中日两国贸易中极重要的一部分。这些图书用商船从中国运到日本长崎后,必须立即报关。船主将带来的图书列一清单,即所谓"赍来书目",呈交日本官方。日方官员登船查验之后,一一记录在案,即所谓"外船书籍元账"。1804年,在长崎地方政府担任书物改役即书籍检查官的向井富氏根据海关档案文献中中国商船报关的书单细目,编撰了《商舶载来书目》。据此进行统计,"在自1693

---

① 成寻:《参天台五台山记》,白化文、李鼎霞校点,花山文艺出版社2008年版,第186—187页。
② 成寻《参天台五台山记》卷6载有他们搜罗到的各种书籍名,除了引文中已见的图书,还有《百姓名帖》、《天州府京地理图》一帖、《法花音义》一卷、《注千字文》一帖、《泗州大师传》二卷、《广清凉传》三帖、《古清凉山传》二卷、《入唐日记》八卷。见该书白化文、李鼎霞校点本,花山文艺出版社2008年版,第202页。
③ 参看严绍璗:《汉籍在日本的流布研究》,江苏古籍出版社1992年版,第39—41页。
④ 严绍璗:《汉籍在日本的流布研究》,江苏古籍出版社1992年版,第43页。
⑤ 严绍璗:《汉籍在日本的流布研究》,江苏古籍出版社1992年版,第47页。
⑥ 大庭脩:《江户时代日中秘话》,徐世虹译,中华书局1997年版,第8页。

年至1803年的110年间，共有43艘中国商船，在日本长崎港与日商进行汉籍贸易，共运进中国文献典籍4781种"①。这些图书都明码标价进行销售，有些图书由于买家多，彼此间甚至形成竞价局面，例如，大庭脩就述及中国商船带来的《海国图志》交由书商投标竞卖的具体情况②。

2. 朝鲜。和日本相比，朝鲜由于在历史上很长一段时间内曾经是中国的藩属国，因此和中国的关系要更为密切一些。由于受中国文化的影响很深，朝鲜对中国图书有较大的需要。《旧唐书》卷199上《东夷·高丽》就说："俗爱书籍，至于衡门厮养之家，各于街衢造大屋，谓之扃堂，子弟未婚之前，日夜于此读书习射。其书有《五经》及《史记》、《汉书》、范晔《后汉书》、《三国志》、孙盛《晋春秋》、《玉篇》、《字统》、《字林》；又有《文选》，尤爱重之。"③ 而同书同卷《东夷·百济》也说："其书籍有《五经》、子、史……"④ 据此可见朝鲜历史上所谓"三国时期"的高丽、百济都喜爱图书，而所读图书基本上是中国的典籍。

中国图书传播、流通到朝鲜去的方式，一是在朝鲜来朝贡时作为赏赐交给使者带回国内，这种情况历代多有；二是朝鲜文化精英结交的中国友人的慷慨馈赠，例如清代乾嘉时期著名文人学者纪昀、翁方纲等均和朝鲜人有此类交往；三是朝鲜人自己来中国图书市场上有目的地主动采购，这既包括像北京琉璃厂这样的文化中心市场，也包括边境市场上的图书买卖；四是商人将中国图书带到朝鲜售卖。后两种属于中国古代图书的国际市场。

商人将中国图书带到朝鲜售卖，前面提到的白居易的诗被商人带到朝鲜是一个著名的例子，此后成了一个典故为后世文人所艳称。此外，宋代苏轼曾经在奏议里提到，泉州百姓徐戬"专擅为高丽国雕造经板二千九百余片，公然载往彼国，却受酬答银三千两，公私并不知觉"⑤。这位宋代福建商人是将经书的版片雕刻好之后带到当时的高丽售卖，卖的不是现成的佛经，而是经书版片。

---

① 严绍璗：《汉籍在日本的流布研究》，江苏古籍出版社1992年版，第61页。
② 大庭脩：《江户时代中国典籍流播日本之研究》，戚印平等译，杭州大学出版社1998年版，第10页。可参看严绍璗：《汉籍在日本的流布研究》，江苏古籍出版社1992年版，第62—63页。
③ 《旧唐书》，中华书局2000年版，第3620页。
④ 《旧唐书》，中华书局2000年版，第3625页。
⑤ 苏轼：《苏轼集》卷63《乞禁商旅过外国状》，见余冠英等主编：《唐宋八大家全集》，国际文化出版公司1998年版，第3828页。

但是，更常见的情况是朝鲜人来中国图书市场上采购，这种采购既有政府行为，也有民间个人行为，其中尤为值得注意的是政府主导的大宗采购。

有关朝鲜政府派人到中国购书的情况，据朝鲜《增补文献备考·艺文考》，新罗景文王八年（公元868年），当时政府就"遣李同等三人随进奉使金胤如唐入学，仍给买书银三百两使购书"①。但这些书购买之后是否仅供三人在中国学习之用，还是归国之后得上交国家，我们从引文中看不出来。此外，韩致奫《海东绎史·艺文志》中也有一些相关记载，例如元朝时朝鲜政府派博士柳衍、学谕俞迪"于江南购书籍"，结果路上船破了，赤身上岸，后来是在南京任太子府参军的洪瀹给了"宝钞一百五十锭，使购得经籍一万八百卷而还"②。韩致奫书中还记载了明、清时期朝鲜政府从中国购书的一些情况：

> （万历）四十三年，买回《吾学编》、《弇山堂别集》（闵馨男持来）。清康熙五十二年，贸来《全唐诗》、《古文渊鉴》、《佩文韵府》共三百余卷（金昌集持来）。雍正元年赍来《康熙字典》、《性理精义》、《诗经传说汇纂》、《音韵阐微》等书（骊川君增持来）。乾隆四（按：原文误作"五"）十三年戊戌，购来《图书集成》一部五千余卷③。

另外，《正祖实录》正祖五年（公元1781年）六月甲申载：

> 上雅尚经籍……丙申初载，首先购求《图书集成》五千余卷于燕肆，又移旧弘文馆藏本及江华府行宫所藏皇明赐书诸种以益之。又仿唐宋故事，撰《访书录》二卷，使内阁诸臣按而购贸。凡山经海志、秘牒稀种之昔有今无者，无虑数千百种④。

材料中提到的"燕肆"就是北京的图书市场。朝鲜政府在采购图书时还事先编撰好《访书录》，按图索骥，有意识地寻访国内缺少的图书。

---

① 张伯伟：《朝鲜时代书目丛刊》（第六册），中华书局2004年版，第2882页。
② 张伯伟：《朝鲜时代书目丛刊》（第五册），中华书局2004年版，第2455页。
③ 张伯伟：《朝鲜时代书目丛刊》（第五册），中华书局2004年版，第2458—2459页。
④ 《朝鲜王朝实录》（第34册），韩国国史编纂委员会1955年影印本，第332页。

朝鲜政府重视购书，因此派到中国来的使者往往同时负有采购图书的任务。清代姜绍书《韵石斋笔谈》卷上"朝鲜人好书"载："朝鲜国人最好书，凡使臣入贡，限五六十人，或旧典，或新书，或稗官小说，在彼所缺者，日出市中，各写书目，逢人遍问，不惜重直购回，故彼国反有异书藏本也。"① 明清时期出使中国的朝鲜使臣撰写的"燕行录"中，有的就记载了他们在中国图书市场上购书的具体情况。例如，康熙五十九年（公元1720年），李宜显出使中国，撰有《庚子燕行杂识》，其中就提到：

  所购册子：《宋史》一百卷，《纪事本末》六十四卷，《凤洲纲鉴》四十八卷，《元史》五十卷，《太平广记》四十卷，《元文类》、《三国志》并二十四卷，《草庐集》二十卷，《西陂集》十六卷，《古今人物论》十四卷，《陆宣公集》、《宗忠简集》、《许文穆集》并六卷，《高皇帝集》五卷，《朱批诗经》、《蚕尾集》并四卷，《岳武穆集》三卷，《罗昭谏集》、《万年历》并二卷②。

朝鲜对于中国图书的重视引起中国人的注意，清初著名诗人施闰章《千顷堂藏书歌为黄俞邰作》就感叹："风俗藐书人贱卖，闻说朝鲜国偏爱。"③

由于是政府购书，相对于一般读者来说，教化的目的更为清晰些，要求书籍内容有助于经世致用，至少不会对政权的稳固构成任何威胁。一旦统治者觉得从中国购买来的图书有可能威胁其政权的稳定时，他们就会禁止从中国购入图书。据朴周钟《东国通志·艺文志》载，正祖十年（公元1786年），"大司宪金履素言近来燕购册子多不经书籍，左道之炽，邪说之行，职由于此，请严禁。从之。十五年，左议政蔡济恭札斥邪学，批曰：'欲禁西洋之学，先从稗官杂记禁之；欲禁稗官杂记，先从明末清初文集禁之。'明年，饬赴燕使臣，非惟稗官小说，虽经书史记，凡系唐板，切禁"④。可见，正祖时从国王到朝臣很多人都认为从中国购买来的图书导致了邪说左道的盛行，应该予以严厉禁止，后来甚至下令来中国的朝鲜使臣，不但不能买稗官小说，连经史类图书只要是中国出

---

① 姜绍书：《韵石斋笔谈》，文渊阁《四库全书》本。
② 转引自金敏镐：《朝鲜时代〈燕行录〉所见中国古典小说初探》，《上海师范大学学报》（哲社版）2010年第2期。
③ 施闰章：《学余堂诗集》卷21，文渊阁《四库全书》本。
④ 张伯伟：《朝鲜时代书目丛刊》（第六册），中华书局2004年版，第2700—2701页。

版的也不能买。当然，后来这道禁令还是松弛下来了，"非邪书而经史及醇儒文集许贸"①，即邪书之外的经史以及醇儒文集仍可以购买。

另外，在历史上，朝鲜来中国采购图书，在图书种类上一度受到中国政府的一定限制。例如，在北宋哲宗元祐八年（公元 1093 年），礼部尚书苏轼上书说"高丽人使乞买书籍，其《册府元龟》、历代史、太学敕式，本部未敢支卖。"②此前高丽曾想要《太平御览》，此后则要求购买《资治通鉴》，也都遭到拒绝。个中缘由，恐怕主要是因为这类图书关涉到中国政治制度、历史等内容，中国担心泄露机密。类似的情况在清代初年也有，当时禁止中国史书出口到朝鲜。只是此类禁令似乎并没有彻底执行，朝鲜人想要的书后来基本都获得了。例如，《海东绎史·艺文志》在著录《太平御览》一书时，加了如下按语：

> 《高丽史》：肃宗六年，兵部郎中吴延宠如宋，以朝旨购《太平御览》。宋人秘，不许。延宠上表恳请，乃得还。又，明宗二十二年，宋商来献《太平御览》，赐白金六十斤③。

这里不仅提到了朝鲜政府购书，也提到了中国商人把图书带到朝鲜的情况。在《宋史》卷 487 中也提到，虽然苏轼提出反对意见，但是朝鲜人"卒市《册府元龟》以归"④。

3. 越南。越南从秦代开始，约有千余年的时间属于中国的一个郡县。秦代的象郡包括今天的越南北部、中部以及广西南部的一些地方；秦末，赵佗建立南越国，在桂林、象郡二地设立了交趾、九真二郡；到了汉武帝击灭南越国之后，将其分设九郡，其中交趾、九真、日南三郡在今天越南境内。公元 679 年，唐朝在这里设立安南都护府。因此，《明史》卷 321《外国·安南》说："安南，古交趾地也。唐以前皆隶中国。"⑤宋朝初年，越南建立自主国家，但仍向宋朝朝贡，自此直到 1885 年越南沦为法国殖民地为止，越南一直是中国的藩属国。在这期间，越南社会的知

---

① 张伯伟：《朝鲜时代书目丛刊》（第六册），中华书局 2004 年版，第 2701 页。
② 李焘：《续资治通鉴长编》卷 481，文渊阁《四库全书》本。参看《苏轼集》卷 63《论高丽买书利害札子三首》，见余冠英等主编：《唐宋八大家全集》，国际文化出版公司 1998 年版，第 3876 页。
③ 张伯伟：《朝鲜时代书目丛刊》（第五册），中华书局 2004 年版，第 2564—2565 页。
④ 《宋史》，中华书局 2000 年版，第 10844 页。
⑤ 《明史》，中华书局 2000 年版，第 5565 页。

识阶层一直用汉字，读四书五经，元代汪大渊根据亲身游历见闻撰写的《岛夷志略》中"交趾"条云："凡民间俊秀子弟，八岁入小学，十五入大学，其诵诗、读书、谈性理、为文章，皆与中国同，惟言语差异耳。"①因此，他们对于中国的图书同样有极大需要，并且很舍得花钱购买，正如明代张燮《东西洋考》卷1"交趾交易"条所言："士人嗜书，每重赀以购焉。"②

和朝鲜的情况类似，越南获得中国图书的方式主要是两种：一是请求中央朝廷或宗主国赏赐；二是一些使者趁着来中国出使的机会贩卖图书。后者属于中国图书的国际市场。例如，天顺元年（公元1457年）六月，安南国陪臣黎文老跟明英宗说："诗书所以淑人心，药石所以寿人命。本国自古以来，每资中国书籍、药材，以明道理，以跻寿域。今乞循旧习，以带来土产香味等物，易其所无，回国资用。"③从该使者的话里可以推断，当时来中国出使的这些越南使者，从中国带回本国出售的东西除了药材外，主要就是图书。但与日本、朝鲜使者不同的是，越南使者这种行为往往是私下行为，有时还有走私嫌疑。例如，大德五年（公元1301年），"安南来使邓汝霖窃画宫苑图本，私买舆地图及禁书等"④，受到元朝的责备。

4. 欧洲。明清时期，大量西方传教士来华传教，他们不仅带来西方的学术、文化，同时也将中国的学术文化以各种途径和方式传播给西方，以此增进中西方对各自的了解。这其中最主要的途径和方式无疑是购买、译介中国图书。1575年（明万历三年），传教士拉达来到中国，虽然只在中国两个月，但他借机购买了大量中国图书，"书是在福州买的，中国的许多地方都有印刷书籍，但主要是在湖广印刷的，那里印刷质量最好"⑤。拉达大量购买中国图书引起中国地方政府官员的注意，担心这些传教士是借此搜集中国情报、了解中国秘密，于是派人传话加以劝阻。门多萨神父并没有到过中国，但他以拉达带回来的中国图书为主要材料来源，撰写了《大中华帝国志》，该书在16世纪末以及17世纪之间，被翻译成多种语言，拥有近50种版本，成为那个时代影响巨大的畅销书。在书中

---

① 汪大渊：《岛夷志略》，文渊阁《四库全书》本。
② 张燮：《东西洋考》，文渊阁《四库全书》本。
③ 《明英宗实录》卷279，中央研究院史语所校印1962年版，第5969页。
④ 《元史》卷209《外夷·安南》，中华书局2000年版，第3112页。
⑤ 门多萨：《大中华帝国志》第3卷第16章，转引自周宁编著：《2000年西方看中国》，团结出版社1998年版，第333—334页。

第3卷第17章，门多萨用一份清单罗列了拉达及其同伴从中国带回来的书籍的内容和种类，抄录如下：

他们携回许多书，如我们所说的，谈及多种多样的事物，你们将从下文了解到这些：

有关整个中国，十五个省的位置，各省的方圆大小，以及相邻国家的描述。

属于国家的赋税和租金，朝廷诏会，国王赐予的一般俸禄，朝廷中所有官员的姓名，和各衙门的大小。

各个省有多少赋税，免税者的数目，顺序和时间，什么时候该如何征收。

各种船的制造，航行状况，每个港口的大小，特别是吞吐量。

有关中国的古代风俗，世界的起源，及在何时由何人所创造。

统治这个国家的历代国王，他们的世系、政府的情况，及他们的生活习惯。

他们祭祀偶像（他们尊奉为神）的仪式，神的名称、起源，及何时献祭。

他们关于灵魂不朽、天堂、地狱的看法，丧葬形式，及根据与死者的亲疏关系应穿的丧服。

国家的法律，何时由何人制订，违法应得的惩罚，还有涉及政府和政策等方面的情况。

许多医疗用的草药书，及如何应用它们治疗疾病。

许多医书和药书，它们由时人或古人所编撰，告诉人们如何诊断、治疗疾病，如何预防各种病害。

多种石料和金属的特性，有价值的天然物；珍珠、金银和其他金属的利用价值，并比较它们的用处。

天体的数目及运行；行星和恒星，它们的运转和特殊影响。

他们知道的国家和民族，及那里的特殊事物。

他们奉为圣人的生活行为，他们生活、死亡及安葬的地方。

赌桌上玩牌及下棋的规矩，怎样变戏法和玩木偶戏。

音乐、歌舞及其发明者。

数学、算术和运算规则。

胎儿在母体内的影响，每月如何保养，生辰八字的好坏。

建筑、各类房屋，每座宅邸应有的长宽比例。

好地劣地的特性，识别标志，每年产什么果实。

自然和裁判星相学，研究的规则，如何掷数字算命。

手相术和面相术，其他符号和标记，各自的含义。

如何写信，如何按每人不同的身份称呼对方。

如何养马、驯马奔跑和远行。

如何解梦，如何在旅行或着手做某些结果尚存疑问的事情之前占卜。

全国各地的服饰，从皇帝讲起，及官吏的标记和袍服。

如何制造盔甲和战具，如何排兵布阵。

这些书，连同修士们带回的众多书籍，成为这本史书的主要材料来源（如前所述），本史书的所有内容都是从中引述的①。

虽然文字几经转译，但从上述内容我们大致还是能够推测出当时传教士购买中国图书的种类很广，至少包括经书、史书、医药书、天文历法书、兵书、地理方志、农牧书、建筑营造类图书以及与普通百姓日常生活息息相关的占卜、算命、尺牍大全之类书籍。

根据明确的文献记载，明清时来华传教士购买了中国图书的，除了上述的拉达外，还可以列举出法国传教士马约瑟、比利时传教士柏应理、法国传教士白晋以及英国传教士罗伯特·马礼逊等人。其中马约瑟和罗伯特·马礼逊购书数量尤多：前者购买了数千卷中国图书，寄给巴黎国家图书馆前身傅尔蒙皇家文库②；而后者在1824年回到英国时，带回国内一万卷中国书籍，价值在两千英镑以上。与拉达的遭遇相似，马礼逊在购求这些图书时也遭遇阻力。他在《马礼逊回忆录》第二卷中说："书是很难搞到手的，只有依靠秘密行动。"③

5. 具体图书在国际市场上的流通史料。翻检文献，我们还可以发现一些外国人在不同时代购买某一具体作者或编者的图书的材料。

初唐时张鷟文名极盛，"新罗、日本东夷诸蕃，尤重其文。每遣使入朝，必重出金贝以购其文，其才名远播如此"④。张鷟《游仙窟》一文，后来在国内失传，晚清才又从日本回传中国，足证史传所言非虚。

---

① 转引自周宁编著：《2000年西方看中国》，团结出版社1998年版，第335—336页。
② 参看李瑞良：《中国古代图书流通史》，上海人民出版社2000年版，第391页。
③ 参看顾长声：《传教士与近代中国》，上海人民出版社1981年版，第25页。
④ 《旧唐书》卷149《张荐传》，中华书局2000年版，第2743页。

《明史》卷128《宋濂传》记载宋濂文名动天下,"外国贡使亦知其名,数问宋先生起居无恙否。高丽、安南、日本至出兼金购文集"①。

《明史》卷320《外国·朝鲜》记载万历四十三年(公元1615年)冬,朝鲜使臣上表,提到曾购买明代"后七子"首领之一王世贞的《弇山堂别集》②。

明末钱谦益编成《列朝诗集》行世后,很受读者欢迎,也引起朝鲜使臣注意,将其购回国内,即钱谦益所谓"鸡林使人每从燕市购取"③。

乾隆十八年(公元1753年),沈德潜选编肄业紫阳书院的七位青年才俊诗歌,题作《江左七子诗选》予以刊布。七子为钱大昕、王鸣盛、王昶、吴泰来、赵文哲、曹仁虎、黄芳亭等七人,"书成,风行于世,贾舶有携至日本者。其国相高棅读而善之,为七律,人赠一章,寄估以达,人艳称之,以为鸡林之比"④。

袁枚为清代乾嘉时期执文坛牛耳者。《随园八十寿言》卷2陶焕悦《寄祝随园先生八十寿》中,于"文字名能惊海外"句下注:"高丽、英吉利等国,以重价购公全集。"⑤袁枚自己对此也津津乐道:

> 方明府于礼从京师来,说高丽国史臣朴齐家以重价购《小仓山房集》及刘霞裳诗,竟不可得,怏怏而去。亡何,金畹香秀才来,又说此事⑥。

而蒋敦复《随园轶事·高丽使臣购〈随园集〉》也说:

> 高丽使臣李诚薰、洪大荣等,奉使来华,读先生集,竞相倾倒,各以重金购数十部,归国分赠侪辈。逾年,又特派人来购倍前数。嗣是络绎来购者不绝于时⑦。

---

① 《明史》,中华书局2000年版,第2512页。
② 《明史》,中华书局2000年版,第5558页。
③ 钱谦益:《有学集》卷50《题丁菌生藏余尺牍小册》,钱仲联标校,上海古籍出版社1996年版,第1638页。
④ 语见《钱辛楣先生年谱》曾孙钱庆曾校注,陈文和主编:《嘉定钱大昕全集》第1册,江苏古籍出版社1997年版,第10页。
⑤ 王英志主编:《袁枚全集》第6册,江苏古籍出版社1993年版,第19页。
⑥ 袁枚:《随园诗话·补遗》卷4,王英志校点,江苏古籍出版社2000年版,第507页。
⑦ 王英志主编:《袁枚全集》第8册,江苏古籍出版社1993年版,第50—51页。

此类记载或许有不实之处①，但肯定不是无风起浪，当时朝鲜使臣来中国，大部分都兼负购书的任务。当朝鲜著名文学家、思想家朴趾源来到中国时，他问尹嘉铨谁为当世诗人之首，后者以袁枚应答②。可以肯定，面对当时中国首屈一指的大文人的著作，朝鲜使臣决不会弃置不购。

此外，《随园八十寿言》卷3徐云路《祝简斋前辈寿》所云"远人倭国求诗卷"③，说的则是日本对袁枚著作的访求。

与袁枚、蒋士铨并称为"乾隆三大家"的赵翼著有《瓯北诗话》，据《清水笔语》记录，日本人野田浦笛曾向来日本的商船上的人颇为关心地问起："《瓯北诗话》带来么？"④

吴锡麒是清代乾嘉时期另一位文学大家，以善诗词和骈文著称，著有《有正味斋诗集》、《有正味斋骈体文》等。法式善在给吴锡麒的诗集作序时说："先生名重中外，诗文集凡数镌板，贾人借渔利致富。高丽使至，出金饼购《有正味斋集》，厂肆为一空……"⑤ 序言中有些话自然有夸大成分，但朝鲜使者在琉璃厂购买吴锡麒诗文集这事恐怕不是出于虚构。

最后，需要指出的是，在清代，销往国际市场的中国图书除了汉文图书外，还包括其他一些少数民族文字图书。例如，四川德化州人吉·登巴泽仁于清雍正七年（公元1729年）创建德格印经院，该院刻印的藏文经书就不仅在中国内地销售，还远销印度、缅甸、日本等国⑥。

另外，到了清代中期，除了逐利的商人外，还有些学者已经意识到图书国际市场的重要性。他们认为让图书传世的最好办法是：既要让它在国内出售，还要让它在国际上流通。例如，汪喜孙在写给王引之的信中谈到：

  若刷印廿本，一付陈石甫交与吴门书市，与日本书舫易《群经治要》诸书；一付琉璃厂，听其易高丽书史……其余寄广

---

 ① 洪奭周《鹤岗散笔》卷2："中国人记我东事，往往全失其实。……近世袁枚《小仓山房集》自言高丽使臣来购己文集，列使臣姓名，有吾先人讳字。先人以布衣从吾祖考孝安公赴燕，未尝为使臣，时亦未尝知有枚文也。"转引自张伯伟：《清代诗话东传略论稿》，中华书局2007年版，第142页。

 ② 朴趾源：《热河日记》，朱瑞平校点，上海书店出版社1997年版，第268页。

 ③ 王英志主编：《袁枚全集》第6册，江苏古籍出版社1993年版，第45页。

 ④ 转引自张伯伟《清代诗话东传略论稿》，中华书局2007年版，第99页。

 ⑤ 序见清嘉庆十三年刻《有正味斋全集》增修本卷首，收入《续修四库全书》编纂委员会：《续修四库全书》第1468册，上海古籍出版社2002年版，第381页。

 ⑥ 参看李瑞良：《中国古代图书流通史》，上海人民出版社2000年版，第407—408页。

东洋舶、江浙书肆，定以善价，易书数十百种①。

这里不仅提到了国内若干重要图书市场，也从一个侧面反映了当时中国图书与日本、朝鲜以及其他国家图书交流的情况，即：往返于中国、日本的书船，在苏州书市有不少；朝鲜人来中国进行图书交易则多在北京琉璃厂；广东出洋商舶携带的商品中也有各类中国图书。

而乾嘉时期著名史学家章学诚的一段话，则从反面说明当时图书国际市场的活跃：

> 闻海外番舶，如日本、琉球，颇用重价购书。江浙之间，有司不甚稽查。此恐所关非细，或与大吏言之：凡诸海口商舶，毋许私贩书籍。则所全者，不特为征文考献已尔②。

章学诚担心图书流传海外，希望官府能够对此加以限制。他的担心，恰恰说明交易的繁荣。

上述内容，充分说明了中国古代图书在国际市场上的流通以及受欢迎情况。

（三）中国古代图书出版的销售方式

中国古代图书出版的销售方式，既有批发，也有零售，还有行商居中的转运贩卖。

清初著名时文选家吕留良在谈到南京书店的情况时曾说：

> 若金陵书坊，则例有二种：其一为门市书坊，零星散卖，近处者在书铺廊下；其一为兑客书坊，与各省书客交易者，则在承恩寺。大约外地书到金陵，必以承恩为主，取各省书客之便也。凡书到承恩，自有坊人周旋可托。其价值亦无定例，第视其书之行否为高下耳③。

---

① 罗振玉：《昭代经师手简》（二编），1918年影印本。
② 章学诚：《与阮学使论求遗书》，收入《章学诚遗书》卷28，文物出版社1985年影印版，第332页。
③ 吕留良：《吕晚村先生文集》卷2《答潘美岩书》，收入《续修四库全书》编纂委员会：《续修四库全书》第1411册，上海古籍出版社2002年版，第101页。

可见，当时南京的书店有主营零售的，也有专门接待各地书贩的，后者就是居间负责批发的书店。引文中的"兑"即兑发或发兑，也就是今天所谓批发。光绪癸巳即光绪十九年（公元1893年）刊刻《重校批点青云集合注》的扉页上就有"三义堂记，发兑古今书籍"字样，这是说三义堂批发古今各类书籍。我们在不少古代图书上都能看见"××发兑"字样，例如，清康熙二十四年（公元1685年）刻《杏花村志》一书钤有"金陵十竹斋发兑"，光绪三年（公元1877年）刻《红楼梦影》一书书名页上则刻有"京都隆福寺路南聚珍堂书坊发兑"字样。

另外，明清时"批发"又可称"发"、"抄发"等。例如，清初吴敬梓《儒林外史》第十八回杭州文瀚楼店主人请匡超人批文章，说：

> 目今我和一个朋友合本，要刻一部考卷卖，要费先生的心替我批一批，又要批的好，又要批的快。合共三百多篇文章，不知要多少日子就可以批得出来？我如今扣着日子，好发与山东、河南客人带去卖，若出的迟，山东、河南客人起了身，就误了一觉睡①。

按计划，文瀚楼店主人刻出书来之后，是要批发给山东、河南书商的。而这些山东、河南书商，极有可能就是后文所说居中转运贩卖的行商。

图书零售的具体方式多姿多彩，大体而言，可分为商店零售、流动售书、上门零售三种。在城市中，三种零售方式都有；而在乡村，主要是上门零售，辅以乡镇墟集时摆摊零售。

商店零售属于中国古代所谓"坐贾"，包括：1. 大部分中国古代图书生产者。因为大部分中国古代图书生产者不仅自己制作出版图书，还同时拥有书肆直接发售自己制作的图书；2. 专营图书零售的书肆；3. 兼营图书零售的商店，这些商店除了图书外，还卖文物古玩、文房四宝乃至香烛纸马之类物品。后二者自己并不制作出版图书，却参与到图书销售中，他们所销售的图书是从制作出版者那里批发过来的。

为了更好地招徕消费者，零售商店尽其可能提供完善周到的服务，以此促进图书销售。例如，清代福州南后街的书铺，"看书、购书悉听尊便，甚至备有笔砚供熟客抄录"②。乍一看，准备笔砚让消费者抄书岂不

---

① 吴敬梓：《儒林外史》，张慧剑校注，人民文学出版社1988年版，第220页。
② 林应麟：《福建书业史——建本发展轨迹考》，鹭江出版社2004年版，第592页。

是使得消费者不再买店里的书了？其实不然，精明的销售商以此聚集人气，吸引更多的爱书者到店里来，久而久之，自然会有更多的人购买店里的图书。而据瞿蜕园《北游录话》的描述，清代琉璃厂"真正卖旧书和碑帖"的书铺对于前来顾客的招待更为周到：

> 书店门面，虽然不宽，而内则曲折纵横，几层书架，及三五间明窗净几之屋，到处皆是，棐几湘帘，炉香茗碗，倦时可在暖炕床上小憩，吸烟谈心，恣无拘束。书店伙计和颜悦色，奉承恐后，决无慢客举动，买书固所欢迎，不买亦可，给现钱亦可，记账亦可①。

如此贴心的服务，自然会吸引众多好书者一再光顾。来的人多了，或去的次数多了，就会有买卖，更何况阮囊羞涩时还可赊账，这让好书者碰见想要的书时更难以抵制购书的诱惑。但这种服务的提供，和这类书铺主要经营珍稀古本有关，对此类图书有兴趣且有购买能力的，多为"京朝学士大夫"，用今天的话说属于"高端客户"，才有此待遇。清代琉璃厂普通书肆为了招徕消费者，则利用地处京师的优势另出高招：

> 盖向例，逢会试年，琉璃厂纸笔文具店必设法将上数科三鼎甲殿试卷横张于壁以示人，俾考试者知所效法。观者愈多，则生意愈盛，亦招徕之妙法。懿文斋、松竹斋，其尤著者也②。

琉璃厂的懿文斋书肆等设法弄来前几科殿试时的状元、榜眼、探花试卷，贴在店里墙上，吸引众多士子前往观看。这样一来，店里自然热闹，图书销售量也相应增多。

上门零售在今天称为"直销"，其实这在古代也并不罕见。中国古代图书的上门零售，大概有三种情况。

一是直接奔那些有图书需要且有购买能力的消费者家中去。例如，《北齐书》卷39《祖珽传》载："州客至，请卖《华林遍略》。文襄多集书人，一日一夜写毕，退其本曰：'不须也。'珽以《遍略》数帙质钱樗

---

① 转引自孙殿起：《琉璃厂小志》，北京古籍出版社1982年版，第15页。
② 徐珂：《清稗类钞》，中华书局1984年版，第692页。

蒲，文襄杖之四十。"① 这个书贩找到文襄即后来的北齐世宗高澄售书，结果被后者骗了。再如，清代著名学者兼诗人赵翼年轻时很穷，虽然爱书却买不起书；归隐后，不但有了闲，更有了钱，于是大量购书②。各大书贩闻风而至，《瓯北集》卷21《消夏绝句》（其四）谓："解事童奴传好语，门前新到卖书船。"③这其中，就有洪亮吉《北江诗话》卷中所谓"掠贩家"施汉英，《瓯北集》卷28《赠贩书施汉英》写道："我昔初归有余俸，欲消永日借吟诵。汝从何处闻信来，满载古书压船重。"④ 由于赵翼是江苏常州人，江南水乡最便利的交通工具就是船，于是这些书贩便用船装载着书到处零售。在江浙这种售书方式很常见，浙江湖州一带一度有很多书舫，这些书舫利用江南纵横交错的水道，将图书运载到各地零售。例如，当明末毛晋在门上贴出告示说"有以宋椠本至者，门内主人计叶酬钱，每叶出二百；有以旧抄本至者，每叶出四十；有以时下善本至者，别家出一千，主人出一千二百"时，"于是湖州书舫云集于七星桥毛氏之门矣"⑤。湖州书舫消息灵通，逐利而行，而"云集"二字可见当时湖州书舫之多。清代乾隆年间张鉴在《瞑琴山馆藏书目序》中说："吾湖固多贾客，织里一乡，居者皆以佣书为业。出则扁舟孤棹，举凡平江远近数百里之间，简籍不胫而走，盖自元时至今，几四百载。上至都门，下达海舶。"⑥ 据此，可见湖州织里的人们从元至清四百年间都是以贩卖图书为业，他们的书船几乎无远不届。清代乾隆间另一位著名文人蒋士铨《秋江载书图》诗云："不如吴兴估客卖书船，坐致千金等儿戏。"⑦ 这里的"吴兴估客"即湖州书商，他们靠着书船发家致富。湖州书船历史悠久，声名远扬，甚至连乾隆皇帝都知道，乾隆三十八年（公元1773年）三月二十九日为四库馆征集图书事下谕时提及："又湖州向多贾客书船，平时在各处州县兑卖书籍，与藏书家往来最熟。"⑧

---

① 《北齐书》，中华书局2000年版，第355页。
② 赵翼《瓯北集》卷24《读书苦忘，以诗自叹》中说："伊余自昔爱篇籍。常恨无资积满簏。几误《南华》作僻书，偶得《论衡》矜秘胠。仕宦归来力稍余，插架新收三万轴。"李学颖、曹光甫校点，上海古籍出版社1997年版，第502页。
③ 赵翼：《瓯北集》，李学颖、曹光甫校点，上海古籍出版社1997年版，第442页。
④ 赵翼：《瓯北集》，李学颖、曹光甫校点，上海古籍出版社1997年版，第616页。
⑤ 荥阳梅道人：《汲古阁主人小传》，传附《汲古阁校刻书目》卷首，道光二十一年刻本。
⑥ 序附见于叶昌炽：《藏书纪事诗》卷6"刘桐"一诗后，古典文学出版社1958年版，第333页。
⑦ 蒋士铨：《忠雅堂集校笺》，邵海清校，李梦生笺，上海古籍出版社1993年版，第1468页。
⑧ 中国第一历史档案馆编：《纂修四库全书档案》，上海古籍出版社1997年版，第70页。

二是直接到图书需要量相对比较大的学校去。例如,《儒林外史》第一回写王冕小时候喜欢读书:"每日点心钱,他也不买了吃,聚到一两个月,便偷个空,走到村学堂里,见那闯学堂的书客,就买几本旧书……"① 可见,元、明时有所谓闯学堂的书客,这些人携带图书到乡村私塾中去零售。

三是走街串巷、挨家挨户兜售。例如,明代李贤《古穰集》卷16《中议大夫黄州知府致仕滕君墓表》云:"君卒后,家无担石之储,太恭人孀居,独持门户,凡百所需,皆出勤俭之力,有售书者过门,辄脱簪珥易之。"② 这里提到的经过门前的售书者,应该是挨家挨户上门零售者。

介于商店零售和上门零售之间的,是流动售书。商店零售者在为商店选址时往往已经充分考虑到如何与尽可能多的消费者建立起直接联系,但商店选址一旦确定,要迁移就有不少麻烦。问题是,在古代城市中,随着时令、节序的不同,人群聚集地往往也会跟着发生变迁。于是,为了追随这些移动的人群,书肆很自然就想到一个办法,即流动售书。例如,明代北京的书肆就是这样流动的:"凡徙,非徙其肆也。萃肆中所有,税地张幕列架,而书置焉,若綦绣错也。日昃,复辇归肆中。"③ 可见,古代的流动售书和我们今天在一些旅游景点看见的流动售货车还不太一样,古代的流动售书过程中,车子只是充当了运载工具,图书商品的陈列还是租了一块场地专门用书架摆放的;而今天的流动售货车则除了充当运载交通工具之外,还充当了商品陈列室。此外,乡镇墟集中临时摆设的摊点在性质上也属于流动售书。

受制于疆域广大、交通不便等因素,中国古代各类产品大多在当地销售。但是,古代也有所谓"行商",即专门从一地批发购进商品,再贩卖到另一地去的商人,他们为中国古代人们经济生活中互通有无做了重要贡献。谈及中国古代图书的销售,显然不能忽视他们的存在与贡献。原因很简单,在中国古代图书出版史上,一些地方先后成为图书出版中心,这些地方刊刻出版的大量图书,并不仅仅在本地销售,还发售到全国各地乃至东南亚受中国文化影响至深的一些国家去,正是行商的存在,促进了图书从少数几个出版中心地流通到全国各地乃至国际市场上去。毫不夸张地说,行商完善了中国古代图书的销售渠道,扩大了中国古代图书生产者的销售网络,对于中国古代图书的流通居功至伟。

---

① 吴敬梓:《儒林外史》,张慧剑校注,人民文学出版社1988年版,第2页。
② 李贤:《古穰集》,文渊阁《四库全书》本。
③ 胡应麟:《少室山房笔丛》卷4《经籍会通四》,文渊阁《四库全书》本。

例如，在唐末，扬州和益州（今成都）是图书出版中心，据冯宿要求禁止版印时宪书的奏书所云"剑南两川及淮南道，皆以版印历日鬻于市。每岁司天台未奏颁下新历，其印历已满天下，有乖敬授之道"①，则当时这两个地方肯定雕印了大量的历书，因为剑南道西川治所在成都，淮南道治所在扬州。而且，即使剔除"其印历满天下"说法中的夸张成分，至少也可以肯定雕印的历书有不少行销到外地去了。

到了宋代，浙江、福建、四川成为全国图书出版业中心地。南宋魏了翁《眉山孙氏书楼记》云："自唐末五季以来始为印书，极于近世，而闽、浙、庸蜀之锓梓遍天下。"② 朱熹《建宁府建阳县学藏书记》也称："建阳版本书籍行四方者，无远不至。"③ 这些图书出版业中心地出版的图书绝不会不胫而走，它们之所以能够销售到四方去，就是因为行商们的贩卖。

明代的出版中心地主要有南京、苏州、杭州、建阳等地。胡应麟《少室山房笔丛》卷4《经籍会通四》云："吴会、金陵擅名文献，刻本至多，巨帙类书咸会萃焉。海内商贾所资二方十七，闽中十三，燕、越弗与也。然自本方所梓外，他省至者绝寡，虽连楹丽栋，搜其奇秘，百不二三，盖书之所出，而非所聚也。"④ 照他的说法，全国图书大约有7/10是从苏州、南京贩运来的，其他的3/10则是从福建贩运来的。前文曾引顾炎武《日知录》中的说法，所谓"至一科房稿之刻，有数百部，皆出于苏杭，而中原北方之贾人市买以去"，更是证明了当时这些图书行商从江浙出版中心大量贩卖图书到北方去。由于很多商人到这些出版中心来贩运图书，一些地方还因此形成了极为繁荣的书市。例如，福建建阳从宋代以来就是中国很重要的图书出版中心，建阳县麻沙和崇化书坊林立，号称"图书之府"，可惜麻沙书坊在元末动乱中毁于战火，崇化里书坊街因此在明代一枝独秀，当时这里有专门进行图书贸易的书市，而且定期开市交易："书市在崇化里，比屋皆鬻书籍，天下客商贩者如织，

---

① 《册府元龟》卷160，文渊阁《四库全书》本。
② 魏了翁：《鹤山集》卷41，文渊阁《四库全书》本。
③ 朱熹：《晦庵集》卷78，文渊阁《四库全书》本。
④ 胡应麟：《少室山房笔丛》，文渊阁《四库全书》本。

每月以一、六日集。"① 这种书市,主要是批发图书给"天下客商",捎带着也做些零售。

明代中叶后,福建四堡乡图书出版业日渐发达,至清中叶成为南方刻书中心。清代杨澜《临汀汇考·物产篇》云:"长汀四堡乡,皆以书籍为业,家有藏板,岁一刷印,贩行远近。……城市有店,乡以肩担。"②从当地邹、马二姓族谱提供的资料来看,"邹氏和马氏族内有一批专营贩书的人。我们从马氏上祠谱就找到了20多位专门售书的书商",他们将当地刊刻出版的图书贩运到全国各地销售,尤其是邻近的广东、广西、江西、浙江、江苏等省份,布满了他们的销售网络③。此外,外地书商也来此地批发图书。

清代的出版中心地主要有北京、苏州、广东省佛山、福建省四堡乡、江西省金溪许湾等地。这一时期引人注目的是江西和广东两省也成为图书出版业大军中颇为重要的力量,金武祥《粟香三笔》卷4记载:"书板之多,以江西、广东两省为最。江西刻工在金溪县之许湾,广东刻工在顺德县之马冈,均以书版多者为富。嫁女常以书版为奁资。惟字每草率讹误,以锓版半用女工耳。"④ 全国其他地方售卖的图书,大多是从出版中心地贩运来的,例如,清代鲁九皋就说:"山西一省皆无刻板大书坊,其坊间所卖经史书籍,内则贩自京师,外则贩自江浙、江西、湖广等处。"⑤ 不过,即使是这些图书刊刻出版中心的书肆,有时也同样会从外地买进图书,例如,清代琉璃厂著名的五柳居与文粹堂两家书肆"皆每年购书于苏州,载船而来"⑥。

---

① 嘉靖《建阳县志》卷3《封域志》,刻本。按,麻沙的图书批发虽然盛况不再,但似乎一直延续到清初。康雍时期著名诗人查慎行(公元1650—1727年)《敬业堂诗集》卷44《建溪棹歌词十二章并序》其四云:"西江估客建阳来,不载兰花与药材。点缀溪山真不俗,麻沙村里贩书回。" 四部备要本,第402页。
② 转引自谢水顺、李珽:《福建古代刻书》,福建人民出版社1997年版,第455页。
③ 吴世灯:《清代福建四堡刻书业调查报告》,收入宋原放主编:《中国出版史料(古代部分)》第二卷,湖北教育出版社2004年版,第319页。参看谢水顺、李珽:《福建古代刻书》,福建人民出版社1997年版,第460—462页。
④ 金武祥:《粟香三笔》,收入《续修四库全书》编纂委员会:《续修四库全书》第1183册,上海古籍出版社2002年版,第559页。
⑤ 鲁九皋:《鲁山木先生文集外集》卷1,转引自张秀民:《中国印刷史》,韩琦增订,浙江古籍出版社2006年版,第389页。
⑥ 李文藻:《琉璃厂书肆记》,收入孙殿起辑:《琉璃厂小志》,北京古籍出版社1982年版,第101页。

四、小　结

　　本章主要论述了和中国古代图书出版营销相关的几个要素。识字教育的开展是人们获得阅读图书能力的前提，但真正促使人们对于图书产生强烈需要的深层原因有三：一是人们希望提升和完善自我，进而在社会中获得属于自己的位置，能够更好地生存下去，实现自我人生价值；二是人们希望精神上有所寄托、情感上有所交流和共鸣，使得他们对于记载、传达思想和感情以及能够消闲娱乐、排遣孤独等相应图书有极大需要；其三，受中国藏书文化传统影响，图书被视为风雅之物，藏书作为可供炫耀的文化资本能够给藏书者带来心理上的满足。中国古代图书作为满足人们需要的产物，在形态、装帧和生产方式上都有一个历史演进过程，在这一演进过程中中国发明了纸和印刷术，对于世界文明的发展做出了巨大贡献。中国古代在一些重要都市里很早就出现了进行图书交换的书肆，不仅如此，中国古代图书一度在国际市场上也是畅销产品之一，在那些受汉文化辐射的东南亚国家里尤其受到欢迎。在中国历史上曾先后形成一些出版中心，通过行商、坐贾们的努力，这些出版中心生产的各类图书流通到全国乃至世界各地，他们为中国古代图书的广泛传布立下了汗马功劳。

第二章 中国古代文化政策与图书出版营销

　　图书作为一种文化产品，和意识形态息息相关，用古人常用的话说就是"关乎世道人心"。图书文字传达的思想、内容会影响人们的思想观念，进而可能影响人们的行动。因此，中国古代的统治者们大都非常重视对于图书生产、图书收藏、图书流通的管理，制订了与此相关的文化政策，这些文化政策对于图书营销产生了直接的影响。这些影响既有正面的，也有负面的，本章拟对此进行深入探讨。

　　除此之外，当朝廷文化政策导向引起时代学风转移的时候，对相关图书的营销也会产生间接影响。这方面最典型的例子就是清代乾嘉时期，由于朝廷鼓励朴学研究，汉学以绝对优势成为学术界主流，一时之间，"人人许、郑，家家贾、马"，出现了梁启超所谓"古典考证学独盛"的局面①。在这种局面下，虽然程朱理学仍是官方认可的意识形态，但实际上受到读书人的大肆排击，没有几个人愿意再去研读宋儒的著作，这就导致了理学著作的滞销，图书营销者自然也就不太愿意在这些著作上做更多的投入。对此，乾嘉时桐城文派的宗师、力主宋学的姚鼐（公元1732—1815年）晚年时在《与陈硕士九十六首》其九十一这封信中曾提到："近世所重，只考证、词章之事，无有精求义理者。言尚远之，而况行乎？吾为此劝诸生看《朱子或问》、《语类》，而坊间书贾，至无此书。意欲俟少寇按临时，劝其镂板颁学。"② 无独有偶，比姚鼐稍后的昭梿（公元1776—1830年）《啸亭杂录》卷10"书贾语"条有真切的记载：

　　　　自于、和当权后，朝士习为奔竞，弃置正道，黠者诟詈正
　　人，以文己过；迂者株守考订，訾议宋儒，遂将濂、洛、关、

---

① 梁启超：《中国近三百年学术史》，东方出版社1996年版，第23页。
② 姚鼐：《姚惜抱尺牍》，新文化书社1935年版，第74页。

闽之书，束之高阁，无读之者。余尝购求薛文清《读书记》及胡居仁《居业录》诸书于书坊中，贾者云："近二十余年，坊中久不贮此种书，恐其无人市易，徒伤赀本耳！"伤哉是言，主文衡者可不省欤①?

可见，嘉庆时北京书店不愿意经营理学类图书，主要是在时代学风的影响下这类图书没有市场，经营者担心亏损。与此相反的，自然是汉学考据类图书受到普遍欢迎。

其实，统治者一些与文化政策无关的政令，有时也会被精明的中国古代图书营销者所把握。例如，南宋孝宗为了让士人在承平之时不忘武备，曾下令让及第进士学习射箭。于是，书坊中马上就有《增广射谱》之类的书籍出现②。但这种情况是个例，不像文化政策影响图书营销那样具有普遍性，因此本书不予过多探讨。

一、从正面促进图书营销的文化政策

中国历代文化政策中，有不少是从正面促进了古代图书营销的。这些政策，统而言之，即所谓"右文"政策。中国历史上那些较为聪明的王朝开国者，除了秦始皇以外，大都明白马上得天下并不可以马上治天下的道理，于是立国之初往往都转向崇尚文治，他们相信"文武并用，长久之术也"③。在推行文治过程中，他们颁布、实行了一系列政策，其中有不少对于当时的图书营销有着积极作用。

首先是推动文教发展的政策。本书第一章在分析中国古代人们对于图书的需要时，已经探讨过历代兴办各类学校、发展教育的政策举措对于图书营销的积极影响，在此不再赘言。

其次是朝廷设立专门的职能机构掌管图籍，并开辟专门的地方收藏图书，为了充实、丰富图书收藏，朝廷除了安排专人抄写或印制图书外，还下诏征求图书。因为高悬赏格，所谓"献书"实际上和买卖也差不多，只

---

① 昭梿：《啸亭杂录》，中华书局 1980 年版，第 317—318 页。
② 陈振孙《直斋书录解题》卷 14《增广射谱》一书解题云："淳熙中，诏进士习射，书坊为此以射利。"引文见徐小蛮、顾美华点校本，上海古籍出版社 1987 年版，第 406 页。
③ 《史记·郦生陆贾列传》，中华书局 2000 年版，第 2084 页。

不过买家是官府,这不仅在一个较短的时期内相对集中地促进了当时的图书营销,而且由此刺激的藏书热会在一个较长的时期内促进图书营销。

再次是特定历史时期一些特殊政策对于图书营销也产生较大影响。这些特殊政策包括朝廷颁行图书、要求人们必须收藏某些图书的硬性规定以及针对图书出版业的税收政策等。

最后是禁书政策。这一政策对于图书营销的阻碍作用是显而易见的,但也不能一概而论,有些时候禁书政策反而会刺激图书的营销。

(一)征求图书充实官藏的政策对图书营销的影响

官府藏书的历史,至少可以追溯到商朝。中国古代的王朝大多专门开辟一个或几个地方作为典藏图书的场所①。例如,商、周时宗庙中都有所谓"龟室",藏有大量甲骨卜辞;而周代,除了龟室外,还有"室"、"太史府"、"盟府"等藏书之所。西汉,未央宫中有石渠阁、天禄阁、麒麟阁三座藏书楼;东汉,藏书之所主要有兰台、东观等。魏、晋时由秘书监掌管图书典藏,南北朝时各代均有"秘书阁"或"秘阁"一类的官府藏书所在。隋代,皇家藏书处是修文殿和观文殿,中央政府藏书则在嘉则殿。唐代,秘书省、弘文馆、史馆、崇文馆、司经局、集贤院、翰林院均有藏书。宋代,也是由秘书省掌管图籍,以昭文馆、集贤院、史馆等"三馆"为实际藏书之所,宋太宗为三馆新建馆舍,赐名"崇文院",此后又在崇文院中修建"秘阁",作为特藏书库。元代,由秘书监掌管图籍,此外像太史院、太医院辖医学提举司、奎章阁、艺文监、翰林兼国史院等也有藏书。明代,文渊阁是最主要的藏书所在,此外像大本堂、皇史宬等也有藏书。清代馆藏几乎无处不在,紫禁城内藏书地点主要有内阁大库、国史馆、武英殿、方略馆、昭仁殿、五经萃室、摛藻堂、养心殿等,此外盛京宫内、热河避暑山庄内都有官藏。清代乾隆后,乾清宫昭仁殿专门贮藏宋、元、明善本图书,专门编制的《天禄琳琅书目》正、续编为世人熟知。诸如此类,充分说明了中国古代各王朝对于图书典藏的重视。

历代中央官藏由于有无上的权力和雄厚的资财作为保障,往往稍加经营后藏书便极大丰富。不过,由于官藏集中在都城,而中国的王朝总

---

① 详细情况可参看任继愈主编《中国藏书楼》中编"中国藏书楼发展史"中有关官府藏书部分,辽宁人民出版社 2001 年版;另可参看程千帆、徐有富:《校雠广义·典藏编》,齐鲁书社 1998 年版。

是按照历史周期律轮替,王朝更替之间,作为政治中心的都城几乎免不了战乱兵火,官藏往往因此付之一炬,令人痛心。例如,东汉末年,天下大乱,官藏毁于兵燹,《后汉书·儒林传》沉痛写道:

> 初,光武迁还洛阳,其经牒秘书载之二千余两,自此以后,三倍于前。及董卓移都之际,吏民扰乱,自辟雍、东观、兰台、石室、宣明、鸿都诸藏典策文章,竞共剖散,其缣帛图书,大则连为帷盖,小乃制为滕囊。及王允所收而西者,才七十余乘,道路艰远,复弃其半矣。后长安之乱,一时焚荡,莫不泯尽焉[①]。

再如,经过中期的安史之乱和末期的黄巢起义,唐朝官藏也是几乎荡然无存,《旧唐书·经籍志》云:

> 禄山之乱,两都覆没,乾元旧籍,亡散殆尽。……及广明初,黄巢干纪,再陷两京,宫庙寺署,焚荡殆尽,囊时遗籍,尺简无存[②]。

其他的像西晋末年的动荡、梁元帝时周师攻入荆州、北宋末年金兵进占开封、明代末年李自成率农民军进入北京城等,都对当时的中央官藏造成毁灭性影响。

前代图书零落、亡散之后,后来者要重聚图书,除了由朝廷安排专门人员抄写、印制图书外,往往还下诏征求民间留存的图书,甚至派专员到一些图书生产地去集中采购,以图在较短的时间内迅速集聚起大量图书。为了鼓励民间献书,朝廷一般对献书者给予一定的奖励,或爵或利。赏官做的且不论,给钱实际上相当于朝廷出钱购买图书,该政策会在一段时间内极大地刺激图书营销。值得注意的是,这种刺激几乎是伴随着朝代更替周期性来临,前代官藏因兵燹遭灭顶之灾给取代它的朝代的图书出版业者带来新的营销机会。

由于秦始皇焚书,加上秦末群雄逐鹿造成的动荡,典籍散佚严重。汉代兴起之后,"大收篇籍,广开献书之路",汉武帝还专门设立"写书之官",秘府藏书逐渐充实起来,"至成帝时,以书颇散亡,使谒者陈农

[①] 《后汉书》,中华书局2000年版,第1719页。
[②] 《旧唐书》,中华书局2000年版,第1336页。

求遗书于天下"①。不过,《汉书·艺文志》并没有明言陈农以什么手段求书。到了东汉章帝时,为了征求图书,除了利用行政权威外,还利用金钱购买,此即王充《论衡》卷20《佚文篇》所载"今上即令诏求亡失,购募以金"②。此后,用金钱来购募图书以充实官藏的事例一再出现。

北魏太和十九年(公元495年),孝文帝下诏"求天下遗书,秘阁所无,有裨益时用者,加以优赏"③。

隋文帝开皇四年(公元584年),秘书监牛弘上表建议访求图书,"上纳之,于是下诏,献书一卷赉缣一匹"④。据《新唐书·艺文志》记载,隋朝仅嘉则殿藏书就多达三十七万卷⑤。

武德五年(公元622年),唐高祖在令狐德棻的建议下购求图书:"方是时,大乱后经籍亡散,秘书湮缺。德棻始请帝重购求天下遗书,置吏补录,不数年图典略备。"⑥

唐太宗时也一再购求天下图书充实秘书监:"贞观中,魏徵、虞世南、颜师古继为秘书监,请购天下书,选五品以上子孙工书者为书手,缮写藏于内库,以宫人掌之。"⑦盛唐时,官藏图书数量惊人。武德九年(公元626年),唐太宗即位后,"于弘文殿聚四部书二十余万卷,置弘文馆于殿侧"⑧。开元十三年(公元725年),唐玄宗将丽正书院改为集贤殿书院。开元十九年(公元731年),"集贤院四库书总八万九千卷:经库一万三千七百五十二卷;史库二万六千八百二十卷;子库二万一千五百四十八卷;集库一万七千九百六十卷"⑨。

安史之乱后,唐朝官藏图书荡然无存,中央政府于是再次掀起购求图书的小高潮:"禄山之乱,两都覆灭,乾元旧籍,亡散殆尽。肃宗、代宗崇重儒术,屡诏购募。"⑩对此,《新唐书·艺文志》有更为明确的记载:代宗时,"元载为相,奏以千钱购书一卷,又命拾遗苗发等使江淮括访"⑪。

---

① 《汉书·艺文志》,中华书局2000年版,第1351页。
② 王充:《论衡》,文渊阁《四库全书》本。
③ 《魏书》卷7下《高祖孝文帝纪》,中华书局2000年版,第120页。
④ 《隋书》卷49《牛弘传》,中华书局2000年版,第869页。
⑤ 《新唐书》卷57《艺文志》,中华书局2000年版,第936页。
⑥ 《新唐书》卷102《令狐德棻传》,中华书局2000年版,第3191页。
⑦ 《新唐书》卷57《艺文志》,中华书局2000年版,第936页。
⑧ 《资治通鉴》卷192,中华书局2007年版,第2320页。
⑨ 王溥:《唐会要》卷35"经籍",中华书局1955年版,第644页。
⑩ 《旧唐书·经籍志上》,中华书局2000年版,第1336页。
⑪ 《新唐书》卷57《艺文志》,中华书局2000年版,第936页。

后唐庄宗同光中，"募民献书，及三百卷，授以试衔；其选调之官，每百卷减一选"①。后唐明宗天成元年（公元926年）九月，"庚申，以都官郎中庾传美充三川搜访图籍使"②。长兴三年（公元932年）十一月，史官请求"下两浙、荆湖购募野史及除目报状"③，唐明帝也予以准奏。

　　后汉时也曾用金帛和官爵来征求图书："后汉乾祐中，礼部郎司徒调请开献书之路，凡儒学之士、衣冠旧族，有以三馆亡书来上者，计其卷帙，赐之金帛，数多者授以官秩。"④

　　后周也曾征求图书充实史馆："周世宗以史馆书籍尚少，锐意求访，凡献书者悉加优赐，以诱致之。"⑤

　　南唐李昇"悬金为购坟典，职吏而写史籍。闻有藏书者，虽寒贱必优词以假之，或有赍献者，虽浅近必丰厚以答之"⑥。

　　宋代立国之初就确立了以文治国的方略，宋太祖甚至想让所有武臣都折节读书，他在建隆三年（公元962年）"尝谓侍臣曰：'朕欲武臣尽令读书，以知为治之道。'"⑦ 正如明人邱濬《请广储书籍议》所说："宋朝以文为治，而于书籍一事尤切用心，历世相承，率加崇尚，屡下诏书搜访遗书，或给以赏，或赐以官，凡可以得书者无不留意。"⑧ 具体而言，两宋时期政府下令购求图书的史实主要有以下这些：

　　北宋时，"宋太祖乾德中，下诏购募亡书。涉弼、彭干等诣阙献书千二百二十八卷。诏分置书府，弼等并赐科名"⑨。

　　宋太宗雍熙元年（公元984年），"上谓侍臣曰：'夫教化之本、治乱之源，苟无书籍，何以取法？今三馆所贮，遗逸尚多。'乃诏三馆以《开元四库书目》阅馆中所阙者，具列其名，募中外有以书来上，及三百卷，当议甄录酬奖。余第卷帙之数，等级优赐。不愿送官者，借其本写毕还之。自是，四方之书往往间出矣"⑩。至道元年（公元995年）六月，宋太宗派遣裴愈出使到江南两浙诸州，其任务就是寻访图书，"如愿进纳入

---

① 马端临：《文献通考》卷174《经籍考·总叙》，文渊阁《四库全书》本。
② 《旧五代史》卷37《唐书·明宗本纪》，中华书局2000年版，第353页。
③ 《旧五代史》卷43《唐书·明宗本纪》，中华书局2000年版，第413页。
④ 马端临：《文献通考》卷174《经籍考·总叙》，文渊阁《四库全书》本。
⑤ 马端临：《文献通考》卷174《经籍考·总叙》，文渊阁《四库全书》本。
⑥ 刘崇远：《金华子杂编》卷上，文渊阁《四库全书》本。
⑦ 徐乾学：《资治通鉴后编》卷2，文渊阁《四库全书》本。
⑧ 梁国治等：《国子监志》卷55，文渊阁《四库全书》本。
⑨ 彭大翼：《山堂肆考》卷124，文渊阁《四库全书》本。
⑩ 李焘：《续资治通鉴长编》卷25，文渊阁《四库全书》本。

官，优给价值；如不愿进纳者，就所在差能书吏借本抄写，实时给还，仍赍御书石本，所在分赐之。愈还，凡得古书六十余卷"①。

宋真宗咸平四年（公元1001年），因为主客司员外郎直集贤院李建中说太清楼藏书恐有谬误，请选官重校，宋真宗因此翻阅书目，发现缺的书还很多，"仍诏天下购馆阁遗书，每卷给千钱，及三百卷者当量材录用"②。

宋仁宗嘉祐五年（公元1060年），"诏曰：国初承五代之后，简编散落，三馆聚书，才万卷。其后平定列国，先收图籍。亦尝分遣使人，屡下诏令，访募异本，校定篇目，听政之暇，无废览观。然比开元，遗逸尚众，宜加购赏，以广献书。中外士庶，并许上馆阁阙书，每卷支绢一匹，五百卷与文资官"③。

宋徽宗时，"诏购求士民藏书，其有所秘未见之书足备观采者，仍命以官"④。

南宋时，"高宗移跸临安，乃建秘书省于国史院之右，搜访遗阙，屡优献书之赏，于是四方之藏，稍稍复出，而馆阁编辑，日益以富矣。当时类次书目，得四万四千四百八十六卷。至宁宗时续书目，又得一万四千九百四十三卷，视《崇文总目》，又有加焉"⑤。宋高宗征求图书一事，《文献通考》卷174《经籍考·总叙》有更详细的叙述：

> 高宗渡江，书籍散佚，献书有赏，或以官。故家藏者，或命就录，鬻者悉市之。乃诏分经、史、子、集四库，仍分官日校。又内降诏，其略曰："国家用武开基，右文致治，藏书之盛，视古为多。艰难以来，网罗散失，而十不得其四五。令监司郡守各谕所部，悉上送官，多者优赏。"又复置补写所，令秘书省提举掌求遗书，诏定献书赏格，自是多来献者⑥。

---

① 程俱：《麟台故事》卷1，文渊阁《四库全书》本。
② 李焘：《续资治通鉴长编》卷49，文渊阁《四库全书》本。
③ 李焘：《续资治通鉴长编》卷192，文渊阁《四库全书》本。
④ 《宋史》卷202《艺文志》，中华书局2000年版，第3366页。按，值得一提的是，由于宋徽宗崇信道教，在政和三年（公元1113年）十二月还曾专门下诏访求"道教仙经"即道教类图书。见《宋史》卷21《徽宗本纪三》，中华书局2000年版，第261页。
⑤ 《宋史》卷202《艺文志》，中华书局2000年版，第3366页。
⑥ 马端临：《文献通考》，文渊阁《四库全书》本。

即使是历史上的少数民族政权，也曾有购藏图书之举。据正史记载，辽道宗清宁十年（公元1064年）十一月，"丁丑，诏求乾文阁所阙经籍，命儒臣校雠"①。金章宗泰和元年（公元1201年）十月，"壬寅，敕有司，购遗书宜尚其价，以广搜访。藏书之家有珍惜不愿送官者，官为誊写，毕复还之，仍量给其值之半"②。元成宗大德十一年（公元1307年）五月，元武宗即位后，"遣使四方，旁求经籍，识以玉刻印章，命近侍掌之"③。

明代也颇为重视官藏。明太祖曾"诏求四方遗书"，明成祖继承了他父亲的做法，"永乐四年，帝御便殿阅书史，问文渊阁藏书。解缙对以尚多阙略。……遂命礼部尚书郑赐遣使访购，惟其所欲与之，勿较值"。到明宣宗时，"秘阁贮书约二万余部，近百万卷，刻本十三，抄本十七"④，可见历朝积累后图书官藏之富。

另外值得一提的是朱元璋立国之初为了恢复北方的教育，还曾购书赐予各学校收藏阅读。洪武二十四年（公元1391年）六月戊寅朱元璋谕旨："朕尝念北方学校缺少书籍，士子有志于学者，往往病无书读，向尝颁发《四书》、《五经》，其他子史诸书，未赐予，宜于国子监印颁。有未备者，遣人往福建购与之。"⑤ 该谕旨中提到的事情，在《太祖本纪》洪武十四年（公元1381年）三月中也有记载："辛丑，颁《五经》、《四书》于北方学校。"⑥ 这种国家采购自然也会在短时期内对图书营销发生影响。

清代皇帝对于图书官藏的意义认识很充分。康熙皇帝曾于康熙二十五年（公元1686年）给礼部、翰林院下谕旨说："自古帝王致治隆文，典籍具备，犹必博采遗书，用充秘府，盖以广见闻而资掌故，甚盛事也。"不过，他发现内府藏书并不完备，因此，他要求"今宜广为访辑，凡经、史、子、集，除寻常刻本，其有藏书秘录作何给值采集，及借本抄写事宜，尔部、院会同详议具奏，务令搜罗罔佚，以副朕稽古崇文之至意"⑦。康熙为了丰富内府藏书，下令对于善本图书，除了借本抄写外，

---

① 《辽史》卷22《道宗本纪二》，中华书局2000年版，第182页。
② 《金史》卷11《章宗本纪三》，中华书局2000年版，第170页。
③ 《元史》卷24《仁宗本纪一》，中华书局2000年版，第364页。
④ 《明史》卷96《艺文志》，中华书局2000年版，第1567页。
⑤ 《宝训》卷1"兴学"条，见张德信、毛佩琦主编：《洪武御制全书》，黄山书社1995年版，第441—442页。
⑥ 《明史》卷2，中华书局2000年版，第24页。
⑦ 《圣祖仁皇帝御制文集》第二集卷3，文渊阁《四库全书》本。

也可以酌价购买。到了乾隆时期，为了修《四库全书》，在全国范围内发起长时间、大规模的征书活动更是众所周知的事情。其间为了鼓励献书，乾隆在进呈的一些善本图书上题咏，再把原书发还给原收藏者，以增其荣耀；对于献书五六百种以上的鲍士恭、范懋柱、汪启淑、马裕等四位藏书家各赐《古今图书集成》一部，而对献书一百种以上的诸位藏书家则各赐《佩文韵府》一部，以示嘉奖①。不过，除此之外，在乾隆三十七年（公元1772年）正月初四日的谕旨里，乾隆让各省督抚、学政"加意购访"，并说"在坊肆者，或量为给价"②，可见同时也用钱来购买一些图书。其实，早在顺治八年（公元1651年），为了纂修明史，朝廷就曾下令以重赏购求天启、崇祯朝实录以及邸报、野史、外传、集记等书，这可谓修《四库全书》购求图书的先声。

以上所列，基本都是用金帛钱物来购求图书的史实，其中有些同时也用赐官来作为诱惑。不难想见，在中国古代，当朝廷颁布这类征求图书政策后，在实利或名爵的诱惑下，图书在很多人心目中眨眼间变得奇货可居起来。于是，民间和官府之间进行一次较大规模的图书贸易，交易过后，官府藏书得到充实和丰富，而民间一些人得到实利或名爵。征求过程本身刺激了当时的图书营销，而征求政策承诺的好处会使整个社会上更多的人意识到藏书其实也有其投资价值，这种意识的扩散会在接下来一个更长的时间段内促进图书的销售。因此，朝廷征求图书充实官藏的政策最终会对当时的图书营销带来较为积极的促进作用。

（二）朝廷颁行图书对于图书营销的影响

在中国古代，有些时期朝廷不仅征求图书丰富官藏，也向天下颁行一些图书。更有甚者，还颁行特别命令，要求民间必须收藏某一部或某些图书。朝廷颁行图书大多是出于意识形态教化或一些公益目的，而之所以指定人们必须收藏某一部或某些图书，是因为统治者认为所指定的图书对于世道人心的教化至关重要，或者是对于时代确立正确学风、文风有导向性作用。无论如何，这类政策的实行，肯定会对相关图书的销售情况发生极大影响。

开元十年（公元722年）六月，唐玄宗将他的《孝经注》颁布于天

---

① 见《四库全书总目》卷首乾隆三十九年（公元1774年）五月十四日诏书，中华书局1965年版，第2页。

② 《四库全书总目》卷首，中华书局1965年版，第1页。

下。天宝二年（公元743年），唐玄宗重新对《孝经》进行了注释，再度颁行天下①。第二年十二月，"诏天下民间家藏《孝经》一本"②，并要求"精勤教习，学校之中，倍加传授，州县官长，明申劝课"③。唐玄宗以皇帝之尊亲自注释《孝经》自然不是出于学术兴趣，而是因为他服膺儒家"其为人也孝弟，而好犯上者，鲜矣；不好犯上，而好作乱者，未之有也"（《论语·学而》）的观点，认为孝为德之本，应该效法先王，以孝治天下。唐玄宗因此要求民间百姓每家都必须藏有《孝经》，加以熟读；学校必须着重讲授；而地方官员必须加以督促。可以想见，这一政令颁布后，图书市场上《孝经》一书的流通数量必然在短时间内大增。此外，唐玄宗在开元间还遣使搜访道经遗书，"列其书为藏，目曰《三洞琼纲》，总三千七百四十四卷"④，这是道书正式编藏的开始。该道藏编成之后，天宝七年（公元748年），诏令传写流布⑤。

宋代，无论是北宋还是南宋，都曾先后颁行不少医书、医方，这些医书、医方大都听任吏民传写。于是，地方政府和民间图书出版商或抄写，或翻刻，将这些图书复制后售卖。而且，由于朝廷一再颁行医书医方，使得当时图书市场上极为盛行此类图书，除了朝廷编纂的，也有民间编写的，这种氛围无疑也会促进医书、医方的营销。例如，宋太宗在登基前就颇为留意医术，太平兴国三年（公元978年），他将自己藏的一千多种经检验有效的医方拿出来，并且要求翰林医官院将各自家传的医方书献出来，由医官王怀隐、陈昭遇等校对编类，淳化三年（公元992年）书编成后，赐名《太平圣惠方》⑥。该书镂板雕印之后，"以印本颁天下，每州择明医术者一人补博士，令掌之，听吏民传写"⑦。由于这是经皇帝下令由政府最高医药机构编纂成的医药方，其权威性毋庸置疑，被天下人视为治病救命的宝典，既然可以传写，地方政府和民间图书出版商自然一再复制。

金世宗为了教化自己的国民，让译经所翻译了一些汉民族的文化典

---

① 王溥：《唐会要》卷36"修撰"："十年六月二日，上注《孝经》颁于天下及国子学，至天宝二年五月二十二日，上重注亦颁于天下。"中华书局1955年版，第658页。
② 《旧唐书》卷9《玄宗本纪》，中华书局2000年版，第146页。
③ 王溥：《唐会要》卷35"经籍"，中华书局1955年版，第645页。
④ 马端临：《文献通考》卷224，文渊阁《四库全书》本。
⑤ 参看陈国符：《道藏源流考》，中华书局1963年版，第121页。
⑥ 《宋史》卷461《方技上·王怀隐》，中华书局2000年版，第10471页。
⑦ 李焘：《续资治通鉴长编》卷33，文渊阁《四库全书》本。

籍，然后颁行全国。大定二十三年（公元1183年），"译经所进所译《易》、《书》、《论语》、《孟子》、《老子》、《扬子》、《文中子》、《刘子》及《新唐书》。上谓宰臣曰：'朕所以令译五经者，正欲女直人知仁义道德所在耳。'命颁行之。"①这些用女真文字翻译的图书无疑丰富了当时北方的图书市场，因为系朝廷颁行的权威译本，自然成为有阅读此类图书需要的女真读者的首选。

元武宗即位后，"时有进《大学衍义》者，命詹事王约等节而译之，帝曰：'治天下，此一书足矣。'因命与《图象孝经》、《列女传》并刊行，赐臣下"②。元武宗对这些书籍的赞赏与推行，无疑会影响到它们的营销。

明太祖朱元璋建国之后，尤为重视对天下臣民进行思想上的训诫和规劝。朱元璋为此特地编纂了《御制大诰》、《御制大诰续编》以及《御制大诰三编》，颁行天下，而且严令要求家家收藏。《御制大诰》颁行后，要求："一切官民诸色人等，户户有此一本。若犯笞杖徒流罪名，每减一等；无者每加一等。所在臣民，熟观为戒。"③而《御制大诰续编》颁行后，也要求："务必户户有之。敢有不敬而不收者，非吾治化之民，迁居化外，永不令归，的不虚示。"④及至《御制大诰三编》颁行，仍要求："凡朕臣民，务要家藏人诵，以为鉴戒。"⑤

由于明初朱元璋实行的是严刑峻法，当时民间百姓对这样的政令不敢不从，因此，《大诰》初编、续编、三编颁行后，全国各地都加以翻刻。为了减少翻刻过程中产生的讹误，朱元璋后来还特地让中书用大字刊行，他在洪武十九年（公元1386年）十一月二十五日写的《大诰续编后序》中提到："诰行既久，近监察御史丘野奏，所在翻刻印行者，字多讹舛，文不可读。欲穷治而罪之，朕念民愚者多，况所颁二诰字微画细，传刻之际，是致差讹。今特命中书大书重刻颁行，使所在有司，就将此本，易于翻刻，免致传写之误。"⑥

从上述朱元璋严令要求每家每户收藏《大诰》看来，这些图书不太可能是免费发放到各家的。因此，这一政策的实行，肯定使得明初《大

---

① 《金史》卷8《世宗本纪》，中华书局2000年版，第120页。
② 《元史》卷24《仁宗本纪一》，中华书局2000年版，第364页。
③ 张德信、毛佩琦主编：《洪武御制全书》，黄山书社1995年版，第785页。
④ 张德信、毛佩琦主编：《洪武御制全书》，黄山书社1995年版，第855页。
⑤ 张德信、毛佩琦主编：《洪武御制全书》，黄山书社1995年版，第926页。
⑥ 张德信、毛佩琦主编：《洪武御制全书》，黄山书社1995年版，第855—856页。

诰》初编、续编、三编的印行数量和销售量极为惊人。不过，正如明代成化年间陆容《菽园杂记》所说：

> 国初惩元之弊，用重典以新天下，故令行禁止，若风草然。然有面从于一时，而心违于身后者数事。如洪武钱、大明宝钞、《大诰》、《洪武韵》是已。……《大诰》，惟法司拟罪云有《大诰》减一等云尔，民间实未之见，况复有讲读者乎①？

可见到了明朝成化年间，民间已经找不到《大诰》了。等到了嘉靖时，这些书不仅民间百姓中没有，即使是学校里也很少见到了，所以霍韬上疏曾感慨《御制大诰》等书"今则非直百姓不见此书，虽学校生儒见此书者亦鲜也"②。

除了《大诰》，朱元璋在草创之初还颁行过《公子书》、《务农技艺商贾书》等书以训示、教化功臣子弟及农工商贾子弟③。这类书的颁行，反映了朱元璋化民成俗的一番苦心。而像后一种书，不仅有一定的实用性，而且目标消费者绝对数量很大，再加上"颁行"带来的权威光环，精明的图书出版商应该不会忽视这样有极大赢利可能的商机。

永乐年间，明成祖令胡广、杨荣、金幼孜等人纂辑《五经四书性理大全》：

> 永乐十五年三月，颁《五经四书性理大全》书于六部并两京国子监及天下郡县学。上谓礼部臣曰："此书学者之根本，而圣贤精义悉具矣。自书成，朕旦夕宫中披阅不倦，所益多矣。古人有志于学者，苦难得书籍，如今之学者得此书而不勉力，是自弃也。尔礼部其以朕意晓谕天下学者，令尽心讲明，无徒视为虚文也。"④

由于《四书》、《五经》关乎科举考试，因此这一图书在市场上极受欢迎。因为这套图书册数太多，图书出版商往往选择其中的几种进行翻刻，例

---

① 陆容：《菽园杂记》卷10，收入《明代笔记小说大观》，上海古籍出版社2005年版，第470页。
② 孙承泽：《春明梦余录》卷44，文渊阁《四库全书》本。
③ 黄虞稷：《千顷堂书目》，瞿凤起、潘景郑整理，上海古籍出版社2001年版，第312页。
④ 《礼部志稿》卷2，文渊阁《四库全书》本。

如刘氏安正书堂刊有《礼记集说大全》、《春秋集传大全》、《新刊性理大全》等，建阳余氏则刻过《春秋集传大全》、《书经大全》等。如前所述，《四书》、《五经》本来就是图书出版商的热门选题，这些图书一经朝廷颁行，自然被视为士子准备科举考试的最权威教材，受到图书市场的追捧。因此，朝廷颁行对于这些图书的畅销起了至关重要的作用。

满清入主中原之后，除了利用文字狱、禁书等手段对汉族士人进行思想上的事后惩戒外，还主动编纂了大量所谓"御纂"图书对士人进行预先训导，同时也以此证明自己并非文化上落后的"夷狄"。这些"御纂"图书颁行天下后，一般都准许民间刷印传布。例如，康熙曾"御纂"《古文渊鉴》、《资治纲目》等书，刷印后除了赏赐大臣外，还颁行天下，书坊也可以刊刻刷印。不过，最初这些书的传布并不像人们想象的那么容易，乾隆登基后，为此专门发过两次谕旨。一次是乾隆元年（公元1736年）：

> 闻皇祖圣祖仁皇帝《御纂周易折中》、《尚书》、《诗》、《春秋》三经汇纂诸书，直省虽已镌版，但士子赴司具呈，俟批已不免守候；又一人所请，止于一部，势难鸠工刷印，是以得书者寥寥。着直省抚、藩招募坊贾，自备纸墨刷印，通行售卖，严禁胥吏阻抑、需索。但使坊贾皆乐于刊刷，则士子自易于购买，庶几家传户诵，足以大广厥传①。

还有一次是在乾隆三年（公元1738年）：

> 从前颁发圣祖仁皇帝御纂经史诸书，交直省布政使司敬谨刊版，准人刷印，并听坊贾刷卖。原欲士子人人诵习，以广教泽，近闻书版收藏藩库，士子及坊间刷印者甚少。着直省督抚将书版重加修整，俾士民易于刷印，坊间有情愿翻刻者，听其自便，无庸禁止。如御纂诸书内有为士子所宜诵习，着该督抚奏请颁发，刊版流布。至武英殿、翰林院、国子监皆存贮书版，亦听人刷印，从前内务府所藏各书，如满、汉官有愿购觅诵览者，概准刷印②。

---

① 《钦定大清会典则例》卷69，文渊阁《四库全书》本。
② 《钦定大清会典则例》卷69，文渊阁《四库全书》本。

可见这些图书因为书版藏在藩库里,士子或图书出版商想要刷印时需要经过一定的审批手续,中间可能还会受到官吏的敲诈勒索,并没有能够如皇帝初衷那样广为流布。不过可以肯定的是,当乾隆一再颁发谕旨申明这一政策时,有些图书出版商会抓住机会,自备纸墨刷印这些图书来售卖,或者干脆自己重新进行刊刻。重刊时,为了降低成本,不少图书出版商会放弃原来官版书阔大的开本,刊刻较小的开本。例如,乾隆元年(公元1736年),内阁学士方苞奉命编选《钦定四书文》,以此作为天下士子的举业指南,乾隆四年(公元1739年)该书编成后颁行天下,为了达到广为流布的目的,特地准许书坊用"活字小板"予以翻刻①。比较起明人牒令书坊必须严格依照官版"照式翻刊"经书、"不许故违官式,另自改刊"的政策来②,这一较为灵活的政策会让图书市场更为活跃,自然也促进了这些图书的营销。

另外,为了先期教化百姓而不是一味依赖刑罚惩戒于后,清康熙时曾颁布"圣谕"十六条,雍正又花了一万字对此加以阐发,成《圣谕广训》一书③。在学士张照建议下,从雍正年间开始,童生县试及生员岁考、科考,均要求默写《圣谕广训》一二百字④,这使得该书成为清代科举考试必备书,其畅销是自然的事。直到光绪四年(公元1878年),英人在上海创设点石斋印书局,开业初所印各种书中,《圣谕详解》仍和《康熙字典》一起成为销量最大、销售最快的图书⑤。

乾隆时期纂修《四库全书》时,纂修官挑拣出一些应当刊刻的书籍交由武英殿刊刻,后来因为应刊书籍数量太多,逐一刊刻不仅耗时而且花费巨大,金简提议改用木活字摆版刷印⑥,先后摆印书籍134种⑦,这些图书被称为"武英殿聚珍本"。由于聚珍本图书大多为罕见的珍本秘

---

① 《钦定四书文·凡例》,文渊阁《四库全书》本。

② 叶德辉:《书林清话》卷7"明时官刻书只准翻刻不准另刻"条,刘发等校点,辽宁教育出版社1998年版,第149页。

③ 《四库全书总目》云:"圣谕十六条,圣祖仁皇帝所颁;广训一万余言,则我世宗宪皇帝推绎圣谟,以垂范奕世者也。"中华书局1965年版,第795页。

④ 商衍鎏:《清代科举考试述录》,百花文艺出版社2004年版,第5、第29页。

⑤ 王尔敏:《明清社会文化生态》,广西师范大学出版社2009年版,第15页。

⑥ 参看中国第一历史档案馆编《纂修四库全书档案》所收金简奏折,上海古籍出版社1997年版,第177页。

⑦ 参看黄爱平《〈四库全书〉纂修研究》所附《〈武英殿聚珍版丛书〉书目》,中国人民大学出版社1989年版,第236页。

籍，人们闻风购买，市场需求量很大，原来刷印供颁发通行的 300 部满足不了众多欲购者的需要，而聚珍本图书原系活字摆印，刷完之后拆版归字，无法像原来雕版印刷那样追印。因此，乾隆四十二年（公元 1777 年）董诰上奏：

> 查江南、江西、浙江、福建、广东五省，向来刊行书籍颇多，刻工版料亦较他处为便。臣愚理合仰恳皇上天恩，准将现已摆印过各书，每省发给一分，如有情愿刊者，听其翻版通行……则远近购书较易，流传益广①。

该建议得到乾隆批准，将武英殿聚珍版图书颁发给江南、江西、浙江、福建、广东各一份，由当地翻刻。第二年，浙江巡抚王亶望就上奏称孙仰曾等人愿意醵资翻刻《直斋书录解题》等 39 种聚珍版图书②。此外，江南翻刻八种，江西翻刻五十四种，福建翻刻 123 种③。显然，聚珍版图书的颁行与翻刻，也会在一定时期内刺激图书市场的营销。

除了上述这些文化政策，其他一些和图书出版业相关的政策对于图书营销也有直接的积极影响。例如，明朝初年免除书籍税收这一政策对图书营销的影响就极为深远。清龙文彬《明会要》卷二十六载："洪武元年八月，诏除书籍税。"④ 同时免去的还有笔、墨等图书出版原料的税。这样一来，图书出版业减轻了税赋负担，有了更大的盈利空间，自然也有利于图书营销的开展。

二、历代禁书政策对图书营销的阻碍及反向刺激

朝廷收藏图书或者明令要求民间收藏图书，这在一段时间内对于图书出版业扩大营销是有帮助的。可惜的是，在中国历史上与图书收藏相伴随的还有禁毁图书。一旦朝廷颁布行政命令来禁书，这对于图书营销

---

① 中国第一历史档案馆编：《纂修四库全书档案》，上海古籍出版社 1997 年版，第 724 页。
② 中国第一历史档案馆编：《纂修四库全书档案》，上海古籍出版社 1997 年版，第 767—768 页。
③ 丁申：《武林藏书录》，古典文学出版社 1957 年版，第 24 页。
④ 龙文彬：《明会要》，光绪十三年（公元 1887 年）刻本。

的影响是巨大的。一般来说，禁书政策会在总体上遏抑、阻碍图书营销。不过，硬币的另一面是，图书因为被禁反而激起了更多读者的更大阅读需要，一些胆大的图书出版商抓住市场供给短缺与消费者需要旺盛之间的矛盾，瞒天过海，趁机赚取更多的利润。这样一来，朝廷的禁书政策有时反而刺激了图书营销，禁书政策的实行等于是朝廷出面给那些敢于冒险的图书出版商大张旗鼓地做了一次推介广告。

（一）历代禁书政策对图书营销的阻碍

早在战国时期，秦国就利用行政力量来禁毁图书了。按照华夏文化中心主义的说法，秦属于西戎边陲的"蛮夷"，文化上相对落后于中原。秦国君王对儒家那一套繁文缛节、迂远阔达的东西不怎么感兴趣，而法家富国强兵的学说却极大地吸引了他们。商鞅因此受到秦孝公的重用。商鞅认为："《诗》、《书》、礼、乐、善、修、仁、廉、辩、慧，国有十者，上无使守战。国以十者治，敌至必削，不至必贫。国去此十者，敌不敢至，虽至必却。兴兵而伐，必取；按兵不伐，必富。"① 商鞅在这里建议去掉的十种东西中就包括儒家典籍《诗》和《书》。根据韩非子"商君教秦孝公以连什五，设告坐之过，燔《诗》《书》而明法令，塞私门之请而遂公家之劳，禁游官之民而显耕战之士。孝公行之"② 的说法，则秦孝公接受了商鞅的建议，下令烧掉《诗经》和《尚书》。后来秦始皇统一天下之后臭名昭著的焚书不过是踵其祖先故智而已。不过，秦始皇禁书的范围从原来的《诗》、《书》扩大到秦国以外的历史载记、诸子百家著作，而且禁书的手段愈加严酷，"有敢偶语《诗》、《书》者弃市"③。此后一直到汉惠帝四年（公元前191年）废除"挟书律"为止，民间藏书都属于非法行为，这自然对其间图书出版业的发展造成极大的阻碍。

从西汉末年开始，谶纬开始极为流行，一些有政治野心的人往往利用谶纬来发动舆论，为自己争权夺位造声势，王莽如此，刘秀如此，曹魏代汉、西晋代魏无不如此。鉴于此，晋武帝代魏之后，于泰始三年（公元267年）十二月下令"禁星气、谶纬之学"④。禁令包含两个方面：一是禁止私下传授占星、望气之术或传布谶纬预言；二是禁止传布这类

---

① 《商子》卷1《农战》，文渊阁《四库全书》本。
② 王先慎：《韩非子集解》，钟哲点校，中华书局2003年版，第97页。
③ 《史记·秦始皇本纪》，中华书局2000年版，第181页。
④ 《晋书》卷3《武帝纪》，中华书局2000年版，第37页。

图书。自此直到隋朝，谶纬一类图书都遭禁毁。《隋书·经籍志》称：

> 至宋大明中，始禁图谶，梁天监以后，又重其制。及高祖受禅，禁之愈切。炀帝即位，乃发使四出，搜天下书籍，与谶纬相涉者，皆焚之，为吏所纠者至死。自是无复其学，秘府之内，亦多散亡①。

这里所说到南朝宋孝武帝时才开始禁图谶并不准确，但说谶纬类图书经过隋文帝、炀帝父子二人尤其是隋炀帝的严厉禁止之后大多散亡却是历史事实，《隋书·经籍志》著录朝廷秘府所藏见存的亦不过区区13部92卷而已。此外，开皇十三年（公元593年）五月，隋文帝还下令："人间有撰集国史、臧否人物者，皆令禁绝。"② 这道诏令禁止民间私自撰修本朝历史，如有这类图书，就要加以禁绝。

唐代的禁书范围除了包括此前严禁的谶纬、术数类图书，还包括天文类图书。开元二十七年（公元739年）夏，唐玄宗敕令："诸阴阳术数，自非婚丧卜择，皆禁之。"③ 而大历二年（公元767年）春，唐代宗下诏：

> 天文著象，职在于畴人；谶纬不经，蠹深于疑众。盖有国之禁，非私家所藏。……自四方多故，一纪于兹，或有妄庸，辄陈休咎，假造符命，私习星历。共肆穷乡之辩，相传委巷之谈，作伪多端，顺非倭泽。荧惑州县，诖误闾阎，坏纪挟邪，莫逾于此。其玄象器局、天文图书、《七曜历》、《太一雷公式法》等，私家不合辄有。今后天下诸州府，切宜禁断，本处分明榜示，严加捉搦。先藏蓄此等书者，敕到十日内送官，本处长吏集众焚毁。限外隐藏为人所告者，先决一百，留禁奏闻。所告人有官，即与超资注拟；无官者给赏钱五百贯。两京委御史台处分④。

诏书中把禁书的理由以及手段都说得很清楚。杖一百比起杀头或灭族来，

---

① 《隋书》卷32《经籍志》，中华书局2000年版，第637页。
② 《隋书》卷2《高祖纪》，中华书局2000年版，第27页。
③ 《资治通鉴》卷214，中华书局2007年版，第2639页。
④ 《旧唐书》卷11《代宗本纪》，中华书局2000年版，第193页。

惩罚似乎要轻一些；但用官爵或赏钱鼓励知情者告密，这对私藏禁书者肯定会形成不小的压力①。之所以禁止天文类图书，是因为别有用心者很容易利用"天人感应"的说法生事造势。

五代十国期间，仍然禁天文、谶纬、术数类图书。后周广顺三年（公元953年）八月，周太祖勅：

> 自今后元象器物、天文图书、谶记、《七曜历》、《太一雷公式法》等，私家不得有及衷私传习，有者并须焚毁。司天台、翰林院本司职员不得以前代所禁文书出入借人传写。其诸时日、五行、占筮之书不在禁限。每年历日须候本司再造算，奏定，方得雕印。本司不得衷私示外。如是，准律科罪②。

敕令中还提到历书雕印务必等司天台奏定之后，这大概和唐末五代以来民间雕印历书屡禁不止有关。早在唐文宗大和九年（公元835年），东川节度使冯宿就曾上奏要求"禁断印历日版"，因为"剑南、两川及淮南道皆以版印历日，鬻于市。每岁司天台未奏颁下新历，其印历已满天下"③。

宋代的禁书范围和前代相比有了一些变化。太平兴国二年（公元977年），宋太宗诏令两京诸道"阴阳卜筮人等，向令传送至阙，询其所习，皆懵昧无所取。盖矫言祸福，诳耀流俗以取赀耳。自今除二宅及易筮外，其天文、相术、六壬、遁甲、三命及它阴阳书，限诏到一月送官。"④《宋史》卷4《太宗本纪》中对此的表述更简短，也更令人心惊肉跳："诏禁天文、卜相等书，私习者斩。"⑤ 只不过，即使严禁之下，仍有很多人私下研习，这类书也仍在民间传布。因此，景德元年（公元1004年），宋真宗又下诏书云："图纬、推步之书，旧章所禁，私习尚多，其申严之。自今民间应有天象器物、谶候禁书，并令首纳所在焚毁。匿而不言者，论以死；募告者；赏钱十万。星算伎术人，并送阙下。"⑥ 综合先后两道

---

① 王彬《禁书·文字狱》一书中认为宋真宗景德元年"募告者，赏钱十万"即利用金钱来禁书是首次，这一说法并不准确，至少此前唐代宗已经对告密者中无官职的人"给赏钱五百贯"了。中国工人出版社1992年版，第35页。
② 王溥：《五代会要》卷11，文渊阁《四库全书》本。
③ 《册府元龟》卷160，文渊阁《四库全书》本。
④ 李焘：《续资治通鉴长编》卷18，文渊阁《四库全书》本。
⑤ 《宋史》卷4《太宗本纪》，中华书局2000年版，第39页。
⑥ 李焘：《续资治通鉴长编》卷56，文渊阁《四库全书》本。

诏令来看，宋代不仅沿袭前代做法，继续严禁天文、谶纬一类图书，而且对前代几乎一直网开一面的卜筮类图书也加以严禁。之所以如此，其实还是因为卜筮预言吉凶祸福，指点前程，和谶纬在本质上很相近①。宋徽宗政和四年（公元1114年），因为"河北诸县传习妖教甚多"，"闻别有经文互相传习鼓惑，鼓（引者按，疑此字衍）此虽非天文图谶之书，亦宜立法禁戢"②。这里对道、释藏之外所谓妖教经文的禁绝，同样是出于政权安全的考虑。另外，宋代还禁兵书，例如，宋仁宗宝元二年（公元1039年），朝廷规定"除《孙子》、《吴子》、历代史、天文律历、五行志并《通典》所引诸家兵法外，余悉为禁书"③。到了北宋末年，不仅兵书如此，其他子书的遭遇也好不到哪里去。宋徽宗大观二年（公元1108年），苏棫上奏折，认为诸子百家之学"不纯先王之道"，"而鬻书之人急于锥刀之利，高立标目，镂板夸新，传之四方。往往晚进小生，以为时之所尚，争售编诵以备文场剽窃之用"，他干脆要求诸子百家书须经"圣裁"认为"有可传为学者式"的，才可以由国子监及诸路学事司"镂板颁行"，其他的则"悉断绝禁弃，不得擅自买卖收藏"。苏棫这一建议居然得到了批准——"从之"④。不过，我们从他的奏折里，倒是能够看到当时诸子书的畅销。

宋代禁书最引人注目的是因为政治斗争导致对一些人的著作进行禁毁，这其中包括对苏轼、司马光等所谓"旧党"中坚人物著作的禁毁、对所谓"伪学"书籍的禁毁以及对《江湖集》的禁毁。

先看对苏轼、司马光等所谓"旧党"中坚人物著作的禁毁。崇宁二年（公元1103年），宋徽宗下诏，要求将"苏洵、苏轼、苏辙、黄庭坚、张耒、晁补之、秦观、马涓文集，范祖禹《唐鉴》，范镇《东斋记事》，刘攽诗话，僧文莹《湘山野录》等印板悉行焚毁"⑤。这道禁书令的颁布和北宋后期愈演愈烈的新旧党争有直接关系⑥，著作被禁的这些人在政治上都属于旧党或与旧党有关系，新党试图通过禁毁他们的著作来削弱他

---

① 王彬《禁书·文字狱》一书认为宋初严禁阴阳术数占卜和时代背景以及最高统治者的际遇有关，可以参看中国工人出版社1992年版，第39—40页。
② 徐松：《宋会要辑稿》，中华书局1957年影印本，第6527页。
③ 李焘：《续资治通鉴长编》卷123，文渊阁《四库全书》本。
④ 徐松：《宋会要辑稿》，中华书局1957年影印本，第6519页。
⑤ 徐乾学：《资治通鉴后编》卷95，文渊阁《四库全书》本。
⑥ 有关北宋党争引发诸多诗案及禁书的详细情况，可参看沈松勤《北宋文人与党争——中国士大夫群体研究之一》（人民出版社1998年版）以及萧庆伟《北宋新旧党争与文学》（人民文学出版社2001年版）等著作。

们的影响，并对当时的旧党进行政治上的打压。

宣和五年（公元1123年），中书省上奏说福建书坊又在刊印苏轼、司马光等旧党的文集，宋徽宗再次申明禁令，要求将书版毁掉，并云"凡举人传习元祐学术者，以违制论"①。不久，宋徽宗又用更严厉的言辞下诏说："苏轼、黄庭坚等获罪宗庙，义不戴天，片文只语，并令焚毁勿存。违者以大不恭论。"②

再就是对所谓"伪学"书籍的禁毁。南宋和北宋一样充满党争，宋孝宗乾道、淳熙年间，朝野上下形成所谓"道学之党"与"非道学之党"③。绍熙五年（公元1194年），宋宁宗即位，赵汝愚与韩侂胄都自认为在拥立过程中居功至伟，但最终是赵汝愚当了宰相，而韩侂胄只是迁为宜州观察使兼枢密都承旨，韩侂胄觉得权力分配不公，二人由此生嫌隙。赵汝愚为了扩大势力，广揽道学之党中的名士，甚至还延揽了道学之党在学术上的领袖朱熹，但身为宋皇室外戚的韩侂胄最终还是将赵汝愚赶下相位，同时对朱熹以及道学展开清算。庆元二年（公元1196年），右正言刘德秀上奏称"伪学之魁，以匹夫窃人主之柄，鼓动天下，故文风未能丕变"，要求"将语录之类，尽行除毁"，结果"是科取士稍涉义理者，悉皆黜落。六经、《语》、《孟》、《中庸》、《大学》之书为世大禁"④。庆元三年，韩侂胄一派颁布"伪学逆党"赵汝愚、留正、王蔺、周必大、朱熹等59人的党籍，予以禁锢，这就是所谓"庆元党禁"⑤。道学被斥为"伪学"之后，南宋以朱熹为首的理学家著作遭到禁毁，甚至连儒家经典《四书》也因朱熹极力推举而受到牵连。

《江湖集》的禁毁也和南宋政治斗争有关。《江湖集》是由当时著名书商陈起编的一部收录下层江湖诗人作品的诗歌总集，结果其中一些诗作被当朝权相史弥远认为是针对他废皇子赵竑而改立理宗赵昀一事在攻击诋毁他，即所谓"哀济邸而诮弥远"⑥，于是下令将《江湖集》劈板，更为荒唐的是，同时还禁止士大夫作诗⑦。

---

① 《御批历代通鉴辑览》卷81，文渊阁《四库全书》本。
② 《御批历代通鉴辑览》卷81，文渊阁《四库全书》本。
③ 杨万里：《诚斋集》卷69《己酉自筠州赴行在奏事，十月初三日上殿第一札子》，文渊阁《四库全书》本。
④ 徐乾学：《资治通鉴后编》卷130，文渊阁《四库全书》本。
⑤ 可参看沧州樵叟：《庆元党禁》，文渊阁《四库全书》本。另，沈松勤《南宋文人与党争》（人民出版社2005年版）一书也有详细叙述。
⑥ 方回：《瀛奎律髓》卷20，文渊阁《四库全书》本。
⑦ 参看《四库全书总目》卷187《江湖小集》提要，中华书局1965年版，第1701页。

此外，和宋代特定的历史语境有关，宋代还颁布了一些专门的阻碍图书营销的政策。针对图书流传到北方敌对国家的情况，景德三年（公元1006年），宋真宗特地制订了禁止把《九经》以外的图书带到边境榷场交易的政策。《宋史》卷186《食货志》：

> 景德初，复通好，请商贾即新城贸易。诏北商赍物货至境上则许之。二年，令雄、霸州、安肃军置三榷场，北商趋他路者，勿与为市。遣都官员外郎孔揆等乘传诣三榷场，与转运使刘综并所在长吏平互市物价，稍优其直予之。又于广信军置场，皆廷臣专掌，通判兼领焉。三年，诏民以书籍赴沿边榷场博易者，非《九经》书疏悉禁之①。

北宋和辽国边境间互市在宋太宗太平兴国二年（公元977年）就曾正式开展过，但后来因为两国交恶，边境贸易遭到严禁，违反者即遭捕杀。宋真宗景德年间，两国关系缓和，于是重新在边境开设了三个贸易市场，派专人进行管理。由于担心辽国通过图书内容了解大宋的基本情况乃至侦获大宋国家秘密，宋真宗因此下达了这一禁令。这一禁令于榷场开设一年之后颁布，说明这一年间，北宋书商们贩运了不少图书到边境榷场进行交易，这才引起北宋统治者的警觉。

辽国由于在文化上相对落后，对汉民族的文化、典章制度等极为仰慕。例如，辽太祖立国之初，就听从皇太子耶律倍的建议，"建孔子庙，诏皇太子春秋释奠"②；辽圣宗"好读唐《贞观事要》……又亲以契丹字译白居易《讽谏集》，诏番臣等读之"③；辽兴宗重熙间曾"诏译诸书，韩家奴欲帝知古今成败，译《通历》、《贞观政要》、《五代史》"等④。在这种氛围之下，辽国对于汉民族的各类图书有较大需求，因此他们除了自己刊刻印行外，还大量从南方的北宋输入图书。辽国因此成了北宋图书出版业一个很重要的营销市场，上述禁令的颁布，给其时图书出版业的营销设置了极大的障碍。与北宋禁令相应的是，辽国也禁止人们将图书带到中原地区，沈括在谈到辽国和尚所编《龙龛手鉴》一书的传入时，

---

① 《宋史》，中华书局2000年版，第3057页。
② 《辽史》卷72《宗室传·义宗倍》，中华书局2000年版，第823页。
③ 厉鹗：《辽史拾遗》卷8《圣宗本纪》，文渊阁《四库全书》本。
④ 《辽史》卷103《文学传·萧韩家奴》，中华书局2000年版，第988页。

曾说："契丹书禁甚严，传入中国者，法皆死。"①

不过，时间长了之后，禁令的效果似乎打了不少折扣。至和二年（公元1055年），欧阳修上《论雕印文字札子》，奏议中提到当时京城有书铺雕印《宋文》二十卷，其中"多是当今论议时政之言"，他担心"流布渐广，传入虏中，大于朝廷不便"，因此要求朝廷"访求板本焚毁，及止绝书铺"②。欧阳修这种担心是当时北宋朝廷上层的共识，因此禁令一再申明。

元丰元年（公元1078年），宋神宗"复申卖书北界告捕之法"③。到了宋哲宗元祐年间，翰林学士苏辙奉命到辽国出使，发现北宋民间刊刻印行的各种图书仍在辽国广泛流传，他在《栾城集》卷42《北使还论北边事札子五道》中认为："其间臣僚章疏及士子策论，言朝廷得失、军国利害，盖不为少。兼小民愚陋，惟利是视，印行戏亵之语，无所不至。若使尽得流传北界，上则泄漏机密，下则取笑夷狄，皆极不便。"④ 为此，元祐五年（公元1090年）礼部专门拟定一针对国内图书刊刻的管理细则：

> 凡议时政得失、边事军机文字，不得写录传布；本朝会要、国史、实录，不得雕印。违者徒二年。许人告，赏钱一百贯。内国史、实录，仍不得传写，即其他书籍欲雕印者，纳所属申转运使、开封府牒国子监选官详定，有益于学者方许镂板。候印讫，以所印书一本，具详定官姓名，申送秘书省。如详定不当，取勘施行，诸戏亵之文，不得雕印。违者杖一百。凡不当雕印者，委州县监司、国子监觉察⑤。

显然，北宋想通过执行这一政策来实现对民间出版图书内容的控制，从源头上控制那些有可能泄露国家机密、有损朝廷尊严的图书生产，这比起不许把这类图书贩卖到北方辽国去的禁令来可谓釜底抽薪。

北宋末年，针对新崛起的敌国金国，也出现了类似的禁令。宋徽宗大观二年（公元1108年）三月十三日，朝廷颁布政令说：

---

① 沈括：《梦溪笔谈》卷15，文渊阁《四库全书》本。
② 欧阳修：《欧阳修集》卷108，见余冠英等主编：《唐宋八大家全集》，国际文化出版公司1998年版，第1566页。
③ 《宋史》，中华书局2000年版，第3057页。
④ 苏辙：《苏辙集》，陈宏天、高秀芳校点，中华书局1990年版，第747页。
⑤ 李焘：《续资治通鉴长编》卷445，文渊阁《四库全书》本。

访闻房中多收蓄本朝见行印卖文集书册之类,其间不无夹带论议边防兵机夷狄之事,深属本(引者按:当是"未"字形近而讹)便。其雕印书铺,昨降指挥,令所属看验,无违碍然后印行,可检举行下。仍修立不经看验校定文书、擅行印卖告捕条例,颁降其沿边州军,仍严行禁止。凡贩卖、藏匿、出界者,并照铜钱出界法罪赏施行①。

南宋统治者沿袭了北宋这一做法。宋光宗绍熙四年(公元1193年),臣僚上奏说:

朝廷大臣之奏议,台谏之章疏,内外之封事,士子之程文,机谋密画,不可漏泄。今乃传播街市,书坊刊行,流布四远,事属未便,乞严切禁止②。

宋光宗于是下诏要求将书坊中这类书版以及已经刷印好的书焚毁,今后刊刻印行图书,须经审查通过之后再刊行。

宋宁宗嘉泰二年(公元1202年),"有商人私持起居郎熊克《中兴小历》及《九朝通略》等书欲渡淮,盱眙军以闻。遂命诸道察郡邑书坊所鬻书,凡事干国体者悉令毁弃"③。《中兴小历》又名《中兴小纪》,该书把宋室南渡之后宋高宗一朝的事情编次叙述;《九朝通略》当是叙述北宋九朝的历史,二者皆属国史。但是,这次禁私史的真正起因是商人想偷偷地带着这些记载国史的图书"渡淮"即带到北方的敌对国家金国去,结果被南宋边境部队查获,朝廷担心这些"事干国体"的图书如果流传到敌国,既可能导致泄露国家秘密,又可能大大损害宋皇室的尊严。毕竟,无论北宋还是南宋,都一再受辱于北方少数民族的铁骑,私家著史于此等须曲笔为尊者讳处或不免秉笔直书,这就让宋皇室脸面上很过不去。这样的文字,即使在国内流布已经不可,更何况还传到敌国去让人看笑话,南宋朝廷于是开展了一场禁毁这类图书的大行动。这次禁毁图书,明令要求地方政府检查书坊售卖的图书,这自然对当时的图书营销

---

① 徐松:《宋会要辑稿》,中华书局1957年影印本,第6519页。
② 徐松:《宋会要辑稿》,中华书局1957年影印本,第6558页。
③ 徐乾学:《资治通鉴后编》卷131,文渊阁《四库全书》本。

造成极大的打击。

宋代还有一些专门针对某一本书颁布的禁令。例如，宋徽宗宣和四年（公元1122年），赵子昼上奏说："窃闻神宗皇帝正史，多取故相王安石日录以为根柢，而又其中兵谋政术，往往具存。然则其书固亦应密。近者卖书籍人，乃有《舒王日录》出卖。臣愚窃以为非便，愿赐禁止，无使国之机事传播闾阎，或流入四夷，于体实大。"朝廷因此下令开封府及诸路州军"毁板禁止"①。南宋也有这类事，例如，绍兴十三年（公元1143年），宋高宗下诏将左从事郎郑厚撰写的《艺圃折衷》一书毁板，已经流传的书也要烧毁，因为有人检举说书中有诋毁亚圣孟轲的话②；绍兴二十四年（公元1154年），王珉上奏说故龙图阁学士程瑀撰写的《论语讲解》"取先圣问答之书，肆为臆说"，要求将该书毁板，并将其他州、军那些未经朝廷审查就刊行的"异说书籍"也禁毁，宋高宗听从了王珉的建议，又制造了一起禁书事件③。

元代对于图书出版的管制比起宋代来要宽松许多，基本上也只是禁毁天文、图谶类图书，例如，至元二十一年（公元1284年），元世祖下令"括天下私藏天文图谶、《太乙雷公式》、《七曜历》、《推背图》、苗太监历，有私习及收匿者罪之"④。此外，因为崇信佛教，元世祖还曾下令焚毁"《道藏》伪妄经文及板"⑤，《道德经》之外的道教典籍均遭焚毁，道教势力严重受挫；而元成宗则对伪造佛经者进行过严惩⑥。

明代也严禁天文、图谶一类图书。《明会典》卷129《刑部四》规定："凡私家收藏玄象器物、天文图谶、应禁之物及历代帝王图像、金玉符玺等物者，杖一百；若私习天文者，罪亦如之。并于犯人名下追银一十两，给付告人充赏。"⑦ 同书卷130《刑部五》又规定："凡造谶纬、妖书、妖言及传用惑众者，皆斩。若私有妖书隐藏不送官者，杖一百，徒

---

① 徐松：《宋会要辑稿》，中华书局1957年影印本，第6538页。
② 李心传：《建炎以来系年要录》卷149，文渊阁《四库全书》本。
③ 李心传：《建炎以来系年要录》卷167，文渊阁《四库全书》本。
④ 《元史》卷13《世祖本纪》，中华书局2000年版，第179页。
⑤ 《元史》卷11《世祖本纪》，中华书局2000年版，第150页。按，元释念常《佛祖历代通载》卷21载圣旨云："今后先生每依着老子《道德经》里行者；如有爱佛经的做和尚去者；若不愿为僧，娶妻为民者。除《道德经》外，说谎做来的《道藏》经文并印板尽行烧毁了者。"文渊阁《四库全书》本。
⑥ 参看安平秋、章培恒主编：《中国禁书大观》，上海文化出版社1990年版，第65—66页。
⑦ 《明会典》，文渊阁《四库全书》本。

三年。"①

　　明代加强了对所谓"异端邪说"的管制,以此为理由对一些图书实施了禁毁政策,这其中影响最大就是对李贽著作的禁毁。李贽发扬了王阳明的"良知"学说,认为人人都有私心,人心中对财、色、权力等的欲求都是善的,社会应该提供条件让人能够自由地去追求这些自然本性中固有欲望的满足,而假道学们以"六经"、《论语》、《孟子》等儒家经典为口实,要求人们抑制人欲,可这不符合人性之自然,于是整个社会就充斥着"假人",人们应该保持或恢复"绝假纯真"的"童心"②。诸如此类,在正统的儒家学说尤其是明代极力推崇的程朱学说看来,自然是离经叛道之言。但李贽当时却因为这些言论受到很多人的服膺和追随,其中包括当时第一流的文人"公安三袁"等,影响很大,这引起了统治阶层的警惕。万历三十年(公元1602年),礼科都给事中张问达弹劾李贽,说他"壮岁为官,晚年削发,近又刻《藏书》、《焚书》、《卓吾大德》等书,流行海内,惑乱人心。以吕不韦、李园为智谋,以李斯为才力,以冯道为吏隐,以卓文君为善择佳耦,以秦始皇为千古一帝,以孔子之是非为不足据,狂诞悖戾,不可不毁",结果李贽被逮捕下狱,最终自杀在狱中,李贽著作"已刻未刻,令所在官司尽搜烧毁,不许存留"③。此后礼部尚书冯琦又上疏要求将"坊间一切新说曲议,令地方官杂烧之"④,即将禁书范围由李贽一人著作扩展到所有"异端邪说"图书。

　　明代还开始了对戏曲、小说类图书的禁毁。从宋、元以来,戏曲、小说由于其最易感发人心,因此受到上自帝王将相、下至平民百姓的喜爱,明朝皇帝中像明宪宗、明武宗、明神宗、明光宗、明熹宗等都特别爱听戏曲、看小说,有的甚至自己还在宫中上场演戏⑤。但是,当明代统治阶层站在社会教化的角度来衡量戏曲、小说类图书时,就认为这类图书要么"诲淫",要么"诲盗",会败坏世道人心,因此需要加以禁毁。

　　正统七年(公元1442年),国子监祭酒李时勉上疏建议做五件事,

---

① 《明会典》,文渊阁《四库全书》本。
② 张建业编有《李贽文集》(社会科学文献出版社2000年版)共七卷,第一卷为《焚书》,第二、三卷为《藏书》,第四卷为《续藏书》,可参看。
③ 顾炎武:《日知录》卷18"李贽"条引《神宗实录》文,见黄汝成:《日知录集释》,上海古籍出版社1985年影印本,第1424—1425页。
④ 顾炎武:《日知录》卷18"科场禁约"条,见黄汝成:《日知录集释》,上海古籍出版社1985年影印本,第1410页。
⑤ 可参看王利器《元明清三代禁毁小说戏曲史料》(增订本)一书前言中"只许州官放火不许百姓点灯"部分所引材料,上海古籍出版社1981年版。

其中之一是要求禁毁当时市场上畅销的《剪灯新话》一类图书：

> 近年有俗儒假托怪异之事、饰以无根之言，如《剪灯新话》之类，不惟市井轻薄之徒争相诵习，至于经生、儒士，多舍正学不讲，日夜诵忆，以资谈论。若不严禁，恐邪说异端，日新月盛，惑乱人心，实非细故。乞敕礼部行文内外衙门及提调学金事御史并按察司官巡历去处，凡遇此等书籍，即令焚毁；有印卖及藏习者，问罪如律。庶俾人思正道，不为邪妄所惑①。

由于《剪灯新话》中多男女情爱内容，对青年男女有极大吸引力，因此李时勉的话被礼部尚书胡濙认为很有道理，明英宗于是也听取了这一建议。一时间，书坊中此类小说成了禁书，大大阻碍了当时图书出版营销。

崇祯十五年（公元1642年）四月十七日，刑科右给事中左懋第上疏认为以李青山为首的造反者啸聚梁山，是受《水浒传》一书影响，陈请将该书焚毁②。这一年五月，严禁《水浒传》："凡坊间家藏《浒传》并原板，勒令烧毁，不许隐匿。"③

至于戏曲，明初朱元璋就曾下令演戏时"不许妆扮历代帝王后妃、忠臣烈士、先圣先贤神像"④，不过并没有说对此类戏曲图书如何处理。到了明成祖永乐九年（公元1411年），就明令要禁毁"亵渎帝王圣贤之词曲"，并威胁说："但这等词曲，出榜后，限他五日都要干净将赴官烧毁了，敢有收藏的，全家杀了。"⑤

清代禁书政策，在天文、谶纬类图书方面，可谓对明代亦步亦趋。前引《明会典》那两条规定，《大清律例》完全照搬，只不过做了一些更详细的解释⑥。

除此之外，清代禁书范围主要包括以下几个方面：

---

① 《礼部志稿》卷45，文渊阁《四库全书》本。
② 朱一玄、刘毓忱编《水浒传资料汇编》收录有该题本，百花文艺出版社1981年版，第512—513页。
③ 王利器：《元明清三代禁毁小说戏曲史料》（增订本），上海古籍出版社1981年版，第17—18页。
④ 王利器：《元明清三代禁毁小说戏曲史料》（增订本），上海古籍出版社1981年版，第13页。
⑤ 顾起元：《客座赘语》卷10"国初榜文"条，收入《明代笔记小说大观》，上海古籍出版社2005年版，第1463页。
⑥ 分见于《大清律例》卷17和卷23，文渊阁《四库全书》本。

1. 禁毁有"夷夏之辨"思想、攻击满洲以及历史上其他少数民族的图书。满洲以少数民族入主中原,因此对于汉族士人著作中包含"夷夏之辨"思想的内容极为敏感,担心人们受此鼓动起来消灭胡人,兴复汉室。如果图书中用"夷狄"、"胡"、"虏"、"蛮夷"等字眼或者比拟性的"犬羊"、"豺狼"、"禽兽"等字眼来指称满洲或历史上其他少数民族,例如辽代的契丹族,金代的女真族、元代的蒙古族等,深受刺激的清代统治者也是必欲毁之而后快的。清代大量文字狱案就是因此而起,而乾隆时修《四库全书》,宋、明很多人的著作也是因此遭到全毁或抽毁。

因为惧祸,一些人在刷印图书时,往往采取各种方法来试图规避风险。这些做法主要有如下几种:一是将违碍字眼予以改易或干脆空格,例如编纂《四库全书》时乾隆在四十二年(公元1777年)十一月十四日的谕旨中提到康熙年间刊刻的抗金名臣宗泽的集子以及明代忠臣杨继盛的文集,这两种书出版商在出版时都"将'夷'字改写'彝'字,'狄'字改写'敌'字",或者采取"空格加圈"的办法跳过违碍字眼[①]。在改易字眼时,除了使用同音字词替代外,还有用意义近似语词进行替换,保证文句的通畅。例如,清初刊刻的《水浒传》无穷会藏本里,就将李贽《忠义水浒传序》里"驯致夷狄处上,中原处下。一时君相,犹然处堂燕雀,纳币称臣,甘心屈膝于犬羊已矣"这句话中犯忌讳的字样"夷狄"改为"边陲"、"犬羊"改为"时势"[②]。二是将底版上的违碍字眼挖空,结果刷印出来的图书上有墨台。三是将所藏图书相关卷页撕毁、相关字眼涂墨。

可见,在禁书政策下,图书出版者尽量小心翼翼地躲避政治高压线,但除了难免的疏漏之外,有时反而会因此出现事与愿违的局面,这就是有些嗅觉敏锐的审查者恰恰是从这些"墨台"、"挖空字句"、"空格"、"缺遗"处推测出该本书有违碍内容,因此呈请禁毁[③]。

2. 禁毁载记明末清初以及满洲部族兴起过程中敏感内容的野史。满洲的崛起,明朝的覆亡,南明、三藩、郑成功之事,以及清兵入关后攻城掠地时的残暴等,都属于明末清初较为敏感的内容。满洲先世本来是明朝属夷建州女真,在努尔哈赤的率领下反叛明朝,崛起于辽东,成为

[①] 《四库全书总目·卷首》,中华书局1965年版,第5页。
[②] 刘世德:《〈水浒传〉无穷会藏本初论——〈水浒传〉版本探索之一》,《文学遗产》2000年第1期。
[③] 可参看吴哲夫:《清代禁毁书目研究》,台湾嘉新水泥公司文化基金会研究论文第164种,1969年版,第61—62页。

明朝末年的心腹大患之一,明朝最后的覆亡,与此有莫大关系。汉族士人记述这段历史,在立场上自然左袒明朝,结果却犯了清朝的忌讳。至于记述南明或三藩、郑成功史事时所用年号问题,由于涉及中国古代的"正统论",事关满清政权的合法性,尤其受到清代统治者的格外重视,如有违碍者,严加禁毁。清初著名的文字狱如"庄廷鑨刊刻《明史辑略》案"和"戴名世《南山集》案"等都是因为记述明末清初这段敏感历史引发的。修《四库全书》时,明代很多文集、野史也因此遭禁。

3. 禁毁涉嫌怨望、谤讪类图书以及未避庙讳的图书。由明入清后,一些遗民在诗文中抒发所谓故国之思,这本来是历来改朝换代中都有的风景,不足为怪。不过,在格外敏感的清初统治者看来,一味追怀故国君王就意味着从内心深处不愿意归顺新朝,甚至是以此来表示对新朝的不满,如果任由这种情绪蔓延,势必危及新朝的稳定与安全,因此这类图书中也有一些必须禁毁。对此,乾隆在四十一年(公元1776年)十一月十七日谕旨中明确指示:"明季诸人书集,词意抵触本朝者,自当在销毁之例。"① 明末清初著名遗民文人如侯方域、金堡、屈大均等人的集子就是因此被禁。

追怀故国尚且不可,谤讪清朝就更是罪不可赦了。清代不少文字狱就是因为语言文字涉嫌谤讪、讥刺而引发的,例如徐述夔《一柱楼编年诗》中有"明朝期振翮,一举去清都"、"夺朱非正色,异种也称王"、"大明天子重相见,且把壶儿搁半边"等诗句,被认为是在怀念明朝,攻击清朝是"异种"、"壶(谐"胡")儿",于是遭禁。此外像蔡显《闲渔闲闲录》、卓长龄《高樟阁诗集》等也是因此遭禁②。

乾隆三十九年(公元1774年),王锡侯刊刻《字贯》,"凡例"中将康熙、雍正以及乾隆的御名开列,本来是为了让人知道避讳,但乾隆反而据此认为王锡侯"狂悖"、"大逆不法",将其斩首,并将其著作禁毁③。这和上述禁毁涉嫌怨望、谤讪类图书一样是为了维护统治者的尊严。

4. 禁毁戏曲、小说类图书。清代对于戏曲演出和明代一样有限定,同时也禁毁了不少传奇剧本。清代几乎每一朝都颁布禁毁戏曲、小说的政令。顺治九年(公元1652年),朝廷规定:"坊间书贾,止许刊行理学政治有益

---

① 《四库全书总目》卷首,中华书局1965年版,第3页。
② 可参看丁原基:《清代康雍乾三朝禁书原因之研究》,华正书局有限公司1983年版,第220—230页。
③ 可参看丁原基:《清代康雍乾三朝禁书原因之研究》,华正书局有限公司1983年版,第173—185页。

文业诸书，其他琐语淫词，及一切滥刻窗艺社稿，通行严禁。违者从重究治。"① 这条禁令中的"琐语淫词"，显然包括了戏曲小说类图书。康熙四十年（公元1701年），朝廷规定："凡鸣锣击鼓，聚众烧香，男女混杂等弊，并扶鸾书符，招摇龛缘之辈，及淫词小说等书，俱责令五城司坊官，永行严禁。"② 康熙四十八年（公元1709年）、五十三年（公元1714年）、雍正二年（公元1724年）、乾隆三年（公元1738年），朝廷一再重申针对淫词小说的禁令。嘉庆七年（公元1802年）十月，嘉庆帝下旨：

  乃乡曲小民，不但经、史不能领悟，即子、集亦束置不观，惟喜瞽词俗剧，及一切鄙俚之词。更有编造新文，广为传播，大率不外乎草窃奸宄之事，而愚民之好勇斗狠者，溺于邪慝，转相慕效，纠伙结盟，肆行淫暴，概由看此等书词所致。世道人心，大有关系，不可不重申严禁。但此时若纷纷查办，未免假手吏胥，转滋扰累。着在京之步兵统领顺天府五城各衙门及外省各督抚通饬地方官，出示劝谕，将各坊肆及家藏不经小说，现已刊播者，令其自行烧毁，不得仍留原板，此后并不准再行编造刊刻，以端风化而息诐词③。

嘉庆十五年（公元1810年），伯依保奏禁《灯草和尚》、《如意君传》、《浓情快史》、《株林野史》、《肉蒲团》等时，嘉庆准奏④。嘉庆十八年（公元1813年），朝廷再度下令禁毁稗官小说，"并着实力稽查销毁，勿得视为具文"⑤。道光十四年（公元1834年），朝廷下令："如有坊肆刊刻，及租赁各铺一切淫书小说，务须搜取板书，尽行销毁。"⑥ 咸丰元年

---

 ① 王利器：《元明清三代禁毁小说戏曲史料》（增订本），上海古籍出版社1981年版，第23页。

 ② 王利器：《元明清三代禁毁小说戏曲史料》（增订本），上海古籍出版社1981年版，第26页。

 ③ 王利器：《元明清三代禁毁小说戏曲史料》（增订本），上海古籍出版社1981年版，第57页。

 ④ 王利器：《元明清三代禁毁小说戏曲史料》（增订本），上海古籍出版社1981年版，第63页。

 ⑤ 王利器：《元明清三代禁毁小说戏曲史料》（增订本），上海古籍出版社1981年版，第64页。

 ⑥ 王利器：《元明清三代禁毁小说戏曲史料》（增订本），上海古籍出版社1981年版，第72页。

（公元1851年），面对民乱蜂起的局面，朝廷再度下令禁毁《水浒传》①。同治七年（公元1868年）和同治十年，朝廷下令严行禁止"邪说传奇"，销毁小说书版②。

清代为了禁毁戏曲、小说的传播，甚至还禁止开设经营小说租赁的坊肆。嘉庆十八年（公元1813年），朝廷下令："至稗官野史，大率侈谈怪力乱神之事，最为人心风俗之害，屡经降旨饬禁。此等小说，未必家有其书，多由坊肆租赁，应行实力禁止，嗣后不准开设小说坊肆，违者将开设坊肆之人，以违制论。"③

综观历代禁书政策，被禁毁的图书大率属于以下三种情况：

一是图书思想内容被认为对王朝统治的安全构成威胁。例如，历代对天文图谶、阴阳术数乃至兵书的禁毁，清代对宣扬民族思想的图书的禁毁等。

二是图书思想内容被认为是诽谤或非议帝王、圣贤，言论涉嫌不恭敬、嘲讽讥刺或离经叛道。例如，宋徽宗时以"获罪宗庙"为由对司马光、苏轼、黄庭坚等人著作的禁毁，庆元党禁时对所谓"伪学"著作的禁毁，明、清两代禁毁不以孔子之是非为是非的李贽著作，清代禁毁没有避庙讳以及涉嫌谤议君王、讥刺时政的图书等。

三是图书思想内容被认为是危害世道人心，影响社会教化。例如，明、清两代对戏曲、小说类图书的禁毁。

无论是哪一种情况，一再颁布的禁书政策对于中国古代图书出版业营销的阻碍是显而易见的，尤其是对于图书市场上最受读者欢迎的图书门类的禁毁，在禁令刚颁布的一段时间内，对于图书出版业营销的打击更是致命的。不过，事情有时却恰恰走向了禁令制订者意愿的反面，禁令的颁布反而刺激了图书的营销。

（二）禁书政策对图书营销的反向刺激作用

朝廷对于某些图书的明令禁止不啻为这些被禁书籍做了最大范围的广告，激起了更多尚未阅读过该书的读者的好奇心。清代乾隆在修《四

---

① 王利器：《元明清三代禁毁小说戏曲史料》（增订本），上海古籍出版社1981年版，第76页。

② 王利器：《元明清三代禁毁小说戏曲史料》（增订本），上海古籍出版社1981年版，第81、83页。

③ 《清实录》第31册《仁宗实录（四）》卷281，中华书局1986年影印本，第837—838页。

库全书》过程中借征书之机全面禁毁图书,乾隆四十年(公元1775年)护理贵州巡抚韦谦恒将查缴禁书发还书局,准备请旨之后在当地再行销毁,乾隆得知后怒斥:"幸而黔省人心稚鲁,或未必有潜留传播之事。若在江浙等省,闻有应毁之书,必且以为新奇可喜,妄行偷看,甚或私自抄存,辗转传写,皆所不免。"① 乾隆真不愧是一代英主,将人们对禁书的心理看得一清二楚。禁令的存在更增强了打破禁忌、冒险的快感,雪夜闭门读禁书因此被很多古人视为人生一大快事。图书市场上存在大量急欲一睹为快的读者,这对于中国古代图书出版业者来说意味着巨大的商机,只不过这一商机就像到悬崖边采摘鲜甜的果实,稍有不慎就可能坠入万丈深渊、粉身碎骨。但正如那段广为人知的名言所说:一有适当的利润,资本就会非常胆壮起来。只要有百分之十的利润,它就会到处被人使用;有百分之二十,就会活泼起来;有百分之五十,就会引起积极的冒险;有百分之百,就会使人不顾一切法律;有百分之三百,就会使人不怕犯罪,甚至不怕绞首的危险。面对巨大的利润,中国古代图书出版业者中总有一些人敢于冒险从事违禁图书的刊刻出版和营销。

宣和五年(公元1123年),宋徽宗下诏要求苏、黄的片文只语都不许留存。宣和六年,蔡京儿子蔡绦撰写的《西清诗话》因为"专宗苏、黄"被他兄弟告发,结果该书被毁版,而蔡绦本人则因为宋徽宗顾念宠臣蔡京年老才没有被杀掉②,当时气氛之紧张由此可见一斑。但是,由于苏轼的诗文很受时人喜爱,及身已经盛行天下,"是时朝廷虽尝禁止,赏钱增至八十万,禁愈严而传愈多,往往以多相夸。士大夫不能诵坡诗,便自觉气索,而人或谓之不韵"③。禁令愈严酷,苏轼的诗文传布得越多,甚至还以多相夸,这对于所谓禁令构成了极大的嘲讽。不过,当时一般的出版者还是不敢冒这一风险,倒是由一贵戚私下刊刻,结果赚了大钱:"是时书肆畏罪,坡、谷二书皆毁其印,独一贵戚家刻板印焉,率黄金斤,易坡文十。盖其禁愈急,其文愈贵也。"④ 苏轼诗文以外的著作也有图书出版者冒险刊刻,例如《东坡易传》一书,将书名改为《毘陵易传》刊刻出版,这是因为苏轼在常州逝世,于是以"毘陵先生"代替众所周

---

① 中国第一历史档案馆编:《纂修四库全书档案》,上海古籍出版社1997年版,第446页。
② 陈均:《九朝编年备要》卷29,文渊阁《四库全书》本。
③ 朱弁:《曲洧旧闻》卷8,文渊阁《四库全书》本。
④ 杨万里:《杨诚斋集》卷84《杉溪集后序》,文渊阁《四库全书》本。

知的"东坡"名号，以图掩人耳目①。就在禁毁苏轼等人著作最严厉的宣和年间，陆游的父亲到四川去，就买到了改题《毘陵易传》的《东坡易传》②，可见禁令反而刺激了苏轼著作的营销。

同样，上文所述北宋朝廷一再禁止将出版的各类图书传播到北面的敌对国家大辽，可根本禁绝不了，个中原因，出使的苏辙经过调查后发现，是因为"此等文字贩入虏中，其利十倍。人情嗜利，虽重为赏罚，亦不能禁"③。

明代禁毁李贽著作时也出现类似的愈禁愈传的现象，焦竑在为李贽《焚书》作序时就说："今焚后而宏甫之传乃愈广。"④ 而且，由于李贽名气大，在当时读者中极具号召力，有人甚至假冒李贽的名头刊刻图书，在李贽书被禁毁后不久，图书市场上冒出一批挂着李贽大名的图书。钱希言《戏瑕》卷3"赝籍"条云：

> 比来盛行温陵李贽书，则有梁溪人叶阳开名昼者，刻画摹仿，次第勒成，托于温陵之名以行。往袁小选中郎尝为余称李氏《藏书》、《焚书》、《初潭集》、《批点北西厢》四部，即中郎所见者，亦止此而已。数年前，温陵事败，当路命毁其籍，吴中锓《藏书》板并废。近年始复大行，于是有宏父批点《水浒传》、《三国志》、《西游记》、《红拂》、《明珠》、《玉合》数种传奇及《皇明英烈传》，并出叶笔，何关于李⑤？

除了《焚书》、《藏书》等著作，李贽还曾经评点过《水浒传》、《西厢记》、《琵琶记》等戏曲小说，但经过禁毁之后，图书市场上"大行"的这批图书即使不像钱希言所言全系叶昼炮制，至少也可以肯定和李贽原书有一定出入。只不过一般读者不会去追究这些，他们就是冲着"李贽"这一名字去购买这些图书的。除了钱希言提到的这些图书，李贽门人张萱撰写的《疑耀》七卷，刊刻时也题的是李贽的名，"盖以万历中贽名最

---

① 参看《四库全书总目》卷2《东坡易传》一书提要，但四库馆臣所引陆游《老学庵笔记》一书中并没有该条记载，实际上陆游是在《渭南文集》中提到此事。中华书局1965年版，第6页。
② 陆游：《渭南文集》卷28《跋〈苏氏易传〉》，文渊阁《四库全书》本。
③ 苏辙：《苏辙集》，陈宏天、高秀芳校点，中华书局1990年版，第747页。
④ 序见张建业主编：《李贽文集》第一卷书前，社会科学文献出版社2000年版。
⑤ 钱希言：《戏瑕》，收入张海鹏辑：《借月山房汇钞》，嘉庆年间刻本。

盛，托赘以行"①。

顾炎武的一段话可以印证焦竑、钱希言所说并非虚言：

> 自古以来，小人之无忌惮而敢于叛圣人者，莫甚于李贽，然虽奉严旨，而其书之行于人间自若也。天启五年九月，四川道御史王雅量疏奉旨"李贽诸书怪诞不经，命巡视衙门焚毁，不许坊间发卖，仍通行禁止"。而士大夫多喜其书，往往收藏，至今未灭②。

可见，虽然屡经严禁，李贽的书仍在天地间传布流行，明末清初士大夫阶层中很多人都有收藏。乾隆修《四库全书》时再度严禁李贽的书，甚至连《四库全书》中收录的顾炎武《日知录》中关于李贽的这条记录都予以删除③，可即使这样也阻止不了李贽著作的流传。

清代一再禁毁"淫词小说"，但效果并不理想。康熙二十六年（公元1687年）刑科给事中刘楷上疏：

> 自皇上严诛邪教，异端屏息，但淫词小说，犹流布坊间，有从前曾禁而公然复行者，有刻于禁后而诞妄殊甚者。臣见一二书肆刊单出赁小说，上列一百五十余种，多不经之语、诲淫之书，贩卖于一二小店如此，其余尚不知几何④。

可见虽然有禁令，但书坊中仍有大量这类图书在流布。尤其值得注意的是，其中有不少是从前禁毁过，如今又在图书市场上公然贩卖、租赁；还有的是禁令颁布之后重新刊刻的。这种愈禁愈传的现象一直延续到晚清，同治十年（公元1871年）六月丁卯专门颁发了一道谕旨："坊本小说，例禁綦严。近来各省书肆，竟敢违禁刊刻，公然售卖，于风俗人心，

---

① 《四库全书总目》，中华书局1965年版，第1027页。
② 顾炎武：《日知录》卷18"李贽"条，见黄汝成：《日知录集释》，上海古籍出版社1985年影印本，第1426页。
③ 这种做法在《四库全书》中并非个案，编修该书时，但凡涉及禁毁对象的内容，不删即改。例如，乾隆帝痛诋钱谦益为"二臣"，下诏禁毁其著作，而在文渊阁《四库全书》所收冯班《钝吟杂录》一书中，凡是牵涉到钱谦益处均作了改动，有些则径直删去，如卷3"钱牧翁教人作诗"条、卷7"乐天见李义山云……"条后删去"钱牧翁学元裕之，不啻过之……"等。
④ 王利器：《元明清三代禁毁小说戏曲史料》（增订本），上海古籍出版社1981年版，第24页。

殊有关系，亟应严行查禁。"① 疾言厉色的谕旨背后是面对屡禁不止现象的深深无奈。

为了获得更多的盈利，面对禁令，胆大的清代图书出版者们是冒险"违禁刊刻，公然售卖"；一些更聪明的图书出版商则像前述宋代图书出版商把《东坡易传》改题《毘陵易传》一样，设法将一些畅销的戏曲、小说类娱乐图书改头换面，瞒天过海。例如，李渔的两个小说集《无声戏》、《无声戏二集》出版后，又由他朋友杜濬从中挑选一些篇目编为《无声戏合选》出版，后来因为受张缙彦的牵连，这两本小说集成了禁书，但大胆的书商仍将《无声戏合选》改名《连城璧》冒险出版。类似做法还有：清初丁耀亢《续金瓶梅》遭禁毁后，原书被删改，以《隔帘花影》为名重新刊行；《红楼梦》曾被改名为《金玉缘》；《肉蒲团》曾被改题为《循环报》；而小说集《欢喜冤家》则不仅有《贪欢报》、《欢喜奇观》、《三续今古奇观》、《艳镜》等众多书名，更有人将其中的一些故事抽出来，和其他故事混编在一起②，以一种"夹带走私"的方式刊刻出版。除了小说，清代也有其他图书因为遭禁毁而改题书名予以出版的。例如，纂修《四库全书》时乾隆厉禁与吕留良有关图书，其后人与弟子编选的《吕晚村四书讲义》在禁之列（详见本书第六章），但陈汉章提到，光绪十一年（公元1885年）"邑人出所藏《四书讲义》四十三卷，'吕晚村'三字俱改'古博学'"③。又如，康熙五十年（公元1711年）戴名世《南山集》案发之后，他的著作遭到禁毁，但同情其遭遇、喜欢他文字的乡党以"宋潜虚"的假名保存他的文章，题为《潜虚先生文集》，私下传抄，至清末光绪前后，又有人将遗文加以刊刻出版④。

---

① 王利器：《元明清三代禁毁小说戏曲史料》（增订本），上海古籍出版社1981年版，第83页。
② 宋莉华：《明清时期的小说传播》，中国社会科学出版社2004年版，第158—159页。按，图书遭禁后改名出版在现代出版史上也曾上演，例如沈端先（即夏衍）译的高尔基《母亲》被"图书杂志审查委员会"禁售后，开明书店把"沈端先"改为"孙光瑞"，《母亲》改为《母》，继续印售。见余世存辑：《非常道：1840—1999的中国话语》，社会科学文献出版社2005年版，第283页。
③ 转引自卞僧慧：《吕留良年谱长编》，中华书局2003年版，第442页。
④ 可参看王树民为《戴名世集》撰写的前言。该书后附有周贞亮题记云："《南山集》旧得袖珍刻本十四卷，为桐城戴存庄先生所编辑，题曰《宋潜虚集》。以为南山被祸，书遭焚毁，刊集者特讳其名。后读萧敬孚所撰《戴忧庵先生事略》，乃知桐城乡人于南山本有此称，盖戴出于宋，非讳之也。"按，即使如此，不用大家都熟悉的《南山集》，而改称桐城乡党心知肚明的《宋潜虚集》，其中其实仍有避忌的因素存在。引文见戴名世：《戴名世集》，王树民编，中华书局1986年版，第464页。

中国古代某些时期、某些图书的营销因为禁令反而得到促进，这说明，统治者希望通过禁令之类的文化政策来引导意识形态的努力有时会落空。在巨大商业利益的诱惑下，统治者文化政策的威压对于中国古代图书出版者来说，是值得冒险突破的。关于这一点，在下一节的个案分析中我们会进行更详细的讨论。

三、禁书政策影响图书营销个案分析：《水浒传》金圣叹腰斩本在清代的流行

在《水浒传》几百年的传播历史中，金圣叹批点的贯华堂本无疑是影响最大的一个版本。在贯华堂本问世之后，其他版本少有人问津，以致书商只好从一百一十五回本中截取贯华堂本没有的内容、题为《征四寇传》出版。这期间，人们说起《水浒传》，一般指的就是贯华堂本，它几乎垄断了所有读者①，这不能不令人称奇。

（一）金圣叹假托古本腰斩《水浒传》

贯华堂本，据金圣叹说是"古本"，故事叙述至水浒英雄大聚义、排座次后，以卢俊义梦见众英雄被嵇康绑缚一处结束全书，没有百回繁本招安、征辽、平方腊的故事，更没有简本征田虎、王庆的情节。全书七十回，加上楔子一回，实际上是七十一回；书前有四卷，卷1为金圣叹所撰《水浒传》序一、序二、序三，卷2为《宋史纲》、《宋史目》，卷3为金圣叹所撰《读第五才子书法》，卷4为"东都施耐庵序"，但从手笔看，显然是金圣叹伪造，这点清人就已觉察。金圣叹伪造所谓施耐庵原序，目的自然是为了证明贯华堂本确实是古本。但是，经鲁迅等众多学者考证，学术界现在基本上认定这一所谓古本实际上是金圣叹腰斩了百二十回本《忠义水浒传》的后半部分而成，因此将它称作金圣叹"腰斩本"。

不过，学术界也有不同的声音，例如罗尔纲，就认为《水浒传》是罗贯中写的，原本就只有七十回，受招安、征辽、平方腊是后人加的，因此金圣叹的贯华堂本并非腰斩《水浒传》全书，而是按照古本应有的样子

---

① 清代《水浒传》其他版本仍有翻刻，如石渠阁补修本、芥子园藏板《忠义水浒传》等（详细情况可参看马蹄疾《水浒书录》，上海古籍出版社1986年版）。只是这些版本在流传的广泛度上难以和腰斩本相提并论。

"斫掉"了后人所增加的部分。而古本应有的样子,罗先生认为王圻《稗史汇编》卷103《文史门·杂书类·院本》里的这段话说得很清楚:

> 今读罗《水浒传》,从空中放出许多罡煞,又从梦里收拾一场怪诞;其实与王实甫《西厢记》始以蒲东邂会,终以草桥扬灵,是二梦语,殆同机局。总之,惟虚故活耳。

所谓"从梦里收拾一场怪诞",就是说从一个恶梦里把梁山泊英雄都一网打尽了,百回本最后虽然是用宋徽宗一梦来结束,但此时108条好汉已死去77人,健在的有31人,无论从哪个方面说,都不能说已经"收拾"了。而且,宋徽宗醒后给宋江建庙、敕封,都是实事,和王圻所说的"惟虚故活"不符。也就是说,《水浒传》的结局只到梁山泊英雄惊恶梦为止,金圣叹的贯华堂本是有根据的[①]。此外,周岭撰文也认为金圣叹并没有腰斩《水浒传》,金圣叹所批的底本是嘉靖时人腰斩郭勋百回繁本改写而成的本子[②]。周岭的文章明显受到罗尔纲相关论述的启发,因此张国光先生撰文一并予以批驳[③]。

事实上,金圣叹在评点《水浒传》时,并没有安分守己,不越雷池半步,而是像余象斗那样越俎代庖,既批又改,而且由于他才气比余象斗高,胆子也相应地更大,所以不仅仅有一些字句修辞上的枝节改动,还对全书的情节结构进行了重大调整。在作批改时,金圣叹心目中的竞争对手(或者说"假想敌")是各种李贽批本,他虽然将其斥为"俗本",但这些俗本早已占领了《水浒传》的读者市场。为了从俗本那里成功争夺读者市场,金圣叹必须将自己的《水浒传》"包装"得和以前不一样,因此除了在评点上下功夫,还必须作些改动。虽然小说、戏曲之类的地位不像诗文,出版者作些改动也无妨,更不致像今天这样招来侵权诉讼,但为小说的销路着想,把所作的改动说成是"古本"原来就如此,

---

① 参看罗尔纲《水浒真义考》、《金圣叹〈贯华堂水浒传〉的问题》二文,均收入其《水浒原本和著者研究》一书,江苏古籍出版社1992年版。

② 周岭:《金圣叹腰斩〈水浒传〉说质疑》,《文学评论》1998年第1期。

③ 张国光:《鲁迅等定谳的金圣叹"腰斩"〈水浒〉一案不能翻——兼批周岭袭据罗尔纲抄自周邨的误说之谬》,《湖北大学学报》(哲社版)2001年第1期。对于罗、周的说法,学术界很多人都表示反对,除张先生外,王齐洲撰有《金圣叹腰斩〈水浒传〉无可怀疑》(《江汉论坛》1998年第8期),崔茂新撰有《从金评本〈水浒传〉看腰斩问题》(《齐鲁学刊》2000年第5期),都认为金圣叹确曾腰斩《水浒传》。

自然更能招徕读者。这是金圣叹假托古本的商业考虑。

但金圣叹为什么要如此改动，则恐怕和他的思想、他的艺术观念以及他所处的时代有更密切的关系了。

在作这些改动时，金圣叹有一个非常明确的指导思想，即他自己在《水浒传序二》里说的："削忠义而仍水浒。"贯华堂本之前的《水浒传》书名中大都有"忠义"二字，这恐怕主要还是为了给书加上一层保护色。李贽在《忠义水浒传序》里称"水浒之众，皆大力大贤有忠有义之人"，认为宋江"身居水浒之中，心在朝廷之上；一意招安，专图报国；卒至于犯大难，成大功，服毒自缢，同死而不辞，则忠义之烈也"[1]，因此忠义归于水浒。李贽如此推举这群撞破天罗地网、反上梁山的治外英雄，是有感于"大贤处下，不肖处上"的不公正、不合理社会现实，以愤激之词来讽刺君王之侧、朝廷之上众人均无忠义可言。但由于《水浒传》传播很广，又很能感发人心，倘若读者不了解这些只是李贽愤世嫉俗的激切之言，就有可能读解为奖誉之言，转而生效法之心，就像袁中道提到的李贽侍者僧常志，因为和其他人怄气，就想效法鲁智深放火烧屋。这样一来，就出现了袁中道所谓"《水浒》，崇之则诲盗"的风险[2]。明代士大夫中思想正统者对此自然极为担忧，因此当有人问"宋江之事可复为乎？何近来士大夫誉之甚也"时，徐复祚正言相告："此李长者也，此有激之言也，非教人为江也。江，盗魁也，王法所不赦，何可复为也？朝廷清明，京、贯不作，敢越厥志乎？"[3]

贯华堂本是崇祯十四年（公元1641年）刊刻的，此时明王朝因为各地农民起义的打击已经千疮百孔、摇摇欲坠，身处末世的金圣叹虽然对朝纲废弛有诸多不满，认为"乱自上作"，但对于敢于犯上作乱的强盗更为痛恨。他认为将"忠义"之名给水浒英雄，无疑是在鼓励人们造反做强盗。他说水浒英雄"其幼，皆豺狼虎豹之姿也；其壮，皆杀人夺货之行也；其后，皆敲朴剐刖之余；其卒，皆揭竿斩木之贼也"，因此都应该杀之而后快。倘若像百回本那样受招安、被赦免，就难免"将有若干百千万人思得复试于后世者"[4]。而在金圣叹的时代，确实不断有人在"复试"，据崇祯十五年（公元1642年）刑科右给事中左懋第的题本，以李

---

[1] 朱一玄、刘毓忱编：《水浒传资料汇编》，百花文艺出版社1981年版，第192页。
[2] 朱一玄、刘毓忱编：《水浒传资料汇编》，百花文艺出版社1981年版，第223—224页。
[3] 朱一玄、刘毓忱编：《水浒传资料汇编》，百花文艺出版社1981年版，第221页。
[4] 朱一玄、刘毓忱编：《水浒传资料汇编》，百花文艺出版社1981年版，第238—239页。

青山为首的造反者啸聚梁山，处处模仿水浒群雄所为，破城劫狱，杀人放火①，显然是受《水浒传》一书的影响。此外，造反的农民头领们也喜欢用水浒英雄的诨号来为自己命名，据说张献忠还直接从《水浒传》、《三国演义》等书里汲取埋伏、攻击等军事智慧②。在这种强烈的现实刺激之下，金圣叹认为极有必要"正名"，不能将"忠义"冠于"水浒"之上，水浒众人必须明确定义为"强盗"，否则"无恶不归朝廷，无美不归绿林，已为盗者读之而自豪，未为盗者读之而为盗"③，不但不能起到警戒的作用，反而是在奖劝人们为盗。因此，书名中"忠义"二字必须削去。与此相应，情节结构里受招安、征辽、平方腊等内容也必须删掉。

至于为什么保留"水浒"二字（"仍水浒"），金圣叹说这是施耐庵原来的题目，其中大有深意："王土之滨则有水，又在水外则曰浒，远之也。远之也者，天下之凶物，天下之所共击也；天下之恶物，天下之所共弃也。"④ 也就是说，梁山好汉们是凶物、恶物，即使生前侥幸能够逃脱王法制度的惩罚，也应被远远地抛弃在化外边地，遭到后世的口诛笔伐。这是一种放逐，即被主流文化、主流价值斥逐到边缘，不仅不予承认，反而予以痛击、贬斥。

身处乱世的金圣叹除了痛恨犯上作乱外，还渴盼太平治世。这其实是一枚硬币的正反两面。贯华堂本《水浒传》最后写道："卢俊义梦中，吓得魂不附体，微微闪开眼，看堂上时却有一个牌额大书天下太平四个青字。"这是金圣叹特意改写的结尾，他惟恐读者平平看过，于是在回评中专门指出："吾观《水浒》洋洋数十万言，而必以天下太平四字终之，其意可以见矣。"⑤

可见，金圣叹对《水浒传》"削忠义而仍水浒"的改动，是为了使《水浒传》更合宜，更符合当时主流意识形态的要求。这主要是和他作为末世文人的正统观念有关，是他企图通过小说的社会功能，来裨补政治教化的不足，使更多的人认识到犯上作乱不对，以此诱导风俗人心朝着更好的方向发展。这是中国古代文人"文以载道"观念在小说里的自觉践行，体现的是中国文人传统的忧世情怀，即金圣叹自己所谓"虽在稗

---

① 朱一玄、刘毓忱编：《水浒传资料汇编》，百花文艺出版社1981年版，第512—513页。
② 查继佐《罪惟录》以及刘銮《五石瓠·水浒小说之为祸》条有相关记述。
③ 朱一玄、刘毓忱编：《水浒传资料汇编》，百花文艺出版社1981年版，第239页。
④ 朱一玄、刘毓忱编：《水浒传资料汇编》，百花文艺出版社1981年版，第238页。
⑤ 朱一玄、刘毓忱编：《水浒传资料汇编》，百花文艺出版社1981年版，第348页。

官，有当世之忧焉"①。

除了特定时代背景以及思想观念，金圣叹的艺术观念也促成了他对《水浒传》的删改。中国传统士人的艺术美观念是含蓄，所谓"含不尽之意于言外"、"言有尽而意无穷"，推崇的是余音绕梁，留无尽的空白作想象的余地。对美的这种雅致要求是属于士人的，他们在自己的诗、词、文、画等艺术形式上极力追求这种境界。金圣叹虽然落魄，却是一个浸润在传统艺术观念里的士人。平时衡文，他就极为推崇"言有尽而意无穷"，类似的言论在他对《战国策》、《史记》等文章的批点中随处可见②。由于《水浒传》的后半截的确像强弩之末，难以和前面比拟，他干脆将其删掉，安上卢俊义一梦，这样一来使整部小说在发展到高潮时戛然而止，恶梦则化实为虚，给读者想象的空间，恰好符合士人的艺术标准。

除此之外，这样一改，还符合金圣叹对结构首尾照应的要求。这是浸淫于八股文一辈子的金圣叹拿八股"文法"来衡量小说结构。具体来说，主要有：（1）"楔子"结尾有"天下太平"字样，第七十回卢俊义梦醒之后又看见匾额上写有"天下太平"四个字，这即金圣叹在"楔子"结尾处所批："一部大书数万言，却以天下太平四字起，天下太平四字止，妙绝！"（2）"楔子"里锁镇天罡地煞的伏魔之殿里有一块石碑，碑后写着"遇洪而开"四字，结果洪太尉因此误放一百零八魔君；劫生辰纲的阮氏三雄住的地方叫石碣村，而劫生辰纲为众英雄汇聚梁山之始；一百零八条好汉在梁山聚齐之后，天上又降下石碣排定众英雄座次，这就是金圣叹在贯华堂本第70回批语中所谓"盖始之以石碣，终之以石碣者，是此书大开阖"。（3）为了劫夺生辰纲，七英雄聚义，晁盖说自己做了一梦；英雄排座次后卢俊义又做一梦，这就是金圣叹在贯华堂本第十三回批语中所感慨的是为了暗示人世间"无一而非梦"。

但是，小说和戏曲最初的接受者主要是普通市民大众，他们不像士人那样重视迷离的诗情和含蓄的意境，更无暇体味潜藏在结构里的诸多细微妙处或所谓"微言大义"，他们追求的是故事的晓畅明白、清晰完整，对故事"后来怎样了"有极为执著的追问，一般来说很难接受一个仍存悬念的结局。那么，为什么被金圣叹用士人艺术标准修改的贯华堂

---

① 金圣叹《水浒传序二》，见朱一玄、刘毓忱编：《水浒传资料汇编》，百花文艺出版社1981年版，第239页。

② 朱一清、程自信著有《金圣叹选撰才子必读新注》（安徽文艺出版社1998年版）一书可参看。关于金圣叹评点文章重视"言有尽而意无穷"的论述，可参看张天星：《金圣叹腰斩〈水浒传〉与〈西厢记〉新探》，《四川师范大学学报（社会科学版）》2004年第3期。

版本却被普遍接受？除了贯华堂本自身所具有的艺术魅力以及金圣叹精彩的评点外，恐怕还和特定的历史背景以及意识形态分不开。

（二）禁书政策下图书出版商趋利避祸的选择

在贯华堂本《水浒传》刊刻后，仅仅过了三年，满清入关取代了明王朝的统治。这是一个重大的转折，清初文化专制极为严厉，屡兴文字大狱，像"庄廷鑨《明史辑略》案"、"戴名世《南山集》案"等，对士林造成极大的威压和震慑。清统治者不仅对涉及明末辽东史事的材料极为忌讳，而且对汉族士人称呼满洲为"夷狄"、"蛮夷"等充满"夷夏之辨"色彩的说法大为反感，因为其中充满着文化歧视，清统治者自然要对此加以严禁。就像阿Q头上长了癞疮疤，先是忌讳别人说"癞"以及一切近于"赖"的音，后来推而广之，别人说"光"啊、"亮"啊乃至"灯"啊、"烛"啊的他也忌讳，满清统治者先是不许汉族士人称呼自己夷狄，然后推而广之连此前历史上的少数民族如辽、金等也不许如此称呼，乾隆时期修《四库全书》时，很多宋朝文献因为涉及辽、金，有犯忌讳字眼，遭到无情的删削、篡改、抽毁乃至全毁。

《水浒传》繁本中的百回本、繁简合并的百二十回本以及一切简本，恰恰都有征辽的内容，这自然会让敏感的满清统治者感到不舒服。实际上，满清统治者的这种敏感并非完全是神经过敏，因为明末有不少汉族士人在读《水浒传》征辽这类情节时，联想到当时辽东由满洲引起的边患，情不自禁地渴盼有一批像水浒英雄这样的好汉替国家消灭入侵的异族。四知馆补刊本（钟批本）前托名钟惺撰写的《水浒序》里的一番话是这种心理最典型的代表：

> 嘻！世无李逵、吴用，令哈赤猖獗辽东！每诵秋风、思猛士，为之狂呼叫绝。安得张、韩、岳、刘五六辈，扫清辽、蜀妖氛，翦灭此而后朝食也！

序里"猖獗辽东"的"哈赤"即努尔哈赤，他统一了建州女真（后称满洲），并于万历四十四年（公元1616年）即汗位，国号"金"，奠定了后来满洲入主中原的基础。作序者希望有像水浒英雄这样的人物，或者有像南宋时英勇抗击女真族金国的张浚、韩世忠、岳飞、刘锜这样的英雄五六个，挺身而出，消灭辽东的女真后人。显然，有这样序言的《水浒传》在清初是绝不可能公开、广泛流传的。甚至像李贽《忠义水浒传序》

里"驯致夷狄处上,中原处下。一时君相,犹然处堂燕雀,纳币称臣,甘心屈膝于犬羊已矣"这样的话,在清初刊刻的无穷会藏本里,犯忌讳的字样"夷狄"也不得不改为"边陲",而"犬羊"则被改为"时势"①,个中原因,在上一节述及清代禁书范围时已经论述过。在当时历史背景之下,文网如此严密,人们,无论是出版商还是普通读者,都小心翼翼地回避着可能带来麻烦的文字书籍。在外界惩戒的威压下,人们为了避祸,必然会伴随主动的自我审查。

在知存的所有《水浒传》版本中,恰恰只有金圣叹腰斩断刻系列里没有征辽这一情节,而金圣叹所有的序言、读法以及批点里,除了关注文法外,重点是痛心疾首地批判犯上作乱的强盗,这样的评点,从主流意识形态看来,无疑是观点立场正确、不至于产生负面影响。因此,金圣叹腰斩过的《水浒传》,除了文字艺术上有魅力外,还正好不会触犯满清统治者的忌讳,而金圣叹的批点又极为符合统治者要求臣民做顺民的意识形态,自然很容易被绝大部分书商选中作为翻刻的底本,这是书商在国家意识形态约束下不得不做出的趋利避祸的选择。在满清刚定鼎中原时,还有一些像无穷会藏本这样保留了征辽内容的《水浒传》版本出版,但已经注意把书首序言里犯忌的字眼加以删改,而随着文网日趋严密,这样做仍有风险,选择没有征辽情节的腰斩本最保险。随后,腰斩本渐渐垄断了市场,其他版本渐渐被淹没。乾隆末年,国势渐颓,统治者对文化的控制稍稍松弛,振贤堂才敢截取一百一十五回本的第六十七回至一百一十五回,题作《征四寇传》出版②,作为对腰斩本没有征辽等内容的一种补充。为了自我保护,《征四寇传》书前序言强调的是众英雄幡然改悔、改弦易辙后如何为国驰驱、报效朝廷,提醒读者水浒英雄并非仅仅是反上梁山而已。

可见,金圣叹腰斩本在清代数百年的流行,并不仅仅是由于文学作品艺术价值优胜劣汰的结果,也并非完全出于读者喜爱的自由选择。它在清代的被接受,和它没有犯忌讳的征辽情节以及金圣叹批点的"立场正确"有着极大关系。金圣叹腰斩本的长期、广泛传播,是绝大部分出

---

① 刘世德:《〈水浒传〉无穷会藏本初论——〈水浒传〉版本探索之一》,《文学遗产》2000年第1期。

② 马幼垣《关胜的死之谜》一文(提交给2004年4月27—28日召开的"明清文学国际学术研讨会")注中提到法国国立图书馆藏有振贤堂本《征四寇传》,振贤堂为乾隆晚年书肆,而《征四寇传》前有乾隆壬子赏心居士的序言,乾隆壬子年为乾隆五十七年(公元1792年),则振贤堂有可能就是《征四寇传》的最早刊行者。

版商在意识形态威压下牟取商业利益的一种趋利避祸的选择，这种选择体现了"义"和"利"之间的某种平衡。

需要补充说明的是，金圣叹腰斩本的流行并不代表这个版本是被官方认可的版本。这只是绝大部分书商和读者的选择，而清代统治者则和明末统治者一样，一直把《水浒传》看作是会教坏人心的不好书籍，金圣叹"立场正确"的批点乃至腰斩、修改，都无法从根本上改变小说自身的性质，因此明令予以禁毁。雍正十二年（公元1734年）编成的《钦定吏部处分则例》（乾隆、嘉庆、光绪各朝均续加修纂）卷30《礼文词》明确规定："凡坊肆市卖一应小说淫词《水浒传》，俱严查禁绝，将板与书，一并尽行销毁。"① 乾隆十八年（公元1753年），下旨不许将《水浒》、《西厢》这样的"恶书"翻译成满文，以免改变了满洲的纯朴习俗②。乾隆十九年，御史胡定奏请查禁《水浒传》，称：

  阅坊刻《水浒传》，以凶猛为好汉，以悖逆为奇能，跳梁漏网，惩创蔑如。乃恶薄轻狂曾经正法之金圣叹，妄加赞美；梨园子弟，更演为戏剧；市井无赖见之，辄慕好汉之名，启效尤之志，爰以聚党逞凶为美事，则《水浒》实为教诱犯法之书也③。

他在奏言里提到坊刻《水浒传》时，说是金圣叹批点的，这说明此时金圣叹腰斩本基本已经垄断了坊刻；而另一方面，他认为这种版本的《水浒传》仍是"教诱犯法"之书，必须"一体严禁"。此前以及此后满清各朝，都有类似、相关的禁令。可见，金圣叹腰斩、批改的一番良苦用心，似乎并没有得到统治阶级的认可；而一再申斥的禁令，恰恰说明了禁令的实际执行情况不尽如人意，同时也说明《水浒传》之类的稗官小说难以禁绝，只要风头一过，立即又有胆大逐利者刷印售卖。这正如光绪三十三年（公元1907年）上海大同书局石印《第五才子书水浒传》书前序言所说："我岂不知《水浒传》一书，曾经查禁，久著甲令，然禁之自上，而刻之自下，牟利者何知焉！况禁久则驰，仍复家置一编，人怀

---

① 王利器：《元明清三代禁毁小说戏曲史料》（增订本），上海古籍出版社1981年版，第19页。

② 王利器：《元明清三代禁毁小说戏曲史料》（增订本），上海古籍出版社1981年版，第43页。

③ 王利器：《元明清三代禁毁小说戏曲史料》（增订本），上海古籍出版社1981年版，第44页。

一箧，亦无有过而问焉者。"

据康熙五十三年（公元1714年）九卿詹事科道议定的处罚条例，一部"小说淫词"因有害社会风俗人心招致的后果无非是毁书、毁板，出版者、贩卖者自然是有风险的，官员疏于管理也承担一定责任，具体是："如仍行造作刻印者，系官革职，军民杖一百，流三千里；市卖者杖一百，徒三年。该管官不行查出者，初次罚俸六个月，二次罚俸一年，三次降一级调用。"①而在像"《明史辑略》案"这类因触犯满清统治者忌讳的案子里，在毁书、毁板外，出版者、刻字的工人、给书作序跋乃至仅仅列名其中的文人以及贩卖者，除了首告者或已死者，无一不被论罪处死，而该管官员或削官，或杀头。比较而言，前者的严重程度要低于后者。也许正因为这样，在利益的诱惑下，仍有人冒险翻刻、售卖《水浒传》腰斩本，因为这里面没有征辽这一犯大忌讳的内容，即使不幸被人检举查抄，其罪也不至死。也就是说，他们趋利避祸中所避的"祸"乃是大祸，即杀身之祸，在这之外，刊刻、传播《水浒传》仍是有风险的，只不过为了商业利益，一直有人大着胆子去冒险，这就是为什么满清历代统治者一再禁毁"小说淫词"而金圣叹腰斩本《水浒传》仍然广为传播的原因。

四、小　结

本章主要考察了中国历代文化政策中哪些对中国古代图书出版营销造成了一定影响。从实际效果看，中国古代征求图书充实官藏以及朝廷颁行图书或严令收藏某一部、某一些图书等政策在一段时间内会对于图书出版营销产生积极促进作用；而历代的禁书政策对于图书营销的作用要复杂一些，除了显而易见的阻碍作用外，有时也会起到反向的刺激作用。不管是哪一种情况，我们都不能忽视外部政策环境对于图书出版这种文化产业的深远影响。

---

① 王利器：《元明清三代禁毁小说戏曲史料》（增订本），上海古籍出版社1981年版，第27—28页。

第三章 中国古代图书出版的市场细分

在准备踏入图书出版这个行业时，任何一个中国古代的书坊主恐怕都不会像今天人们创立公司那样准备一份详细的商业计划书，但这并不代表他们就不对自己即将投身的市场进行一番细致考量。实际上，为了更好地实现逐利目标，他们会自发地对市场进行细分，然后根据自身所具有的条件，选择进入他们认为最为合适的细分市场。

现代营销学认为，市场细分可有不同的依据，其中最为常用的有地理细分、人口细分、心理细分、行为细分等[①]。根据笔者所掌握的材料，本章拟讨论一下中国古代图书出版业市场依据地理和人口因素进行的细分。

一、地理细分

"地理细分要求把市场细分为不同的地理单位，例如国家、地区、州、县、城市或地段。公司可选择在一个或几个地区经营，也可在整个地区经营，但要注意到需要和欲望的地区差异。"[②] 中国古代图书出版市场地理细分，从大的方面说，是中国古代书坊主选择在哪个或哪几个地区经营；从小的方面说，则是在哪个或哪几个地段开展经营。

（一）对地区的选择

中国古代书坊主在选择经营地时，首先要考虑的就是这个地方是否有足够多的图书消费者。图书不同于一般的日常生活用品，是一种选购品，并非每个人都需要它，一般只有那些掌握了识字技能、有一定文化

[①] 科特勒、阿姆斯特朗：《市场营销》，俞利军译，华夏出版社2003年版，第141页。
[②] 科特勒、阿姆斯特朗：《市场营销》，俞利军译，华夏出版社2003年版，第141页。

知识的人才有可能成为它的消费者。因此，理论上说，一个地区整体的文化水平越高、聚集的读书人越多，该地区的图书消费者自然也越多。正是基于这种预判，中国古代书坊业最集中的地方往往是各个时期的都城或一些较大的城市。关于这一点，我们从本书第一章对中国古代图书出版市场的历史描述中看得很清楚。

事实上，中国古代图书出版业最集中的地方，除了因为地区文化教育水平整体比较高带来的图书需要更强烈外，还有一些特定优势为图书出版业的发展提供了良好环境。例如，唐末、五代时，四川是全国图书出版中心地之一，这和当地盛产纸张有一定关系。而福建从宋代到清代都是中国古代图书出版中心地之一，当地的造纸业也极为发达，便于图书出版业就地取材。而且，四川、福建两地都是山多，山上各类木材多，可供雕版用的木材自然也不少。这充分说明这些地区成为历史上的出版中心并非偶然，历史选择的背后是有其合理性的。具体到历史上的汴京、北京、南京、杭州、广州等城市，无一不是手工业与商业均较为发达的城市，繁荣的手工业与活跃的商业为图书的制作与贸易提供了坚实的支撑。

中国古代图书出版业在对市场进行地理细分时，大部分书坊主限于资金、交通等因素，往往只能选择进入一个目标市场。不过，到了商品经济比较发达的明代，有些书坊主开始同时选择几个地区进行经营。例如，建阳叶贵，除了在本地开设书坊外，同时在南京也开设分店①。

到了清代，福建四堡出现了一人开5家书店于外地的情况。据敦本堂《范阳邹氏族谱》卷33载，邹新城"幼业儒，家世商于粤之灵山县，殿赓（按：邹新城父亲）早卒于灵，生怕父业之失坠也，弃读就贾，设肆于灵，又添于南宁，又于潮、于汀、于横开张书肆五处，以一身经略其间，各皆就绪，大获资财"②，因为他将5家书肆都经营得很有条理，所以赚了大钱。

此外，清代也有的图书出版商在同一个城市的不同地段开设分铺。例如南京李光明庄，在其刊刻的《书经蔡注》卷首，有朱色广告一页宣称：

> 江南城聚宝门三山街大功坊郭家巷内秦状元巷中李光明家自梓童蒙各种读本，拣选重料纸张装订。又分铺状元境、状元境口状元阁发售，实价有单。

---

① 张秀民：《中国印刷史》，韩琦增订，浙江古籍出版社2006年版，第270页。
② 转引自林应麟：《福建书业史——建本发展轨迹考》，鹭江出版社2004年版，第423页。

可见，该图书出版商除了在秦状元巷有店铺外，在状元境、状元阁等处还有分铺。

（二）对地段的选择

中国古代图书出版业在对市场进行地理细分时，除了要首先选择潜在消费者最多的州、府、城市外，还得进一步选择书坊的具体开设地段。在作这一选择时，书坊主往往考虑以下地段：（1）能够最直接、最快捷地和大量目标消费者发生联系的地段；（2）能够和尽可能多的人群发生接触的地段。

第一种地段通常是在聚集了大量读书人、对图书有极大需求的学校或贡院等科举场所附近。早在西汉末年，在太学附近曾自发形成所谓"槐市"，《艺文类聚》卷88《木部·槐》类载："《三辅黄图》曰：元始四年，起明堂辟雍，为博士舍三十区。为会市，但列槐树数百行，诸生朔望会此市，各持其郡所出物及经书，相与买卖。雍雍揖让，论议树下，侃侃訚訚。"① 但这只是太学里生员弟子们互通有无的"跳蚤市场"，某种程度上和今天大学校园里毕业生临近离校时卖掉不想带走的教材、图书刊物、旧电脑等极为相似，即其中有交易，但商业气氛并不浓。尽管如此，槐市的先例还是会给后来的图书出版业者带来有益的启示。

宋代政府抑武右文，极为重视文化教育，除了太学、州县学等各级官学，民间还兴起众多书院。这些学校往往自己也刻书，但所刻主要是和诸生学业相关的各类经典教材。除此之外，众多的生员弟子显然需要大量的各类图书，精明的书坊主自然不会放过这个巨大的市场。南宋都城临安有名的陈宅书籍铺，开设在棚北睦亲坊巷口，睦亲坊里有"宗学"，即皇家宗室子弟学校，百姓俗称睦亲坊为"宗学坊"，陈氏将书籍铺开设在这里，显然瞄准的是学校学生这一大批消费者。到了明代，书坊主这种商业意识愈发清晰。明代胡应麟《少室山房笔丛》卷4《经籍会通四》："凡金陵书肆多在三山街及太学前。"② 即南京的书肆有很多是开设在太学前面的。而北京的书肆则直接开到了举子会试的考场前，胡应麟说："凡燕中书肆，多在大明门之右及礼部之外，及拱宸门之西。每会试举子，则书肆列于场前……"以明代为背景的小说《儒林外史》描写南京乡试时的情景：

---

① 欧阳询：《艺文类聚》，汪绍楹校，上海古籍出版社1965年版，第1517页。
② 胡应麟：《少室山房笔丛》，文渊阁《四库全书》本。

到初八早上，把这两顶旧头巾叫两个小子带在头上，抱着篮子到贡院前伺候。一路打从淮清桥过，那赶抢摊的摆着红红绿绿的封面，都是萧金铉、诸葛天申、季恬逸、匡超人、马纯上、蘧駪夫选的时文①。

小说中写的就是一到科举考试时，卖书摊子摆在去贡院的必经之路上，主要售卖的是各种八股文选，以供应举者选购。而清代之所以先在报国寺后在琉璃厂聚集那么多书肆，同样和宣南一带聚居着大批汉族官僚士大夫以及进京赶考的各地举子有着莫大关系。

第二种地段通常是人口来往密集的地方，即今天所谓繁华热闹地段。在中国古代，这些地方除了集市，还包括寺院、庙会乃至一些城里或城外不远处的名胜游览处。本书第一章第三节论述中国古代图书出版的国内市场时曾提及北宋东京相国寺，据《东京梦华录》卷3"相国寺万姓交易"条记载，是"每月五次开放，万姓交易"②。而明代李濂纂辑的《汴京遗迹志》卷10引宋人王栐《燕翼诒谋录》云："东京相国寺，乃瓦市也。僧房散处，而中庭两庑，可容万人。凡商旅交易，皆萃其中。四方趋京师以货物求售转售他物者，必由于此。"③书坊主自然不会看不到其中的商机，所以在相国寺东门大街上才尽是书籍铺。

明代书坊主更胜一筹，胡应麟《少室山房笔丛》卷4《经籍会通四》载：

凡武林书肆多在镇海楼之外，及涌金门之内，及弼教坊、清河坊，皆四达衢也。省试，则间徙于贡院前。花朝后数日，则徙于天竺，大士诞辰也。上巳后月余，则徙于岳坟，游人渐众也④。

可见，杭州的书坊主们极为重视书肆选址，基本上选在四通八达的街道上，因为这样会有尽可能多的人群经过他们的书肆。据明代田汝成《西湖游览志》卷13载："弼教坊，俗称狗儿山巷，宋名睦亲坊。今有睦亲井，尚存。有宗学在焉。"⑤则胡氏提及的杭州弼教坊，就是宋代的"睦亲坊"，在明代仍是书肆比较集中的地方。除了守株待兔式"坐贾"，杭

---

① 吴敬梓：《儒林外史》，张慧剑校注，人民文学出版社1988年版，第499页。
② 孟元老：《东京梦华录》，文渊阁《四库全书》本。
③ 李濂：《汴京遗迹志》，文渊阁《四库全书》本。
④ 胡应麟：《少室山房笔丛》，文渊阁《四库全书》本。
⑤ 田汝成：《西湖游览志》，文渊阁《四库全书》本。

州书坊主们还像游牧部落逐水草而居那样跟随热闹人群流动：或者是观音大士诞辰时香客众多的天竺寺，或者是游人如织的岳飞坟。照胡氏的说法，北京的书坊主也大抵是这样：

> 每花朝后三日，则移于灯市。每朔望并下澣五日，则徙于城隍庙中。灯市极东，城隍庙极西，皆日中贸易所也。灯市岁三日，城隍庙月三日，至期百货萃焉，书其一也①。

不过，需要注意的是，流动售书过程中书肆本身并不搬迁，胡应麟解释说：

> 凡徙，非徙其肆也。辇肆中所有，税地张幕列架，而书置焉，若綦绣错也。日昃，复辇归肆中。惟会试则税民舍于场前月余，试毕归，地可罗雀矣②。

原来是用车子载着书，租一块地，搭起帐篷，摆好架子，放好书，生意就可以开张了，等到日暮时分，再用车子将书载回书肆。只有在会试时，才在考场前租一个多月的房子卖书，考试完了后还是回到书肆大本营中。

从中国古代图书出版业整个发展历史来看，图书出版的经营地是逐渐增多，即随着印刷技术的进步和普及，同时由于城市和教育的发展，在都城、大都市以外的城市里，逐渐也出现了书坊从事图书出版与销售。据张秀民先生考证，唐代刻书地点可考者，仅京城长安、东都洛阳以及越州、扬州、江东、江西、成都等地；至宋代，除传统的出版中心外，全国各地都有刻书记录，甚至当时所谓蛮荒烟瘴之地如广南东路的潮州、广南西路的柳州、象州以及海南岛的琼州，都有刻书记载③；到了明清，这一情况越发明显。这种从中心城市、传统出版业重镇向其他城市扩展的趋势，实际上是行业自身对市场自发进行地理细分的结果，即有些书坊主从原来并没有图书出版业的地区发现商机，他们一旦在此地开始经营，最初阶段完全可以独占该地整个图书市场。这同样属于对市场进行地理细分的一种策略。

---

① 胡应麟：《少室山房笔丛》，文渊阁《四库全书》本。
② 胡应麟：《少室山房笔丛》，文渊阁《四库全书》本。
③ 张秀民：《中国印刷史》，韩琦增订，浙江古籍出版社2006年版，第17、第70页。

二、人口细分

现代营销学对市场进行细分时另一个重要依据是人口。"人口细分指根据各种变量，如年龄、性别、家庭人口、家庭生命周期、收入、职业、教育、宗教、种族、国籍等，把市场分割成群体。人口因素是细分消费者群的最流行的依据。一个原因是消费者的需要、欲望和使用率经常紧随人口变量的变化而变化。"① 在这些变量中，收入因为和可能赚取的利润关系密切，尤其受到生产者、经营者的注意。就中国古代图书出版营销而言，目标消费者的收入自然也是重点考量因素。此外，如我们一再强调的那样，图书作为特殊消费品，其营销与消费者受教育程度有直接关系，而像年龄、性别、职业、宗教信仰等因素也会带来一些细分市场，比如说，针对低龄读者的童蒙读物市场、针对女性读者的闺训女诫类读物市场、针对医生的医方医学类图书市场、针对信徒的宗教类图书市场，不一而足。在这一节里，我们将重点考察人口细分中收入与宗教这两个变量对于中国古代图书出版市场细分的影响。

（一）历代书价及基于人口收入考量的低价营销策略

消费者购买图书的目的，大致可以分为三类：藏、读以及兼藏兼读。从这一角度区分，则图书消费者大致可以分为藏书家、普通读者以及藏书家兼读者三类。如果衡以收入，则藏书家以及藏书家兼读者多为相对富裕的较高收入者，普通读者多为收入相对较低者。显然，一些具有较高版本收藏价值、制作精工或者卷帙浩繁的图书因为价格相对高昂，其目标消费者针对的主要是前者，但也有不少图书瞄准的是中低收入这一读者市场。

1. 历代书价。由于缺少相关材料，写本时代图书的价格情况并不清楚，因此这里介绍的主要是印本时代的图书价格。另外，一些印本随着时间的推移，往往出现增值现象，最典型的例子就是明清时期宋元刻本的价格越来越高，但这反映的是图书在后世的收藏价值，并不是图书印制出来时图书出版业的营销价格，因此也不属于本论题讨论的范围。

宋代理学家严"义利之辨"，但宋代官刻书籍在言利时却颇有点"君

---

① 科特勒、阿姆斯特朗：《市场营销》，俞利军译，华夏出版社2003年版，第142页。

子坦荡荡"的风采:这些书籍经常把印造该书所费的纸墨物料工价等列一细目,然后标明该书售价。据张秀民先生介绍,"宋本中记明物料工价的有黄州本《小畜集》(绍兴十七年),沅州本《续世说》(绍兴二十七年),高邮本《淮海集》(乾道癸巳九年王定国守高邮刊)、象山本《汉隽》(淳熙十年),华亭本《二俊文集》(庆元二年),绍兴府本嘉泰《会稽志》(嘉泰二年),舒州本《大易粹言》等"①。例如,《大易粹言》印造明细及售价如下:

> 今具《大易粹言》一部计二十册,合用纸数印造工墨钱下项:纸副耗共一千三百张、装背饶青纸三十张、背青白纸三十张、棕墨糊药印背匠工食等钱共一贯五百文足,赁板钱一贯二百文足。本库印造见成出卖,每部价钱八贯文足。

据此,该书一部 20 册造价成本为二贯七百文,售价为八贯,一贯相当于一千文,则平均每册书售价为四百文。《小畜集》标明每部售价为五贯文省,全书共分八册,则每册售价为六百余文。

也有定价较便宜的,例如叶适《水心集》卷 8《徐师垕广行家集,定价三百》一诗云:"徐照名齐贾浪仙,未多诗卷少人看。惜钱嫌贵不催买,忽到鸡林要倍难。"② 徐照是南宋诗坛上所谓"永嘉四灵"之首,其集子是《芳兰轩集》,《千顷堂书目》卷 29 著录有五卷,而《四库全书总目》卷 162 著录为一卷,另,《直斋书录解题》卷 20 著录有《徐照集》三卷。不管徐师垕刊刻的是哪种,确实都是"未多诗卷",因此"定价三百"。不过,即使定价三百文,仍有人嫌贵。

据《宋史》卷 171《职官志》,当时县令的月俸,最少的有十千文,最多的可达三十千文③。在历史上宋代官员俸禄待遇的优厚为后人称羡,

---

① 张秀民:《中国印刷史》,韩琦增订,浙江古籍出版社 2006 年版,第 131—132 页。可参看叶德辉:《书林清话》卷 6"宋监本书许人自印并定价出售"条,刘发等校点,辽宁教育出版社 1998 年版,第 120 页。
② 叶适:《水心集》,文渊阁《四库全书》本。
③ 《宋史》卷 171《职官志》:"东京畿县七千户已上知县,朝官二十二千,京官二十千;五千户已上知县,朝官二十千,京官十八千;三千户已上知县,朝官十八千,京官十五千;三千户已下知县,止命京官,十二千。主簿、尉,十二千至七千,有四等。河南府河南、洛阳县令,三十千。诸路州军万户已上县令,二十千;簿、尉,十二千。七千户已上令,十八千;簿、尉,十千。五千户已上令,十五千;簿、尉,八千。三千户已上令,十二千;簿、尉,七千。不满三千户令,十千;簿、尉,六千。"

例如清代赵翼《廿二史札记》卷25"宋制禄之厚"条就对其时"给赐优裕"、"入仕者不复以身家为虑"赞赏不已,宋代官员尤其是上层官员除了固定的俸禄外,还有名目繁多的各种补贴,如所谓"傔人衣粮"、"傔人餐钱"(按跟随仆从人头发的衣食钱)、"厨料"(茶、酒、米、面等实物)、"薪炭诸物"(所烧的柴、所用的盐、纸以及喂马的饲料等)、"给券"(出差时在指定处可以免费食宿的凭证)等①。因此,一般县令以上的官员,其收入能够承受定价在七八贯左右的一部书籍;而一般普通百姓的收入,显然不太可能承受。

元代张铉《至大金陵新志》前有《修志文移》,其中提到该书的刊刻情况:

> 分派溧阳州学刊雕五卷,溧水州学、明道书院各刊三卷,本路儒学刊造二卷及序文图本,照依元料工物合用价钱,于各学院钱粮内除破……当年五月,内承奉江南诸道行御史台令史孔淮承行札付该来申为刊雕《金陵新志》板物价钱,共中统钞一百四十三定二十九两八钱九分九厘②。

该书15卷,分13册,因此引文中的"卷"字指"卷册"。"中统钞"是元世祖中统元年(公元1260年)十月造的交钞(即纸币),"定"即"锭",《元史》卷94《食货二·额外课》记载了天历元年(公元1328年)针对日历额外征收的税收情况,其中"大历,二百二十万二千二百三本,每本钞一两,计四万四千四十四锭三两"③,据此,抹去三本的税即零头三两,则 $2202200 \div 44044 = 50$ 两/锭,即中统钞一锭等于银子50两,照这样计算,刊刻《金陵新志》13册共花费了 $143 \times 50 + 29.899 = 7179.899$ 两银子,平均一册书花费 552.299 两银子。而据《元史》卷96《食货四·俸秩》载至元二十二年(公元1285年)百官俸例④,正七品为一锭一十两,即一月60两银子;从一品为六锭,即一月300两银子。也就是说,一个位居从一品的高官,其月薪居然无法支付《金陵新志》一册书的造价。造价如此昂贵,以致叶德辉不得不怀疑:"岂当时浮支冒

---

① 王树民:《廿二史札记校证》(订补本),中华书局2001年版,第533—534页。
② 张铉:《至大金陵新志》,文渊阁《四库全书》本。
③ 《元史》,中华书局2000年版,第1594页。
④ 《元史》,中华书局2000年版,第1624页。

领，亦如今日各省书局之不实、不尽乎？"① 即学院在奏销时可能多报了很多钱。显然，这个数据并非元代一般刻书的真正造价。

明代坊刻本一般不公开书籍印造成本，本书第五章列举的明代售书广告中均没有说明售价，这显然是为了在交易过程中拥有更大的讨价还价空间。但也有标明价格的，例如，明代杭州李氏刻有《月露音》4 卷，封面右下角有一朱文长方印，内有文字写道："杭城丰东桥三官巷口李衙刊发，每部纹银八钱。如有翻刻，千里究治。"② 类似的，美国哈佛燕京图书馆藏有明崇祯刻本《宋文文山先生全集》21 卷，该书扉页右上角也钤有一长方形印，标明"每部定价纹一两"③；日本内阁文库浅草文库收藏的万历年间龚绍山刊《陈眉公批评列国志传》12 卷，书名页上也钤有方形印，标明"每部纹银一两"④。再如，明代金阊书坊舒冲甫刊刻《新刻钟伯敬先生批评封神演义》20 卷 100 回，封面标有"每部定价纹银二两"字样。又如，明代刻本《新编事文类聚翰墨大全》125 卷前有牌记写道："万历辛亥岁孟夏月重新整补好纸版，每部价银一两整。安正堂梓。"

除了上述这些书价材料，沈津先生在《明代坊刻图书之流通与价格》一文中还提到中国大陆之外藏有的一些明代坊刻本也有标价。例如，明万历十六年（公元 1588 年）杨氏归仁斋刻有《大明一统志》90 卷 16 册，扉页钤有"每部实价纹银三两"字样；明万历三十五年（公元 1607 年）书林刘双松安正堂刻《新编古今事文类聚》37 册，扉页也钤有"每部实价纹银三两"字样；明万历四十六年（公元 1618 年）居仁堂余献可刻有《新刻李袁二先生精选唐诗训解》七卷四册，扉页钤有"每部纹银一两"字样；明崇祯九年（公元 1636 年）莲庵朱墨套印《广金石韵府》五卷六册，扉页钤有"棉纸朱文，定价一两。本衙藏板，翻刻千里必究"字样⑤。这些书价，如果平均到一册的价钱，则最便宜的才 80 余文钱，最贵的也才 250 文钱，只是一部书好几册下来，价钱就不菲了。

---

① 叶德辉：《书林清话》卷 7 "元时刻书之工价"条，刘发等校点，辽宁教育出版社 1998 年版，第 148 页。
② 转引自魏隐儒：《中国古籍印刷史》，印刷工业出版社 1988 年版，第 124 页。
③ 该书扉页书影见沈津：《书城风弦录——沈津学术笔记》，广西师范大学出版社 2006 年版，第 57 页。
④ 《古本小说丛刊》编辑委员会：《古本小说丛刊》第四十辑，中华书局 1991 年版，第 275 页。
⑤ 沈津：《书韵悠悠一脉香：沈津书目文献论集》，广西师范大学出版社 2006 年版，第 104—107 页。

徐光启在明代万历年间上疏时曾提到："都下贫民佣工一日，得钱二十四五文，仅足给食。"① 据此，则当时京城贫民一月的收入还不足一两银子。而据袁逸先生考证，万历年间一般刻工每月工资约为1.5两银子，嘉兴缫丝工每月的工钱是1.2两银子，北京搭棚匠每月的工钱是1.5两银子②，显然，一部一百余卷的书籍几乎是一般老百姓一个月的收入。而据《明史》卷82《食货志六》记载：

> 二十五年更定百官禄。正一品月俸米八十七石，从一品至正三品，递减十三石至三十五石，从三品二十六石，正四品二十四石，从四品二十一石，正五品十六石，从五品十四石，正六品十石，从六品八石，正七品至从九品递减五斗，至五石而止。自后为永制③。

也就是说，洪武二十五年（公元1392年）之后，正七品县令的月俸是米七石五斗（一石等于十斗，为120斤）。据《明史》同卷记载，官俸在折银时，"六钱五分当米一石"，照这个价位计算，则县令的月俸是 $7.5 \times 0.65 = 4.875$ 两银子。一个县令除了朝廷的月俸外，还有其他各种隐性收入，因此一个县令每月的收入完全能够承担像《新刻钟伯敬先生批评封神演义》、《新编事文类聚翰墨大全》这类书的书价。可见，中国古代图书出版业刊刻这类部头较大的图书主要是为那些识字、有文化素养而且收入较高的人群服务。一般普通百姓或者没有这个需要（他们需要的印刷品主要是指导日常生活宜忌的历书），或者难以支付；而普通读书人，虽然对书籍有需要，但除了一些较为便宜的类似于今天教科书的《四书》、《五经》等经典，他们的收入状况恐怕也能以承受一些较大部头、印刷精美的书籍，这也就是为什么在历史上会有那么多寒生借书、抄书之类的故事不断出现。

不过，明代一般图书的定价大概也在一册四五百文钱之间，而且价格似乎较为稳定。例如，杨士奇曾在自己所购《广韵》一书之后题跋语云：

---

① 陈子龙等：《明经世文编》卷488《恭承新命谨陈急切事宜疏》，中华书局1962年版，第5387页。

② 袁逸：《明代书籍价格考》，收入宋原放主编：《中国出版史料（古代部分）》第二卷，湖北教育出版社2004年版，第524页。

③ 《明史》，中华书局2000年版，第1336页。

  《广韵》一册。洪武庚午余市之，其直五百文。既为友人持去，后十年复市之，其直亦然。凡今生民日用之物，历十年之久，率增直十数倍，独书无所增。岂售书者其操心独廉哉，抑好而求之者寡、虽欲增而不能耶①？

  《广韵》属于较为常见的一般性图书，杨士奇在洪武庚午年（公元1390年）买时花了五百文钱，过了10年他再买，该书市场价还是五百文，而其他日用百货早已是10年前的十几倍了，可见书价较为稳定。

  清代前期，坊刻本大致还是一册四五百至六七百文钱左右。例如，卒于康熙二十二年（公元1683年）的吕留良曾在给人书信中曾提到："又敝门人董呆方白稿，前语欲一本。今奉到十九本，惟赏识取用。馀本渠欲发坊取值，买四象桥水笔。不若竟留案间，友朋间可分者分之，每本价五分……"②吕留良这是托人卖他门生董呆所著书，每本五百文钱。又如，康熙四十五年（公元1706年），北京万古斋朱墨套印《大清律集解附例》三十卷五册，扉页后钤印"大清律例朱批注释定价纹银二两四钱"③，则每册售价为0.48两银子，即五百文左右。再如，康熙间刻《四本堂座右编》分正集、续集，各集用太史纸刷印并装钉每套四钱，用荆川纸刷印并装钉则每套三钱六分，如果正、续集买，则还可优惠五分银子④。这里的定价是一册书四百文左右。雍正朝的书价，从雍正六年（公元1728年）湖北学政于振所上折子约略可知。该奏报说，由于湖北学政没有养廉银子，前任学政为了开支，就想出刻书售卖以自赡的办法，所刻书售于各学新进童生，每部获银一二两，一年下来大约能收入六千多两，足以自给。而据说四川、云南等省也都是以卖书钱为养廉银子，而所获则是湖北的二三倍⑤。由于是卖给新进童生，学政所刻书籍想必是一些较为常见的经史类书籍以及与举业有关的书籍，每部一二两银子的官价恐怕也比一般市场上的书价要略贵些。到了乾隆朝，武英殿所刻书对外售卖价

---

  ① 杨士奇：《东里集·续集》卷20，文渊阁《四库全书》本。
  ② 吕留良：《吕晚村先生文集》卷3《与徐州来书》，收入《续修四库全书》编纂委员会：《续修四库全书》第1411册，上海古籍出版社2002年版，第109页。
  ③ 转引自袁逸：《清代书籍价格考——中国历代书价考之三》（上），《编辑之友》1993年第4期，第73页。
  ④ 四库全书存目丛书编纂委员会：《四库全书存目丛书》子部第157册，齐鲁书社1997年版，第16页。
  ⑤《宫中档雍正朝奏折》第十辑，转引自中国人民大学清史研究室编：《清史编年》第四卷，中国人民大学出版社2000年版，第322页。

格也高于市场上的一般价格，乾隆三十九年（公元1774年）六月二十六日工部尚书福隆安奏《佩文韵府》定价发行情形折子提到：

> 又据金简覆称：武英殿通行书籍，自乾隆九年奏准售卖，悉按部数多寡，计其所需纸张、棕墨、工价，外加耗余，合计作为定价发售。查旧日通行之书，亦有《佩文韵府》，但系台连纸刷印，每部纸张、工价作银九两五钱四分八厘，外加耗余银二两八分一厘，共银十一两六钱二分九厘，俱系散本散篇，并不装钉。现在所售库存《佩文韵府》，因系初刊，字画明白，又系竹纸刷印，较旧时发售者，更为精好，是以未敢照台连纸旧价售变。公同酌核，遵照竹纸定旧例，每部作价十二两四钱六分，亦系散本散篇，并不装钉①。

《佩文韵府》告成于康熙五十年，依韵分为106卷，共18000多页，因卷帙浩繁，四库馆臣将其编入《四库全书》时，重新分为444卷。这样一部大书，竹纸刷印不装订的话价钱是12.46两银子；据福隆安说，"若加以装钉做套，精致者约需银二十余两，其次亦需银十余两，即每部不下二三十两以上，较外间书肆所售，装成纸本，其价转觉浮多"②。18000多页，若装订的话得100多册，而一般书肆售卖翻刻的《佩文韵府》低于20两银子，则每册售价不到200文。乾隆朝书价也有一些更明确的资料。例如，乾隆三十八年（公元1773年），著名学者朱筠椒华吟舫刻《说文解字》十五卷八册，扉页钤印"每部工价文银五两"③，则每册售价0.62两银子，即六百余文钱。同一年，一本堂刻《经史待问三略》不分卷，书名页上钤有"甲午增校定本，实价纹银一钱，不折不扣"字样，则要价一百钱。乾隆四十五年（公元1780年），周氏寿南堂刻《安居金镜》八卷，书名页上钤有"每部纹银实价四两"字样。

到了清代中晚期，书籍标价多为"开诚布公"状态，即不少书籍都标明了价格。甚至有的图书出版者为了方便读者、扩大销售，还编制了售书目录，这是今天出版社征订目录的雏形。例如，乾嘉时期著名藏书

---

① 中国第一历史档案馆编：《纂修四库全书档案》，上海古籍出版社1997年版，第215页。
② 中国第一历史档案馆编：《纂修四库全书档案》，上海古籍出版社1997年版，第215页。
③ 转引自袁逸：《清代书籍价格考——中国历代书价考之三》（上），《编辑之友》1993年第4期，第73页。

家黄丕烈，他除了收藏大量宋、元版珍本外，自己还开了一家滂喜园书籍铺，他为书铺编了一个售书目录，叫《士礼居刊行书目》，目录里著录了他刊印的书籍的书名、册数、价格以及刊刻年份，抄录如下：

《国语》五册，一两二钱，庚申。
《汲古阁书目》一册，八分，庚申。
《国策》九册，二两，癸亥。
《博物志》一册，一钱六分，癸亥。
《百宋一廛赋》一册，六分，乙丑。
《季沧苇书目》一册，一钱二分，乙丑。
《梁公九谏》一册，六分，丙寅。
《焦氏易林》四册，一两，戊辰。
《宣和遗事》二册，二钱六分，庚午。
《舆地广记》七册，二两四钱，辛未。
《藏书记要》一册，六分，癸酉。
《三经音义》（《论》、《孟》、《孝经》）一册，三钱二分，癸酉。
《仪礼》三册，一两二钱，甲戌。
《船山诗选》二册，四钱四分，丁丑。
《周礼》九册，二两，戊寅。
《洪氏集验方》二册，四钱四分，己卯。
《夏小正（附集解）》一册，二钱，辛巳。
《伤寒总病论》三册，一两二钱，癸未。
《汪本隶释刊误》一册，四钱四分，丙子①。

其中部头稍大的书籍要一二两银子，这恐怕也不是一般消费者能够承受的价格。如果按照一两银子换一千文钱的标准②，则滂喜园书籍铺刊刻的图书一册一般在二百文至四五百文之间。这个价钱应该是当时的平均书

---

① 转引自姚伯岳：《黄丕烈评传》，南京大学出版社1998年版，第231—232页。
② 清代银钱之间的比价各个时期有差异，例如，钱泳《履园丛话》卷1《旧闻》"银价"条提及："乾隆初年，每白银一两换大钱七百文，后渐增至七二、七四、七六至八十、八十四文。余少时，每白银一两，亦不过换到大钱八九百文。嘉庆元年，银价顿贵，每两可换钱一千三四百文，后又渐减。"见上海古籍出版社编：《清代笔记小说大观》，上海古籍出版社2007年版，第3244页。

价，我们在"乾隆三大家"之一的蒋士铨诗里，也能找到例证："谁翻副本街头卖，三百青钱两卷诗。"① 蒋士铨在诗里提到的是女诗人胡慎容《红鹤山庄诗钞》一册共两卷，卖价为三百文。再如，周氏易安书屋嘉庆十年（公元1805年）用活字排印《甫里逸诗》二卷、《假年录》四卷、《甫里闻见集》一卷，该书姓名目录后题识："印一百部，五十份送四方，五十待售，纹银二钱。"② 可见该书售价为二百文。

如果和乾嘉时一般人们的收入相比较，则上述二三百文至四五百文一册的书价似乎也不是太贵。据乾嘉时著名诗人、学者洪亮吉的说法，"除农本计不议外，工商贾所入之至少者日可余百钱，士佣书授徒所入日亦可得百钱，是士农工商一岁之所入不下四十千"③，则当时士农工商两三天的收入可以买一册图书，但部头稍大的书籍就超出他们的承受能力。据《钦定大清会典则例》卷51《户部·俸饷上》载，顺治四年（公元1647年）议准京外文职的俸银，其中"知县三十六两，心红纸张银均三十两，修宅什物银均二十两，迎送上司伞扇银均十两"④。也就是说，一个知县一年法定的俸银及津贴收入是96两银子，但除此之外，清代官员还有数目不菲的养廉银⑤以及其他隐性收入。因此，定价二、三两银子的大部头书主要目标消费者是官员以及其他富有阶层。

据袁逸先生的考证，清代道光、咸丰朝之后，书价更呈下降趋势，

---

① 蒋士铨：《忠雅堂诗集》卷13《市人鬻红鹤诗翻刻本子，石兰购一本与思慧，并成三绝句见示，读竟怆然，次韵志其事》，邵海清校、李梦生笺，上海古籍出版社1993年版，第1007页。

② 转引自魏隐儒：《中国古籍印刷史》，印刷工业出版社1988年版，第231页。

③ 洪亮吉：《卷施阁文甲集》卷1《意言二十篇·生计篇》，见刘德权点校：《洪亮吉集》第1册，中华书局2001年版，第16页。

④ 《钦定大清会典则例》，文渊阁《四库全书》本。按，顺治十三年，又对百官俸禄进行了调整，据《皇朝文献通考》卷42《国用考四·俸饷》记载，知县的俸禄为四十五两银子，就正俸而言，比起原来的三十六两还有所增加。文渊阁《四库全书》本。

⑤ 清代实行耗羡归公、支发养廉银是在雍正即位初年，但征收耗羡弥补地方官员俸禄不足的现象从明代就开始了，清代在雍正实行这一制度之前，耗羡的征收不仅苛重，而且泛滥。乾隆年间，各级地方官员养廉银标准基本形成定例，以知县一级论，偏远的贵州省的知县，一年的养廉银在400—800两银子间，而像山东省的知县，则能拿1000—2000两银子。有关详论，可参看陈锋：《论耗羡归公》，《清华大学学报》（哲学社会科学版）2009年第3期。另，洪亮吉《江宁府知府题名碑记》（刘德权点校：《洪亮吉集》第1册，中华书局2001年版，第238页）一文提到："今之知府其畀任过汉之太守。汉太守二千石，岁实得千四百斛；今则月俸之外，大府养廉至三千金。"即知府一级的养廉银有多至3000两银子的。证以清抄本《文武职养廉俸薪表》，可知洪亮吉所言不虚，该表中府道一级养廉银子多为2000两，但像保定府每年的养廉银子则为2600两。该抄本收入《四库未收书辑刊》编辑委员会编：《四库未收书辑刊》第十辑第4册，北京出版社1998年版。

例如，道光十八年（公元 1838 年），天津文远堂刻《警世劝教铭》一卷一册，封面刻有牌记道："板存天津东门外天后宫南文远堂李姓刻字铺。每部纸张工价用杜连纸九十文，用粉连纸一百二十文。"咸丰七年（公元 1857 年），宁波刻《普济应验良方》十一卷一册，封面刻有牌记道："板存宁郡又新街三味堂元记书坊刷印，其竹纸每部钱一百二十文，连史纸每部一百六十八文。"同治十三年（公元 1874 年），杭州刻《最乐编》一册，序后刻有牌记道："板存浙省大井巷内张翰文斋刻字铺刷印，白（竹）纸每部计钱一百六十（一百十二）文。"①袁先生所举例子中的《警世劝教铭》及《最乐编》，从书名上看或许是善书一类，而善书之类因为和信仰有关，即使是谋利的书坊，定价也相对低廉，因此它们的价格恐怕并不能代表当时图书的一般价格。实际上，袁先生举的例子中就还有同治九年（公元 1870 年）奎文斋刻的《产科新法》二卷一册，要价是"泰连纸每本钱一千二百文"。此外，道光三年（公元 1823 年）餐秀阁刊刻的《群芳列传》四卷，中国国家图书馆古籍部藏有残本，存前两卷，共二册，书名页右下角钤有朱文"每部敬领工价纹银六钱"；而道光二十五年（公元 1845 年）海宁杨氏述郑斋刻《抚黔奏疏》八卷，书名页上钤有"每部大钱一千四百文"字样。不过，从总体趋势来说，随着晚清各地官书局的纷纷成立，书价确实降幅明显。到了光绪年间，南京李光明庄刻印的《圣贤孝经》、《三字经图考》等书，每册售价低至三五十文钱。

据《清同治光绪间武英殿卖书底簿》写本记载，同治年间，《悦心集》四卷武英殿售价为二钱八分，即二百八十文，而《职贡图》九卷售价为一两八钱五分，即一千八百五十文，满蒙文《圣谕广训》售价为八钱零六厘（同治九年即 1870 年卖九钱八分，同治十年卖八分一厘，光绪五年卖八钱），即八百零六文，蒙文《圣谕广训》售价为八钱一分（同治八年卖八钱），三合《圣谕广训》售价为九钱八分，汉文《圣谕广训》售价二钱（光绪五年即 1879 年卖四钱一分）②。可见，武英殿图书因系官刻，售价相对高一些。另外，据该卖书底簿，我们发现，购买武英殿图书的，除了官员、宗室外，也有所谓"民人"即普通百姓，但这些民人

---

① 袁逸：《清代书籍价格考——中国历代书价考之三》（上），《编辑之友》1993 年第 4 期，第 73 页。

② 《清同治光绪间武英殿卖书底簿》，写本，收入《四库未收书辑刊》编辑委员会编：《四库未收书辑刊》第二辑第 28 册，北京出版社 1998 年版。

多是与官方有关系的匠人，如折配匠赵俊英、祁金垣等即是武英殿工匠。有些民人如赵俊英、朱仁甫、乔茂以及负有管理武英殿之责的一些官员如员外郎春、郎中庆等，他们往往重复购书，很有可能充当了武英殿与民间书坊的中间人角色，即他们把书从武英殿买出来之后再转卖给书坊，最终由书坊卖给真正的读者。另一种可能是他们当中有的人自己家里或许就经营着书铺。

需要补充说明的是，在印本时代，仍有抄本存在。抄本中的影抄本如影宋抄、影元抄等（其中最著名的是毛晋汲古阁的"毛抄"）因为逼近宋、元原刻本，颇受研究者和收藏者的追捧，价格较高；在此之外的普通抄本，价格和同时代的刻本似乎差别并不大。例如，清代陈氏德星堂抄《中州杂俎》35卷，共8册，道光十五年（公元1835年）方载豫花费二千文钱购得，平均每册图书售价二百五十文钱。一般来说，在印本时代，普通的抄本大多不是读者所急之书，往往是较为冷门生僻的图书，购买这类抄本者恐怕也大多是出于增广见闻、夸耀博学的目的，要价太贵了只怕不太好卖出去。不过，倘若该抄本恰恰是较为重要的或是读者爱读的图书（例如《红楼梦》），由于缺乏刻本，其价钱就会变得居高不下。但可以想见的是，倘若某书抄本好卖，图书出版商自然很快就会推出刻本以牟利，抄本的价格最终会回落到刻本的价格水平上，甚至会更低。正如明代胡应麟所说："凡书市之中，无刻本则抄本价十倍。刻本一出，则抄本咸废不售矣。"①

2. 营销时的低价策略。从上面的考察我们不难发现，图书如果制作质量较好或者卷帙较多，其价格相应升高，这些图书主要针对的是市场中收入较高的读者。但是，也有一些古代图书出版业者会考虑人数更多的低收入者，例如，清康熙间所刻《山法全书》19卷为堪舆类图书，书前凡例其一云："山法诸经传，余原意俱欲注释，不意《疑龙》、《撼龙》二经草草一注便有一百四十余页，则诸书注完当有四千纸张矣。不特刻资难措，即买者亦觉繁重也。故二经之后，但刻白文，略序于前，清其眉目而已，然已将盈千纸矣。"② 一旦念及读者的购买力，图书出版业者在制作图书时就会尽量节约成本，然后在定价时采取低价策略，以吸引更多读者购买。

---

① 胡应麟：《少室山房笔丛》卷4《经籍会通四》，文渊阁《四库全书》本。
② 四库全书存目丛书编纂委员会：《四库全书存目丛书》子部第65册，齐鲁书社1997年版，第4页。

最明显的例子是明代福建书坊的一些做法。明代郎瑛《七修类稿》卷45《事物类·书册》云："我朝太平日久，旧书多出，此大幸也，亦惜为福建书坊所坏。盖闽专以货利为计，凡遇各省所刻好书价高，即便翻刻，卷数目录相同，而篇中多所减去，使人不知，故一部止货半部之价，人争购之。近如徽州刻《山海经》，亦效闽之书坊，只为省工本耳！"① 这是福建图书出版业者历来为人所诟病的做法，即看见某书畅销，立即翻刻，翻刻时书的卷数、目录和原书一样，但书中一些内容却被偷偷删减，这样一来，成本下降，一本书只卖别地刊本一半的价钱，不明就里的消费者争相购买。郎瑛话里还提到徽州有个别书商也效法福建书商这种做法欺骗消费者，其目的就是为了节省成本，降低书价以吸引消费者。

当然，福建图书出版业者也有相对光明的做法，即不删减内容，而是从印刷所用纸张、刊刻字的大小以及书的装帧上想办法，尽量压缩书籍刊刻成本。明代胡应麟在《少室山房笔丛》卷4《经籍会通四》里提到，福建书坊印书用竹纸，这种纸"短窄黧脆"，但价钱最便宜；而且在书籍的装帧上，"有绫者，有锦者，有绢者，有护以函者，有标以号者。吴装最善，他处无及焉；闽多不装"②，即闽本大多没有绫、锦、绢之类的书衣或函套等。如此一来，闽本定价最为便宜，吸引了很多想读书但收入较低的消费者。而明代刘弘毅慎独斋所刊书籍之所以密行小字，其实主要考虑的也是所针对的目标读者的消费承受能力。

有学者对版本数据进行细致比较研究后发现，从明代万历一直到清代乾隆的200余年间，图书出版业者在刊刻小说类图书时，印刷时用的纸张比用于印刷其他非小说类图书（如戏剧、哲学、历史、文集）的纸张一直略为小些，而且在清代，袖珍（巾箱）本小说非常普遍③。在这里我们能够看到中国古代图书出版业者对于市场中消费者心理和特点的清晰把握。相对来说，哲学、历史、文集类图书的读者主要是士人，而小说类图书的读者除了士人还有大量的市井百姓。在士人们看来，经、史在各类图书中有着崇高的地位，而小说只不过是稗官野史、小道可观而已，

---

① 郎瑛：《七修类稿》，中华书局上海编辑所1959年版，第564页。
② 胡应麟：《少室山房笔丛》，文渊阁《四库全书》本。
③ 何谷理：《关于明清通俗文学和印刷术的几点看法》，收入《中国图书文史论集》，现代出版社1992年版。按，利用图书形制大小来区分对图书内容的重视程度，这种做法在图书的竹木简时代就已经出现了，制作经书、法律书的竹木简要比制作其他图书的竹木简长。可参看本书第一章第二节里中国古代图书形制的论述。

虽然阅读起来欲罢不能，但在内心深处仍然认为这些东西是没什么价值的，和经国之大业、不朽之盛事更是丝毫不沾边。因此，对于士人来说，购买这类图书是为了一时的阅读快乐，一般不会想着要将它们收藏起来、传承下去。既然如此，图书刊刻制作的质量也就不用特别讲究。而对于普通的市井百姓来说，他们喜欢小说类图书带给他们难得的消遣娱乐，但为获取这一快乐付出的代价不能过高，毕竟他们的收入有限。针对小说类图书市场这种情况，明、清图书出版业者在刊刻小说时就特意用较小的纸张以及密行小字来降低出版成本，压低书价，以便更多收入较低的消费者也能够购买小说阅读。而清代图书出版业者刊刻小说类图书盛行巾箱本、袖珍本，其较低的书价不仅照顾了收入较低的读者，而且其较小的开本也方便了读者随身携带、随时阅读。

除了书坊刻书考虑低收入者外，有时一些官刻书也会考虑。例如在北宋时，像《伤寒论》、《脉经》、《千金翼方》、《金匮要略方》、《补注本草》、《图经本草》等医书，是医士必备书，但这些书原来都只有大字本，这样一来，册数尤多，更兼纸墨价高，一般医士根本买不起。后来，朝廷下令雕刻小字本，只收官纸工墨本价，送诸路出卖①。另外，宋朝时像国子监刻书带有公益性质，在定价时也考虑到贫寒士子的购买力，定价偏低。宋真宗天禧元年（公元 1017 年），有人上书说国子监所刻书定价太低了，可以提高一些，宋真宗的答复是："此固非为利，政欲文籍流布耳。"因此并没有批准这一提议②。不过，国子监这一良好做法似乎并没有一以贯之，因为宋代陈师道（公元 1053—1101 年）《后山居士文集》卷 10 有《论国子卖书状》：

> 右臣伏见国子监所卖书，向用越纸而价小，今用襄纸而价高。纸既不逮，而价增于旧，甚非圣朝彰明古训以教后学之意。臣愚欲乞计工纸之费以为之价，务广其传③。

看来，国子监后来卖的书用纸比不上从前，但价钱却比以前贵了。在该奏书的贴黄中陈师道还谈到各州学一般是用官钱买国子监书，所以并不

---

① 参看叶德辉：《书林清话》卷 6 "宋监重刻医书"条所引牒文，刘发等校点，辽宁教育出版社 1998 年版，第 124 页。
② 李焘：《续资治通鉴长编》卷 90，文渊阁《四库全书》本。
③ 陈师道：《后山居士文集》，上海古籍出版社 1984 年影印本，第 598 页。

在乎价钱高低，但州学以外的，因为资金不够，而书价又太贵，因此买不起国子监刊刻的书籍。

国子监刊刻的书籍由于字大版阔，不仅前期雕刻费力，而且后期印刷时用的纸墨较多，成本自然也较高，价钱相对就贵一些。宋代书坊中一些图书出版者看准这点，推出小字的巾箱本，针对的是市场上收入较少的消费者。但巾箱本字太小，诸多不便，于是，一些更为精明的图书出版者推出不大不小的版本，以满足收入中等者物不差、价不贵的需求，结果大受欢迎。这就是宋代吕陶《纪闻》里所记载的："嘉祐、治平间，鬻书者为监本字大难售，巾箱又字小有不便，遂别刻一本，不大不小，谓之'中书《五经》'。读者竞买。"① 到了明代，福建书坊中不少图书出版商故技重施，另刻《四书》、《五经》的袖珍版，因其定价便宜、便于携带而颇受欢迎，获利不少，只是因为错讹太多，遭到官府禁止，发文要求他们只准依据官府权威版本，"照式翻刻"②。

考虑到消费者的购买能力，古代图书出版业者也有更精明的营销方法，这种方法有点类似今天商家推销某些大件消费品时允许消费者分期付款，将一书分成上、下集，依次刊刻售卖。例如，明万历三十七年（公元1609年）刊刻《三国志后传》10卷140回，卷末有一刊刻记：

> 此书原本共计二十卷，今分作二集而刊，庶使刻者易完，而买者轻易，以成两便。观书君子看此完毕，再买下集自十一卷至二十卷，以视晋汉兴亡。睹前后终始方合全观，幸为勿吝青蚨而弃后史也。

该书出版者在营销上可谓煞费苦心。一本原来20卷的书，被分成两集刊刻，这样一来，一方面，出版者能够在较短的时间内先刻出上集，投放到市场上回笼部分资金，同时再进行下集的刊刻；另一方面，由于分成上下两集，消费者在购买该书时分两次付款，每次付出的钱相对要少一些，容易筹措些，也就能促使消费者更容易做出消费决定。牌记广告中明确告诉"观书君子"，必须看完上、下两集才能对晋汉兴亡历史的来龙去脉有个全面的了解，吁求他们不要因为吝惜钱而放弃了对历史"后来怎样了"的追问。

---

① 李焘：《续资治通鉴长编》卷266，文渊阁《四库全书》本。
② 参看叶德辉：《书林清话》卷7"明时官刻书只准翻刻不准另刻"条所引牒文，刘发等校点，辽宁教育出版社1998年版，第149页。

这一营销策略不同于上述明代福建某些图书出版者以半部书充一部书的做法，它并没有欺骗消费者，不存在今天所谓消费欺诈，而是采取类似于传统说书"欲知后事如何，请听下回分解"的智慧，巧妙地吸引读者在做出第一次购买决定之后欲罢不能，进而做出第二次购买决定，而两次分摊的书价也分散了消费者对书价总额的注意力，不知不觉中甚至可能掏了比买一部书稍多一些的钱。

有意思的是，当代中国图书出版业中也有类似案例，似乎可以看作是对中国古代图书出版业者这一聪明营销模式的致敬。2005年，当代著名作家余华的长篇小说《兄弟》上部由上海文艺出版社隆重推出，由于这是余华自1995年出版长篇小说《许三观卖血记》之后，时隔10年再度奉献给期待已久的读者的新长篇小说，因此热销全国。众多读者在读完上部之后，更加盼望看到下部。2006年，上海文艺出版社顺势推出《兄弟》下部，其销售情况也极为不错。显然，《兄弟》一书分成上下两部拉开一定时间距离出版，并不是因为余华没有完成全书的写作，而是上海文艺出版社有意为之的一种营销策略，而这种营销策略和上述《三国志后传》有着惊人的相似。

此外，中国古代图书出版业者也会根据零售和批发的差异，对于一次购买图书较多者，在价格上予以一定折扣的优惠。例如，闽刻《武英殿聚珍版书》修补增刻完之后，除了刷印若干部呈交国子监、翰林院等政府部门外，也向民间销售，《武英殿聚珍版书单价章程》规定："各书坊如有购买全书以备转售者，凡购全书五部以上，无论何项纸张，准照后开总价减作九折核收。如仅购零种或购全书一二部者，均照原价，不折不扣。"① 由于该丛书卷帙浩繁，考虑到读者的购买力以及实际需要，可以零卖，这是一种比较灵活的销售方式；而且，对于那些购买全书五部以上的消费者给予九折优惠，以此来促进销售。这种促销手段在今天图书出版业的营销中仍在使用。

从总体的情况来看，除了因为教化、公益目的而有意压低书价外，官刻由于校勘、纸张、刻印精心，定价往往较贵；而坊刻大都极力降低成本，追求薄利多销，因此定价要较为便宜。一般情况下，戏曲、小说以及一些日常应用类图书定价也会相对低一些，实际上，这些图书也主要由追求薄利多销的书坊主们刊刻。

---

① 《武英殿聚珍版书单价章程》，乾隆间刻本。

（二）宗教信仰带来的细分市场

除了收入之外，依据人口对图书市场进行细分的另一个重要变量是宗教。我们在分析中国古代人们对于图书的需要时，已经提到人们因为宗教信仰的缘故，对于宗教类图书有着极大的需要。因为人们宗教信仰的不同，带来图书市场的进一步细分。就中国古代而言，因为宗教信仰不同带来的细分市场主要有佛教类图书市场、道教类图书市场以及善书市场。

1. 宗教信仰带来的图书需要。与人们一般的图书需要不同，对于佛、道而言，不仅识字的信徒需要经典持诵讲读以明教义、除罪孽，即使不识字的信众也需要通过供养经书来求得福报。佛、道都有供养经书祈福消灾的说法[①]，即不需要阅读经书，只要存心礼敬、予以供奉也是在做功德。除了供养某一部或几部经书，还有供养整部佛藏或道藏的转轮藏。

所谓"转轮藏"，宋代李纲《澧州夹山普慈禅院转轮藏记》云：

> 有大导师善慧大士以方便智设妙圆机，创转轮藏以贮佛语及菩萨语，关机斡旋，周行不息，运转一匝则与受持诵书写一大藏经教等无有异。夫一藏教，其数五千四十八卷……[②]

文中的善慧大士是南朝萧梁时的傅翕，《五灯会元》卷2有传，据说轮藏是由他发明的。而在宋代罗愿《徽州城阳院五轮藏记》里有关于转轮藏更具体的描述：

> 傅氏铸铜以为式，其植若箸，横为梁，而中贯之，列七佛焉。触之以指，则转而不穷，是轮而已矣。其后因之为大轮八觚，上象钧天帝居，下为昆仑海水，仿百物以为饰[③]。

推动轮藏转一圈，就等于把藏在其中的佛典持诵一遍，这无论是对

[①] 有关佛教供养经书以求福报的做法，可参看方广锠：《中国写本大藏经研究》，上海古籍出版社2006年版，第221页。道教有关说法，可以参看本书下文所引《洞玄灵宝三洞奉道科戒营始》卷3"写经品"中文字。

[②] 李纲：《李纲全集》，岳麓书社2004年版，第1280页。

[③] 罗愿：《鄂州小集》卷3，文渊阁《四库全书》本。

识字还是不识字信众来说，都绝对是方便法门，但不识字者对此尤有需要。有别于一般藏书楼"藏"与"用"的结合必须经由"读"，宗教利用人们虔诚信仰的热情，居然巧妙地将大藏的"藏"与"用"脱离"读"这一环节，简捷到只需轻轻一转。在轮藏《大藏经》之外，寺院当然也藏有其他佛教图书与非佛教图书，其中其他佛教图书主要包括"大藏之外的单本译经、大藏之外的中国僧人撰著、疑伪经、宣教通俗文书、一般寺院文书、其他文字佛教典籍等"[1]。就寺院藏书而言，显然与中国藏书文化传统有关，但寺院之所以建轮藏，则更多是受宗教因素影响：一方面是因为佛经里包蕴着佛法，信徒礼敬三宝，以此来供养藏经是虔敬之心的表现；另一方面是因为信众相信转轮藏可以修福积德，无论僧俗都对此有极大热情。

宋代不少寺院都造转轮藏，叶梦得（公元1077—1148年）《建康府保宁寺轮藏记》提及："吾少时见四方为转轮藏者无几，比年以来，所至大都邑，下至穷山深谷，号为兰若，十而六七。"[2] 据此，当时一半以上的寺院都建转轮藏。而宋人文集中多有为寺院造轮藏所作记文，例如黄庭坚《山谷集》卷18有《吉州隆庆禅院转轮藏记》，《山谷别集》卷4有《普觉禅寺转轮藏记》等，这些均可佐证寺院造转轮藏盛行一时。

转轮藏中所藏佛经，有朝廷颁赐的，但大多来自于信众印施或寺庙购置。例如，上述罗愿文中提到："先是，绍兴中里人余聪买其书，号四大部，置院中，岁益久，主僧宗仁谋所以藏之。"[3] 再如，宋代孙觌《崇安寺五轮藏记》提到该寺轮藏造成后，"右承直郎高凤印施五千四十八卷纳之匦中"[4]。又如，宋代杨万里《兴崇院经藏记》提到，江西安福县兴崇院僧海睿"走二千里至福唐，市经于开元寺以归，为卷五千四十有八"[5]。又如，金代赵沨《济州普照禅寺照公禅师塔铭》里提到智照为了充实轮藏，听说京师宏法寺有藏板，于是前往印造，"凡用钱二百万有畸，得金文二全藏以归"[6]。显然，各寺庙造转轮藏的需要构成了整部

---

[1] 徐建华：《中国古代佛教寺院藏书若干问题研究》，收入黄建国等编：《中国古代藏书楼研究》，中华书局1999年版，第89页。
[2] 叶梦得：《建康集》卷4，文渊阁《四库全书》本。
[3] 罗愿：《鄂州小集》卷3，文渊阁《四库全书》本。
[4] 孙觌：《鸿庆居士集》卷23，文渊阁《四库全书》本。
[5] 辛更儒：《杨万里集笺校》，中华书局2007年版，第3031页。
[6] 张金吾辑：《金文最》卷56，见《续修四库全书》编纂委员会：《续修四库全书》第1654册，上海古籍出版社2002年版，第671页。

《大藏经》售卖的主要市场。值得一提的是，有时转轮藏反过来也能为寺庙带来收入。例如，宋代费衮《梁溪漫志》卷10"惠历寺轮藏"条载："临江军惠历寺初造轮藏成，寺僧限得千钱，则转一匝。"① 而南宋刘一止《湖州德清县城山妙香禅院记》也提到："而转轮藏施利之人未尝有虚日。"② 神圣的宗教与世俗的交易就这样混杂在一起。

与佛教一样，道教也极为重视道经的保护与供奉，宣扬供奉经书可以得无量福报。在《洞玄灵宝三洞奉道科戒营始》卷2"写经品"中专门谈到如何作经藏：

> 科曰：夫经皆须作藏。凡藏有二种，一者总藏，二者别藏。总藏者，三洞四辅，同作一藏，上下或左右前后作重级，各安题目"三洞宝经藏"。别藏者，三洞四辅各作一藏，凡有七种：一者大洞真经藏，二者洞玄宝经藏，三者洞神仙经藏，四者太玄经藏，五者太平经藏，六者太清经藏，七者正一经藏。皆明题目，以相甄别，若次安之。若各藏如并藏，法皆安经台，或天尊殿当阳左右间，左三洞，右四辅，每藏皆作台举之，不得正尔顿地。巾帕帙蕴如法。置几案、香炉、龙壁、烧香、明灯、存念，并须得所③。

道教从宋代开始也有转轮藏。宋徽宗政和三年（公元1113年）下诏访求道书，第二年，福州知州事黄裳即上奏请求建轮藏以藏道经④。徽宗时，西京登封崇福宫建有轮藏⑤。南宋孝宗淳熙六年（公元1179年）鄞县道士童思定等在蓬莱观建成转轮藏⑥，而《四川通志》卷27载江油县窦圌山有淳熙八年（公元1181年）所建"飞天藏"⑦，亦即转轮藏。此外，南宋时临安延祥观、宜兴通真观、新建建德观、奉新昭德观等都建有轮藏⑧。道教造轮藏具体方法，据元代虞集《龙虎山道藏铭》载：

---

① 《宋元笔记小说大观》，上海古籍出版社2001年版，第3441页。
② 刘一止：《苕溪集》卷22，文渊阁《四库全书》本。
③ 《道藏》第24册，文物出版社，上海书店，天津古籍出版社1988年影印本，第749页。
④ 陈国符：《道藏源流考》，中华书局1963年版，第136页。
⑤ 陈国符：《道藏源流考》，中华书局1963年版，第140页。
⑥ 陈国符：《道藏源流考》，中华书局1963年版，第148页。
⑦ 《四川通志》，文渊阁《四库全书》本。
⑧ 参看陈国符：《道藏源流考》，中华书局1963年版，第149、第152页。

以木为匦，置室中，高若干尺，内广围径若干尺；觚其隅为八面，面为方格，以次受盛经之函；刻木为天人神仙地灵水官飞龙翥凤之属，附丽其上，皆涂以金；中立巨木贯之，下施盘轮，令可关以旋转，言象天运焉①。

这与罗愿所述佛教造轮藏法无异，道教规摹佛教处颇多，或即是受后者影响亦未定。入藏转轮的道藏，有的道观是来自于颁赐②，有的则是由道观募款购置或由信众购施。能够得到官方颁赐的道观毕竟数量有限，众多道观恐怕主要是通过购买建立起自己的经藏，这对于道教类图书市场无疑有刺激作用。

有别于人们一般的图书需要，在供养经书可以祈福消灾这一信仰的影响下，信徒无论识字与否，都有可能供奉经书，"用"与"读"的剥离会直接导致信众对于经书总体需要量增大，这对于佛、道类图书市场的繁荣是有促进作用的。

在中国古代，除了佛、道二教，人们普遍相信，行善能够给行善者自身或其家族后人带来福报，这从某种意义上说也是一种宗教信仰。行善信仰的来源很复杂，儒、释、道三家对此都有贡献。儒家经典如《易》云"积善之家，必有余庆；积不善之家，必有余殃"，《书》则云"惟上帝不常，作善降之百祥，作不善降之百殃"；佛教讲因果报应，"为善生天，为恶入渊"③；道教讲积善销恶及承负，如《抱朴子内篇》卷1云"人欲为地仙，当立三百善；欲为天仙，应立千二百善。若有千一百九十九善，而忽复中行一恶，则尽失前善，乃当复更起善数耳"④，而《太平经》卷39则云"承者为前，负者为后。承者，乃谓先人本承天心而行，小小失之，不自知，用日积久，相聚为多。今后生人反无辜蒙其过谪，连传被其灾。故前为承，后为负也"⑤。为了劝人行善，中国古代从宋之后产生了以《太上感应篇》、《阴骘文》、《觉世经》为核心的一批书籍，这些书被称为劝善书，简称善书。"所谓善书，就是这样一种书籍，即在

---

① 虞集：《道园学古录》卷45，文渊阁《四库全书》本。
② 唐玄宗时修成道藏，曾令崇玄馆缮写分送诸道采访使，"令管内诸道转写，其官本便留采访"；而此后各代道藏刊刻成之后，多有颁赐天下道观之举，详情可参看陈国符：《道藏源流考》，中华书局1963年版。
③ 道世：《法苑珠林》卷25，文渊阁《四库全书》本。
④ 葛洪：《抱朴子内外篇》，文渊阁《四库全书》本。
⑤ 《道藏》第24册，文物出版社、上海书店、天津古籍出版社1988年影印本，第394页。

儒、佛、道之三教合一的，或者是混合了民众宗教的意识下，劝说民众力行实践那些不仅超越了贵贱贫富，而且在普遍庶民的公共社会中广泛流传的道德规范"①。明清时期图书出版已经娴熟运用插图技术（详见本书第四章第二节），为了更广泛地劝诱人们行善，这一时期的善书也普遍以绘图解说相关观念，以便即使是不识字的田夫村妇及童孺等也能由观图而兴起善念，因此出版了诸如《感应篇图说》、《阴骘文像注》、《阴骘文图证》、《阴骘文图说》、《觉世经图说》等图说善书②。

　　因为人们信仰"诸恶莫作，众善奉行"，产生了对于善书的需要，但"因为是解说劝善的书，而不是为了赢利而出版的，很多情况是无偿地施于他人"③。不过，善书的流通虽然以印施为主，但也有印卖的。清光绪间刻《太上宝筏》附有"善书流通十四法"，其中就有"贸易流通"一法："书坊刷印善书，或发兑于乡会大比之年，或发兑于文宗按临之地。"④可见，因为人们行善的信仰，带来了图书细分市场中的善书市场。

　　2. 功德背后的宗教图书市场。由于经书载述了教义，因此经书的流通就关乎教义的传播。出于传道弘法的考虑，不同信仰的宗教都把积极参与经书流通视为信徒的重要功德，以此劝诱信众复制、传播经书。为了做功德，信徒们热衷于写经、刻书，但因种种因素制约，不可能每个信徒都直接去写经、刻书，这种宗教热情客观上就为专门制作出版经书的图书出版商提供了挣钱机会，宗教信众只需要奉献钱财，就可以在图书市场中获得需要的功德，可谓各得其宜。

　　我们先看佛教。《法华经》"法师功德品第十九"中释迦牟尼说："若善男子、善女人，受持是《法华经》，若读、若诵、若解说、若书写，是人当得八百眼功德，千二百耳功德，八百鼻功德，千二百舌功德，八百身功德，千二百意功德。"⑤而唐代顾况《虎丘西寺经藏碑》里提到："觉华长者得定光如来授记，鹿仙长者得释迦如来授记，宝手菩萨得空王如来授记，皆因造藏而作佛。"⑥写经造藏有功德，甚至由此可以成佛，

---

　　① 酒井忠夫：《中国善书研究》（增补版），刘岳兵等译，江苏人民出版社2010年版，第545页。
　　② 参看游子安：《善与人同——明清以来的慈善与教化》第二章第四节，中华书局2005年版。
　　③ 酒井忠夫：《中国善书研究》（增补版），刘岳兵等译，江苏人民出版社2010年版，第14页。
　　④ 转引自游子安：《劝化金箴：清代善书研究》，天津人民出版社1999年版，第151页。
　　⑤ 《法华经》，王彬译注，中华书局2010年版，第407页。
　　⑥ 顾况：《华阳集》卷下，文渊阁《四库全书》本。

这个诱惑对于佛教徒来说是难以抵挡的。在这种功德心理影响下，历代佛教徒虔诚写经、刻经以及造藏①。我们从现存的很多佛经上，都能看到信徒发心写经的题记或施舍资财刊雕经板字样②，而戏曲小说中对此也多有记述，例如《红楼梦》第八十八回就提到贾母发愿心要写3651部《金刚经》，又要家中女眷写365部《心经》，其中《金刚经》是"发出外面人写"③。显然，信徒为了消灾祈福积功德，可以自己写经或刻经，也可以舍财由别人代劳，后者就为佛经类图书造就了一个需求极大的市场。另外，像《太平广记》卷102—116总共有15卷故事讲述持诵、书写佛经以及因为对经像的态度导致的报应，其中卷102—108所录故事与《金刚经》有关，卷109与《法华经》有关，卷110—111与《观音经》有关，卷112—116与"崇经像"有关。卷116《僧仪孚》云：

  僧义孚，青社人，解琴，寓于江陵龙兴寺，行止诡谲，府主优容之。俾赍钱帛诣西川写藏经，或有人偷窃社户所造藏经出货，义孚以廉价赎之，其羡财遂为所有。一旦发觉，卖经者毙于枯木下，此僧虽免罪，未久得疾，两唇反引，有似驴口，其热痛不可忍也，人皆畏见，苦楚备极而死。同寺有数辈贩鬻经像，惧而舍财修功德，以孚为鉴戒（出《冥报录》）④。

这个故事意蕴很丰富，从我们的角度来看，至少从中可以看到佛经市场客观存在，甚至佛教徒中也有贩卖经像以牟利者。而故事的本意，除了道德警戒之外，格外强调的是不能将神圣的佛经作为牟利对象，否则会招致严酷报应。也就是说，对于一个真正的佛教信徒来说，自觉、积极传播佛经是修行中的一种功德，但若从中获利，则反而成了罪过。因此，佛教信徒刻经一般不以牟利为目的，多为施送以弘法，即使出售也仅仅按纸墨印工核算成本价，例如晚清著名的金陵刻经处就为此常常陷入入

---

① 戴蕃豫《中国佛典刊刻源流考》一书中列有众多僧侣以及信佛居士刻经事例，可参看书目文献出版社1995年版。
② 李际宁《佛经版本》书中"三宝崇拜与佛经供养"一节列有众多例子，可参看江苏古籍出版社2002年版。
③ 曹雪芹、高鹗：《红楼梦》，中国艺术研究院《红楼梦》研究所校注，人民文学出版社1992年版，第1257页。
④ 李昉等：《太平广记》，中华书局1961年版，第814页。

不敷出之境①。不过，如下文我们将看到，有些一心牟利的经坊主将佛教宣扬的因果报应置于脑后，印售经书时也索要高价。

中国古代佛教经书的制作，与其他图书制作一样，包括抄写与刻印两种方式，元人张之翰《普照寺藏殿记》就提到，"初经之未广也，或以银，或以金，或以血写者尝多；及经之既广也，印于福，印于杭，印于苏"②。两汉之际佛教传入中国内地，但在唐以前，雕版印刷术尚未发明，佛经主要通过抄写的方式传播。唐初发明了雕版印刷术之后，逐渐采用刻印的方式传播佛经。但需要注意的是，信徒们为了表达心中的虔诚，仍有不少人会选择抄写方式，"从现有资料看，直到明清，依然有人修造金银字大藏经。到了现代，虽然已经无人修造完整的金银字藏经，但依然有人为了功德而写经、写金银字经乃至写血经"③。

信徒自写、自刻之外，信众对于经书的大量需要带来了活跃的佛经图书市场。早在写本时代，除了官方有专门机构抄写佛经外，民间也有人以替人写经为生。例如，《魏书》卷55《刘芳传》载："芳常为诸僧佣写经论，笔迹称善，卷直以一缣，岁中能入百余匹，如此数十年赖以颇振。"④写经职业的出现，说明其时舍财写经的人很多，有一定的市场需要，《陈书》卷26《徐孝克传》就提到徐孝克把陈后主赐给他的石头津税钱"悉用设斋写经，随得随尽"⑤。

在唐代，民间写经由个体行为发展到开铺设肆，规模更大，开元二年（公元714年）唐玄宗《禁坊市铸佛写经诏》里就提到"如闻坊巷之内，开铺写经，公然铸佛"，以致"百姓等或缘求福，因致饥寒"，写经造像求功德的狂热信仰已经危及信徒的正常生活，唐玄宗因此下令："自今已后，禁坊市等不得辄更铸佛写经为业。须瞻仰尊容者，任就寺拜礼。须经典读诵者，勒于寺赎取。如经本少，僧为写供。诸州寺观并准此。"⑥这道诏令等于宣布民间写经违法，只允许僧人写经供应。不过，在狂热的宗教信仰以及犹如宗教一样令人发狂的金钱欲望的联合冲击下，这道禁令能坚持多久很令人怀疑。唐代雕版印刷术发明之后，因为能够更快

---

① 参看罗琤：《金陵刻经处研究》，上海社会科学院出版社2010年版，第113页。
② 张之翰：《西岩集》卷16，文渊阁《四库全书》本。
③ 方广锠：《中国写本大藏经研究》，上海古籍出版社2006年版，第24页。
④ 《魏书》，中华书局2000年版，第821页。
⑤ 《陈书》，中华书局2000年版，第236页。
⑥ 《全唐文》卷26，见《续修四库全书》编纂委员会：《续修四库全书》第1634册，上海古籍出版社2002年版，第411—412页。按，该诏书亦见于《册府元龟》卷159。

捷地复制图书，也被人们用来雕印经像，例如，《僧园逸录》载玄奘曾经"以回锋纸印普贤象，施于四众，每岁五驮无余"①，而世界上现存最古老的木版印刷品就是佛经《无垢净光大陁罗尼经》。最晚到了唐末，坊间已经有专门印售佛教经像咒语的店铺，例如成都龙池坊卞家印卖咒本、西川过家雕印佛经等②。

宋代雕版印刷术成熟，官方刻有《开宝藏》，这是中国第一部木刻本《大藏经》，朝廷专门在太平兴国寺设立印经院印刷流通藏经，后来经板转到显圣寺，由该寺负责印造流通。除非皇帝下令颁赐，否则要想得到藏经是必须购买的。宋神宗熙宁六年（公元1073年），日本僧人成寻三月廿四日记载了显圣寺印经院准传法院札子，其中提到："切缘所管经版万数浩瀚，逐时印造。每一岁并新译成经共五千四百二十五卷，并系一依自来旧印经院条式内数目出卖。"③ 在该年四月六日，成寻又记道：

> 五台副僧正来坐，京中僧多以群集。华藏大师、慈照大师等称"九地菩萨"。依路次寄印经院买取《千钵文殊经》一部十卷，《宝要义论》一部十卷，《菩提离相论》一卷，《广释菩提心论》一部四卷，《圆集要义论》四卷，《祥符法宝录》廿一卷，《正元录》二卷。与钱一贯五百文了④。

除了官刻《大藏经》印刷出售外，宋代寺院刻有《崇宁藏》、《毗卢藏》、《思溪藏》、《碛砂藏》等大藏经，其中《碛砂藏》实际上直到元英宗至治二年（公元1322年）才刻成。由于官刻大藏请印相对不易，一旦有私刻大藏，自然会受到请经信众的青睐，因此从元代开始一直到明代，颇有请印《碛砂藏》者，一些民间经坊如杭州众安桥杨家经坊等因为承担《碛砂藏》的印刷装帧而隆兴一时⑤。

关于明代佛教类图书刻印情况，明弘治五年（公元1492年）四月十

---

① 冯贽：《云仙杂记》卷5"印普贤象"条，文渊阁《四库全书》本。
② 参看张秀民：《中国印刷史》，韩琦增订，浙江古籍出版社2006年版，第23页。
③ 成寻：《参天台五台山记》卷1，白化文、李鼎霞校点，花山文艺出版社2008年版，第259页。
④ 成寻：《参天台五台山记》卷1，白化文、李鼎霞校点，花山文艺出版社2008年版，第277页。
⑤ 杨家经坊刊经活动从元代一直持续到明代，具体可参看李际宁《杭州众安桥杨家经坊与〈碛砂藏〉》一文，收入其《佛教大藏经研究论稿》，宗教文化出版社2007年版。

日邱濬在《论厘革时政奏》中站在儒家立场上很不满地说："有言印造经忏以求利益者，请谕之曰：本朝于佛、道二教各有藏经——佛藏十二部，五千四十八卷；道藏七部，四千四百三十一卷——皆有板本印行。外此又有经厂所刻、书肆所售之本，所以奉二氏之言，无以加矣，又何用别刻新本为哉？"[1] 他提到明代除了官方刻有大藏经外，民间经厂、书肆中还有佛经刻售。其实，和宋代一样，明代官刻《大藏经》也是印刷售卖的。《洪武南藏》刻成之后，板藏南京天禧寺，该寺永乐间赐名为报恩寺。《金陵梵刹志》卷2载：

  永乐元年（引者按，公元1403年）九月二十九日午时，本司官左善世道衍一同工部侍郎金忠、锦衣卫指挥赵曦于武英殿题奏：天禧寺藏经板有人来印的，合无要他出些施利？奉圣旨：问他取些个，钦此[2]！

但这副《大藏经》经板永乐六年（公元1408年）毁于人为纵火。后来《永乐南藏》刻成后，经板仍藏于报恩寺。在《金陵梵刹志》卷50"各寺租额条例"里，记载了取施利的具体数目：报恩寺禅堂"藏经板一副"，印经一藏获板头银12两，"每年约二十藏，银二百四十两"[3]。在实际请经过程中，请经者除了支付板头银之外，还得支付经坊纸墨印刷工价，当时报恩寺附近的南京城内聚宝门外汇聚了大量经坊，为请经者刷印大藏。为了牟利，有些经坊可能会索要高价钱，例如《金陵梵刹志》卷49所附《请经条例》就提到万历三十三年（公元1605年）请经僧本宗投诉"经一藏多索价至四十余两，纸绢仍滥恶不堪"[4]。

---

[1] 邱濬：《重编琼台稿》卷7《论厘革时政奏》，文渊阁《四库全书》本。
[2] 《四库全书存目丛书》编委会：《四库全书存目丛书》史部第243册，齐鲁书社1997年版，第762页。
[3] 《四库全书存目丛书》编委会：《四库全书存目丛书》史部第244册，齐鲁书社1997年版，第257页。按，张秀民先生在其《明代南京的印书》一文（收入《张秀民印刷史论文集》，印刷工业出版社1988年版，第147页）中说"每印一部，须付报恩寺板头钱二十两"，李际宁《佛经版本》一书袭用了张先生这一说法。《金陵梵刹志》卷49所附《请经条例》有"每印经一藏有板头银一十二两，藏内缺续藏四十一函，合扣银八两刻补经板"，张先生或是将这里两个数目相加得出20两板头钱。但至少在该《请经条例》颁布之时，所缺续藏并没有全部刊刻完，此时请经者无法得到续藏全部41函。
[4] 《四库全书存目丛书》编委会：《四库全书存目丛书》史部第244册，齐鲁书社1997年版，第219页。

《大藏经》外，官刻其他佛教类图书也刷印售卖。例如明万历三十五年（公元1607年）南京僧录司刻《金陵梵刹志》53卷，目录后刻有：

> 板贮僧录司。印行每部太史纸两裁计九百七十七张，连刷印银一钱五分五厘。栗壳面，太史双副叶，线订，六本连绢套银五分。管板僧银二分，共银二钱二分五厘①。

这和其他图书一样是明码标价出售。

清代官方印售佛经方面值得一提的是藏族地区的德格印经院，该印经院刻有藏传佛教经典甘珠尔部与丹珠尔部等，前来请印的人们不仅有藏族佛教信徒，还有邻近其他国家的信徒②。

由于不少单本佛经乃至整部大藏经都是由寺院刊刻的，因此寺院除了向经坊出租印板外，有的自己也印造佛经出售。例如，明人胡应麟在谈到杭州的图书市场时说："梵书多鬻于昭庆寺，书贾皆僧也。"③ 当时昭庆寺专卖佛教类图书，僧人充当书商。再如，前面在论述明代的图书需要时曾提到，《径山藏》刻成之后，无论僧俗，均可到嘉兴楞严寺请经。

宋代以后，民间经坊、经铺等也会刊刻佛教类图书出售。例如，在一本王兰亭侍郎施舍给寺院的《妙法莲华经》卷7末页有宋代杭州沈二郎经坊广告：

> 本铺将古本《莲经》一一点句，请名师校正重刊。选拣道地山场钞造细白上等纸札，志诚印造。见住杭州大街棚前南钞库相对沈二郎经坊新雕印行。望四远主顾，寻认本铺牌额请赎。谨白④。

该广告商业营销味十足。沈二郎经坊外，宋代临安王念三郎经坊、王八郎家经铺等以及金代的卫家经坊等均刊有佛教类图书出售⑤。明代，杭州杨家经坊刻有《金刚经》等数种佛教类图书，此外北京京都高家经铺、

---

① 《四库全书存目丛书》编委会：《四库全书存目丛书》史部第243册，齐鲁书社1997年版，第715页。
② 参看张秀民：《中国印刷史》，韩琦增订，浙江古籍出版社2006年版，第494页。
③ 胡应麟：《少室山房笔丛》卷4《经籍会通四》，文渊阁《四库全书》本。
④ 丁申：《武林藏书录》，古典文学出版社1957年版，第92页。
⑤ 参看戴蕃豫：《中国佛典刊刻源流考》，书目文献出版社1995年版，第24、25、第82页。

杭州沈七郎经铺等也刻佛经出售①。

我们再来看道教。道教同样重视经籍的复制，《洞玄灵宝三洞奉道科戒营始》卷1"置观品四"提到："凡在观中，皆须先造写经坊，当别立一院，勿通常人。"② 该书卷2"写经品"又称："广写供养，书写精妙，纸墨鲜明，装潢条轴，函笥藏举，烧香礼拜，永劫供养，得福无量，不可思议。"③ 写经与供养经书都是在做功德。与佛教一样，道书的制作方式，最初是抄写，后来则是写、刻并用。而在功德观念鼓舞下，道教信徒也是纷纷刻经施送，宋人卫泾《〈度人经〉后跋》云：

    练使平君乔梓不吝重赀，大书深刻，褫背成帙，以散施四方持奉之众。岂谓是可徼福利哉？盖以此经之可慕可尊也。福利固非为善者所觊，然感应有机，自有不期然而然者矣④。

类似的，元人陈旅《道藏经跋》里也提到"庐陵真常观道士李俊迪刻道藏经若干卷以广其传"⑤。而在明代，信徒印施诸如《三官经》之类道经动辄上千卷。数量如此巨大的道经，信徒往往是出资由专业的书坊来完成刻印，例如明代北京崇文门里观音寺胡同党家为信徒陈文英夫妇印《三官经》一藏、太平仓后崇国寺单牌楼张铺为太监李志惠印《真武妙经》5048卷等⑥，这实际上形成了道教类图书市场。需要注意的是，由于道教经书有不少来自于道家、阴阳五行家著作以及医学、方术、谶纬等图书，这些图书在图书市场上一直作为子书售卖，我们不能笼统地把这些也视为道教信仰带来的图书市场。

善书市场的形成与佛、道类似。清嘉庆间成书的善书《暗室灯》说："刻扬善书，为行善第一功德。"⑦ 清康熙三十三年（公元1694年）刻《太上感应篇图说》卷首记载杭州汪源继承父志捐资刻成该书，"多方劝

---

① 参看张秀民：《中国印刷史》，韩琦增订，浙江古籍出版社2006年版，第254、第258页。
② 《道藏》第24册，文物出版社，上海书店，天津古籍出版社1988年影印本，第745页。
③ 《道藏》第24册，文物出版社，上海书店，天津古籍出版社1988年影印本，第749页。
④ 卫泾：《后乐集》卷17，文渊阁《四库全书》本。
⑤ 陈旅：《安雅堂集》卷13，文渊阁《四库全书》本。
⑥ 张秀民：《中国印刷史》，韩琦增订，浙江古籍出版社2006年版，第255页。
⑦ 转引自游子安：《善与人同——明清以来的慈善与教化》，中华书局2005年版，第6页。按，类似的说法，在清同治八年（公元1869年）刻《得一录》书前《募捐刊布善书章程》中也有："作善无穷，此愿先从刊布善书起。"书影见酒井忠夫：《中国善书研究》（增补版），刘岳兵等译，江苏人民出版社2010年版，第604页。

募善士，各出资财，印至万部，施散于人"，结果不但其父"超生天堂"、其母得享高寿，他与众善人均"名著善籍"①。类似说法和故事与上述《太平广记》中"报应"类所载与佛经有关故事性质一样，其目的是为了劝诱人们翻刻流通善书。

受功德观念影响，明末清初善书的刻印兴盛一时，其中多为善人或善堂印施，但也有图书出版商发现其中存在商机。例如，康熙间出现的《感应篇直讲》一书，自乾隆四十二年（公元1777年）重刊之后，有清一代，曾经15次重刻②，除了一些善人、善堂、善书坊翻印施送之外，一些图书出版商如苏州青霞斋刻字店、青云斋刻字店以及北京篆云斋范刻字铺等也看到该书巨大需求背后的商机，积极加入到该书翻刻的行列中去。由于善书需求量大，清代琉璃厂里很多刻字铺都刻有善书，例如《阴骘文图说》4卷，有会文斋刻字铺道光十五年（公元1835年）刻本及晋文斋刻字铺道光十七年（公元1837年）刻本，而龙云斋刻字铺光绪十六年（公元1890年）刻有《太上感应篇图说》8卷，永盛斋刻字铺光绪二十四年（公元1898年）刻有《玉历至宝钞》1卷等③。显然，这些图书出版商承印善书和善书坊因为信仰专门印送善书不同，他们是冲着牟利去的。

正因为图书出版商有牟利动机，所以尤其重视广告等营销手段的运用。例如，乾隆四十三年（公元1778年）刊刻的《绘像丹桂籍二编》一书于"乐捐姓氏"之后，列有自辛巳年即乾隆二十六年（公元1761年）开始至辛丑即道光二十一年（公元1841年）印施该书的善人姓氏及每人印施的数量，据此统计，仅乾隆四十三年一年印施的数量就达一百七十余部。为了吸引想印施该书的信众，该书书名页左下角有长方形牌记道："好善君子印施者，板藏苏州阊门内专诸巷西首绿荫堂书坊。"与此类似，道光十六年（公元1836年）西安唐榕刊刻的《丹桂籍》一书，后附告白：

此版照苏州原版重刊，校正无讹。凡乐善君子发心印送者，版存陕西西安府城内鼓楼什字街西边南纸店内唐家刻字铺便是。

---

① 引文见酒井忠夫《中国善书研究》（增补版）下卷卷首所附该书书影，刘岳兵等译，江苏人民出版社2010年版。
② 参看游子安《善与人同——明清以来的慈善与教化》书中所附"清代乾隆至民国年间（20世纪30年代）《感应篇直讲》重刻概况简表"，中华书局2005年版，第36—37页。
③ 孙殿起：《琉璃厂小志》，北京古籍出版社1982年版，第187页。

其纸墨工价、装订,每部来小铺面定商议,实无错误。告白①。

有的书坊还将善书书价在告白中说得很清楚。例如,道光十五年(公元1835年)刻《戒士图说》一书封面刻有告白:

是书足钱头号毛太纸二百文,次毛太纸每部足钱一百六十文,加布套四十二文。凡好善信士发心印送者,向嘉定县南翔镇东街潄芳斋范绶章刻字店承办,庶不致误。特此谨白②。

以上这些都是吸引信众前来印书的商业广告,我们不难从中看到图书出版商牟利的企图。清代图书出版商其实并不讳言自己从事善书刻印的牟利动机,他们对此有独到的解释,例如清代苏州三经堂题识云:

佛经善书,贵乎流通,流通必使长久。若概施送,不可常继,得者易或忽而不读,是以斟酌纸本、印订工价,贮资续印。庶使读者慎重,以冀永远流通。道光甲辰(引者按,公元1844年)夏三经堂谨识③。

三经堂除了刊刻佛书外,还刊刻了不少善书,例如刻《欲海回狂》等七种售与娄门善庆庵,刻《感应篇说定》等售于乍浦沈义丰,刻《阴骘文广义》等售于常州吴氏,刻《关帝圣迹图》等售于盘门张义芳,刻《训俗遗规》等售于上海唐恒美,刻《劝孝编》等售于江西徐白舫,刻《雷霆显警录》等一百种售于南翔甘氏④。三经堂说自己之所以不像一些善书堂那样无偿赠送,一是因为这样做难以持久,二是因为适当收钱能够让读者重视该书,不至于因为得来轻易而弃置不读。这则识语再次让我们见识到中国古代图书出版商是何等擅长巧言。

佛、道经籍与善书市场外,基督教进入中国后,为了传播教义,就像《新约·马可福音》耶稣对门徒所说"你们往普天下去,传福音给万

---

① 转引自李致忠:《古代版印通论》,紫禁城出版社1999年版,第319页。
② 转引自袁逸:《清代书籍价格考——中国历代书价考之三》(上),《编辑之友》1993年第4期,第73页。
③ 转引自魏隐儒:《中国古籍印刷史》,印刷工业出版社1988年版,第171页。
④ 参看魏隐儒:《中国古籍印刷史》,印刷工业出版社1988年版,第170—171页。

民听"①，传教士与教徒们也会积极翻译、刻印基督教经书，例如1610年来中国的耶稣会士金尼阁就曾"先后在绛州、西安、杭州创办印刷所，每年印书甚多"②，明、清时期因此刊刻了大量这类读物③。由于基督教是外来宗教，受到中国各种原有思想信仰的抵制，再加上中国政府一度还禁止其传播④，传教极为不易，基督教义相关读物因此基本上是免费散发。在这种情况下，中国的图书出版商一般不会像刻佛经、道书以及善书那样积极主动地投身到基督教类图书的印售中去，只会被动地应教会人士的要求为他们刊印相关图书。

除了上述宗教信仰外，中国古代历史上也有其他民间信仰会带来相应图书需要，例如陆游就提到"闽中有习左道者，谓之明教。亦有明教经，甚多刻版摹印，妄取道藏中校定官名衔赘其后"⑤，只是文献不足征，我们不清楚是否有图书出版商投身到这类图书市场中去。

总之，在佛、道信仰的影响下，信徒们相信供养经书是在做功德，可以得福报，这导致了对经书的大量市场需求。另一方面，受宗教观念影响，信徒们把积极参与经书流通也视为重要功德。信徒从宗教信仰出发，或写或刻，多为施送，其中几乎不沾染任何商业利益的考量。但对于无暇或无力自写、自刻的信徒来说，要想通过流通佛、道经书或善书来修善积德，图书市场上出售的这类图书就成了便利且成本相对低廉的选择。于是，就像叶梦得所说，"施者假之以邀福，造者因之以求利"⑥，精明的图书出版商利用宗教信徒做功德的心理牟取利益。无论是供养经书还是流通经书做功德，这类宗教观念背后本来就潜藏着信徒对福报的功利诉求，而被图书出版商利用后则更直接地与商业利润联系在一起，功德与功利就这样密不可分。

---

① 《圣经》，中国基督教协会、中国基督教三自爱国运动委员会发行，第16页。
② 徐宗泽：《明清间耶稣会士译著提要》，中华书局1949年版，第363页。
③ 可参看徐宗泽：《明清间耶稣会士译著提要》，中华书局1949年版。
④ 远在唐武宗灭佛时，景教就曾遭池鱼之殃，明、清也屡有"教难"发生。明万历、清康熙都曾禁止传教，雍正、乾隆更是对传教士严加取缔，嘉庆以及鸦片战争之前的道光也一直坚持该政策。即使近代西方用武力逼迫中国签订条约准许传教士自由传教，中国人自上而下对基督教的态度仍是不冷不热的。有关基督教在中国传播的历史，可参看王治心：《中国基督教史纲》，上海古籍出版社2007年版；有关基督教与中国文化传统之间的种种龃龉，可参看董丛林：《龙与上帝——基督教与中国传统文化》，三联书店1992年版。
⑤ 陆游：《老学庵笔记》卷10，李剑雄、刘德权点校，中华书局1979年版，第125页。
⑥ 叶梦得：《建康集》卷4《建康府保宁寺轮藏记》，文渊阁《四库全书》本。

三、小　结

本章考察的是中国古代图书出版业者在出版、发行图书过程中对于消费者市场所做的考量。为了让自己制作的图书拥有尽可能多的潜在消费者，中国古代图书出版业者们往往选择那些整体文化、教育水平较高的地区，同时在具体营销地段上选择那些能够最直接、最快捷地和大量目标消费者发生联系的地点（例如学校或科举考试考场附近），或者是人流量大的热闹地段（例如庙会举办地或一些城市人们常去的游玩之地），因为庞大的流动人群中也有不少潜在的消费者。同时，中国古代图书出版业者尤其是书坊主们在出版发行图书时，往往采用各种手段压低成本、降低价格，以此来吸引更多的消费者。此外，中国古代图书出版商针对宗教信众做功德的心理，印售宗教类图书供信众阅读、供奉、施送，从中获取商业利益。

第四章 中国古代图书出版的产品细分

中国古代图书出版的产品是图书,而图书的出现,是为了满足人们交流、对话、提升或拓展自我潜能、实现自我价值,以及消闲、娱乐等需要。虽然促使消费者购买、阅读某一具体图书产品的需要各不相同的,但对于图书的生产制作者来说,所有的需要最后都可以简约为如下两个层面:一是消费者对于图书内容的具体需要;二是消费者对于图书形式的具体需要。这两个层面的需要经常纠结在一起,即消费者对于某一图书产品不仅有内容方面的需要,也有形式方面的需要。中国古代图书出版产品的内容,总体上可以依照古人的知识谱系进行细分,但具体的图书出版业者会针对消费者不同的内容需要,在出版选题上做出自己的具体抉择。而在形式方面,中国古代图书出版业为了营销需要,为了在市场竞争中从同类产品中脱颖而出,更是积极主动进行探求。也就是说,中国古代图书出版产品细分的目的是让自己制作出的产品能更准确地满足目标消费者的需要,而突出产品的某些特色以区别同类产品,是为了更好地满足目标消费者的一些特殊要求,以此吸引他们购买。

一、从传统目录学看中国古代图书出版的产品细分

借助传统目录学,我们能够较为清晰地区分中国古代图书出版业所出版图书的内容。当然,这种内容细分并不是图书出版业者根据市场需要进行的产品细分,而是中国古人对于已经拥有的文化遗产进行梳理之后得出的一种知识谱系,或者说是他们知识王国里一份能够按图索骥的指引图。不过,知识各领域的疆界一旦划定,总有一些领域因为各种原因导致有更多的人关注,而其他一些领域则相对较少。关注的人越多,人们对于该领域的图书需要量越大,中国古代图书出版业自然也会制作

出更多的该类图书以牟取更多的利润。也就是说，文化知识的分类很自然会导致图书出版的产品细分，这种产品细分体现为图书出版业者制作图书时的选题。任何一个图书出版业者，当他考虑即将生产制作的图书的选题时，他实际上面临的就是对图书市场中目标消费者的选择。一旦选定某一类读者，图书出版业者就得根据他们的阅读需要制作、销售相应的图书品种。如果一些图书出版业者长期出版发售一些特定的图书品种，其出版就渐渐染上了专门化色彩。这对于其自身出版品牌的建立不无帮助，但同时也可能给他涉足其他图书品种的出版带来一些阻碍。

（一）传统目录学对图书内容的细分

中国传统的目录学依据图书的内容和性质，对其进行过分类。这种分类随着时代学术总体状况和分类者自身学术视野的变化，在具体类目的划分上有一个演变过程。从大的类目来说，大致是从最初的"六分法"向最终的"四分法"演变。

中国传统目录学的开创者是刘向、刘歆父子。刘向于汉成帝河平三年（公元前26年）受诏领校中五经秘书于天禄阁，每校理完一种书，刘向就撰写该书的叙录，说明书籍的性质、内容，上奏皇帝。这些叙录纂辑在一起，称《别录》。在此基础上，刘歆撰成分类目录《七略》。"略"是"领域"的意思。由于"辑略"是"六篇之总最"[1]，所以该目录实际上是把图书分为六艺略、诸子略、诗赋略、兵书略、数术略、方技略等六大类。由于《七略》已佚，我们今天仅能从"删其要"而成的《汉书·艺文志》大略窥其梗概[2]。其中六艺略是儒家经典及学习经书的基础读物，又分《易》、《书》、《诗》、《礼》、《乐》、《春秋》、《论语》、《孝经》、小学九种；诸子略是中国古代哲学、政治、经济、法律方面的著作，又分儒、道、阴阳、法、名、墨、纵横、杂、农、小说十家；诗赋略又分屈原赋等二十家、陆贾赋等二十一家、孙卿赋等二十五家、杂赋、歌诗五种；兵书略又分兵权谋、兵形势、阴阳、兵技巧四种；数术略是天文历法、占卜星相类书籍，又分天文、历谱、五行、蓍龟、杂占、形法六种；方技略是医药卫生类书籍，又分医经、经方、房中、神仙四种。

此后，中国的古典目录学在分类上几经变化。魏晋时期，《七略》和《汉书·艺文志》的六分法先是变成了四分法。《隋书·经籍志》云：

---

[1] 张舜徽选编：《文献学论著辑要》，陕西人民出版社1985年版，第26页。
[2] 《汉书》，中华书局2000年版，第1351页。

魏氏代汉，采掇遗亡，藏在秘书中、外三阁。魏秘书郎郑默，始制《中经》。秘书监荀勖，又因《中经》，更著《新簿》，分为四部，总括群书。一曰甲部，纪六艺及小学等书；二曰乙部，有古诸子家、近世子家、兵书、兵家、术数；三曰丙部，有史记、旧事、皇览簿、杂事；四曰丁部，有诗赋、图赞、汲冢书。大凡四部合二万九千九百四十五卷。但录题及言，盛以缥囊，书用缃素。至于作者之意，无所论辩。惠、怀之乱，京华荡覆，渠阁文籍，靡有孑遗①。

这一分类中，最大的贡献是将史书从原来《春秋》的附庸单列为一大部。这是因为汉魏以来，史学繁荣，史书日多。另外，这一分类中，子部极为庞杂，这对后世影响也极大。《中经新簿》这一四分法在李充编《元帝四部书目》时被沿用，但李充把乙和丙两部颠倒了一下，从此以后，甲乙丙丁四部的内容就确定为经史子集，一直沿用到现在。

但是其时也有目录探索别的分类法，例如王俭《七志》就分为七类，《隋书·经籍志》云：

俭又别撰《七志》：一曰《经典志》，纪六艺、小学、史记、杂传；二曰《诸子志》，纪今古诸子；三曰《文翰志》，纪诗赋；四曰《军书志》，纪兵书；五曰《阴阳志》，纪阴阳图纬；六曰《术艺志》，纪方技；七曰《图谱志》，纪地域及图书。其道、佛附见，合九条②。

此外，像阮孝绪的《七录》也是分为七类，《隋书·经籍志》云：

普通中，有处士阮孝绪，沉静寡欲，笃好坟史，博采宋、齐已来王公之家凡有书记，参校官簿，更为《七录》：一曰《经典录》，纪六艺；二曰《记传录》，纪史传；三曰《子兵录》，纪子书、兵书；四曰《文集录》，纪诗赋；五曰《技术录》，纪数术；六曰《佛录》；七曰《道录》③。

在现存目录中，以四部分类，出现较早、影响深远的是《隋书·经

---

① 《隋书》，中华书局2000年版，第615页。
② 《隋书》，中华书局2000年版，第615页。
③ 《隋书》，中华书局2000年版，第615—616页。

籍志》。《隋书·经籍志》将图书分为四部，以经史子集代替了甲乙丙丁。自此之后，中国目录学分类的主流就是四部分类法。著名的官修目录如宋代的《崇文总目》、清代的《四库全书总目》，私家目录如晁公武《郡斋读书志》、尤袤《遂初堂书目》、陈振孙《直斋书录解题》、马端临《文献通考·经籍考》，史志目录如《旧唐书·经籍志》、《新唐书·艺文志》、《宋史·艺文志》、《明史·艺文志》等都采用了四部分类法。自然，也有不遵四部分类法的目录著作，如郑樵《通志·艺文略》。

在中国传统目录学的四部分类法中，经部属于国家意识形态的支柱，除了儒家经籍本身外，还包括历代注经、解经著作以及为通经用的小学类著作；史部主要是过往历史的载记，此外也包括史评；集部主要是诗、词、曲、文章类著作，此外也包括评论诗、词、曲、文章类的著作。可见，经、史、集部在性质上都相对单纯。相形之下，子部却庞杂得多，即《四库全书总目》所云"自六经以外立说者，皆子书也"，具体而言，"儒家以外有兵家，有法家，有农家，有医家，有天文算法，有术数，有艺术，有谱录，有杂家，有类书，有小说家，其别教则有释家，有道家，叙而次之，凡十四类"①。其中，杂家和小说家涵括的内容尤为庞杂。

（二）四部分类中较为热门的图书选题

中国古代较为热门的图书选题主要有以下几大类：

1. 与官员选拔制度相关的图书。传统目录学的四部分类法中，经部中的儒家经典长期以来作为士子谋求进身的教材，需要量极大。这是任何一个图书出版者都看好的选题。但是，儒家经典因为承担着意识形态教化功能，地位尊崇，一般情况下政府对其传布、印行格外关注，往往是先组织宿儒饱学者对经书内容进行校定，然后再传布天下。例如，魏正始年间于国子堂前刊立的三体石经、唐代文宗时于西安府学前刊立的开成石经、五代后蜀毋昭裔主持刊立的蜀石经等，就是以经书权威版本的面貌出现，供人传抄、拓印。雕版印刷术逐渐成熟之后，政府就利用印刷术来印行儒家经典。雕版印刷经书，最早始于五代。"后唐长兴三年二月，中书门下奏请依石经文字刻《九经》印板"，奏请得到了后唐明宗的批准，并下令"国子监集博士儒徒，将西京石经本，各以所业本经句度抄写注出，仔细看读。然后雇召能雕字匠人，各部随帙刻印版，广颁

---

① 《四库全书总目》，中华书局1965年版，第769页。

天下。如诸色人要写经书，并须依所印敕本，不得更使杂本交错"①。后代官刻儒家经书，大抵并不为利。但私家刊刻儒家经书，有很多就是冲着巨大的市场需要以及相应的利润去的。这些坊刻或家刻经书，虽然也会标榜自己系依照"监本"或"官本"刊刻，以此来号召购书者，但图书质量往往不能保证，有关福建麻沙本"乾为金，坤亦为金"的有名故事②，正好说明了坊刻经书错讹不少，难以获得读者的信任。

古代教育在蒙学阶段的教材除了较为简单的经书，还有字书以及一些童蒙读物。字书因为和读书入门有关，需求量也很大，同样受到历代图书出版者青睐。例如《说文解字》一书，宋太宗雍熙三年（公元986年）下诏让徐铉等人予以校定，由国子监雕印，此后在宋嘉祐、乾道年间均有刻本。明代毛晋也曾刊刻《说文解字》。至于童蒙读物像《三字经》、《百家姓》、《千字文》之类，历代刊行，不知凡几。

除了作为教材的儒家经典、字书、童蒙读物外，直接或间接和科举考试有关的图书也成为古代图书出版业在确定制作图书品种时的首选。这些图书选题主要还有经部中的韵书，史部中的正史类、编年类、纪事本末类、政书类以及史钞类，子部中的类书，集部中一些特定的总集等。

韵书。对韵书的需要和作诗紧密相联。在中国历史上，作诗一度是科举考试中很重要的一项内容。即使在科举考试不考诗赋的时代，士人一旦入仕，为了交际应酬，同样得作诗。个中原因，恐怕主要是因为作诗是中国古代士人标榜自己不同于农、工、商的一个重要手段，是一种智力优越、身份优越的标志。古人写近体诗很难离开韵书，而唐代以后科举考试中应试诗对于诗赋格律更是有严格要求。这就势必要求士人得熟读韵书，韵书自然就有了极大的市场。在雕版盛行之前，唐人抄书最好卖的恐怕就是韵书类，因为当时整个社会热衷于作诗，科举考试中也极为看重诗赋写作。前文引述的《列仙传》记载唐代女子吴彩鸾抄书为生，所写就是《唐韵》。有了雕版印刷术之后，历代图书出版商都纷纷刊刻韵书，一些韵书拥有众多版本③。例如，《附释文互注礼部韵略》一书，书前郭守正序云："欧阳先生《押韵释疑》一书，惠后学至矣。书肆版

---

① 王溥：《五代会要》卷8，文渊阁《四库全书》本。
② 陆游《老学庵笔记》卷7载，福建坊刻本将《易》中"坤为釜"的"釜"字上面两点漏刻了，杭州府学教授遂以此出题。见该书李剑雄、刘德权点校本，中华书局1979年版，第94页。叶梦得《石林燕语》卷8亦载此事，文渊阁《四库全书》本。
③ 参看张秀民：《中国印刷史》，韩琦增订，浙江古籍出版社2006年版，第207页。

行，漫者凡几，一漫则一新，必增数注释、易一标题，以快先睹。"① 该韵书书版因为刷印次数太多，底版上刻的字已经漫漶不清，于是重新刊刻，这样的情况在当时已经多次发生，于此可见这一韵书的畅销。

史书。史部在传统目录学中本来就是从经部的《春秋》类中分离出来的。古代文史不分家，士人要写好诗文，必须熟悉历史；而投身仕途，也必须熟知历史人物的行事、前朝的典章制度等等，才有可能以史为鉴。因此，历史类图书历来受士人重视，市场上有较大的需要量。

有意思的是，由于史书往往卷帙浩繁，难以卒读，例如司马光《资治通鉴》一书，"学者据之以考二千载之兴衰理乱，如翻日历也。其较之遍阅诸史，以求往古之统绪者，可谓约而省力矣"。可即使如此，当时却没有几个人能够读完这书的。司马光自己就说当时能够"阅之终卷"者，才一人而已②！精明的图书出版者因此纷纷刊刻史钞类图书。这类图书往往将史书删繁就简，加以节编；或者以类相从，加以类编。《四库全书总目》卷65"史钞类"小序认为这一类书很早就有了，只是到了宋代愈发多起来，结果在前代基础上又出现四种体例的史钞书："《通鉴总类》之类，则离析而编纂之；《十七史详节》之类，则简汰而刊削之；《史汉精语》之类，则采撷文句而存之；《两汉博闻》之类，则割裂词藻而次之"③。当时最流行的是《十七史详节》这类史书节本，图书出版商在刊刻该类图书时，往往声称是由某个著名学者、文人或有声望、有影响力的人物予以节编或选录，然后在书名上标明"详节"、"节要"、"纂要"等字样号召读者。南宋时，中国古代图书出版商出版了大量这类图书，例如《诸儒校正唐书详节》、《史记详节》、《东莱先生晋书详节》、《点校标抹增节备注资治通鉴》、《陆状元集百家注资治通鉴详节》、择善堂绍熙五年（公元1194年）刊《杜氏通典详节》等。

由于史钞类图书方便读者在最短的时间内掌握必要的史学知识，因此颇受读者欢迎，尤其受到那些参加科举考试的士子的欢迎，在市场上很畅销。岳珂《愧郯录》卷9"场屋编类之书"条云："自国家取士场屋，世以决科之学为先。故凡编类、条目、撮载、纲要之书，稍可以便检阅者，今充栋汗牛矣。建阳书肆方日辑月刊，时异而岁不同，以冀速售而四方转致传习。"④ 这

---

① 序附《附释文互注礼部韵略》前，文渊阁《四库全书》本。
② 戴侗：《六书故》，文渊阁《四库全书》本。
③ 《四库全书总目》，中华书局1965年版，第577页。
④ 岳珂：《愧郯录》，文渊阁《四库全书》本。

些史书节本在元代也颇受欢迎，多次翻刻。到了明代，这类书投合了整个时代"趋简易，利剽窃"①的学风，因此也很畅销。

另外，科举考试中策论往往需要评骘历史人物，一些古代图书出版商因此将前人各种历史评论汇集成书，供士子揣摩参考，以便答策时驱使。例如，《历代名贤确论》一书，共100卷，不著撰人，四库馆臣认为该书的编撰"盖宋时经义、诗赋两科皆试策论，故书坊多刻此种，以备揣摩之用"②。

类书。类书的盛行和赋诗作文也有直接关系。唐代科举中最为世人看重的进士科考试，帖经之外，还要考杂文（诗、赋各一）、时务策五条。宋代进士考试基本沿袭唐代制度，"凡进士，试诗、赋、论各一首，策五道，帖《论语》十帖，对《春秋》或《礼记》墨义十条"③。可见，唐、宋时士人若想在最重要的进士科举考试中成功，除了要熟悉儒家经典之外，还要求诗赋、策论写得好。士人要写好诗赋和策论，需要积累大量华美词藻以及熟知各类朝章典故。于是，唐人便编了不少类书，较为著名的像欧阳询《艺文类聚》、虞世南《北堂书钞》、徐坚《初学记》以及白居易《白氏六帖》等，其实质都是为了方便人们写诗时捃摭检寻，闻一多先生甚至说"唐初五十年间的类书是较粗糙的诗，他们的诗是较精密的类书"④。宋人也一样，既有政府组织编写的《太平御览》、《册府元龟》等卷帙浩繁的类书，也有像吴淑《事类赋》这样更为精审的类书。像《初学记》、《白氏六帖》等，五代时后蜀毋昭裔已经将其刊刻传布，宋代时又一再刊刻出版；而《太平御览》、《册府元龟》、《事类赋》等在宋代也都刊刻出版了。在宋代图书出版市场上，类书极多，时人感慨"两坊书市，以类书名者尚矣！曰《事物纪原》，曰《艺文类聚》，最后则《锦绣万花谷》、《事文类聚》出焉，何汗牛充栋之多也"⑤！此外，像詹光大《群书类句》、萧元登《古今诗材》、旧题吕祖谦《诗律武库》之类，都是应时人需要产生的。

特别值得注意的是，宋代一些图书出版者看到人们对于类书的需要，在制作出版图书时主动请人编著类书。《四库全书总目》卷135《源流至论》一书提要云："宋自神宗罢诗赋，用策论取士，以博综古今、参考典制相尚，而又苦其浩瀚，不可猝穷，于是类事之家，往往排比联贯，荟

---

① 《四库全书总目》，中华书局1965年版，第577页。
② 《四库全书总目》，中华书局1965年版，第754页。
③ 《宋史》卷155《选举志一》，中华书局2000年版，第2410页。
④ 闻一多：《类书与诗》，收入《唐诗杂论》，上海古籍出版社1998年版，第5页。
⑤ 谢维新：《古今合璧事类备要序》，序附《古今合璧事类备要》书前，文渊阁《四库全书》本。

粹成书，以供场屋采掇之用。其时麻沙书坊刊本最多，大抵出自乡塾陋儒，剿袭陈因，多无足取。"① 可见当时像福建书坊主已经请一些中下层文人编了很多这类书。具体的例子，譬如《古今合璧事类备要》一书，据书前谢维新自序和书后黄书度的跋，可以知道该书是书坊主刘德亨托太学生谢维新编著的，《四库全书总目》因此说它"盖当时坊本"②。该书包括前集69卷、后集81卷、续集56卷、别集94卷以及外集66卷，书前总目后有一刊刻记，声称"昨刊《古今备要》四集，盛行于世，但门目未备，再刊外集，补其未备"③，看来市场反应似乎还不错。

宋代图书出版商也出版了不少针对策论的备考图书。例如不题撰著者的《群书会元截江网》35卷，四库馆臣就认为"盖理宗时程试策论之本也"，因为"宋礼部条式元祐旧制：第一场以经义、诗赋分两科；第二场则均试论一道，限五百字以上；第三场则均试策三道；御试亦均用策一道，限一千字以上。绍兴六年改制，四场试士，其第三场仍试论一道，第四场减策二道，御试亦仍策用一道。故讲科举之学者，率谐旧文以备用。其出自士大夫者，则为《永嘉八面锋》、《东莱制度详说》；其出自坊本者，则为是书之类。"④ 可见当时为了满足参加科举考试士子的需要，不仅士大夫编著这类图书，书坊主更是乐此不疲。

再如，宋代建安刘达可辑《璧水群英待问会元》一书，我们从元代沈子淮编选而成的《璧水群英待问会元选要》82卷麻沙书坊本仍能清晰地看出该书是为太学诸生准备考试答策用的。全书"分十六门，每门之外分二例：一曰名流举业，又分立意发端、稽古伟议、法祖嘉猷、时文警段、绮语骈珠、当今猷策、生意结等七子目；二曰故事源流，又分经传格言、皇朝典章、历代事实、先正建议、文集菁华等五子目。大抵当日时文活套"⑤。在书名上同样显豁标示图书功用的还有《三场通用引易活法》9卷，"盖南宋人取说《易》之词分类排比，以备场屋之用者也"⑥。此外，像旧本题朱景元撰《经学队仗》3卷，四库馆臣认为"实宋元时科举策料"⑦；《诸史偶论》十卷，他们也认为"盖以备程试答策

---

① 《四库全书总目》，中华书局1965年版，第1151页。
② 《四库全书总目》，中华书局1965年版，第1151页。
③ 刊刻记见谢维新：《古今合璧事类备要》，文渊阁《四库全书》本。
④ 《四库全书总目》，中华书局1965年版，第1150页。
⑤ 《四库全书总目》，中华书局1965年版，第1162页。
⑥ 《四库全书总目》，中华书局1965年版，第1163页。
⑦ 《四库全书总目》，中华书局1965年版，第1163页。

之用者"①；《万卷菁华》前集 80 卷、后集 80 卷、续集 34 卷，"观其体例，盖宋人科举之书也"②，诸如此类，大多被四库馆臣列入类书类存目，认为是些俗书，压根不够资格编入《四库全书》，这实际上是主流学者一贯的态度，他们的鄙视使得这一类书很多未能在目录书里获得著录，后人难以全面掌握当时的实际情况。但是，仅从现有的目录著录中，我们也不难推测出当时这一类图书出版是何等繁荣。

宋代科举考试除了进士科等常科外，还有像博学宏词科之类的特科。当时也有人针对这些特科考试编著图书，例如王应麟《玉海》一书，书后附有"辞学指南"，四库馆臣认为："宋自绍圣置宏辞科，大观改辞学兼茂科，至绍兴而定为博学宏辞之名，重立试格。于是南宋一代通儒硕学多由是出，最号得人，而应麟尤为博洽。其作此书，即为词科应用而设。"③

元代虽然科举考试时兴时废，但建阳书坊主们也刊刻了像《事文类聚》、《联新事备诗学大成》等类书。只不过相较于前后时代言，这类专门针对科举考试的书相对受到冷落。

八股文。明清时期，科举考试以八股文取士，于是，各种八股范文类图书受到图书出版商的青睐。八股文又称"时文"、"制艺"、"制义"、"四书文"等。赵翼《陔余丛考》卷 33 "刻时文"条云：

> 《云谷卧余》载杨常彝云：十八房之刻，自万历壬辰《钩玄录》始。旁加批点，自王房仲选程墨始。其后坊刻渐众，大约有四种：曰程墨，则科场主司及士子之文；曰房稿，则十八房进士之旧作；曰行卷，则举子之作；曰社稿，则诸生会课之作。每科房考之刻，皆出于苏杭，而北方贾人市买以去，天下群奉为的矣。
>
> 《戒庵漫笔》曰：余少时未见有房稿刻本，有书贾从利考朋友家抄得窗课，每篇酬钱数文，持去发刻。唐荆州中会元，其稿是门人蔡瀛所刻；薛方山中会魁，其三试卷亦门人钱梦玉以东湖活板印行之。今则满目皆坊刻矣。
>
> 《七修类稿》亦云：成化以前，世无刊本时文。杭州通判沈澄刊《京华日抄》一册，甚获重利。后闽省效之，渐至各省提学考卷也。（按《明史》万历十五年礼部言：举业流弊太甚，请

---

① 《四库全书总目》，中华书局 1965 年版，第 1163 页。
② 《四库全书总目》，中华书局 1965 年版，第 1163 页。
③ 《四库全书总目》，中华书局 1965 年版，第 1151 页。

选弘治、正德、嘉靖初年中式文字，选其尤者，刊布学官，俾知趋向。此又官刻时文之始。）①

可见，明代书坊主刊刻时文的大致情形是：组稿时支付时文作者一定稿费（"酬钱"），所组时文稿既包括那些已经中举者的范文（尤其是所谓"新科利器"），也包括一些士子平时的练习之作，这种图书在市场上极为畅销（"甚获重利"）。吴敬梓《儒林外史》中匡超人一番话一定程度上可以佐证这类书在科举时代是何等的畅销：

> 我的文名也够了。自从那年到杭州，至今五六年，考卷、墨卷、房书、行书、名家的稿子，还有《四书讲书》、《五经讲书》、《古文选本》——家里有个账，共是九十五本。弟选的文章，每一回出，书店定要卖掉一万部，山东、山西、河南、陕西、北直的客人，都争着买，只愁买不到手；还有个拙稿是前年刻的，而今已经翻刻过三副板。不瞒二位先生说，此五省读书的人，家家隆重的是小弟，都在书案上，香火蜡烛，供着"先儒匡子之神位"②。

匡超人的话，自然有吹嘘的成分，但小说之所以如此写，应该是当时情形的折射。

除了书坊主刊刻这一类图书，政府也参与刊刻，个中原因，堂皇的借口是以此引导天下学风，实际上恐怕也是看中刊刻时文有大利可图。黄虞稷《千顷堂书目》卷32专门列"制举类"，小序称"三百年来，程士之文与士之自课者，庞杂不胜录也。然而典制所在，未可废也……载程式之文二三种，以见一代之制，而二三场之著亦附见焉"③，从所著录的《四书程文》29卷、黎淳《国朝试录》640卷、《三场文海》120卷等可以略窥当时

---

① 赵翼：《陔余丛考》，栾保群、吕宗力校点，河北人民出版社1990年版，第573页。按，杨常彝所谓"房稿"，又称"房书"。清初戴名世《庚辰小题文选序》云："新进士平居之文章，书贾购得之，悉以致于选家为抉择之，而付之雕刻以行于世，谓之'房书'，其来非一日矣。"戴名世就撰有《甲戌房书序》、《丁丑房书序》等。此外，早于戴名世的吕留良《吕晚村先生文集》卷5中也有《戊戌房书序》一文。而乡试举人所作"行卷"，或又称"行书"。戴名世有《己卯行书小题序》，中云："己卯秋，各省士子之获售于场屋者，多以行卷授余为之点定行世……"引文分别见戴名世：《戴名世集》，王树民编，中华书局1986年版，第114、第109页。

② 吴敬梓：《儒林外史》，张慧剑校注，人民文学出版社1988年版，第247—248页。

③ 黄虞稷：《千顷堂书目》，瞿凤起、潘景郑整理，上海古籍出版社2001年版，第784页。

此类图书出版的盛况。此外，黄宗羲所编《明文海》卷307至卷313共七卷，选的都是明人为时文集作的序，于此亦可见当时这类图书之多。李濂《纸说》一文不无沉痛地指出："其甚无谓者，科举程试之文也。……比岁以来书坊非举业不刊，市肆非举业不售，士子非举业不览。"① 另外，吕留良《东皋遗选今集论文三则》其二也说："吴次尾讥万历末年士自本科十八房而外，不知宇宙尚有何书，前此作者尚有何人。"② 类似的话或有夸张处，但绝非无稽之谈，从中既可以看到利禄所在对士人读书风气的影响，也可以看到这类图书的畅销与时代士风及学风之间的关系。

清雍正元年（公元1723年）下令禁止民间私行选编、刊刻时文，由礼部会同翰林院拣选乡试中的好文章，经裁定后颁发刊刻③。但这一禁令在乾隆刚登基时就废止了：

乾隆元年六月十六日（1736年7月24日）：本日，谕驰坊间刻文之禁，准许民间将乡、会试佳卷照前选刻。又命将前明及本朝诸大家时艺精选数百篇，汇为一集，颁行天下，以为举业指南，由内阁学士方苞将入选文逐一加以评点，使学者便于领会模拟④。

4年以后，实际上由方苞按照"清真雅正"这一标准编选的《钦定四书文》告成，颁布天下，其中明朝的八股文选了486篇，入清后的八股文选了297篇。可以想见，禁令一旦放开，民间的图书出版商在选题时大多会考虑刊刻时文，图书市场上这类图书很快就像明代一样异常繁荣，正如四库馆臣在《钦定四书文》一书提要里所说的"时文选本，汗牛充栋"，只可惜，除了钦定的这种以外，其他的"今悉斥不录"⑤。

2. 审美、娱乐、休闲类图书。中国古代图书出版业选题时另一个热

---

① 黄宗羲辑：《明文海》卷105，文渊阁《四库全书》本。
② 吕留良：《吕晚村先生文集》卷5，收入《续修四库全书》编纂委员会：《续修四库全书》第1411册，上海古籍出版社2002年版，第160页。
③ 中国人民大学清史研究室编：《清史编年》（第四卷），中国人民大学出版社2000年版，第30页。
④ 中国人民大学清史研究室编：《清史编年》（第五卷），中国人民大学出版社2000年版，第18页。
⑤ 《四库全书总目》，中华书局1965年版，第1729页。按，商衍鎏先生论及八股文时曾慨叹："自明至清，汗牛充栋之文，不可以数计。但藏书家不重，目录学不讲，图书馆不收，停科举废八股后，零落散失，覆瓿烧薪，将来欲求如策论诗赋之尚存留于世间，入于学者之口，恐不可得矣。"见其《清代科举考试述录》，百花文艺出版社2004年版，第244页。

门是那些能够满足人们审美、娱乐、休闲需要的图书品种。这些图书主要有集部中的诗文别集、总集、词曲以及子部中的小说、艺术类等。

诗文别集、总集。诗文别集中一些著名文人的作品集，受到历代读者的喜爱，有着较大的市场需要，历代图书出版商争相刊刻各种版本。总集从性质上看可以分为两大类，"一则网罗放佚，使零章残什，并有所归；一则删汰繁芜，使莠稗咸除，菁华毕出"①，即一是求全，一是求好。后者由选家在浩如烟海在作品中挑选一些菁华供读者阅读，倘若衡鉴精当，读者省时省力，自然大受欢迎。这就是历代图书出版者不断刊刻前代已有著名总集并组织选家编选新总集的原因。《四库全书总目》中总集类包括存目在内共有九卷之多，可见清乾隆以前历代编选、出版总集之概况。

词曲、小说。词曲、小说类图书，因其具有消遣、娱乐功能，在古代受到上自帝王将相、下至平民百姓的喜爱，其消费者面应该是最广泛的。明代叶盛注意到："今书坊相传射利之徒，伪为小说杂书。南人喜谈如汉小王光武、蔡伯喈邕、杨六使文广；北人喜谈如继母大贤等事甚多。农工商贩，抄写绘画，家蓄而人有之。"② 清初李渔也说："今人喜读闲书，购新剧者十人而九；名人诗集，问者寥寥。"③ 而清代乾嘉时期考据大家钱大昕甚至在其《潜研堂文集》卷17《正俗》中感慨小说成了比儒、释、道影响更大的"小说教"，他说："古有儒、释、道三教，自明以来，又多一教曰小说。小说演义之书，未尝自以为教也，而士大夫农工商贾无不习闻之，以至儿童妇女不识字者，亦皆闻而如见之。是其教较之儒、释、道而更广也。"④ 众所周知，一些著名的戏曲、小说，一直是古代图书出版市场中的畅销书。例如，清代郑光祖《一斑录杂述》卷4载："偶于书摊见有书贾记数一册，云是岁所销之书，《致富奇书》若干，《红楼梦》、《金瓶梅》、《水浒》、《西厢》等书称是，其余名目甚多，均不至前数。"⑤ 他偶然看见的书摊销售记录表明，戏曲、小说之类与《致

---

① 《四库全书总目》，中华书局1965年版，第1685页。
② 叶盛：《水东日记》卷21，文渊阁《四库全书》本。
③ 李渔：《笠翁一家言文集·与徐冶公二札》（其二），《李渔全集》第一卷，浙江古籍出版社1991年版，第232页。
④ 陈文和主编：《嘉定钱大昕全集》第9册，江苏古籍出版社1997年版，第272页。按，有趣的是，钱大昕认为"小说专导人以恶……以杀人为好汉，以渔色为风流"，因此为了风俗人心计，应加以禁绝，"内自京邑，外达直省，严查坊市有刷印鬻者者，科以违制之罪"。
⑤ 郑光祖：《一斑录杂述》，道光二十五年（公元1845年）青玉山房刻本。

富奇书》是卖得最多的。而且，古代图书出版商为了满足市场需要，往往组织人力编写小说类通俗文学作品，例如，杨氏书坊请熊大木编写《新刊大宋演义中兴英烈传》[①]。还有些通文墨的图书出版商甚至亲自操刀，例如明代的余象斗、凌濛初等就是其中最为著名者，前者编刻了《新刊京本编集二十四帝通俗演义西汉志传》等，后者编刻了《拍案惊奇》和《二刻拍案惊奇》等。

小说戏曲类图书选题中常见的一种情形是出版续书[②]。续书针对的往往是某一部已经在市场上获得读者喜欢的具体作品，或者抓住人们听故事总是喜欢问"后来怎么样了"的心理，对其故事情节作进一步的演绎；或者是补充故事的前因，等等。明代四大奇书以及一些著名戏曲作品都有续书，刘廷玑《在园杂志》卷3对此有一段论述：

> 近来词客稗官家，每见前人有书盛行于世，即袭其名，著为后书副之，取其易行，竟成习套。有后以续前者，有后以证前者，甚有后与前绝不相类者，亦有狗尾续貂者。四大奇书如《三国演义》名《三国志》，窃取陈寿史书之名，《东西晋演义》亦名《续三国志》，更有《后三国志》，与前绝不相侔。如《西游记》乃有《后西游记》、《续西游记》。《后西游》虽不能媲美于前，然嬉笑怒骂，皆成文章；若《续西游》则诚狗尾矣。更有《东游记》、《南游记》、《北游记》，真堪喷饭耳。如《前水浒》一书，《后水浒》则二书……《金瓶梅》亦有续书……外而《禅真逸史》一书，《禅真后史》二书……再有《前七国》、《后七国》。而传奇各种，《西厢》有《后西厢》，《寻亲》有《后寻亲》，《浣纱》有《后浣纱》，《白兔》有《后白兔》，《千金》有《翻千金》，《精忠》有《翻精忠》……总之，作书命意，创始者倍极精神，后此纵佳，自有崖岸，不独不能加于其上，即求媲美并观，亦不可得；何况续以狗尾，自出下下耶[③]？

此外像《红楼梦》，其续书更是层出不穷，清代续书多达10余种。

---

① 该小说熊大木自序云："武穆王《精忠录》，原有小说，未及于全文。今得浙之刊本，著述王之事实，甚得其悉。……近因眷连杨子素号涌泉者，挟是书谒于愚曰：'敢劳代吾演出辞话，庶使愚夫愚妇亦识其意。'"可见是书为杨涌泉请熊大木编写的。序收入丁锡根编著：《中国历代小说序跋集》，人民文学出版社1996年版，第980页。

② 可参看王旭川：《中国小说续书研究》，学林出版社2004年版。

③ 刘廷玑：《在园杂志》，张守谦点校，中华书局2005年版，第124—125页。

出续书，是根据图书市场成功的先例作出仿效。这样出版的图书，如果从作者的角度说，确实如上引刘廷玑所说，由于缺乏独创精神，在命意上已经先输一筹，其本身的价值鲜有能和首创者媲美的，常常落得狗尾续貂的讥嘲。但如果从图书出版商赢利的角度来看，"好风凭借力"，顺着一时的阅读风尚，借着成功书籍的广告作用，利用读者的阅读心理，趁势再捞一把或分得一点剩汤剩水却也不是不可能。

3. 实用类图书。中国古代图书出版者另一热门选题是医卜星相类图书，这些图书都属于子部。

医药学类图书。医药学类图书选题，针对的是人们普遍希望自己及家人健康长寿的愿望，因此医药类图书的购买者往往并不限于以医药为职业者。一般来说，诸如《黄帝内经》、《金匮要略》、《伤寒论》之类医学经典多为专业人士需要，但大量的医方书、本草书（药物书）、养生书则同时受到普通人士的欢迎。宋代官方极为重视医药学类图书的整理和出版，嘉祐二年（公元1057年），宋仁宗接受韩琦建议，在编修院里设立校正医书局，专门负责校订医书[1]；宋太宗太平兴国年间和宋徽宗政和年间朝廷两度组织编写药方，广泛搜集著名医学家以及民间百姓行之有效的各类方子，最后分别编成《太平圣惠方》100卷、《政和圣剂总录》200卷；药物学方面，开宝八年（公元975年）由朝廷组织人员编成《开宝重订本草》20卷、嘉祐六年（公元1061年）编成《嘉祐补注神农本草》21卷、政和元年（公元1111年）编成《重修政和经史证类备用本草》30卷等。这些医药书由朝廷颁布之后，百姓可以传写，例如《太平圣惠方》编成后，"以印本版天下，每州择明医术者一人补博士，令掌之，听吏民传写"[2]。可见，官方此举带有明显的公益性质。但是，宋代不少书坊刊刻各类医药书，则显然是看好这类图书的市场需要，例如，闽山种德堂刊有《徐氏家传方》、余氏明经堂刊有《许叔微类证普济本事方》、万卷堂刊有《十便良方》等。宋之后，医药类图书一直是中国古代图书出版商最热衷的选题之一，例如在元代，单是《增广太平惠民和剂局方》一书，就至少有七家书坊先后予以刊刻[3]。再如，李时珍《本草纲目》，"其书初刻于万历间，王世贞为之序。……至国朝顺治间，钱塘吴毓昌重

---

[1] 李焘：《续资治通鉴长编》卷186，文渊阁《四库全书》本。
[2] 李焘：《续资治通鉴长编》卷33，文渊阁《四库全书》本。
[3] 这七家书坊分别为临江新喻吾山钱氏、余志安勤有书堂、建安郑天泽宗文书堂、高氏日新堂、庐陵胡氏古林书堂、严氏存耕堂、陈氏留耕书堂。见张秀民：《中国印刷史》，韩琦增订，浙江古籍出版社2006年版，第215页。

订付梓，于是业医者无不家有一编"①。这类图书的畅销于此可见一斑。

术数类图书。术数类图书选题，则是抓住人们在生活中趋利避祸的念头，正如《四库全书总目》术数类小序所说："徒以冀福畏祸，今古同情，趋避之念一萌，方技者流遂各乘其隙以中之。"② 该目录将术数类图书分为六类：一，数学；二，占候；三，相宅相墓；四，占卜；五，命书相书；六，阴阳五行。这类图书在科学主义至上的时代里自然被视为荒诞不经的迷信，但回到历史语境中，它们却是古代普通人知识体系中很重要的一部分，人们往往用它们来指引自己的行事，在古人心目中，其可信性和我们今天社会中充斥的各种所谓"经科学研究表明……"的教条并无二致。明代建阳书坊主刊刻了不少这类图书，例如，明代熊氏种德堂刊有《新刊指南台司袁天罡先生五星三命大全》、《新刻杨救贫秘传阴阳二宅便用统宗》、《新锓台鉴历法增补全备应福通书》、《新著地理独启玄关罗经秘旨》，刘氏乔山堂刻有《新刊地理纲目荣亲人眼福地先知》、《新刻杨筠松秘传开门放水阴阳捷径》、《新锲图像麻衣相法》，建阳余氏刻有《地理大全》、《新刻官板地理造福玄机体用全书》等。

中国古代图书出版商热衷的另一选题是百姓日常实用类图书，主要有经部中的礼类、子部中的一些类书。中国号称礼仪之邦，但礼仪之复杂往往不是人人能熟习的，于是指导性的礼仪类图书在日常生活中变得很需要。日常生活免不了交际，交际就有书信往来，因此如何写规范、得体的书信对于古人来说也很重要。翻检明代杨士奇等编的《文渊阁书目》卷3类书类，其中就有《婚姻备用》、《事林广记》、《居家必用》、《启札渊海》、《手简捷径》等书，而清代黄虞稷《千顷堂书目》卷15类书类也有《居家必用事类全集》、《日用便览事类》等书。这一类书，大多是书坊主刊刻的，例如，明代建阳书坊主中像余象斗刊有《鼎锲崇文阁汇纂士民万用正宗不求人全编》、《新刊天下民家便用万锦全书》、《新锲历世诸大名家往来翰墨分类纂注品粹》，詹长卿刊有《新刻诸事备用万家纂要通达便览》、萧少渠刊有《鼎锲十二方家参订万事不求人博考全编》、刘龙田刊有《鼎锲燕台校正天下通行书柬活套》、《万用正宗不求人》等。很有意思的是，这类书大都标榜只要一册在手，万事不用求人，以此作为号召。

---

① 《四库全书总目》，中华书局1965年版，第875页。
② 《四库全书总目》，中华书局1965年版，第914页。

（三）出版图书品种的专门化

大部分中国古代图书出版商在选题时主要考虑的是图书潜在的市场，任何图书，无论经、史、子、集，只要有利可图，他们都乐意刊刻出版。例如，明代隆庆年间安徽歙县平南乡人吴勉学刊刻图书一百余种，其选题范围涉及经部（如《四书集注》）、史部（如《史记》）、子部中的医家（如《医学六经》）、法家（如《管子注》）、类书（如《镌五侯鲭》）、小说家（如《世说新语》）、术数（如《阳宅大全》）、释家（如《大佛顶如来密因修证了义诸菩萨万行首楞严经集注节要》）等类，以及集部中的总集（如《六臣注文选》）、楚辞（如《楚辞集注》）、别集（如《何仲默先生诗集》）等[①]。但如果把目光聚焦到具体的图书出版者，我们还是能发现中国古代有些图书出版者因为选题比较集中于某一类图书，其刊刻出版活动呈现出某种专门化趋势。

1. 有的是侧重刊刻文史经籍。例如南宋临安府陈起父子，二人刊刻图书主要以唐、宋人诗词集为主，数量惊人，有一二百种[②]。明代王凤翔光启堂主要刻有唐宋名家以及当代文人的诗文集若干种以及和科举考试有关的经义时文类图书[③]。

2. 也有的是侧重刊刻通俗类话本、戏曲、小说等。例如，宋元间，建安虞氏刊刻了《新刊全相平话五种》；明代余象斗双峰堂刻有十种小说[④]；明代唐对溪富春堂刊刻《新刻出像增补搜神记》、《新刻牡丹亭还魂记》、《新刻出像音注花栏南调西厢记》数十种戏曲小说[⑤]；明代容与堂也刊刻了很多戏曲小说类图书，大都标榜"李卓吾先生批评"，其中最著者为《李卓吾先生批评忠义水浒传》[⑥]。实际上，明代书坊大多主营通俗文学类图书，例如明代成化年间北京一家并不著名的永顺书堂就刻印过《花关索出身传》、《包待制出身传》、《包龙图公案断歪乌盆传》、《薛仁

[①] 参看瞿冕良编著：《中国古籍版刻辞典》"师古斋"条，齐鲁书社1999年版，第131—132页。

[②] 参看瞿冕良编著：《中国古籍版刻辞典》"芸居楼"条，齐鲁书社1999年版，第209—210页。按，由于所谓"《江湖集》"案，陈氏书籍铺刊刻的这些集子遭劈板，后来传世的《江湖集》并非原来陈起刊刻的，因此难以准确说明陈起当年具体刊刻了多少种。

[③] 参看瞿冕良编著：《中国古籍版刻辞典》"光启堂"条，齐鲁书社1999年版，第132页。

[④] 参看王清原等编纂：《小说书坊录》，北京图书馆出版社2002年版，第3—4页。

[⑤] 参看叶树声、余敏辉：《明清江南私人刻书史略》，安徽大学出版社2002年版，第37—38页。

[⑥] 参看瞿冕良编著：《中国古籍版刻辞典》"容与堂"条，齐鲁书社1999年版，第511页。

贵跨海征辽故事》、《新刊全相说唱开宗义富贵孝义传》、《新刊全相莺歌孝义记》等十多种通俗文学类图书①。

3. 还有的是侧重刊刻医书。例如，元代胡氏古林书堂刊刻医书颇多，至元五年（公元1268年）刊有《黄帝内经灵枢》，至元十六年（公元1279年）刊有《黄帝内经素问》、《增广太平惠民和剂局方》等；明代熊宗立的种德堂则几乎专刻医书，其中既有他自己编写的，也有其他医学图书②；明代建阳陈世璜存德堂也主要刊刻医书③。

4. 另外，中国古代有些图书出版者主要刊刻宗教图书。例如，上一章论述宗教信仰带来的细分市场时曾提到，宋代杭州大街棚前南钞库相对沈二郎经坊刻印过《妙法莲华经》；明代洪武年间在杭州众安桥有一家杨姓刻经铺，至少刻印过《金刚般若波罗蜜经》等五种经书④。当然，这些图书出版者除了佛教经书外，偶尔也会兼刻别的图书。

除了上述这些，自然还有一些书坊专门刊刻其他某一类图书，例如，清光绪十八年（公元1892年）荣录堂刊刻《搢绅全书》，其中粘附广告一页，声称："荣录堂搢绅店，本堂专刻各种例书、六部奏定新章程……"⑤该书坊对于自身的经营范围，有明确的定位，即主要针对仕途上的人，刊刻售卖一些律例章程的汇编以及像《搢绅全书》这样的仕途必备书。不过，限于所能见到的材料，我们难以一一列举各书坊专刻某一类书。很显然，这种因为选题的倾向性导致的出版图书品种专门化或曰主营化趋势，主要和每个时代的阅读风尚以及图书出版商的个人专长、喜好有关。时代阅读风尚决定了哪些品种的图书易于销售、销售得多，逐利的中国古代图书出版商自然也就倾向于制作这些选题的图书，宋、元之后，这种阅读风尚基本上集中于两个方面：一是和科举考试有关的图书；二是供消遣娱乐的戏曲、小说类图书。这直接决定了明清大量的书坊主要刊刻的就是这两类图书产品。其次是图书出版商的个人专长和喜好也会影响图书选题的倾向性，例如熊宗立种德堂专门刊刻医学类图书，就显然和他本人"好讲阴阳、医卜之术"⑥有关。

---

① 参看瞿冕良编著：《中国古籍版刻辞典》"永顺书堂"条，齐鲁书社1999年版，第123页。
② 参看谢水顺、李珽：《福建古代刻书》，福建人民出版社1997年版，第285—287页。
③ 参看瞿冕良编著：《中国古籍版刻辞典》"存德堂"条，齐鲁书社1999年版，第128页。
④ 参看瞿冕良编著：《中国古籍版刻辞典》"杨家经坊"条，齐鲁书社1999年版，第206页。
⑤ 美国哈佛燕京图书馆藏有该书。引文转引自刘蔷：《荣录堂与清代搢绅录之出版》，收入其《清华园里读旧书》，岳麓书社2009年版，第199页。
⑥ 《四库全书总目》，中华书局1965年版，第881页。

从营销的角度看，这种图书出版品种的专门化是有一定好处的，即这样容易积累起品牌效应。长时间专门刊刻某一类图书，能够逐渐在消费者心目中建立起图书和品牌的关联性。例如，明代不少读者可能一看到种德堂，马上就会想到这是一家专门刊刻医学类图书的书坊；而在南宋临安，一个读者如果想要买唐宋文人的诗集，他有可能首先想到的就是陈起父子的经籍铺。这种长时间积累起来的品牌效应，无形中又为后来该图书出版者出版该类图书产品提供某种品质上的背书，给消费者以购买信心，促进该类新出版图书的销售。这和今天读者购买古籍类图书首先想到或最信赖的是中华书局、上海古籍出版社是一个道理。

反过来，图书出版品种的专门化也会给图书出版商的品牌带来某种限定，当图书出版商涉足其他品种图书的出版时，最初阶段可能会遭遇消费者的不信任，这种不信任会对其新品种图书的营销构成一定障碍。

二、特色产品之道（一）：编辑、加工

对于图书出版来说，前期选题只是确定了产品的内容，而产品的质量和产品的特色却有赖于后期的编辑、加工和制作。因此，图书的编辑、加工以及刻印技术等对于中国古代图书出版的产品细分同样起着重要作用。

根据目标消费者的各种需要，中国古代图书出版业者对于选定的图书内容往往还会进行必要的编辑和加工，使图书产品特色更为突出，以吸引相应的目标消费者。加工，是在保持原书基本内容不作太多变动的基础上，使得图书整体风貌与原书大不一样，理论上是应该变得更加方便读者阅读或更能增加读者阅读兴味，套用当今计算机行业一句流行的术语就是"界面变得对用户更加友好"。具体说来，中国古代图书出版商对图书进行延伸加工的方式主要是在原书内容上添加注解、注音、标注节拍、图示、插图、圈点、批点等辅助性内容。编辑则不是在原书内容上简单附加辅助性内容，而是按照一定标准或根据读者的特定需要，将图书原有内容重新进行编排、选辑，这样生产制作出来的图书实际上属于原书衍生出来的产品。

（一）注解、注音、标注节拍

儒家经典历代多有传注疏解性著作，但在北宋以前，这些传、注、疏、解、章句之类的文字和经文是分开的。宋高宗绍兴壬子（公元1132

年）福建庾司刻《六经疏义》，其后有一题记云：

　　《六经疏义》，自京监、蜀本皆省正文及注，又篇章散乱，览者病焉。本司旧刊《易》、《书》、《周礼》，正经注疏，萃见一书，便于披绎，它经独阙。绍兴辛亥仲冬，唐备员司庾，遂取《毛诗》、《礼记》疏义，如前三经编汇，精加雠正，用锓诸木，庶广前人之所未备。乃若《春秋》一经，顾力未暇，姑以贻同志云。

壬子秋八月三山黄唐谨识①

据此，则大概在南北宋之间，福建图书出版者才开始将经文和各家注疏合编在一起刊刻。这一编排方式的好处方便读者阅读，即题记中所谓"正经注疏，萃见一书，便于披绎"。自此之后，中国古代图书出版者大多将经文和注解合刻。当然，也有仍然出版经典白文（如《九经白文》）或单独刊刻注疏的。

不仅儒家经典有传注疏解著作，史书也有。同样的，从南宋开始，一些图书出版者将一些史学名著的重要注解和原书正文汇编在一起。例如，南宋蔡梦弼刊刻《史记》时，就在《史记》正文之下，用双行小字分列南朝宋裴骃《史记集解》、唐司马贞《史记索隐》两种注疏。后来黄善夫在刊刻出版《史记》时，在前述两种注疏外，又加上唐张守节《史记正义》，即闻名于后世的《史记》三家注合刻本。如此编排，读者在阅读《史记》时遇到问题就可以同时参采诸家之说，进而作出自己的选择和判断，无需四处翻检群书，极为方便。

类似的编排方式在子书、集部书中也有。例如，元代建阳书坊刊有《道德经河上公章句》；南宋黄善夫刊有《王状元集注百家注分类东坡先生诗》、元代余志安勤有堂刻有《集千家注分类杜工部诗》等。

除了为图书原文添加注解外，还可以添加注音。这种加工方式在中国古代出版的图书中，无论经史子集，都有运用的。例如，经部有南宋建安书坊刊刻的《附释音礼记注疏》、《附释音毛诗注疏》、《附释音春秋左传注疏》等；史部有宋代刊刻的《入注附音资治通鉴》等；子部有明代刊刻的《新锲类编明解正音京板书言故事》等；集部有南宋魏仲举家

---

① 题记转引自叶德辉：《书林清话》卷2"翻板有例禁始于宋人"条，刘发等校点，辽宁教育出版社1998年版，第33页。

塾刊刻的《新刊五百家注音辨昌黎先生文集》、《新刊五百家注音辨柳先生文集》等。

对于戏曲图书，还有所谓"点板"，即把板眼记号点在戏曲唱词上，演唱者借此可以按节拍唱曲。例如，明代唐对溪富春堂刊有《新刻出像音注点板徐孝克孝义祝发记》、《新刻出像点板音注李十郎紫箫记》等书。

（二）插　　图

除了用文字对原书进行注解、注音外，古人还利用图谱、图示、插图等更形象、直观的方式对文字内容进行阐释、补充和丰富，图文并茂因此成为古代图书营销一个常见的、重要的卖点。

给书籍配图，叶德辉认为早在雕版出现之前就有了，《书林清话》卷8"绘图书籍不始于宋人"条说："吾谓古人以图、书并称，凡有书必有图。"[①] 曹之也认为："我国最早的插图本可追溯到两千多年以前。《汉志·六艺略》中有《孔子徒人图法》二卷，这是孔子七十二弟子的画像集。"[②] 雕版盛行之后，南宋时中国古代图书出版者刊刻图书时已经极为重视以图配书。当时书坊刻经、子书，经常在书名上标举"纂图"，例如《监本纂图重言重意互注点校毛诗》、《监本纂图重言重意互注论语》、《纂图附释文重言互注老子道德经》、《纂图分门类题五臣注扬子法言》等，这类书都附有图谱或插图，并以此作为卖点之一。此外，像宋淳熙二年（公元1175年）刊刻的《新定三礼图集注》中有礼器的图解，宋嘉定四年（公元1211年）《经史证类备急本草》中有中草药图，可见到南宋后期给书配图已经越来越流行。

元代沿袭了这一做法，例如《绘图古列女传》、《纂图互注荀子》、《新刊全相平话五种》等图书仍在书名上宣传该书有图。而有些书虽然未在书名上说明有图，但书里仍配有插图，例如《成斋孝经直解》一书中就有版画。

不过，真正将给书籍配插图这一手段运用到极致的还是明、清两代图书出版者。徐康《前尘梦影录》谓："绣象书籍，以宋椠《列女传》为最精，顾抱冲得而翻刻。上截图象，下截为传……元代则未之见。明代最为工细，曾见《人镜阳秋》及郑世子载堉《乐书》、《隋炀艳史》、

[①] 叶德辉：《书林清话》，刘发等校点，辽宁教育出版社1998年版，第180页。
[②] 曹之：《中国古籍编撰史》，武汉大学出版社1999年版，第598页。

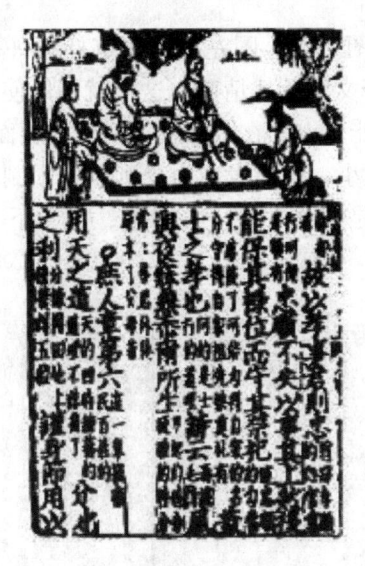

图4-1 《成斋孝经直解》书影

《元人百种曲》首衮、《水浒传》首本、《隋唐演义》首衮,皆有绘画。"①可见,到了明代,戏曲、小说类作品配插图已经是非常普遍的做法,几乎到了无书不图地步,而且,此时绘画也比前代"工细"。明、清两代,戏曲、小说以外的图书,诸如诗歌、日用百科全书之类,也有配插图的。

和宋、元一样,明、清书坊主在给图书配插图后也大都在书名上竭力加以标举,而且说法更多了,具体情况可参看本书第五章"极富广告色彩的书名"小节表中所列举的各种术语。从类型来说,大致可以分为以下三种:1. 全像(或作"全相")。所谓"全像",有点类似现代的连环画,按照故事的发展,全书每一页("页"是现在的说法,古籍版本中更准确的说法是"每一面")都是图文对照。例如,明万历二十二年(公元1594年)福建建阳余氏双峰堂刊刻《京本增补校正全像忠义水浒志传评林》25卷、明崇祯元年(公元1628年)富沙刘兴我刊《鼎镌全像水浒忠义志传》25卷114回、明弘治十一年(公元1498年)北京金台岳氏刊《新刊大字魁本全相参增奇妙注释西厢记》等都是全像本。全像本在

---

① 转引自叶德辉:《书林清话》,刘发等人校点,辽宁教育出版社1998年版,第179—180页。按,据王桂平先生目验,南京图书馆所藏顾之逵(字抱冲)刻《列女传》并没有图。可参看其《家刻本》,江苏古籍出版社2002年版,第178页。不过,《列女传》一书,古本多有插图,钱谦益《跋〈列女传〉》中就提及他所藏该书有图画,所绘人物"佩服古朴"。钱谦益:《有学集》卷46,钱仲联标校,上海古籍出版社1996年版,第1519页。

版式上一般是每页上图下文,图左右两边有标题(是将一个标题拆开分排两边),用图来解释文字所述情节,这样就可以使读者图文对照,便于观览,起着导读的功能。由于在版面上,图只占版面上层约1/4,文字占3/4,因此图版较为狭小,构图表现力受到一定限制,但对于普通读者来说,这就已经够得上是图文并茂了。另外,上图下文的版式还有一种变

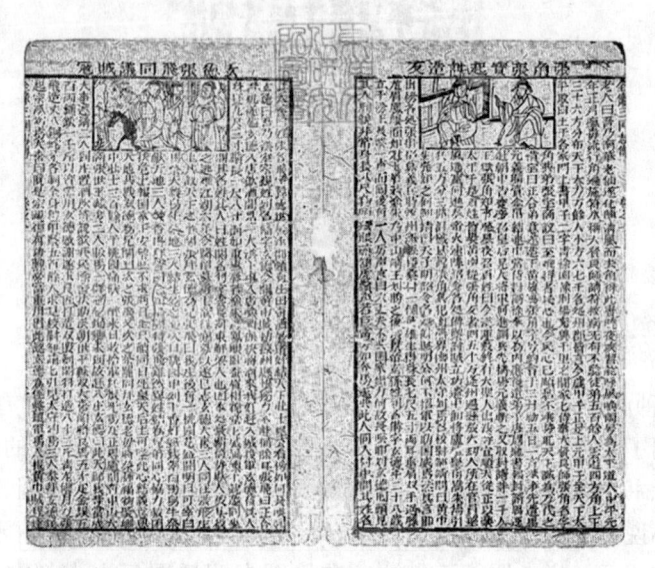

图4-2 《鼎镌按鉴演义古本全像三国英雄志传》书影
东京大学东洋文化研究所所藏汉籍善本全文影像资料库
http://shanben.ioc.u-tokyo.ac.jp/main_p.php

式,即像清雍正十二年(公元1734年)闽书林潭西陈以润男芳继志堂刊《鼎镌按鉴演义古本全像三国英雄志传》20卷那样,图的标题排在版框外,图的两边及下方环绕着文字,也就是说,图是嵌在文字里的①。

2. 偏像。所谓"偏像",是相对"全像"而言②,即选取书中重要

---

① 《水浒传》藜光堂本、刘兴我本、李渔序本、慕尼黑本皆是如此,马幼垣先生称其为"嵌图本"。可参看其《嵌图本〈水浒传〉四种简介》一文,收入马幼垣:《水浒论衡》,联经出版事业公司1992年版。

② 《古本小说丛刊》编辑委员会编的《古本小说丛刊》第十二辑(中华书局1991年版)收有万历二十二年余氏双峰堂刻《京本增补校正全像忠义水浒志传评林》一书的影印本。该书《题水浒传叙》上端眉批栏有《水浒辨》云:"《水浒》一书,坊间梓者纷纷,偏像者十余幅,全像者只一家。"按,余象斗话里的"偏像"似带贬义,可能正因为此,管见所及,书名上没有自称"偏像"的。

故事情节、场景绘画，这些图是全页大幅的，更加精工细致些，一般不和正文混在一起，而是直接搁在书前或每回之首。例如，明万历三十八年（公元1610年）杭州容与堂刊刻的《李卓吾先生批评忠义水浒传》100回，每回前有插图两幅，共200幅，图上也有文字标明所画内容，如"公孙胜应七星聚义"、"母夜叉孟州道卖人肉"等。这些插图是全页大幅的，比起全像本的插图来要更为疏朗，有的也不乏艺术品位。而且，一两百幅图汇在一起，基本上也能把小说的故事梗概做一个粗略交代，真正能做到雅俗共赏。

3. 绣像。所谓"绣像"，重点刻画的是人物形象，即根据故事中主要人物的性格、容貌特征绘出人像。例如，明刻有《新刻绣像批评金瓶梅》20卷。到了清代，小说书名中带"绣像"字眼的俯拾即是，例如《重订批评绣像玉娇梨小传》20回、《新镌批评绣像桃花影快史》12回、《新刻批评绣像后西游记》40回、《新镌绣像异说阴阳斗传奇》16回等。日本东京大学东洋文化研究所双红堂文库藏有清顺治年间好德堂刊刻的《一片情》4卷，各卷题书名作《新镌绣像小说一片情》，但其中并没有图，不知道是原图已佚，还是图书出版商本来就是号称有图欺骗读者。

不过，类似术语的运用在明清时期似乎并不是很严谨。例如，明万

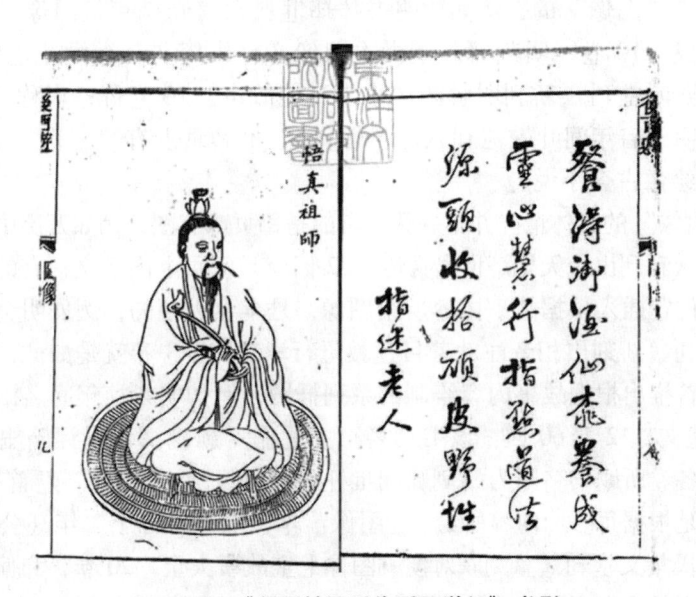

图 4-3 《新刻批评绣像后西游记》书影

东京大学东洋文化研究所所藏汉籍善本全文影像资料库
http://shanben.ioc.u-tokyo.ac.jp/main_p.php

历二十二年（公元1594年）与畊堂朱仁斋刊刻的《包龙图判百家公案》一书，卷一所题书名为《新刊京本通俗演义全像百家公案全传》，其他各卷大致相似，只不过有的用的术语是"全相"，有的则无，但在目录中所题书名用的却是更为笼统的"增像"。这种不一致，可能只是书手或刻工的疏忽，但客观上说明当时人们对此的辨析并不是很清晰。再如，明万历三十四年（公元1606年）金陵万卷楼虚舟生刊刻的《海刚峰先生居官公案传》四卷一书，卷内书名又作《新刻全像海刚峰先生居官公案》，但书中插图并不是上图下文的"全像"式，而是插在卷中的全页大图，插图所绘的内容也只是书中部分公案。又如，明天启间天许斋刊《古今小说》40卷，书名页上题为《全像古今小说》，书中在目录后为每卷故事绘大图两幅，共80幅图，这也不是我们所说的上图下文的"全像"式。

实际上，明、清有不少图书都是在书名上笼统说"出像（相）"、"图像"或"绘像"等，即只是强调该书里有图。存世图书中声称"出像"的，例如，明周文卿刻《新镌注释出像皇明千家诗》4卷、明万历二十四年（公元1596年）世德堂刊《新锲出像注释李十郎霍小玉紫箫记题评》2卷、明崇祯刊《新镌出像批评通俗小说鼓掌绝尘四集》40回、清顺治十四年（公元1657年）醉畊堂《评论出像水浒传》75卷70回等；标举"图像"的，例如，明书林郑世魁刊《新镌京板图像音释全璧故事大成》10卷、明刻《新锲徽本图像音释崔探花合襟桃花记》2卷、明余氏西园堂刊《新刊明解图像小学日记故事》10卷等；声称"绘像"的，如明天启年间叶敬池刊《醒世恒言》，书名页上有"三言"的总名，题为《绘像古今小说》。

"出像"的具体情况并不一致，有的是每页都有图，例如万历中熊氏忠正堂刊《新刊出像天妃济世出身传》32回就是每页上图下文；有的是在书中相应位置插入根据故事内容所绘图像，是全页大幅的，例如明金陵唐氏富春堂刊《新刻出相音注劝善目连救母行孝戏文》3卷就是如此；还有的是在卷首推出根据故事内容绘制的系列插图，例如明崇祯年间名山聚刊刻《隋史遗文》12卷60回，该书书名页上题作《新镌绣像批评隋史遗文》，而书中各卷所题书名则为《剑啸阁批评秘本出像隋史遗文》，卷首有60幅插图，是根据每一回内容所绘。"图像"本，像万历三十二年（公元1604年）黄氏集义堂刊《重刻联对便蒙图像七宝故事大全》20卷，和偏像有点类似，也是选书中某一内容绘图，只是该图不放置于卷首，而是在书中相应位置以上图下文的形式出现。而所谓"绘像"，如上述叶敬池刊《醒世恒言》，在目录后为书中每卷故事绘图两幅，和所谓偏像很类似。

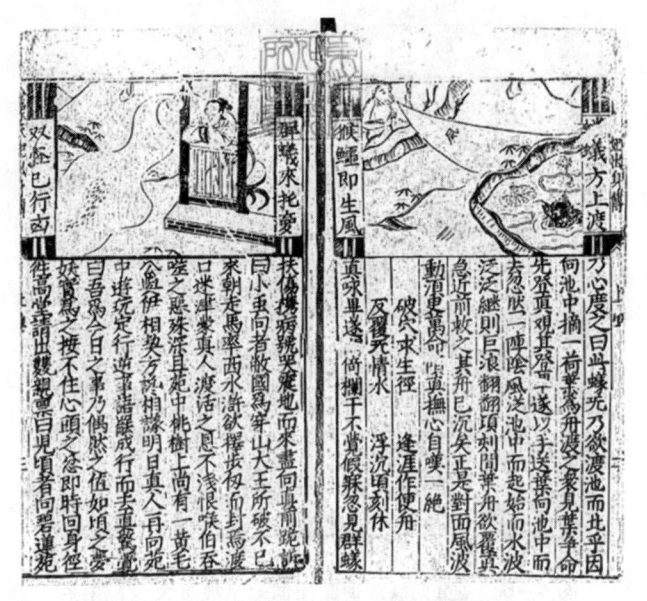

图4-4　万历中熊氏忠正堂刊《新刊出像天妃济世出身传》书影

东京大学东洋文化研究所所藏汉籍善本全文影像资料库
http://shanben.ioc.u-tokyo.ac.jp/main_p.php

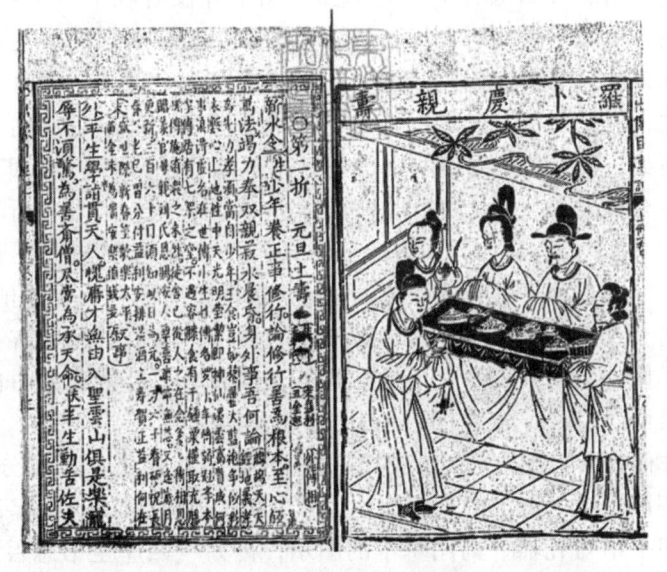

图4-5　《新刻出相音注劝善目莲救母行孝戏文》书影

东京大学东洋文化研究所所藏汉籍善本全文影像资料库
http://shanben.ioc.u-tokyo.ac.jp/main_p.php

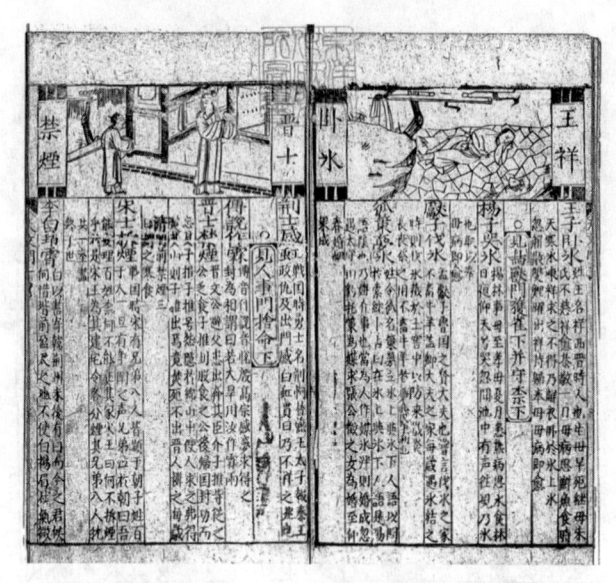

图4-6 《重刻联对便蒙图像七宝故事大全》书影
东京大学东洋文化研究所所藏汉籍善本全文影像资料库
http://shanben.ioc.u-tokyo.ac.jp/main_p.php

  自然，明清时期也有不少有插图的图书并没有在书名上声明有图。例如，明万历间明德堂刘太华刊刻的《国朝明公神断详刑公案》及明末余季岳刊刻的《有夏志传》二书，在版式上实为全像式，即每一页都是上图下文，但无论是书名页上还是卷中所题书名，都没有特别说明该书有图。再如，明崇祯年间笔耕山房刊刻的《醋葫芦》4卷20回，书前每一回都有全页大图一幅，共20幅插图，应属偏像式，但卷中所题书名也没有标明有插图①。又如，清道光三年（公元1823年）餐秀阁刊刻《群芳列传》一书，该书是为各种花木做传，每种传前都有一幅该植物的图，但从书名上我们根本看不出该书有插图。不过，该书书名页右上角清楚刻有"右附群芳图五十种"字样。其实，很多书不再特意标明自己带有插图，恰恰说明此时给图书配插图已经非常普遍。

  总体而言，中国古代出版的图书中的插图从性质上可以分为两类：一类是侧重于对"文"的直观表达，其目的是用图来说明文字，例如前述宋代图书中对礼器、药用草本的图示，再如《四库全书总目》卷130

---

① 笔者目验的是《古本小说丛刊》编辑委员会编的《古本小说丛刊》第八辑（中华书局1990年版）所收影印本，该本无书名页，因此不知道书名页上的题名是否标明有插图。

著录了明代刊刻的《便民图纂》，该书有"农务图"、"女红图"之类的插图，甚至像善书《阴骘文图说》中的插图等，其性质主要是功能性的图示、图解，其目的是帮助读者理解文字内容；另一类是侧重于用图来丰富文字，例如明清戏曲、小说中一些精美的版刻插图，以其特有的艺术韵味吸引读者玩赏，其性质主要是审美性的。

（三）标点、评论

中国古代对图书进行加工的另一种方式是在原文上添加圈点、批点、评点。圈点和批点、评点实际上包括两部分：一是"点"，即用标点符号区分句读、划分层次段落等；二是"评"，古书中不同形状的"圈"或"点"虽然无语，但有的也往往隐含着圈点者的评价，例如，明末翻刻由王锡爵、沈一贯纂辑的《增定国朝馆课经世宏辞》15卷一书前有凡例九则，末一则说："圈点：如〇者，精华；、者，文采；◎者，眼目照应……——者，一篇小截；┗者，一篇大截也。"① 至于批语当然就更加显豁地表明了批点者的态度了。

由于古代图书大多没有标点，倘若读者像韩愈《师说》中所说的那样"句读之不知"，阅读起来是有困难的，所以为了更好地吸引读者，宋代中叶之后，中国古代图书出版者开始在书上添加圈点②。岳珂《九经三传沿革例》载："世所传《九经》，自监、蜀、京、杭而下，有建安余氏、兴国于氏二本，皆分句读，称为善本。"③ 可见，当时建安余氏以及兴国于氏在刊刻经书时因为分句读，大受欢迎。除了加标点区分句读以方便读者外，宋代图书出版者还在书中刻上评点、批语，作为对读者的导读，起着指引作用。

---

① 《四库全书存目丛书补编》编纂委员会：《四库全书存目丛书补编》第18册，齐鲁书社2001年版，第153页。按，圈点符号有些是约定俗成的，但总体上并没有一个统一的标准，一般评点者会在书前的凡例中予以说明。例如，明崇祯四年（公元1631年）集虚斋刻《尚书副墨》六卷一书前有杨胤奇撰凡例十则，第二、三则即说明圈点符号的含义，该书收入《四库未收书辑刊》编辑委员会编：《四库未收书辑刊》（第一辑第3册），北京出版社1998年版。另外像明天启二年（公元1622年）刻《嘉乐斋三苏文范》十八卷、清康熙三十六年（公元1697年）挹奎楼刻《楚辞灯》四卷、康熙年间居业堂刻《左传评》十卷等书前凡例也有类似说明文字，三书分别收入四库全书存目丛书编纂委员会：《四库全书存目丛书》集部第299册、第2册及经部第139册，齐鲁书社1997年版。

② 叶德辉：《书林清话》卷2"刻书有圈点之始"条，刘发等人校点，辽宁教育出版社1998年版，第27页。

③ 岳珂：《九经三传沿革例》，文渊阁《四库全书》本。

宋刻本中，以圈点、批点作为号召的有《新刊诸儒批点古文集成》、《迂斋标注崇古文诀》等书。宋末元初的刘辰翁、方回"好评点唐、宋人说部、诗集。坊估刻以射利，士林靡然向风。有元以来，遂及经、史"①。出版评点本在元代逐渐成为风尚，书坊主大量出版这类书以营利，而且不仅小说、诗集之类的有评点，连经部、史部图书也有评点。

到了明代，批点之风更甚，尤其是通俗的小说、戏曲类图书，书坊主为了招揽读者，在配插图的同时，往往还请名人予以批点，例如《水浒传》就有多种批点本。这其中当然也有不少是托名的，明代被托名最多的恐怕是李贽；有时则虚张声势，例如余象斗刻《再广历子品粹》12卷，卷前赫然题有"百大家批评"。明末清初的金圣叹将八股文法用于评点，经其评点的戏曲、小说如《西厢记》、《水浒传》等长期盛行于世。

清代的图书出版商在刊刻图书时，往往也用名家批点来增加所刻图书的价值和吸引力。戏曲、小说自然不用说，一些人在刊刻诗文集时，也请名家评点。例如，清初李渔刊刻自己的图书时，往往将一些知名好友的评语一并刊刻，在《与孙宇台、毛稚黄二好友》一信中，除要求二人斧正即将刊刻的《笠翁一家言》二集外，还提到"前赐佳评，俱已登之版上，非久即以纸墨从事矣"②。在《与孙宇台》一信中，李渔又提到，即使书已刊刻，在得到评语后也可以由刻工在板片上补刻，他说："弟十年之内，著述颇繁。四海同人，非序即评……兹作一诗奉寄，兼以新刻附览，择其可评者评之。书虽刻成，梓人惯作女娲氏，文字之天犹可补也。"③

再如，王士禛是清初著名文人，四库馆臣在《精华录》一书提要中说"国朝之有士禛，亦如宋有苏轼，元有虞集，明有高启"，评价极高。康熙年间，王士禛的声望达到顶点，出版商自然不会放过这块好招牌，"凡刊刻诗集，无不称'渔洋山人评点'者，无不冠以渔洋山人序者。下至委巷小说，如《聊斋志异》之类，士禛偶批数语于行间，亦大书'王阮亭先生鉴定'一行，弁于卷首，刊诸梨枣以为荣"④。康熙时另一著名学者何焯，评点校刊多种书籍，有《义门读书记》传世，也有书商冒他的名头刻书。他的弟子陆锡畴说："年来颇有嗜吾师之学者，兼金以购其所阅经史诸本，吴

---

① 叶德辉：《书林清话》，刘发等人校点，辽宁教育出版社1998年版，第28页。
② 李渔：《笠翁一家言文集》，《李渔全集》第一卷，浙江古籍出版社1991年版，第223页。
③ 李渔：《笠翁一家言文集》，《李渔全集》第一卷，浙江古籍出版社1991年版，第217页。
④ 《四库全书总目》，中华书局1965年版，第1522页。

下估人多冒其迹以求售，于是有何氏伪书而人莫之疑。"①

又如，赵翼是著名的"乾隆三大家"之一，其编年诗集《瓯北集》卷帙浩繁，为了更便于自己诗篇的流播，他请李保泰按照诗体分类另编了一部《瓯北诗钞》。在自家的"湛贻堂"刊刻这部诗钞时，将同为"乾隆三大家"之一、领袖当时文坛的袁枚等著名文人的评语一并刻入。赵翼是个聪明人，他在诗中曾经说过："刻集如行师，所贵弛先声。"（《瓯北集》卷45《刻集》）②他深知刊刻集子应该借各种"虚名"先声夺人，所以他此举无非就是利用袁枚等人的号召力，为自己的诗集做广告，促进诗集的销售，最终使自己名利双收。

（四）编　排

精明的中国古代图书出版商也通过图书内容的编排让自己所刊刻的图书与众不同。上述将原文和注疏文字编排在一起刊刻就是很重要的一种方式。

另外一种常见的编排方式是将书中内容予以分类。例如，宋代刊有《王状元集百家注分类东坡先生诗》，将苏轼诗按内容分成咏史、古迹、简寄之类，和后来文人刊刻诗集时或编年、或分体大不一样。宋、元时期，类似的还有《集千家注分类杜工部诗》、《分类补注李太白集》、《类编增广黄先生大全文集》等。除了刊刻诗集分类外，古代图书出版商在刊刻医书时也分类。例如元代孙允贤撰有《医方集成》，该书行世之后，书坊主见有利可图，略加增辑，将书名改为《类编南北经验医方大成》，不仅突出这些医方经过检验是有效的（"经验"），而且强调其按类汇编，易于查检。类似的，清康熙五十八年（公元1719年）刊有《奇方类编》；嘉庆二十二年（公元1817年）刊有《万方类纂》，光绪己亥（公元1899年）夏桂林毓兰书屋予以重刊。

（五）节要、选辑

庄子曾感叹"吾生也有涯，而知也无涯，以有涯随无涯，殆矣"③，而人们在面对种类繁多的各类图书时，尤其是在面对一些卷帙浩繁的图

---

① 全祖望：《鲒埼亭集》卷17《翰林院编修赠学士长洲何公墓碑铭》，收入《续修四库全书》编纂委员会：《续修四库全书》第1429册，上海古籍出版社2002年版，第103页。
② 赵翼：《瓯北集》，李学颖、曹光甫校点，上海古籍出版社1997年版，第1152页。
③ 郭庆藩：《庄子集释》，中华书局1961年版，第115页。

书时，也每每望洋兴叹。很多人因此渴望自己能够花尽可能少的时间去获取尽可能多的、必要的知识，希望能够读到简明扼要的图书节本、摘要本。中国古代图书出版商对于读者中这部分人的需要摸得很透，因此历代都出版了大量这类节要式图书，以满足消费者"知识速成"的愿望。

作为教科书的儒家经典，因其内容的神圣性，官方基本上有权威定本，并没有给出版商留下太多可作为的空间。但聪明的出版商们除了出版注释、注音、插图本外，还出版所谓"节要"本、"节录"本，例如，据孙殿起《贩书偶记续编》卷2著录，清雍正十二年（公元1734年）刊有《周礼集解节要》6卷，乾隆五十五年（公元1790年）海陵宫为坊编选了《仪礼节录》1卷①。

至于史部图书，如本章第一节中所述，史钞中历代刊刻出版了大量诸如《十七史详节》、《陆状元集百家注资治通鉴详节》、《少微通鉴节要》之类的史书节本。

子部中节选本也不少。明代陈深编有《诸子品节》一书，"是书杂抄诸子之文，分内品、外品、小品。……盖书肆陋本也"②。此外，像《二程节录》、《吕子节录》、《刘子节要》、《玉海纂要》、《文献通考节贯》、《本草集要》、《瘟疫条辨摘要》之类的书都是节要、摘要本。

集部中也有所谓"节要"本，例如《汤潜庵文集节要》之类就是。其实，大量的诗文选集从其编印的目的来看，无非也是为了删汰繁芜、留存菁华，这类选本同样是节编本、纂要本。

中国古代图书出版商出版的这些节要本、选辑本投合了大多数读者的需要，因此受到欢迎，一般人读书，大多看的是节要本、选辑本。早在南宋时，戴侗就感慨"今世学者，仅读书坊节本，未有肯观全书者也"③。到了明代，杨慎也不无轻蔑地谈到：

> 本朝以经学取人，士子自一经之外，罕所通贯。近日稍知务博以哗名苟进，而不究本原，徒事末节。《五经》、诸子，则割取其碎语而诵之，谓之"蠡测"；历代诸史，则抄节其碎事而缀之，谓之"策套"④。

---

① 孙殿起：《贩书偶记续编》，上海古籍出版社1980年版，第12页。
② 《四库全书总目》，中华书局1965年版，第1119—1120页。
③ 戴侗：《六书故》，文渊阁《四库全书》本。
④ 杨慎：《丹铅总录》卷10"举业之陋"条，文渊阁《四库全书》本。

其实不独宋、明，这种情况在后世仍然很普遍。

需要强调的是，中国古代有些图书出版商在出版某一类图书时一再使用类似的加工方式，形成了我们今天所谓"品牌特色"。例如，明代唐对溪富春堂刊刻的戏曲图书大都是"出像音注"，如《新刻出像音注岳飞破虏东窗记》、《新刻出像音注何文秀玉钗记》、《新刻出像音注花将军虎符记》等，有的在"出像音注"外还带"花栏"（即板框四周镌有雉堞形图案）或"点板"，如《新刻出像音注花栏南调西厢记》、《新刻出像音注花栏王十朋荆钗记》、《新刻出像音注花栏裴度香山还带记》、《新刻出像音注点板徐孝克孝义祝发记》、《新刻出像点板音注李十郎紫箫记》等[①]。

三、特色产品之道（二）：刻印、制作技术

除了通过编辑、加工来形成产品特色外，中国古代图书出版者还通过刻印、制作技术的运用，使得图书别具一格。这一特色产品之道主要有：1. 套印；2. 翻刻、影写与影刻；3. 由书法名家或著者写样；4. 巾箱本（袖珍本）。

（一）套　　印

套印在技术上是把同一版面上需要不同颜色的内容分别雕成不同的版，这些不同版上的字符位置要计算准确，印刷时依次印刷，不同版上的内容以不同颜色吻合于同一版面上，灿然可观。可以想见，当书肆中满眼皆是墨印图书时，突然出现朱墨双色套印本乃至多色套印本肯定会令消费者眼前为之一亮，极大地刺激了他们的购书欲望，进而促进图书的销售。中国古代图书制作者对于套印促进图书营销自然也充满自信和期待，他们因此往往在书名页上特别标出这一特点。除了后文"极富广告色彩的书名"一节表格中提到的"朱批（订）××"一类书名外，又如，清康熙金陵王衙刊刻《西湖佳话》一书的书名页上，居中为书名，左下为"金陵王衙藏板"，右上则刻有"精绘设色全图"一行广告语词，这里所谓"设色"，就是指该拟话本小说集系套色印刷。

叶德辉《书林清话》卷 8 有一条称"颜色套印书始于明季，盛于清

---

① 参看瞿冕良编著：《中国古籍版刻辞典》"富春堂"条，齐鲁书社 1999 年版，第 596—597 页。

道、咸以后"①，但这一说法并不准确。台北"中央图书馆"藏有的朱墨套印本《金刚经》刊印于1341年，该书的经文是朱色，而注文是黑色；此外，书末图"无闻老和尚注经图"也是朱墨双色，除了苍松是黑色的外，其他图像均为朱色②。可见，至少在元代末期，用不同颜色套印图书的技术已经可以实际应用。

但套色印刷的源头还可以再往前追溯，因为早在雕版印刷盛行之前的写本时代，有一些写本图书就有彩色标点或评注。例如，《三国志》卷13《王肃传》裴松之注董遇其人时，引《魏略》云："又善《左氏传》，更为作朱墨别异。人有从学者，遇不肯教，而云'必当先读百遍'。……由是诸生少从遇学，无传其朱墨者。"③ 王重民引用这条材料，认为董遇治《左传》的著作有《朱墨别异》一书，是用朱墨两色来分别《春秋》经文和左氏的传文，"把《春秋》的'经'和'传'用朱墨两色抄写，就给了阅读和研究的人以很大的方便。"④ 王先生对裴松之引文如此释读仍有些许令人费解处。《汉书·艺文志》著录"《春秋古经》十二篇"，"《左氏传》三十卷"⑤，《春秋》和《左传》原本各自独立行世，晋朝杜预注《左传》，才将经和传合在一起。当然，这并不排除董遇也可能将经、传合在一起，但如果只是简单地将经文和传文用朱墨两色区别开来合抄在一起，又有什么深奥的学问值得诸生去向他请教并值得他如此自珍呢？因此，更可能是董遇将他研究《左传》的心得用朱笔写在相关的《左传》墨笔原文旁，即形式上和后世的朱笔评点颇为接近，或者是将相关研究心得依某种标准用朱墨两色区别开来写。实际上，《三国志》原文说的就是："自魏初征士燉煌周生烈、明帝时大司农弘农董遇等，亦历注经传，颇传于世。"⑥ 无论如何，可以肯定的是董遇在写书时运用了不

---

① 叶德辉：《书林清话》，刘发等人校点，辽宁教育出版社1998年版，第177页。
② 王重民在《套版印刷法起源于徽州说》（收入上海新四军历史研究会印刷印钞分会编：《雕版印刷源流》，印刷工业出版社1990年版）一文中认为该书可能不是套色印刷，而是在一块版上涂两色印成的。据王先生的考证，套色印刷法发明的时间应该在1602—1606年间。但据目验过该书的沈津、李致忠等人鉴定，一致认为这确实是朱墨套印本而非一版双色印本。参看沈津：《关于元刻朱墨套印本〈金刚般若波罗蜜经〉》，收入其《书城风弦录——沈津学术笔记》，广西师范大学出版社2006年版。
③ 《三国志》，中华书局2000年版，第316页。
④ 王重民：《套版印刷法起源于徽州说》，收入上海新四军历史研究会印刷印钞分会编：《雕版印刷源流》，印刷工业出版社1990年版，第447页。
⑤ 《汉书》，中华书局2000年版，第1358页。
⑥ 《三国志》，中华书局2000年版，第316页。

同颜色以示内容上或性质上的区别,突破了书本字迹颜色单一的局限。六朝梁陶弘景将《神农本草经》和他的《名医别录》合在一起,"《神农本经》以朱书,《名医别录》以墨书"①,也是用朱墨区别不同内容。到了唐代,陆德明在撰写《经典释文》时,经文为墨书,注文则为朱书。陆德明在《序录·条例》中说明这样的做的原因是:"先儒旧音,多不音注。然注既释经,经由注显,若读注不晓,则经义难明;混而音之,寻讨未易。今以墨书经本,朱字辩注,用相分别,使较然可求。"② 即用朱墨不同的颜色来区别经书原文和注释文字。除此之外,据王重民介绍,敦煌写本中唐明皇御注《道德真经疏》,经文为朱书,注疏则为墨书③。

套印技术虽不像叶德辉所说那样始于明季,但是,有意识地利用套印技术来制作别具特色的图书、让这一技术在图书出版中大放异彩确实始于明季。明朝万历、天启、崇祯年间,湖州闵家闵齐伋、闵齐华、闵映壁、闵映张、闵昭明、闵于忱等兄弟子侄10余人,以及凌家凌汝亨、凌濛初、凌瀛初等父子兄弟多人,刻印了大量套印图书:

> 闵昭明刻《新镌朱批武经七书》。闵齐伋刻《东坡易传》、《左传》、《老》、《庄》、《列》三子、《楚辞》、陶靖节、韦苏州、王右丞、孟浩然、韩昌黎、柳宗元诸家诗集,蜀赵崇祚《花间词》。凌汝亨刻《管子》。凌濛初、瀛初刻《韩非子》、《吕氏春秋》、《淮南子》。皆墨印朱批,字颇流动④。

也许是受鄙视戏曲、小说的传统观念影响,叶德辉在这里没有提两家刊刻的《琵琶记》、《牡丹亭还魂记》、《西厢记》等朱墨套印书。这些图书都是黑色印原文,红色印注释、评点等。因为刻印精美,大受市场欢迎。

---

① 掌禹锡按语,见唐慎微:《证类本草》卷1,文渊阁《四库全书》本。
② 陆德明:《经典释文》卷1,文渊阁《四库全书》本。
③ 王重民:《套版印刷法起源于徽州说》,收入上海新四军历史研究会印刷印钞分会编:《雕版印刷源流》,印刷工业出版社1990年版,第447页。
④ 叶德辉:《书林清话》,刘发等人校点,辽宁教育出版社1998年版,第177页。按,叶德辉这里有些说法遭后人质疑,"如《东坡易传》,前后并未标明校刻人姓名,也没有闵齐伋图章,叶氏不知何据以为是闵齐伋所刻。其他如叶氏所谓闵齐伋刻印的陶靖节、韦苏州、王右丞、孟浩然等诸家诗集,实际上都是凌濛初所刻,叶氏也搞错了"。见姚伯岳:《明代吴兴闵凌二氏的套版印刷》,收入上海新四军历史研究会印刷印钞分会编:《历代刻书概况》,印刷工业出版社1990年版,第308页。

陈继儒《史记抄》序云："吴兴朱评书错出，无问贫富好丑，垂涎购之。"① 当然，套印增加了图书出版的成本，其售价自然不菲，正如明代胡应麟所说："凡印有朱者，有墨者，有靛者，有双印者，有单印者。双印与朱，必贵重用之。"② 因此，贫穷的读书人一般买不起这类套印图书。

闵、凌两家的套印除了朱、墨二色套印外，还有三色、四色、五色套印：

> 如闵齐伋刻《三经评注》、《苏老泉批点孟子》，闵振业印《唐诗归》、《古诗归》，闵振声印《兵垣四编》、《杜工部七言律诗》，凌君实印《南华经注》，均三色。闵绳初《文心雕龙》有蓝、黄、朱、墨四色。闵齐伋刊《国语》（万历四十七年）亦四色。凌瀛初刻《世说新语》除正文黑色外，标点红点，又杂蓝点，蓝笔为刘辰翁，朱笔为王世贞，黄笔为刘应登，亦四色。又闵刻《南华经》多至五色云③。

明代湖州使用套印技术刻书的除了闵、凌两家外，还有茅家茅坤、茅维、茅著、茅兆河等人。

清初，追求精美、不惜工本的内府刻书常用套印技术。例如，康熙四十九年（公元1710年）内府刻《御制古文渊鉴》64卷为四色套印本，其正文墨印，朱笔圈点，眉批用朱、黄、橙、绿四色；康熙五十二年（公元1713年）内府刻《御选唐诗》32卷为朱墨套印本等。乾隆年间，内府还刻有五色套印本《唐宋文醇》、《唐宋诗醇》、《曲谱》等。清代中期之后，套印刻书甚至出现了六色套印：

---

① 转引自张秀民：《中国印刷史》，韩琦增订，浙江古籍出版社2006年版，第311页。
② 胡应麟：《少室山房笔丛》卷4《经籍会通四》，文渊阁《四库全书》本。
③ 张秀民：《中国印刷史》，韩琦增订，浙江古籍出版社2006年版，第311—314页。值得一提的是，哈佛燕京图书馆所藏凌瀛初刻的《世说新语》，除了四色套印外，在书口还有极漂亮的彩绘。沈津《美国哈佛大学哈佛燕京图书馆中文善本书志》（上海：上海辞书出版社1999年版）一书前附有该书彩色照片，书口所绘彩图有树木、远山、丘陵、大江、渡船、房屋以及人物等。存世中国古籍中，这种书口彩绘极为罕见，沈津先生在其"书丛老蠹鱼"博客上撰《书口彩绘》文（http://blog.sina.com.cn/s/blog_4e4a788a01000c30.html，2007年10月17日）认为这是民国年间北京琉璃厂某书肆雇请擅长工笔画者缩小临摹古画而成，这是在仿照西方图书传统中的书口饰绘，希望以此引起西方图书爱好者的兴趣，卖一个更好的价钱而已。也就是说，这既不是中国古代图书制作的传统，也不是中国古代图书出版商所为，而是中国现代图书商为了迎合外国图书购买者所为。可参看姚伯岳：《新奇炫目的书口彩绘》，收入其《燕北书城困学集》，岳麓书社2009年版。

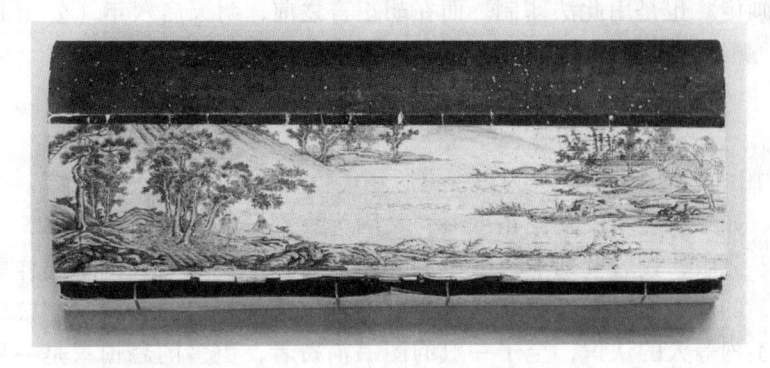

图4-7　凌瀛初刻四色套印《世说新语》书口彩绘

　　道光甲午涿州卢坤刻《杜工部集》25卷，其间用紫笔者明王世贞，用蓝笔者明王慎中，用朱笔者王士禛，用绿笔者邵长蘅，用黄笔者宋荦也。是并墨印而六色矣，斑斓彩色，娱目怡情，能使读者精神为之一振①。

如此套印的图书，真是令人叹为观止。叶德辉说套印刻书盛于清道、咸以后，确非虚言。像广州的艺芳斋、翰墨园，苏州的长洲叶氏海绿轩、经锄堂，杭州的浙江书局、武昌的崇文书局、汉口的森宝斋等都刊刻过套印本②。

　　此外，在刊刻图书盛行插图的明代，古代图书出版者在套印技术的基础上探索出所谓"饾版"技术，用来印制彩色版画，这显然让原来稍显单调的白纸黑图的版画变得更加具有视觉冲击力，越发让读者爱不释手。饾版在技术上相当精巧，刻印时将整张画稿按颜色的深浅浓淡、阴阳向背分成不同部分，每一部分雕刻一版，以次套印③。胡正言以此法和拱花法④印制的《十竹斋笺谱》、《十竹斋画谱》最为著名，后来的《芥

---

① 叶德辉：《书林清话》，刘发等人校点，辽宁教育出版社1998年版，第177页。
② 参看张秀民：《中国印刷史》，韩琦增订，浙江古籍出版社2006年版，第412页。
③ 参看张树栋等：《中华印刷通史》，财团法人印刷传播兴才文教基金会2004年版，第117—122页。
④ 拱花是中国印刷术的另一重要发明，具体方法是"以雕花的单板用纸覆盖，施加压力造成浮雕花纹，或者用凹凸两板压花，即以纸张置于雕有相同的凹凸相反的两板之间加压制出花纹"。钱存训：《中国纸和印刷文化史》，郑如斯编订，广西师范大学出版社2004年版，第261页。

子园画传》也是用此法印制。而在胡正言之前，明天启六年（公元1626年），颜继祖也曾用饾版印制《萝轩变古笺谱》①。

（二）翻刻、影写与影刻

中国古代图书出版极为重视出版年代较早的"旧本"、"古本"。个中原因，如果从版本校勘的角度看，是因为大部分年代较早的版本，尤其是宋、元版，较后世刻本较少传刻之误，而且不会像明人刻书那样肆意改窜，的确可能更接近图书的原貌。不过，这是专门的收藏家、校勘家如黄丕烈等人的认识，至于一般的图书消费者，更多的恐怕只是一种佞古的文化心理在起作用。众所周知，影响中国人文化精神的两大支柱，无论是儒还是道，都倾向于厚古薄今，历代中国人的多数因此总是倾向于复古。在这种文化心理的影响下，不少人对于图书版本的判断，自然是认为年代越早的版本就越好。宋、元以后，这一心理集中体现为对宋版、元版的极度珍视乃至迷信。抓住人们这种心理，古代图书出版商在刊刻图书时竭力通过技术手段再现年代较早的一些图书版本来吸引消费者，以利于图书的销售。

最初是翻刻。翻刻也叫"覆刻"，一般指依照原刻本的内容、版式、行款重新刊刻。南宋时，由于金人将原来北宋国子监所刻书板劫掠一空，南宋国子监只好依据存有的北宋国子监图书，大量予以翻刻。元代图书出版商也翻刻了不少宋版图书，例如据《天禄琳琅书目》卷5、卷6考辨，当时清皇室收藏的元版《说文解字》、《史记》、《宋名臣言行录》、《胡子知言》、《增广注释音辨唐柳先生集》等，均系翻刻宋本，这些书翻刻得好的，"宋椠规矩犹存"②。明代图书出版商更是大量翻刻宋、元版，尤其是史书和唐、宋人文集、总集等，辗转翻刻，例如据《天禄琳琅书目》卷8、卷10考辨，当时清皇室收藏的明版《晋书》、《资治通鉴纲目》、《吴越春秋》、《分类补注李太白诗集》、《集千家注杜工部诗集》、《临川先生文集》、《万首唐人绝句》等均系翻刻本。

虽然翻刻本中上佳者被一些书商用来冒充原本，但是翻刻本在字画行款上与原本总是会有一定差距，难免失真。在技术上几乎能做到以假乱真的是所谓"影写"与"影刻"。

影写又叫"影钞"，其具体方法是用纸蒙在所据底本上，照其点画行

---

① 参看魏隐儒：《中国古籍印刷史》，印刷工业出版社1988年版，第140页。
② 于敏中等：《天禄琳琅书目》卷6，文渊阁《四库全书》本。

款,一笔不苟地描摹,力求与原书不差丝毫。影写主要是影宋本或影元本。明代毛晋汲古阁的影宋钞最为有名,《天禄琳琅书目》于宋版书之后,专列"影宋钞"书,并解释其由来:

> 而刊行大备,要自宋始。其时监中官刻与士大夫家塾付梓者,校雠镌镂,讲究日精,宇内流传,罔不珍秘。及时代既更。渐至散佚。明之琴川毛晋藏书富有,所贮宋本最多,其有世所罕见而藏诸他氏不能购得者,则选善手以佳纸墨影钞之,与刊本无异,名曰"影宋钞"。于是一时好事家皆争仿效,以资鉴赏。而宋椠之无存者,赖以传之不朽①。

影刻是先将原书底本影写后,再将影写原样上版开雕②。黄丕烈刻《士礼居黄氏丛书》时就用影刻技术,将稀见的宋本《战国策》、《舆地广记》、《洪氏集验方》等图书几乎照原样刻出。

无论是翻刻,还是影写、影刻,都是力求仿制、再现珍贵的古本,因此颇受世人重视,极为畅销。更有甚者,明代之后一些狡猾的书商以此冒充宋、元旧刻,赚取暴利③。如此营销,纯属欺骗,不足为训。

(三)由书法名家或著者写样

中国古代图书出版业在写本阶段,专职书手或业余抄书人决定了图书的字体美观与否;进入雕版印刷阶段后,在上版请刻工刊刻之前,要先由抄写人将要刊刻的内容誊写在极薄的白纸上,这就是所谓"写样"④。写样自然是请书法较工整者为之,字体一般为正楷或适于刻印的宋体。宋体为印刷体,横平竖直,横细竖肥,是典型的"匠体",方便雕镌。而楷体的样貌,则决定于写样人擅长的字体,或柳,或颜,或欧,或赵。一般来说,写样人擅长的字体多为其时流行的字体,例如元代流行赵孟

---

① 于敏中等:《天禄琳琅书目》卷4,文渊阁《四库全书》本。
② 原书倘若不是罕见珍稀之本,为了节省影写过程,也有的中国古代图书出版者直接将原书拆成散页,然后将原书一页页直接粘贴到木板上开雕。这种图书制作方法,虽然不叫"影刻",但在对原书字画行款以及版式的复制上,和影刻性质极为接近。
③ 参看叶德辉:《书林清话》卷10 "坊估宋元刻之作伪"条,刘发等人校点,辽宁教育出版社1998年版,第217页。
④ 张树栋等:《中华印刷通史》,财团法人印刷传播兴才文教基金会2004年版,第105页。

颊体，其时刻书就多用这一字体①。这样一来，一个时期刊刻出版的图书很容易在字体上千篇一律：或者为略显呆板的标准印刷体——宋体，或者为其时流行的字体。在这种情况下，古代有的图书出版者请当时的书法名家或著者自己写样，这样制作出来的图书就显得独树一帜，让消费者首先从视觉上就觉得该产品与众不同，吸引他们购买。

根据历史记载，在五代时就有著者自己写样刻书了。《旧五代史》卷127提到和凝"平生为文章，长于短歌艳曲，尤好声誉。有集百卷，自篆于版，模印数百帙，分惠于人焉"②。但和凝这么做，显然并非为了营销，恐怕主要是为了显得与众不同而已，因为他刻自己的集子，主要是用来送人博取声誉而非卖钱赢利。

宋代刻书也有请著名书法家写样的。例如，庆历年间（公元1041—1048年），福建漕治刊刻出版蔡襄撰《荔枝谱》一卷，另附欧阳修《洛阳牡丹记》一卷，版由号称宋四家之一的蔡襄手写付梓。

元代刻书流行赵孟𫖯体，但也未能一统天下，例如《天禄琳琅书目》卷5著录的元版《山海经》就是"字仿欧体，用笔整严"③。也有著者亲手写样的，例如杨桓著有《六书统》20卷、《六书统溯源》13卷，杨桓本来就擅长大小篆书，于是亲自写样④。

明人刻书，初期沿袭元代，也大多是赵体，中期转为多用欧体、颜体，万历之后多为宋体字。明代图书出版者请有名书法家写样，从所知见的材料看，似乎并不多，叶德辉《书林清话》卷7"明人刻书载写书生姓名"条里仅提到《文温州集》据说是著者文林的儿子文徵明手书付梓的。不过，明代有出版者自己手书上版的。例如，崇祯甲戌（公元1634年），胡正言重刊元人周伯琦撰《说文字原》1卷、《六书正讹》5卷，由于胡正言"工于镌篆"⑤，因此这两本书中的篆文就是他自己手书上版。

到了清代，刻书时请书法名家写样的情况较多。例如，清时林佶"工于楷法"，他跟汪琬学写文章，跟王士禛、陈廷敬学诗，后来汪琬《尧峰文钞》、王士禛《渔洋山人精华录》、陈廷敬《午亭文编》"皆其手

---

① 徐康：《前尘梦影录》云："元代不但士大夫竞学赵书，如鲜于困学、康里子山，即方外如伯雨辈亦刻意力追，且各存自己面目。其时如官本刻经史，私家刻诗文集，亦皆摹吴兴体。"转引自叶德辉：《书林清话》，刘发等人校点，辽宁教育出版社1998年版，第144页。
② 《旧五代史》，中华书局2000年版，第1165页。
③ 于敏中：《天禄琳琅书目》，文渊阁《四库全书》本。
④ 叶德辉：《书林清话》，刘发等人校点，辽宁教育出版社1998年版，第145页。
⑤ 《四库全书总目》，中华书局1965年版，第353页。

书付雕"①。再如，徐康《前尘梦影录》云："乾嘉时，有许翰屏以书法擅名，当时刻书之家，均延其写样。如士礼居黄氏、享帚楼秦氏、平津馆孙氏、艺芸书舍汪氏以及张古余、吴山尊诸君，所刻影宋本秘籍，皆为翰屏手书。"② 乾嘉时很多著名书法家在刊刻自著图书时，往往亲自写样。例如，《粤东金石略》由翁方纲手书付梓，《板桥集》由郑燮手书付梓，《冬心集》由金农手书付梓，三人皆为当时名重一时的书法或书画名家，他们亲自写样，无疑让所刊图书变得更值得收藏，自然也促进了书的销售。此外像乾嘉时朴学家江声精研《说文解字》，"生平不作楷书，笔札亦皆用古篆"③，因此他在刊刻自著《尚书集注音疏》等书时，由他自己用篆书写样，版刻也显得别具特色。

（四）巾箱本（袖珍本）

中国古代图书出版商抓住人们对于便携图书的需要，专门制作了开本较小的"巾箱本"。

巾箱本起源于写本时代，戴埴《鼠璞》卷下"巾箱本"条云：

> 今之刊印小册谓巾箱本，起于南齐衡阳王钧手写《五经》，置巾箱中。贺玠曰："家有坟、索，何须蝇头细书？"答曰："检阅既易，且手写不忘。"诸王从而效之。古未有刊本，虽亲王亦手自抄录。今巾箱刊本无所不备，嘉定间从学官杨璘之奏，禁毁小板。近又盛行。第挟书，非备巾箱之藏也④。

巾箱本来是古人用来放置头巾的小箱子，一般随身携带，好学的萧钧将自己蝇头细书的《五经》放置其中，就是为了随时检阅。

然而，在《北堂书钞》卷135"巾箱三十三"内有"王母巾箱"条，引《汉武内传》云："武帝见西王母巾箱中有一卷小书，王母曰：'此《五岳真形图》。昨青城诸仙就我求，今当付之。'"《汉武内传》一书，虽然是包括志怪内容的杂史杂传，但其想象和叙述应该有一定的现实基础。《汉武内传》的成书年代，历史上学者认为是魏晋或齐梁间，如今学

---

① 《四库全书总目》，中华书局1965年版，第1668页。
② 转引自叶德辉：《书林清话》，刘发等人校点，辽宁教育出版社1998年版，第203页。
③ 窦镇：《国朝书画家笔录》卷3，收入周骏富辑：《清代传记丛刊》第82册，明文书局1985年版，第284页。
④ 戴埴：《鼠璞》，文渊阁《四库全书》本。

界则多倾向于认为是东汉末年①。如果按照后一观点，则巾箱本的起源应该比戴埴所述更早。

进入雕版印刷时代以后，巾箱本仍然因为其便于携带受到不少图书消费者的青睐。而且，由于开本小，节省了印刷材料，生产成本降低，书价也就相应便宜了很多，图书出版商可以采取薄利多销的营销方式，更容易占领市场。精明的图书出版者们自然不会忽视这样的商机，历代因此刊刻了不少巾箱本。

例如，仅《天禄琳琅书目》一书中，卷1著录有宋版巾箱本《东莱家塾读诗记》、《五经》等，其中《五经》是"行密字展，朗若列眉"；卷2著录有宋版巾箱本《南华真经》、《太学新编排韵字类》等，其中《南华真经》"版高不及半尺，较之经部中《五经》及《东莱家塾读诗记》，尺寸尤缩，而字画倍加纤朗"；卷3著录有宋版巾箱本《玉台新咏》、《圣宋文选》、《选青赋笺》等；卷5著录有元版巾箱本《九经》、《十七史详节》等；卷6著录元版巾箱本《类编标注文公先生经济文衡》、《详注东莱先生左氏博议》、《东坡集》、《类编层澜文选》、《新编古赋题》等；卷7著录有明版巾箱本《埤雅》；卷10著录有明版巾箱本《老泉先生文集》、《文苑英华纂要》等。

清代图书出版者也刊刻了不少巾箱本，例如，王士禛《分甘余话》提到无锡秦氏摹宋刻小本《九经》②；叶德辉《书林清话》提到"乾隆十三年姚培谦刻《世说》八卷，五行十一字本，长止今工部尺一寸八分，宽一寸一分。又乾隆中苏州彭氏刻有《论》、《孟》注疏两种，行字极细密，长止今工部尺二寸，宽一寸七分。"③据叶德辉的说法，则清代不少巾箱本的制作在尺寸上比起前代来要更小。

大致说来，中国古代图书出版商更倾向于把以下几类书制作成巾箱本：

1. 和科举考试有关的图书。前引戴埴话里已经提到，当时（戴埴大约为南宋末年人）巾箱本之所以盛行，早已不是像萧钧那样是因为好学所致，而是为了便于科举考试时挟带，用来作弊时目标小，不易被察觉，一如今日各类考试中经常能查检出的缩印小抄。这种情况历代都有，政府对此也并非毫无察觉，有时也会采取较为严厉的措施。例如，清乾隆五十四年（公元1789年）七月二十一日，"以坊间刊刻小本讲章及套语

---

① 参看李剑国《唐前志怪小说史》相关论述，南开大学出版社1984年版，第198—203页。
② 王士禛：《分甘余话》卷3，文渊阁《四库全书》本。
③ 叶德辉：《书林清话》，刘发等人校点，辽宁教育出版社1998年版，第26—27页。

策略易滋士子侥幸弋获之心,且易于怀挟,令各省一体禁止,已经刻印者查缴销毁"①。但是,禄利之所在,敢于冒险者层出不穷。因此,虽然乾隆时期禁止以"小本"刊刻和科举考试有关的图书,但这类"小本"图书的生产直到清朝后期还有,《清稗类钞·考试类》"搜检"条记载:

> 道、咸前,大小科场搜检至严,有至解衣脱履者。同治以后,禁网渐宽,搜检者不甚深究,于是诈伪百出。入场者,辄以石印小本书济之,或写蝇头书,私藏于果饼及衣带中,并以所携考篮酒鳌与研之属,皆为夹底而藏之,甚至有帽顶两层靴底双扉者②。

这里提到的"石印小本书"就是用当时较新的印刷技术制作的巾箱本。当然,除了考试作弊用,平时随身携带,也便于揣摩举业。因此,科举类图书制作成巾箱本很畅销,《天禄琳琅书目》卷6就说《类编层澜文选》"系当时帖括之书,书贾刻以谋利者,故仿宋巾箱本式,取易售耳"③。

2. 一些人士需要随身挟带、类似锦囊一样实用的供随时查阅、参考的图书。例如,清乾隆五十三年(公元1788年)琉璃厂荣庆堂刊《大清搢绅全书》四卷巾箱本;乾隆五十八年(公元1793年)刊《刑钱必览》10卷、《钱谷备要》10卷巾箱本。前一种书,和明代的《同官录》很类似,专门记载"京外大小文武百官之职掌、姓名、出身、籍贯、字号",又叫《爵秩全函》或《搢绅录》,"盖京师琉璃厂南纸铺中人,就吏、兵二部之胥吏,详查档册,汇而成编者"④。这种书对于那些怀有各种目的、需要和官场打交道的人来说极为有用⑤。而后两种对于那些从事幕僚一类工作的士人来说,也是相当实用。这些书对于相关人士来说,都需要随

---

① 中国人民大学清史研究室编:《清史编年》第六卷,中国人民大学出版社2000年版,第628页。

② 徐珂:《清稗类钞》,中华书局1984年版,第586—587页。

③ 于敏中等:《天禄琳琅书目》,文渊阁《四库全书》本。

④ 徐珂:《清稗类钞·爵秩类》"爵秩全函"条,中华书局1984年版,第1264页。按,据该条记载,这种书很畅销,当时大小官吏到了北京后,都要买上一些带回去赠送亲友。最初这种书的版权被书业某所垄断,后来琉璃厂各书肆纷纷刊印发行。

⑤ 例如,《儒林外史》第二十二回写牛浦"闲着无事,去望望郭铁笔。铁笔不在店里,柜上有人家寄的一部新《缙绅》卖。牛浦揭开一看,看见淮安府安东县新补的知县董瑛,字彦芳,浙江仁和人。说道:'是了,我何不寻他去?'"牛浦这是看见自己认识的人补了官,于是起意去打秋风。《儒林外史》以明代为背景,而这类《缙绅录》在明代已多有刊刻,例如万历十二年(公元1584年)北京铁匠胡同叶铺即刻有《新刊真楷大字全号缙绅便览》。吴敬梓:《儒林外史》,张慧剑校注,人民文学出版社1988年版,第268页。

身携带，制作成巾箱本，自然大受欢迎，极为畅销。再如，清嘉庆六年（公元 1801 年）京都文萃堂刊刻了巾箱本《新刻校正买卖蒙古同文杂字》。该书类似于今天"常用英汉字典"一类册子，上下层为蒙汉对照文字，主要收的是一些日常用语，中间为图。该书刻成巾箱本，随身携带很方便，这不仅满足了人们随时学习的需要，而且在蒙汉交流、沟通时说不定还可以拿出来作"临时抱佛脚"的救急之用。此外，像明代刊刻的壮游子《天下水陆路程》之类书籍，对于外出经商、游宦的人来说也能起到指南作用，为了便于读者携带，书商也往往将其制作成巾箱本，其最终目的自然是为了更好营销。因此，《天下水陆路程》一书在序里就极力突出这一卖点："余暇日搜集数家，究其异同，反复校雠，刻成袖珍，便于行李收携。"明代万历年间至崇祯年间，坊间书商刊刻了不少类书，这些类书中有很多具有日用百科全书性质，兼具消遣性与实用性，为了便于读者随身携带阅读及查考，也多有刻成巾箱本的。例如，崇祯年间余开明刻《新刻增补音易四书五经字考万花谷》一书即是巾箱本。

3. 那些人们一旦拿起来读之后就爱不释手，因此希望能够随身携带、随时翻看的图书，例如诗文、戏曲、小说、诗话类图书。清代图书出版业者刊刻了不少巾箱本戏曲图书，例如，康熙五十九年（公元 1720 年），怀永堂以"绘像第六才子书"的题名出版了《西厢记》巾箱本；乾隆五十五年（公元 1790 年），袁于令《西楼记》由宁我斋刻成巾箱本；道光二十六年（公元 1846 年），许鸿磐《六观楼北曲六种》刻成巾箱本。戏曲外，诗文、小说、诗话类图书也盛行制作成巾箱本，例如，沈德潜选《唐宋八家文读本》有光绪二十四年（公元 1898 年）上海江左书林用石印法刷印的巾箱本，《太平广记》有乾隆十八年（公元 1753 年）年黄晟刊刻的巾箱本，此外像张潮辑《虞初新志》、沈起凤《谐铎》等小说以及鲍廷博辑《七子诗话》、陈仅《竹林答问》等诗话，都曾以巾箱本形式刊印。

到了清末，将小说刻成巾箱本越发普遍。何谷理《关于明清通俗文学和印刷术的几点看法》一文通过比较小说和非小说书籍（如戏剧、哲学、历史、文集）每一页的行数、每一行内字数以及每一版框的大小，得出结论：

> 多数情况下小说每页的字数多于非小说的作品。即是说，从明末到清末，纸页小且字数多；小说总是比非小说书籍刻印得小些。同样地，随着纸面尺寸的减小，每页字数则相对增加。清朝的本子更小，后期几十年中，最小的早期石印本有些小得

只能借助放大镜才能辨认①。

之所以用较小的纸张以及密行小字印小说，不仅是为了携带方便，也是为了降低出版成本，压低书价，以便更多收入较低的市井百姓（相对来说，哲学、历史、文集类图书的读者主要是士人，而小说类图书的读者除了士人还有大量的市井百姓）也能够买得起小说阅读。

巾箱本或又称"袖珍本"，例如前述壮游子《天下水陆路程》一书序中就提到把该书"刻成袖珍"。

"袖珍"二字，本意指的是可藏于怀袖中随身携带，除了物件本身体积小这一特点外，一般还是主人极为珍视、须臾不可离之物。例如，宋代米芾曾得到褚遂良摹的兰亭序帖真迹，割截成"袖珍帖"②。米颠此举，自是因为对褚遂良摹写的这件法书珍若尺璧，为了随身携带、随时观摩，于是把整幅大的法书分割、装帧成更小的帖子。而董其昌跋米芾之子米友仁《水墨云山卷》，也提到小米"自称有设色袖珍卷，为生平第一"③，这里的"袖珍卷"，侧重强调的应该是画的尺幅很小。可见，至少在宋代，法书帖子以及画卷等也有"袖珍"一说。

明代有些书籍，书名上也有"袖珍"二字，例如明代徐用宣撰《袖珍小儿方》10卷、李恒撰《袖珍方》10卷等。《袖珍小儿方》一书，沈津《书城挹翠录》中"明刻本《袖珍小儿方》"条引有潘琪序，云："永乐间，三衢徐用宣氏始为之。……择取良方，汇成此帙，珍藏出入，以备检阅，以善其术，以传其后。天顺间，今抚蜀都宪、贵溪丘公时为秋官，幼稚失调，适遇用宣之孙□□于京师，延以诊视，见其观色察脉，听声用药，殊异俗辈。且取效刻期，因询其故再三。□□感公勤恳，袖出此帙以观，乃用宣手录，细字，大逾掌，厚仅盈寸耳。……乃今弘治庚戌春，公抚蜀之暇，始得授蜀藩大方伯文安邢公采梓以传。"④据此看来，此书之所以取名"袖珍"，是因为其体积小，可以随身携带；而且该书对于世代行医的徐氏来说，其重要性不言而喻。只是未经目验，并不清楚该书刊刻后是否依原样刻成巾箱本样式，还是仅仅袭用"袖珍"二

---

① 《中国图书文史论集》，现代出版社1992年版，第387页
② 李光暎：《金石文考略》卷3"米跋褚摹兰亭序"条，文渊阁《四库全书》本。
③ 汪砢玉：《珊瑚网》卷28，文渊阁《四库全书》本。
④ 转引自沈津：《书城挹翠录》，上海社会科学院出版社1996年版，第80页。

字表示随身珍藏之意①。但是从《天下水陆路程》一书序言的提法，我们可以推测，在明代时，人们已经把"巾箱本"和"袖珍本"混着叫了。清代沿袭了这一习惯。例如，《国朝宫史》卷35载：

> 乾隆十一年，皇上校镌经史，卷帙浩繁，梨枣余材，不令遗弃，爰仿古人"巾箱"之式，命刻古香斋袖珍诸书②。

乾隆皇帝下令把武英殿刻经、史剩下的边角料利用起来，模仿古人巾箱本样式，刻成所谓"古香斋袖珍书"，这些书包括：《古香斋袖珍四书五经》一部，《古香斋袖珍史记》一部，《古香斋袖珍纲目三编》一部，《古香斋袖珍古文渊鉴》一部，《古香斋袖珍朱子全书》一部，《古香斋袖珍渊鉴类函》一部，《古香斋袖珍初学记》一部，《古香斋袖珍施注苏诗》一部，《古香斋袖珍春明梦余录》一部等。

乾隆时人们把"袖珍本"和"巾箱本"混称，还有一例子可以证明。如上所述，《施注苏诗》一书为古香斋袖珍之一种，《四库全书总目》该书提要则径称其为"巾箱本"，说"乾隆初，又诏内府刊为巾箱本，取携既便，遂衣被弥宏"③。可见，此时人们心目中，袖珍本就是巾箱本。

四、小　结

如果按照现代市场营销学的观点，图书就不应该仅仅是白纸上有表达一定内容的文字、图画的物质产品，在这一实际产品背后，它对某些购买、阅读它的消费者来说，可能还意味着一份解惑的承诺，一份人生往上攀登的希望，一段人生难得的闲暇时光，一种优雅的生活方式，一份思古的情怀，等等。中国古代图书出版业的产品细分，无论是内容层面的，还是形式层面的，其实在很大程度上与消费者在产品中寻求的这

---

① 《四库全书存目丛书》子部第41册收有该书影印本，十行十九字，但不清楚版框大小。屈万里《普林斯顿大学葛思德东方图书馆中文善本书志》卷3子部著录该书云："明古杭钱氏重刊本。十行二十四字。版框高19.9公分，宽13.2公分。"据此，则该书刊刻时似乎并非巾箱本样式。联经出版事业公司1984年版，第247页。

② 《国朝宫史》，文渊阁《四库全书》本。

③ 《四库全书总目》，中华书局1965年版，第1327页

些"核心利益或服务"① 是暗合的。结合本书后面有关中国古代图书出版广告的相关论述，我们甚至会发现，有些中国古代图书出版商已经非常敏锐地意识到这一点，他们在为图书做广告时，或者是用斩钉截铁的话语给读者以解决问题的信心，或者是用极富诱惑力的语调点燃读者对于科举高中的希望，或者是用暗示性的语句给读者以阅读快感的许诺，或者是用诗意、浪漫的语词激荡起读者的幽怀。也就是说，有些中国古代图书出版商在营销自己的图书产品时，其意识已经超越了具体的产品本身，开始探究产品所承载的消费者的核心利益或服务。从这个角度出发，我们会发现一些中国古代图书出版业者在对图书内容做出选择时，在对图书形式进行探索、改进时，其实并不是盲目的（后起跟风者不论），这些产品细分是他们面对图书市场中的读者需要做出的主动反应。

而且，更有意义的是，中国古代图书出版业为了营销进行的这些探索对于当今的中国图书出版业仍起着一定的启发作用。当今出版业对教科书市场和教辅市场的争夺和古代图书出版业对于科举类图书的热衷在性质上极其相似；当今出版业仍会采用名人评点（例如出版金庸武侠小说全集的评点本）、插图等手段增加图书的营销卖点；当今出版业也经常利用"口袋本"、袖珍本图书来从读者市场中分一杯羹……如此等等，使得我们不得不相信：虽然技术永远在更新换代，但智慧却永远不会过时。中国古代图书出版业者的营销智慧，值得我们后人给予应有的尊敬。

---

① 科特勒、阿姆斯特朗在《市场营销》中阐释什么是消费者在产品中寻求的核心利益或服务时以露华浓香水为例，认为："当一位妇女购买香水的时候，她买的远远不只是一些芳香的液体。香水的形象、允诺香味、名字和包装，以及它的制造公司和销售商店。所有这些都已成为整个香水产品的一部分。所以，当露华浓出售香水的时候，它出售的不仅仅是一种有形的产品。它同时也在出售香水所代表的生活方式，自我表现和别具一格；成就、成功和地位；温柔、浪漫、激情和幻想；回忆，希望和梦想。"见该书俞利军译本，华夏出版社2003年版，第162页。

第五章　中国古代图书出版业的广告

在现代社会里，广告无处不在，其中既有营利性的商业广告，也有非营利性广告。营利性商业广告，通过向受众传播某产品（或某服务）的信息，引起受众对该产品（或该服务）的关注，诱导他们的消费行为，其最终目的是广告主希望获取的商业利润；非营利性广告，诸如政治竞选广告、公益广告，往往是宣传某种价值、观念，其最终目的并非为了经济利益。

在当下这个消费社会里，触目皆是的多为营利性的商业广告。它们以各种形式出现在各种载体上，或者是精心构造的叙事，或者是颇为审美化的写意，或者是赤裸裸的语言轰炸，铺天盖地地出现在广播、电视、网络、书籍报刊、户外广告牌、城市建筑外墙、商场、楼宇的电梯及卫生间乃至各种交通工具上。毫不夸张地说，在现代都市里，商业广告几乎无孔不入，它们在人们注意或不注意的情况下，悄悄地或强制性地进入人们的视听器官。

然而，在当下如火如荼的各种商业广告中，图书出版业的广告似乎并不是那么引人注目，除了当年科利华轰轰烈烈营销《学习的革命》一书曾留给人们些许印象外，整个行业在广告方面所采取的手段相对低调。这当然和行业自身特点有一定关系。但这并不是说作为商业行当之一种，图书出版业在营销时就不需要广告。其实，在离我们最近的民国时期，图书出版业者对广告就相当重视，大名鼎鼎如鲁迅者，更是一再亲笔为自己编撰出版的书籍撰写广告。民国时期图书出版业者包括作者这种浓烈的广告意识如果追溯起来的话，可谓源远流长，中国古代图书出版业在很早的时期就开始利用广告这一有力的营销手段来促进书籍的销售。

中国古代很早就出现了广告，从最早的口头叫喊、店门口陈列实物、声响、招牌门匾、幌子、灯笼乃至彩楼等，发展到印刷术出现后的印刷品广告，古代商人竭尽所能引起消费者对自己商品、服务的注意①。所谓"广告"，从中文词义上看，就是"广泛告知"，让尽可能多的人知道某一信息。宋代张杲说："古人处方神验类此，不可不广告人，二方在《千金》第三卷。"②他话里的意思就是应该尽量把古人那些有神奇效验的药方告诉更多的人。作为一种营销手段的"广告"一词，是英文 advertise 的意译，该词来自古法语 advertiss，意思是"唤起注意"。实际上，当广告从单纯意义上的广而告之变成一种包含商业目的的营销手段时，中国古人在广告里费尽心机的目的无非就是唤起消费者的注意。

中国古代图书出版业为了引起消费者的注意，在广告形式上也下了很大工夫，除了传统的店铺招牌、门匾等形式，充分发挥图书出版业在印刷上的优势和便利，大量采用印刷品广告。这些广告大致有四种：一是宣传本书坊，力图树立企业品牌形象的广告；二是对所刊书籍的推介性广告以及售书书目广告；三是征稿广告；四是版权广告。前两种都是为了促进书籍销售，第三种主要是为了图书生产，有时也兼具促销功能；第四种是保护图书出版者权益，保证某一图书市场销售额不被非法瓜分。这些广告的刊印，除售书书目外，大都是附印在书籍里。售书书目最初也多是附印在书籍里，后来才逐渐发展到印刷成单独的售书书目广告。

从具体出现位置来说，中国古代图书出版业附印在书籍上的推介广告，或者出现在书名页上，或者出现在卷端，或者出现在书中的序跋、牌记（或刊刻记）、启事乃至卷末文字里，本章拟依次作较为详细的论述，并对中国古代图书的广告欺骗作必要分析。

但是，需要说明的是，除了书载广告外，中国古代图书出版业也有在书外做营销广告的。例如，清代吴敬梓《儒林外史》第十三回写蘧公孙"浪子回头"，不再想做名士，想专心举业，有一天在街上看见一家新书店里贴了"一张整红纸的报帖"，上面写的是：

> 本坊敦请处州马纯上先生精选三科乡会墨程。凡有同门录及朱卷赐顾者，幸认嘉兴府大街文海楼书坊不误③。

---

① 参看孙有为：《广告学》第二章《广告发展简史》，世界知识出版社1991年版。
② 张杲：《医说》卷9，《四库全书》本。
③ 吴敬梓：《儒林外史》，张慧剑校注，人民文学出版社1988年版，第167页。

这实际上就是文海楼书坊张贴在店里的广告。广告主要包含两方面内容：一是书坊宣布聘请选家编选乡试、会试考中者的文章及主考官作的示范文章①，这实际上就是刻书的预售广告。在小说中，马纯上是一个小有名气的八股文选家，书坊这则广告也有以名家来招徕顾客的含意；另一方面，因为编选需要，书坊还征求乡、会试同学录（此类同学录除了记载考官及考中同学姓名外，往往附载几篇科举文章）以及用朱笔誊录后送考官评阅的科考试卷，这实际就是征稿广告。小说描写的时代背景是明代，这从一个侧面证明了明、清时期书坊主除了在所刊书籍中做广告外，还在其他地方做广告。

此外，《儒林外史》中还写到书店会在店里张贴售书广告：

> 过了城隍庙，又是一个湾，又是一条小街，街上酒楼、面店都有，还有几个簇新的书店。店里贴着报单，上写："处州马纯上先生精选《三科程墨持运》于此发卖。"②

这是马二先生在杭州西湖边上的书店中看到的广告。

也有的书店径直将书的封面贴在店里作为售书广告。例如，《儒林外史》第三十三回写杜少卿找房子时"走到状元境，只见书店里贴了多少新封面，内有一个写道：'《历科程墨持运》。处州马纯上、嘉兴蘧駪夫同选'"③。再如，清初孔尚任《桃花扇》第二十九出《逮社》中有一段宾白：

> 在下金陵三山街书客蔡益所的便是。天下书籍之富，无过俺金陵；这金陵书铺之多，无过俺三山街；这三山街书客之大，无过俺蔡益所。……今乃乙酉乡试之年，大布恩纶，开科取士。准了礼部尚书钱谦益的条陈，要亟正文体，以光新治。俺小店乃坊间首领，只得聘请几家名手，另选新篇。今日正在里边删改批评，待俺早些贴起封面来。【贴介】风气随名手，文章中

---

① 所谓"墨程"，包括"程文"和"墨卷"。顾炎武《日知录》卷 16"程文"条："自宋以来以取中士子所作之文谓之'程文'。《金史》承安五年诏考试词赋官各作程文一道，示为举人之式，试后赴省藏之。至明朝，先亦用士子程文刻录，后多主司所作，遂又分士子所作之文，别谓之'墨卷'。"引文见黄汝成：《日知录集释》，上海古籍出版社 1985 年影印本，第 1269—1270 页。

② 吴敬梓：《儒林外史》，张慧剑校注，人民文学出版社 1988 年版，第 184 页。

③ 吴敬梓：《儒林外史》，张慧剑校注，人民文学出版社 1988 年版，第 389 页。

试官①。

这里演的是乙酉年（公元1645年）三月发生在南明小朝廷治下的事，也是图书出版商聘请著名选家选批范文，范文还没有完全选好，但已经预先将"封面"贴出来作为广告。这封面的具体内容，在后面戏文里通过侯方域的眼睛我们能够看到：

【生指介】这是蔡益所书店，定生、次尾常来寓此，何不问他一信。【住看介】那廊柱上贴着新选封面，待我看来。【读介】"复社文开"。【又看介】这左边一行小字，是"壬午、癸未房墨合刊"；右边是"陈定生、吴次尾两先生新选"②。

显然，这样的售书广告显得更为直观、醒目。

至于到了晚清近代，随着报纸的兴办，在报纸上为图书作广告也成为一种有效的营销手段，这已超出本书论述范围，兹不赘言。

一、书名页上的广告

早期的中国古代图书似乎并没有单独的书名页③。现存宋版、元版书籍大多是在书的首页上题署书名、作者等，每卷末除加印牌记说明此书为何时、何人（何书坊）所刊外，再次出现书名，有的在版心还出现书名简称，如宋代世綵堂《昌黎先生集》、临安府棚北睦亲坊南陈宅书籍铺印《唐女郎鱼玄机诗》、元代余氏勤有堂《太平惠民和剂局方》等都是如此。但是，宋版书有的已经在书皮上用书签题写书名，例如《文苑英华》一书的黄绫书皮上就粘有用墨笔书写的书名。据张秀民先生介绍，后来有的书在刊刻时干脆将书名签印制好，书印好后在印本书皮左上方一一贴上，省得手写。这些书名签有绢印的，也有纸印的④。直到元代，建阳

---

① 王实甫等：《中国四大名剧》，中州古籍出版社1994年版，第503页。
② 王实甫等：《中国四大名剧》，中州古籍出版社1994年版，第504页。
③ 在竹木简书时代，简策前面留有两根空白简，称为"赘简"，在其背面写上书名和篇名，将简策卷成一束之后，赘简背面的字就露在外面。因此，赘简的功能和后世书籍的封面很类似。参看魏隐儒：《中国古籍印刷史》，印刷工业出版社1988年版，第11页。
④ 张秀民：《中国印刷史》，韩琦增订，浙江古籍出版社2006年版，第131页。

一些书坊刊刻的一些图书开始有书名页①，例如元至正十六年丙申（公元1356年）建阳刘君佐翠岩精舍刊刻的《广韵》一书、余氏勤德堂刊刻的《十八史略》一书、博文书堂至正年间刊刻的《礼部韵略》一书、建安余氏刊刻的《武王伐纣书》等五种平话书，等等。

有了书名页之后，由于这是一本书最显眼的位置，聪明的中国古代图书出版者就利用各种或隐或显的方式在上面向消费者大作其广告。书名页上所做的广告，主要有以下一些方式：

（一）极富广告色彩的书名

一是取一个极富于广告色彩的书名。现代图书出版者为了吸引图书消费者的眼球，极为重视书名的拟定，其实古人对书名的营销作用也认识得很清楚，例如李渔就曾提到，"同一书也，始名《谭概》而问者寥寥；易名《古今笑》而雅俗并嗜，购之惟恨不早。是人情畏谈而喜笑也明矣。不投以所喜，悬之国门奚裨乎"②。冯梦龙所辑《谭概》一书，书名容易让人误以为是什么正襟危坐、谈学论道之著，后来的刊刻出版者将书名改为《古今笑史》，书的娱乐性质一目了然，书自然也就好卖起来了。

除了揣摩图书消费者心理，为图书拟一个别致的、独具吸引力的书名外，中国古代图书出版者在刊刻书籍时，还常常在核心书名之上加种种定语修饰，夸耀自己的书与众不同、超越同侪。例如上述翠岩精舍刊刻的《广韵》一书，在其书名页上用双行大字题署书名为"新刊足注明本广韵"，在《广韵》这一核心书名上加了"新刊"、"足注"、"明本"3个修饰语，说明该书据宋明州（今宁波）本重新刊刻，另外还加了注，3个修饰语联合起来向读者强调该书版本的可靠以及内容的充实、完善。也就是说，在书名页上题署的书名不单单是告诉读者这是什么书，同时还对书籍的卖点进行广告。书名上用来标示卖点、具有浓厚广告色彩的

---

① 张秀民先生认为中国在 13 世纪末已经出现书名页，而西方直到 15 世纪中后期才在威尼斯出现有和正文分离的书名页的书籍。参看其《中国印刷史》，韩琦增订，浙江古籍出版社 2006 年版，第 228 页。

② 李渔：《笠翁一家言文集·〈古今笑史〉序》，《李渔全集》第一卷，浙江古籍出版社1991 年版，第 30—31 页。

词语主要有以下这些①:

表5-1 书名中的广告词语一览表

类别	广告色彩的词语	书名举例	版本	备注
突出刻本之新、精	增修(新、广、订、补)	增修互注礼部韵略	元刻本	
		纂图增新群书类要事林广记	元刻本	
		排韵增广事类氏族大全	元刻本	
		增订古文析义合编	清刻本	
		刻京台增补渊海子平大全	明万历二十八年刘氏乔山堂刻本	
	新(重)编	新编古赋解题	元刻本	
		重编隋唐演义	清康熙二十三年褚人获四雪堂刻本	
	新传	新传理性元雅	明万历间刻本	

---

① 表中所举书名和版本部分来自笔者目验过的刻本以及影印本,其余则引自谢水顺、李珽:《福建古代刻书》,福建人民出版社1997年版;张秀民:《中国印刷史》,韩琦增订,浙江古籍出版社2006年版;林应麟:《福建书业史——建本发展轨迹考》,鹭江出版社2004年版;叶树声、余敏辉:《明清江南私人刻书史略》,安徽大学出版社2002年版;陈衍:《福建通志·版本志》,1938年刻本;刘尚恒:《徽州刻书与藏书》,广陵书社2003年版;《国立中央图书馆金元本图录》,中华丛书编审委员会1969年版;贾晋华主编:《香港所藏古籍书目》,上海古籍出版社2003年版;贾贵荣辑:《日本藏汉籍善本书志书目集成》,北京图书馆出版社2003年版;孙楷第:《日本东京所见小说书目》,人民文学出版社1958年版;沈津:《书城挹翠录》,上海社会科学院出版社1996年版;沈津:《美国哈佛大学哈佛燕京图书馆中文善本书志》,上海辞书出版社1999年版;屈万里:《普林斯顿大学葛思德东方图书馆中文善本书志》,联经出版事业公司1984年版;中国国家图书馆中国古籍善本书目联合导航系统(http://202.96.31.45/);东京大学东洋文化研究所所藏汉籍善本全文影像资料库(http://shanben.ioc.u-tokyo.ac.jp/list.php);京都大学人文科学研究所所藏汉籍全文画像(http://kanji.zinbun.kyoto-u.ac.jp/db-machine/toho/html/top.html),等等。

需要说明的是,有些书籍书名页上的题名与卷中出现的书名不尽一致,表中所列书名或有出现在卷中的,但此类书名出现在书名页上或多或少总带有一两个修饰性的广告词。例如明正德六年杨氏清江书堂刊刻的《新增补相剪灯新话大全》,书名页上题《重增附录剪灯新话》。

续表

类别	广告色彩的词语	书名举例	版本	备注
突出刻本之新、精	重修（订、刻、刊）	重修政和经史证类备用本草	元定宗四年平阳张存惠晦明轩刻本	
		重订成仁遗稿	明正德十五年刻本	
		重刻翰林校正资治通鉴大全	明刘氏安正堂刻本	
		重刊孙真人备急千金要方	明正德十六年慎独斋刻本	
	新刊（刻、锓、镌、锲、雕）	新刊王氏脉经	元天历三年叶氏广勤堂刊本	
		新刻金陵原版易经开心正解	明刻本	
		新锓朱状元芸窗汇辑百大家评注史记品粹	明万历十九年余象斗刊本	
		新镌历世诸大名家往来翰墨分类纂注品粹	明万历二十五年余象斗刊本	
		新锲温陵郑孩如先生约选古文四如编	明刻本	
		新雕皇朝类苑	铜活字印本	
	鼎锓（锲、刻、雕、镌、梓）	鼎锓崇文阁汇纂士民万用正宗不求人全编	明万历三十五年余文台刊本	"鼎"，意为"新"。
		鼎锲赵田了凡袁先生编纂古本历史大方纲鉴补	明万历三十八年双峰堂刊本	
		鼎刻京版太医院校正分类青囊药性赋	明刻本	
		鼎雕燕台校正天下通行书柬活套	明万历三十二年刘氏乔山堂刻本	
		鼎镌六科奏准御制新颁分类注释刑台法律	明熊氏种德堂刻本	
		鼎梓校增评释五伦全璧故事大全	明万历二十一年郑氏宗文堂刻本	

续表

类别	广告色彩的词语	书名举例	版本	备注
突出刻本之新、精	精刻（镌）	精刻芸窗天霞绚锦百家巧联	明万历二十九年刘氏乔山堂刻本	
		精镌按鉴全像鼎峙三国志传	明崇祯间藜光堂刻本	
突出对图书之编辑、整理、加工①	集传（解、注、说）	书集传	元刻本	
		春秋经传集解	元刻本	
		增刊校正王状元集诸家注分类东坡诗	元刻本	
		周礼集说	明刻本	
	详注	新镌绣像旁批详注总断广百将传	明崇祯间刻本	
	纂注	文选纂注评苑	明万历间余氏克勤斋刻本	
	增（补、添）注	类证增注伤寒百问歌	明万历四十年刘氏乔山堂刻本	
		重广补注黄帝内经素问	明刻本	
		四书便蒙添注	清光绪十三年会稽王氏刻本	
	旁训（注）	新锲袁中郎校订旁训古事镜	明万历四十三年金陵郑氏四德堂刻本	旁训，用较小的字在需要训释的字句旁加以注解贯通，即注解出现在行间，不同于正文行内的双行夹注。
		旁注事类捷录	明万历间余氏萃庆堂刻本	
	句解	春秋左传详节句解	明刻本	

---

① 像集传、集注、集解、解说、纂注、笺释、分类、辑要、辑略、纂要、节要、节略、精选等，大多是对文献的整理和再加工，因此与其他书名中的广告词语不一样，它们其实属于书名的一部分，并不能像别的广告词语那样与核心书名剥离开来。不过，在书名中加上此类词语，强调与原书之不同，仍然带有广告色彩，因此笔者把这类词语也列在这里。

续表

类别	广告色彩的词语	书名举例	版本	备注
突出对图书之编辑、整理、加工	互注	增修互注礼部韵略	元至正十五年日新书堂刻本	互注，以他书内容注释、印证此书。
	新笺	新笺决科古今源流至论	元刻本	
	音释（注）	新镌音释圈点提章提节士魁四书正文	明崇祯十四年熊氏种德堂刻本	
		新刻出像音注王昭君出塞和戎记	明万历间唐对溪富春堂刻本	
	正音	新锲类编明解正音京板书言故事	明万历三十六年郑氏宗文堂刻本	
	直音	新刊训解直音书言故事大全	明万历三十四年唐氏世德堂刻本	
	音点	音点春秋左传	明弘治十四年刻本	音点，注音与标点。
	点音	新刊宪台考正纲目点音资治通鉴节要会成	明隆庆三年敬贤书堂刻本	
	重言	监本纂图重言重意互注点校毛诗	宋刻本	重言，将重出的诗句标出。
	重意	纂图互注重言重意周礼	宋余仁仲万卷堂刻本	重意，将意思相同的句子标出。
	标题	新刊标题明解圣贤语论	明嘉靖十二年余氏自新斋刻本	
	分（标）类	分类补注李太白集注	元刻本	
		新刻标类金钥书言故事大全	余云波刻本	
	门目	新纂门目十朝名臣言行录	宋刻本	

续表

类别	广告色彩的词语	书名举例	版本	备注
突出对图书之编辑、整理、加工	类编（纂、辑）	类编南北经验医方大成	元刻本	
		新镌音注释义万物皆备类纂	明万历三十四年刘氏乔山堂刻本	
		类辑练兵诸书	明刻本	
	编类	新镌编类古今史鉴故事大全	明万历三十三年余成章刻本	
	汇辑	汇辑舆图备考全书	明崇祯六年刻本	
	精选（摘、抄、辑）	精选举业切要书史粹言分类评林诸子狐白	明万历四十二年余氏自新斋刻本	
		精摘古史粹语举业前茅	明万历二十九年熊氏种德堂刻本	
		鼎镌纂补标题论表策纲鉴正要精抄	明万历三十四年郑纯镐联辉堂刻本	
		精辑时兴雅谜	明万历间青藜阁刻本	
	狐白	鼎镌黄状元批选眉山三苏文狐白	明万历间余氏自新斋刻本	狐白，狐腋下白毛，本指精美狐裘，喻指精选。
	白眉	刻注释艺林聚锦故事白眉	明万历二十七年余氏萃庆堂刻本	白眉，三国蜀汉马良眉有白毛，而他在兄弟中才华最好，后世遂称兄弟行中才俊特出者为白眉，出版商以此夸耀自己的书是最好的。

续表

类别	广告色彩的词语	书名举例	版本	备注
突出对图书之编辑、整理、加工	详节	十七史详节	明正德十一年慎独斋刻本	
	节文	春秋左传节文	明万历年间贻谷堂刻本	
	辑要（略）	新刊性理辑要	明嘉靖四十年杨氏归仁斋刻本	
		金正希先生文集辑略	清刻本	
	纂要	新刻熙朝内阁评选六子纂要	明万历二十一年余成章刻本	
	节要（略）	增修附注资治通鉴节要续编	明宣德七年刘氏翠岩精舍刻本	
		大学衍义节略	明嘉靖年间刻本	
	选要（粹）	新锲翰林李九我先生左传评林选要	明郑氏宗文堂刻本	
		疡科选粹	明崇祯元年刊本	
	补遗	新刊京本补遗通俗演义三国全传	明万历二十四年熊清波诚德堂刻本	
	插增	新刊京本全像插增田虎王庆忠义水浒全传	明万历间余象斗刻本	
	重校	重校琵琶记	明万历二十六年陈大来刻本	
	点板	新刻出像音注点板徐孝克孝义祝发记	明万历间唐对溪富春堂刻本	板，即板眼，音乐节拍。点板，指把板眼记号点在戏曲唱词上，演唱者借此可以按节拍唱曲①。

---

① 王耀华等：《中国传统音乐乐谱学》，福建教育出版社2006年版，第274页。

续表

类别	广告色彩的词语	书名举例	版本	备注
突出对图书之编辑、整理、加工	关目	古杭新刊关目霍光鬼谏	元刻本	关目，指故事中紧要、关键的部分。书名中用此词表明该书并非全录曲文和宾白，只是收录了全部曲文以及部分重要宾白。
	正讹	新锲正讹训解标类书言故事大全	明刻本	
	清伪	新锲台阁清伪补注孔子家语	明刘氏乔山堂刻本	
突出图书之插图及板框图案等	绘图（像）	绘图古列女传	元刻本	
		绘像搜神记	元刻本	
	写图	花幔楼批评写图小说生绡剪	清初刻本	
	图像	新锲图像麻衣相法	明刘氏乔山堂刻本	
	纂图	纂图增新群书类要事林广记	元至元六年郑氏积诚堂刻本	
	全像（相、图）	新刻全像牛郎织女传	明余成章刻本	
		全相湖海新奇剪灯余话大全	明正德六年杨氏清江书堂刻本	
		增像全图封神演义	清光绪十六年珍艺书局石印本	
	出像	新刻出像官板大字西游记	明熊体忠宏远堂刻本	
	绘像	新镌京板考正绘像标题分类释注书言故事	明詹氏进贤书堂刻本	
	绣像	新刻绣像批评金瓶梅	明崇祯年间刻本	
	有像	有像列仙全传	明万历间汪云鹏玩虎轩刻本	

续表

类别	广告色彩的词语	书名举例	版本	备注
突出图书之插图及板框图案等	对相	对相识字	明刻本	对相,即为了教儿童认字,在每字或每词之后的次行,刊刻相应图像以供对照,和今天的看图识字相似。
	连相	新编连相搜神广记	元刻本	
	补相	新增补相剪灯新话大全	明正德六年杨氏清江书堂刻本	
	增像	新刊京本通俗演义增像包龙图判百家公案全传	明万历二十二年朱氏与畊堂刻本	
	花栏	新刊出像音注花栏南调西厢记	明唐对溪富春堂刻本	花栏,指板框四周镌有雉堞形图案。
	图注(解)	新刊太医院校正图注指南八十一难经	明万历元年熊氏种德堂刻本	
		新刊图解玉灵聚义卜占龟经	元刻本	
突出图书之套印	朱(硃)批(订)	朱批武经七书	明闵昭明刻本	朱批,指用红色刷印批点文字。
		硃订西厢	明闵振声刻本	
突出图书之字体	真楷	新刊真楷大字全号缙绅便览	明万历十二年刻本	
突出图书字体之大	大(魁)字	新刊校正批点大字欧阳精论	明嘉靖十三年刘氏安正堂刻本	
		新刊徽郡原板绘像注释魁字登云日记故事	明黄正选刻本	
突出刻本开本之大	大板	翰林重考字义韵律大板海篇心镜	明万历二十四年叶会廷刻本	
	魁本	魁本袖珍方大全	明正德二年杨氏清江书堂刻本	魁本,指开本阔大。

续表

类别	广告色彩的词语	书名举例	版本	备注
突出图书制作所据底本之优越、权威或罕见	京本（版、板）	京本通俗小说	元刻本	
		鼎刻京板太医院校正分类青囊药性赋	明刻本	
		新镌京板图像音释全璧故事大成	明郑氏宗文堂刻本	
	藏板	增补评林西天竺藏板佛教源流高僧传宗	明崇祯间刻本	因本书系和佛教有关，故强调原板藏于天竺国。
	原板（版）	重刻内府原板张阁老经筵四书直解指南	明万历间詹谅易斋刻本	
		新刊徽郡原版校正绘像注释魁字登云三经故事	明书林黄正达刻本	
	明本	纂图音训明本古今通略句解	元刻本	明本，指明州（今宁波）本。
	官版（板）	新刊官版本草真诠	明刻本	
		重镌徽郡官板翁太史补选文公家礼	明刻本	
	监本	监本附音春秋公羊注疏	元刊明修本	监本，指国子监刊本。
	宋本	宋本周易注疏	清嘉庆二十年南昌府学刻本	
	元本	元本出相北西厢记	明刻本	
	原本	绣像原本平妖传	清嘉庆十七年书业堂刻本	
	古本	克勤斋新刊古本少微先生资治通鉴节要	明克勤斋刻本	
	的本	古杭新刊的本关大王单刀赴会	元刻本	
	真本	李卓吾先生批评西厢记真本	明刻本	
	秘传	新刊明医秘传济世奇方万病必愈	明刻本	
	秘本	新镌批评绣像秘本定情人	清初刻本	
	定本	四书穷抄六补定本	清顺治八年刻本	

续表

类别	广告色彩的词语	书名举例	版本	备注
突出图书选编、校点或鉴定者的权威性	知名或权威人士	新镌施会元汇纂士民捷用学海群玉	明刻本	
		朱文公校昌黎先生文集	元刻本	
		新锲翰林三状元选二十九子品汇释评	明刻本	
		鼎镌诸方家汇编皇明名公文隽	明泰昌元年郑氏奎璧堂刻本	
		叶相国选订百子类函	明刻本	
		岳石帆先生鉴定四六宙函	明天启间刻本	
	朝廷政府部门	新刻圣朝颁降新例宋提刑无冤录	明万历三十四年余象斗刻本	
		新刻御颁新例三台明律招判正宗	明万历三十八年余象斗刻本	
		御纂春秋直解	清刻本	
		钦定春秋传说汇纂	清刻本	
		新刻太医院纂集医教立命元龟	万历十八年余成章刻本	
		新刻太医院校正痘诊医镜	明刻本	
		新刊宪台厘正性理大全	明嘉靖三十一年余氏自新书斋刻本	
突出图书之评点	评林（苑）	管晏春秋百家评林	明万历间余氏自新斋刻本	
		新刻顾会元精选左传奇珍纂注评苑	明刻本	
	评释	新镌李卓吾评释名文捷录	明万历间刻本	
	题评	史记题评	明嘉靖十六年刻本	
	旁批	新镌旁批详注总断广名将谱	明刻本	
	批评	汤海若先生批评西厢记	明萧氏师俭堂刻本	

续表

类别	广告色彩的词语	书名举例	版本	备注
突出图书之评点	批点	批点崇正文选	明万历四十三年王世茂车书楼刻本	
	御批	御批历代通鉴辑览	清光绪二十年湖南淡雅书局刻本	
	圈点	新镌校正京本大字音释圈点三国志演义	明郑氏宗文堂刻本	
	精议	陆状元增节音注精议资治通鉴	明毛氏汲古阁刻本	
突出图书内容之全备	大全（成）	新刻太乙仙制本草药性大全	明陈氏积善堂刻本	
		新编医方大成	明弘治十六年刻本	
	全编（书、集）	鼎镌十二方家参订万事不求人博考全编	明万历间萧氏师俭堂堂刻本	
		通鉴纲目全书	明杨氏归仁斋刻本	
		新刻秘传廖公发砂经全集	明万历四十二年金阊万贤楼刻本	
	全备	新镌名公释义全备墨庄书言故事	明刻本	
突出图书内容之正宗、可信	正宗	新刊理气详辨纂要三台便览通书正宗	明万历间余象斗刻本	
	统宗	新镌翰林考正历朝故事统宗	明周日校万卷楼刻本	
	按鉴（参采史鉴）	新锲京本校正通俗演义按鉴三国志传	明万历三十九年郑氏宗文堂刻本	历史演义类小说多以此来强调自己并非纯粹"戏说"、胡说，而是于史有据。
		新刊参采史鉴唐书志传通俗演义	明嘉靖三十二年杨氏清江书堂刻本	

续表

类别	广告色彩的词语	书名举例	版本	备注
突出图书之方便实用	捷用	烹雪斋新编四民捷用注解翰墨骏	明刻本	
	捷要	重修正文对音捷要真传琴谱大全	明万历十三年刻本	
	便用	新刻注释雅俗便用折梅笺	明刻本	
	切用	新刻增校切用正音乡谈杂字大全	明刻本	
	便览（观）	通鉴纲目纂要便览	明嘉靖二十六年熊氏东轩刻本	
		鼎镌漱石山房汇编注释士民便观云笺柬	明末四知馆刻本	
突出图书之流行程度	通行	新锲燕台校正天下通行文林聚宝万卷	明万历间余应孔刻本	
	时尚	新刻时尚华筵趣乐谈笑酒令	明熊氏种德堂刻本	
突出图书之性质	通俗	精绣通俗全像梁武帝西来演义	清永庆堂刻本	
	便蒙	便蒙删补书经翼	明崇祯间长庚馆刻本	
	雅俗通用	新镌雅俗通用珠玑薮	明崇祯年间刻本	
	公余胜览	京台新锲公余胜览国色天香	明万历间周氏万卷楼重刻本	
	举业切要	精选举业切要诸子粹言分类评林文源宗海	明余氏自新斋刻本	
	大魁	大魁四书集注	明万历间余明台克勤斋刻本	殿试一甲第一名称"大魁"，即状元。出版商宣称"大魁天下，从此阶梯"①。
	里居通用	新镌注释里居通用合璧文翰	明万历间熊云吾种德堂刻本	

---

① 转引自沈津：《美国哈佛大学哈佛燕京图书馆中文善本书志》，上海辞书出版社1999年版，第71页。

续表

类别	广告色彩的词语	书名举例	版本	备注
突出图书之性质	人子须知	重刊人子须知资孝地理心学统宗	明万历十一年刻本	
	人天共宝	新编秘传堪舆类纂人天共宝	清乾隆三十七年姚氏刻本	
	簪缨必用	新编簪缨必用翰苑新书	明万历十九年金陵仁寿堂刻本	

从表中所列举书名不难看到，元明之后，很多图书出版商在刊刻图书时，为了吸引读者购买，在书名上可谓挖空心思，竭力标举该刻本的与众不同，往往在核心书名之上叠加种种广告语，以致书名冗长不堪。但如果考虑到这些用语出现在刻本书名页上，往往能够诱惑消费者去打开书籍予以进一步了解，我们就不能不佩服古代图书出版业者的聪明才智。今天的图书出版业，虽然仍会尽可能给图书取一个能够吸引大众眼球的书名，但已经很少在书名之上附加具有广告色彩的词语了。

（二）书名页上的专门广告

书名页上做广告的第二种方式更直接，就是在书名的两旁或顶上，刊刻上一些推介性的话语。上述翠岩精舍刊刻的《广韵》一书，在书名"新刊足注明本广韵"顶上，黑底上镌有四字阴文，为"校正无误"；书名右边为"五音四声切韵图谱详明"；左边为"至正丙申仲夏绣梓印行"。除了书名左边为刊刻时间外，顶上和右边均为广告语。再如清康熙五十八年（公元1719年）歙县项绚群玉书堂刊刻的《山海经》一书，书名页上正中为书名《山海经》，右上为广告语"依宋本校定"，左下为"项氏群玉书堂"。整个书名页清爽美观，简单的一句广告语，强调的是该书版本的可靠。类似的像清乾嘉间吴郡修绠山房刊刻的《新刊宣和遗事》一书，封面右上也镌有"悉照宋本重刊"字样。清代知识界普遍认为由于明代人刻书喜欢肆意妄改，因此"明人刻书而书亡"[1]，只有宋刻才最大程度保留了古典文献的本来面貌，很多人因此在版本上有佞宋倾向。清

---

[1] 清代赵一清《水经注释·附录》卷下："吾是以叹明人刻书而书亡……"文渊阁《四库全书》本。

代图书出版业者抓住这一普遍心理,在书名页上做广告时便格外强调所刊书籍是依据"宋本"重刊,至于实际情况是否真的如此,则另当别论了。

图 5-1 《广韵》书名页书影　　图 5-2 《山海经》书名页书影

有的图书出版业者可能觉得寥寥数语难以更好为自己刻印的书籍做宣传,干脆将原来一般出现在卷中起广告作用的刊刻记直接挪到书名页上。例如,明万历三十五年(公元 1607 年)余文台刻本《鼎锲崇文阁汇纂士民万用正宗不求人全编》,书名左下就有一段刊刻记,实际用的就是比较广告的方式,鼓吹该书比坊间杂刻内容全面,只要一册在手,万事不用求人:

> 坊间诸书杂刻,然多沿袭旧套,采其一,去其十;弃其精,采其粗。四方士子惑之。本堂近锲此书,名为《万用正宗》者,分门定类,俱载全备,展卷阅之,诸用了然,更不待他求矣!买者请认三台为记。
>
> 书林余文台识

再如,清雍正十二年(公元 1734 年)继志堂刊刻的《按鉴三国志传》,书名右边为"全像古本并无删省",夸耀插图以及依据版本之好、内容之全备;左边为书坊刊刻记,更是宣传该书与坊间其他《三国志传》不同,刊

图5-3 《鼎锲崇文阁汇纂士民万用正宗不求人全编》书名页书影

东京大学东洋文化研究所所藏汉籍善本全文影像资料库
http://shanben.ioc.u-tokyo.ac.jp/main_p.php

图5-4 《按鉴三国志传》书名页书影

东京大学东洋文化研究所所藏汉籍善本全文影像资料库
http://shanben.ioc.u-tokyo.ac.jp/main_p.php

刻精良，校正无误，注释详细，在贬低他人的同时拼命抬高自己：

> 《三国志传》坊刻苦无善本，本堂不惜重资，剞劂精工，字义注释典实详解，只字无讹，迥异他刻，识者鉴□。
>
> 书林继志堂梓行

这里同样采取的是比较广告方式，这是中国古代图书出版业者惯用的广告方式。如今中国广告业受法律限制，已经不能使用比较广告。

有的图书则在书名页上的刊刻记里强调图书的编纂者不同凡俗。例如，明代金阊叶敬池刊《新列国志》一书，该书的编纂者"墨憨斋"即著名通俗文学大家冯梦龙，这一名字在当时不啻为一块金字招牌，因此在书名页上的刊刻记里，特意强调："墨憨斋向纂《新平妖传》及《名言》、《通言》、《恒言》诸刻，脍炙人口。"① 值得一提的是，该刊刻记中还提到："本坊恳请先镌'列国'，次当及'两汉'。"这又是在预告将来还要刻冯梦龙订补的另一部演义两汉历史的书。

由于图书出版业提供的是满足人们精神需要的产品，这在古人看来"关乎世道人心"，责任不小，因此有些古代图书出版者在做广告时另辟蹊径，并不纠缠于编撰精审、文字无误、内容实用上，而是在书名页上的刊刻记里标榜道德关怀，以此作为自己所刊图书的广告。例如明王氏三桂堂刊刻的《警世通言》一书，书名页上右边是黑粗体的书名，左边为刊刻记：

> 自昔博洽鸿儒兼采稗官野史，而通俗演义一种，尤便于下里之耳目。奈射利者而取淫词，大伤雅道，本坊耻之。兹刻出自平平阁主人手授，非警世劝俗之语不敢滥入，庶几木铎老人之遗意，或亦士君子所不弃也。
>
> 三桂堂王振华谨识

这段刊记在明天启间兼善堂刊刻的《警世通言》书名页上也有，除了落款作"金陵兼善堂谨识"外，内容完全一样。该刊记开头高扬道德大旗，但图穷匕首现，指向的还是读者能够"不弃"该书，慷慨解囊。类似的例子还有明正德六年（公元1511年）杨氏清江书堂刊刻的《新增补相剪

---

① 《古本小说集成》编委会编选的《古本小说集成》第二辑收有该书影印本，上海古籍出版社1992年版。

灯新话大全》，该书书名页上有这样字眼："编成神异新奇事，敦尚人伦节义□。"可见越是小说这类历来被视为"小道"的东西，越需要扯着人伦教化的大旗为自己张目，借此强调这类书籍的社会价值。

图5-5 《警世通言》书名页书影

东京大学东洋文化研究所所藏汉籍善本全文影像资料库
http://shanben.ioc.u-tokyo.ac.jp/main_p.php

图5-6 《剪灯新话》书名页书影

一般来说，书名页上占据最中心位置的应该是书名，所以书名以外的广告语词大多分列两旁或放置在顶端。但也有例外，有的书籍就把作

图 5-7 《新刻联对便蒙图像七宝故事》书名页书影

东京大学东洋文化研究所所藏汉籍善本全文影像资料库
http://shanben.ioc.u-tokyo.ac.jp/main_p.php

图 5-8 《刻词林第一枝》书名页书影

广告的刊刻记放置在书名页中间位置，例如明万历三十二年（公元1604年）黄氏集义堂重刊本《新刻联对便蒙图像七宝故事》一书，书名页上书名分题左右两行"全补故事 七宝大成"，中间的刊刻记推奖该书"文简而易知，不惟有益于童蒙，虽老师宿儒，亦得以资其闻见者矣"。广告语非常巧妙，把一本目标消费者定位主要是童蒙的书籍说成即使是对有学问者也同样有用，希望能够扩大目标消费者所囊括的范围。类似的例子还有明叶志元刊刻的《刻词林第一枝》，书名页上顶端是图，中间是书籍广告语"海内时尚滚调"，下端书名分题两行，两行书名之间夹着含广告宣传的刊刻记。

（三）书名页上的企业品牌及形象广告

书名页上所做广告的第三种形式是针对企业形象所做的广告。古代图书出版业者为了扩大自己书坊的知名度，往往把自己书坊的名字刊刻在书名页上。上述《广韵》及《七宝故事》二书，都在书名页的顶端显著标明书坊名；其他像《万用正宗》、《三国志传》、《警世通言》等在刊刻记中也会郑重其事地推出自己的书坊名。为了突出自己的书坊名，有些出版者甚至将它放在书名页上居中最显眼的位置，书名反倒偏居一隅，例如明万历二十八年（公元1600年）刘龙田乔山堂刊刻的《新刻图注伤寒活人指掌》就是如此。这样的书名页，留给消费者印象最深的恐怕不是书名，而是刊刻该书的书坊名。

更有甚者，古代有的图书出版业者干脆将自己的小像印在书名页上，此举可谓别出心裁的"形象广告"。例如，明万历年间余象斗是建阳书林著名图书出版业者，他的书坊名叫双峰堂，在他刊刻的一些书籍书名页上，例如《锲三台山人芸窗汇爽万锦情林》一书，就不仅出现"双峰堂余文台行梓"这样的书坊名广告，还有他自己的一幅像，即所谓《三台山人余仰止影图》，图中余仰止端坐案前，座旁一捧砚女婢，堂下一烹茶小童。这幅图在其编纂的《三台馆仰止子考古详定遵韵海篇正宗》、《仰止子详考古今名家润色诗林正宗》等书中都出现过[1]。上述明正德六年（公元1511年）杨氏清江书堂刊刻的《新增补相剪灯新话大全》书名页

---

[1] 此据张秀民先生说，见其《中国印刷史》，韩琦增订，浙江古籍出版社2006年版，第373页。但笔者曾目验北京师范大学图书馆善本部所藏《三台馆仰止子考古详订遵韵海篇正宗》，并未发现该图，惟于书后见一牌子："万历戊戌年春月余文台绣梓。"或别处所藏版本有此图亦未定。

上也有一幅很类似的图，这幅图不像是和图书内容相关，很有可能也是为书坊做企业形象广告的。

图5-9 《新刻图注伤寒活人指掌》书名页书影

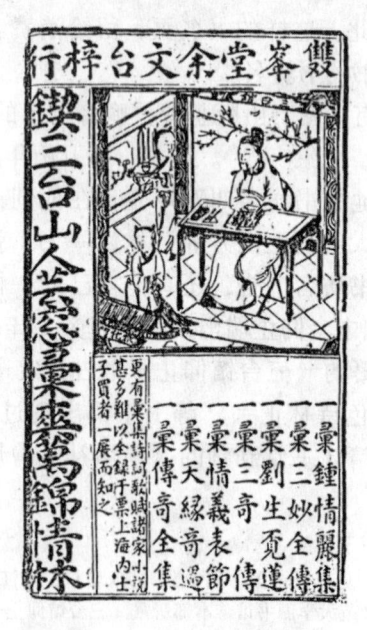

图5-10 《锲三台山人芸窗汇爽万锦情林》书名页书影

此外，明弘治五年（公元1492年）詹氏进德书堂刊刻的《大广益会玉篇》一书，在《玉篇广韵指南》后有一牌记，绘制精美：上方标"三峰精舍"，右为"弘治壬子孟夏之吉"，左为"詹氏进德书堂重刊"，中间绘一图，图中一老者，二少年弟子分侍老者身旁。这虽然不是出现在书名页上，但作为企业形象广告的性质是一样的。又如，明刻《类编历法通书大全》一书系熊宗立将元代宋鲁珍通书以及何士泰历法二书"合

图 5－11　《类编历法通书大全》书影

而一之，舍疵会粹，订正是非"而成①，在该书的总目前有一幅图，绘一道人端坐于摊开纸笔的书案前，另有二小童侍立于前，上方标"宋辉山通书"，右为"裁成历数开前哲"，左为"纂定阴阳喻后人"，可见所绘为宋鲁珍；而在总目中卷之十七细目前，又绘有一图，为一儒雅士人侧坐于书案前作观书状，案上另有几卷未曾摊开书籍，一小童侍立于前，上方标"熊宗立类编"，右为"集诸贤阴阳总括"，左为"开百世历日流行"，显然所绘为类编者兼图书出版商熊宗立自己；总目中卷之二十细目前绘有另一图，图中一老者与二小童置身于野外山岭中，似在堪舆。绘熊宗立这幅图也不是出现在书名页上，但图中联语强调熊宗立类编之书

----

① 四库全书存目丛书编纂委员会：《四库全书存目丛书》子部第68册，齐鲁书社1997年版，第103页。

为集大成之作，必将长期流行于世，宣传促销的意图极其明显。该图似也不应仅视为该书的宣传插图，它也向消费者传递了熊宗立所代表的书坊形象。

据张秀民先生考证，早在元朝时，就有作者为了自身留传不朽，把自己的画像刻印在自己著作上，例如元朝小儿科专家曾世荣著有《活幼新书》，该书在至元年间刊刻时，上面就有曾世荣画像，其目的就是为了让后人开卷时见像有所感慕。而图书出版者把自己小像刻印在书上，明代余氏双桂书堂主人可能是最早的，在其刊于明弘治九年（公元1496年）的《周易传义大全》上，就有其画像①。

图书出版时把图书作者的画像刻印在书籍上，其目的主要是扬名。这种现象在元、明之后屡见不鲜，尤其是后裔为先辈刊刻著作时，倘若有其画像，往往刻印在书上，以示追慕纪念。例如，清道光年间钱庆曾在刊刻其曾祖钱大昕《潜研堂全书》时，就在卷前附上陈诗庭为钱大昕画的《竹汀先生小像》以及钱大昕所作《潜研老人自题像赞》。时至今日，仍有不少图书出版者热衷于把作者照片或画像印在书上，这其中除了为作者做宣传广告外，有时还有更复杂的营销动机。例如20世纪末叶文坛一度流行"身体写作"，有些所谓美女作家因此暴得大名，图书出版者在出版其这类作品时，特意印上其生活照或艺术照，以满足某些读者"读其书想见其人"的现代版——窥视欲，借此促进书籍销售。

古代图书出版业者把自己画像刻印在书籍上，表面上看起来，似乎和作者印自己画像一样，主要是为了扬名。可实际上，除此之外，这类画像还承担着宣传企业（书坊）形象的功能，有些甚至还起着对所售产品（图书）质量的担保作用。例如上述《三台山人余仰止影图》，图中的余仰止，全无一丝人们想象中的奸商气息，完全是一副饱学宿儒的儒雅形象；图中所展示的场景也是文士生活中风雅的一面。图像本身或许蕴含着余象斗对自己身份潜藏的欲望，但当消费者在书名页上看到这幅图时，他们获得的信息就是刊刻该书的双峰堂主是一个儒雅的读书人，一个有学问的读书人，在这人主持下的双峰堂所刊刻的图书，其品格、质量应该是有保证的。也就是说，由于余象斗是双峰堂的主人，其形象在某种程度上会被消费者等同于其书坊形象，而他这幅画像也就成了其书坊的企业形象广告。与此类似，《类编历法通书大全》中新绘熊宗立像也起着相同作用。而且，敢于把自己的真面目显露在自己刊刻的书籍上，

---

① 张秀民：《中国印刷史》，韩琦增订，浙江古籍出版社2006年版，第230、第373页。

这对于爱护自己面子如同珍视生命的中国人来说，就意味着用自己的名誉担保所刊刻书籍的质量。关于这一点，我们从金陵图书出版业者唐少村的自我表白中看得更清楚。在唐少村万历四十三年（公元1615年）刊刻的《楚辞直解》一书中，有唐少村的小影半身像，戴笠，手持书卷，并刻有四行小字："先知我名，现见吾影。委办诸书，专选善本。"这幅图同样承担着为企业形象做广告的功能，旁边的广告语除了宣称自己书坊"专选善本"外，还跟消费者说明：你们以前只知道我的名字，现在连我长什么样都知道了。话外音就是：我担保我所刻的书是好的。

（四）书名页上的版权告示、刻书预告及图书核心（精彩）内容展示

上述三种广告形式是书名页上最常见的形式。除此之外，古代有的图书出版业者还在书名页上做其他广告。所知见的有三种情况：1. 版权告示；2. 刻书预告；3. 图书核心（精彩）内容展示。

一是版权告示。清康熙五十八年（公元1719年）乐荆堂刊刻的《定例成案合镌》书名页上有维护版权用语，即所谓"翻刻必究"。这也是清代刊刻图书书名页上常见的话，例如，咸丰元年（公元1851年）《射鹰楼诗话》书名页左上角是"续编嗣出"，左下角是"本宅藏板，翻刻必究"；务本堂刊《临症麻痘新书》，书名页上也镌有"翻刻必究"字样。不过这类话大多像农田里用来吓唬啄食庄稼的小鸟的稻草人，追逐财食者压根不会放在心上。例如，清初李渔就恨恨不已地说："至于倚富恃强，翻刻湖上笠翁之书者，六合以内，不知凡几。我耕彼食，情何以堪？誓当决一死战，布告当事，即以是集为先声。"① 李渔各种著作在当时极为畅销，因此成为盗版翻刻的首选对象，往往他的书刚一出版，就被人盗版。在《与赵声伯文学》一信中，李渔无奈地说："弟之移家秣陵也，只因拙刻作祟，翻板者多，故违安土重迁之戒，以作移民就食之图。不意新刻甫出，吴门贪贾，即萌觊觎之心。幸弟风闻最早，力恳苏松道孙公，出示禁止，始寝其谋。乃吴门之议才熄，而家报倏至，谓杭人翻刻已竣，指日有新书出贸矣。"② 和李渔的遭遇一样，乾隆时著名文人厉鹗

---

① 李渔：《闲情偶寄·器玩部·笺简》，《李渔全集》第三卷，浙江古籍出版社1991年版，第229页。
② 李渔：《笠翁一家言文集》，《李渔全集》第一卷，浙江古籍出版社1991年版，第167—168页。

"诗集甫刊行，海内即有繙本"，有的翻刻者还算客气，给原作者寄来翻印本①。而乾嘉时著名文人袁枚《小仓山房诗集》卷33有《余所梓尺牍、诗话被三省翻板，近闻仓山全集亦有翻者，戏作一首》感慨道："自梓诗文信未真，麻沙翻板各家新。左思悔作《三都赋》，枉是便宜卖纸人。"②由于袁枚少年成名，加上手眼通天，交游极广，当时名声很大，因此他的《小仓山房尺牍》和《随园诗话》及其诗文集在当时都是畅销书，由于"一时风行，卖者得价"③，结果被三省书商翻版侵权。至于和袁枚同时的郑板桥在刻诗集时誓言"板桥诗集，止于此矣，死后如有托名翻板，将平日无聊应酬之作，改窜烂入，吾必为厉鬼以击其脑"④，恰恰说明了当时翻版之常见，以及出版者、著者对侵权之无奈！或许正因为这样，中国古代有些图书出版者干脆不禁别人翻刻。例如，清初周亮工选刻《赖古堂名贤尺牍新钞》一书，就明言"倘欲缘兹简册，更布枣梨，必须殚极精良，一如原部，镌字无差点画，择楮定见光鲜，庶慰余怀，有裨遥企，任其翻刻，不禁可焉"。不过，他虽然不禁翻刻，但要求照原样刊刻，不许粗制滥造，如若不然，"定行究治，不问遐迩"⑤。类似的，清正气堂刊刻《廿一史演义》书前凡例中也不禁翻刻，但不许"易名及去名翻板"，更不许肆意增添"本朝之事迹得之传闻"⑥。而光绪十六年（公元1890年）文光楼刊《小五义》一书前有知非子识语也提及文光楼主人不禁人翻刻该书。

二是刻书预告。上述乐荆堂刊刻《定例成案合镌》一书，在书名页的右边说明这些案例是"康熙五十八年夏季以前"，并声明说"后有新例成案，按季续刻"。同一年，果然还出版了《定例成案合镌续增》。这一则预告在营销上的促销作用是显然的，它提醒购买此书的消费者，该书会跟进新出现的案例加以续增，以便消费者能够了解到最新情况。又如，清代林均撰有《樵隐诗话》一书，前二卷于光绪二年（公元1876年）十月刊刻，书名页上镌有"二刻续出"字样；等到光绪三年冬，果然又续

---

① 徐珂：《清稗类钞·诙谐类》"多年不得诗书力"条，中华书局1984年版，第1786页。
② 袁枚：《小仓山房诗文集》，周本淳标校，上海古籍出版社1988年版，第936—937页。
③ 袁枚：《随园诗话》，王英志校点，江苏古籍出版社2000年版，第472页。
④ 卞孝萱编：《郑板桥全集》，齐鲁书社1985年版，第30页。
⑤ 四库禁毁书丛刊编委会：《四库禁毁书丛刊》集部第36册，北京出版社2000年版，第3页。
⑥ 《古本小说集成》编委会：《古本小说集成》第二辑第62册，上海古籍出版社1992年影印本，第5—6页。

刻了三、四卷，并在书名页上继续预告"三刻续出"。这种情况在清代刊刻的图书书名页上很常见。例如，康熙十年（公元1671年）吴氏鉴古堂刊刻的《宋诗钞·初集》书名页上，也特别预告："二集即出。"而同治六年（公元1867年）莲溪书屋刊刻的《绣像十五贯弹词》书名页上，同样郑重预告："续集嗣出。"

图 5-12 《定例成案合镌》书名页书影
东京大学东洋文化研究所所藏汉籍善本全文影像资料库
http://shanben.ioc.u-tokyo.ac.jp/main_p.php

三是图书核心（精彩）内容展示。例如，前述《锲三台山人芸窗汇爽万锦情林》一书，在版式上分上下两栏，上栏收唐宋传奇、话本以及诗词曲赋、书、疏、联、判、状等各类文体，下栏则专收元明以来中篇文言小说。比较而言，上栏内容类似杂俎，下栏才是全书的核心内容。因此，该书书名页上明确告知读者下栏所汇刻的七篇文言小说为："《钟情丽集》、《三妙全传》、《刘生觅莲》、《三奇传》、《情义表节》、《天缘奇遇》、《传奇全集》。"[①] 在这之后又加识语说明书中还有其他内容："更有汇集诗词歌赋、诸家小说甚多，难以全录于票上。海内士子买者，一展

---

① 书名页上展示的篇目名有的和该书目录中的篇目名略有出入，目录中各篇名依次为：《钟情丽集》、《白生三妙传》、《觅莲传记》、《浙湖三奇》、《情义奇姻》、《天缘奇遇》、《传奇雅集》。明代坊刻小说类图书，书名、篇名在同一版刻中多不统一。

而知之。"显然,余象斗此举是为了将书中最核心、最主要的内容告知读者,在向读者推介的同时也吸引读者购买该书。余象斗充分认识到,书名页因其特殊位置,实际上是将信息传达给消费者最直接、便捷的宣传阵地,因此不惜余力,恨不得把所有广告都放置在书名页上对消费者进行轰炸。而中国古代图书出版业者在利用广告进行营销时所表现出来的智慧与敏锐,从余象斗身上窥一斑可知全豹。

又如,明代崇祯年间修德堂刻《讲武全书兵占》27卷,该书书名页上方有"王岵云先生鉴定"字样,右下方一栏为书名"讲武全书",左下方一栏则为"兵占总目",罗列了从"天文枢要"到"择时要览"等卷目①,这样读者甚至连目录都不用看,就知道该书各卷的主要内容。

图5-13 《讲武全书兵占》书名页书影

再如,上述乐荆堂刊刻《定例成案合镌》一书书名页左边一栏展示该书汇集的内容有:"《钦定六部处分则例》、《六部续增则例》、《刑部现行则例》、《中枢政考》、《钦定督捕则例》、《兵部督捕则例》、《内部未经

---

① 《四库未收书辑刊》编辑委员会编:《四库未收书辑刊》第六辑第13册,北京出版社1998年版,第102页。

颁刻各例》、《内部议覆及知照各省督抚提镇咨文》、《内部议定成案》、《三法司疑驳比照援引改正诸案》。"这不仅是告诉读者该书涉及的定例、成案以及相关书籍,更是借此宣示该书搜集的定例和成案是何等完备无缺。而康熙四十一年(公元 1702 年)刊刻的《冯氏锦囊秘录》书名页中间一栏也罗列该书收有"《内经纂要》、《杂症大小合参》、《女科精要》、《脉诀纂要》、《外科精要》、《修养静功》、《痘症全集》、《杂症痘症药性合参》"等①,消费者据此可以初步判断书中是否有自己感兴趣的内容,作出购买与否的决定。

有意思的是,今天不少期刊也常常在封面上展示本期若干篇目,目的是为了起到重点导读和精彩推介的作用。虽然难以确定这种做法是否源自中国古代图书出版商的实践,但二者显然有着惊人的相似。

(五) 书名页上的内容图示

书名页上的图像,除了前面我们已经介绍过的与图书内容无关、用来宣示企业形象的图画,还有紧扣图书相关内容所绘图像。这类图像,虽然没有广告言词的轰炸与诱导,但却用形象、直观的方式告诉消费者图书内容所在,真可谓"此时无声胜有声",对消费者而言也是一种极具诱惑力的广告方式。

至少从元代开始,中国古代图书出版商就开始在书名页上刊刻这类用来图示书籍内容的图像。元代李氏建安书堂至元三十一年(公元 1294 年)刊刻《至元新刊全相三分事略》三卷,该书书名页上栏横刻"建安书堂"四字,中间一栏为刘、关、张三人到茅庐去寻访诸葛亮图,最下一栏为书名。图书出版者选择绘"三顾茅庐"事来代表全书内容,应该不是一时兴到、随意为之,而是在纵览三国历史纷争之后,认为后来之所以出现三国鼎立局面,源于刘备三顾茅庐见到诸葛亮,后者为其规划了孙刘联盟抗曹的战略,因此,对于三国这一段历史故事来说,三顾茅庐一事意义非凡,值得特意在书名页上将其绘图表出。元代建安虞氏《至治新刊全相平话三国志》一书书名页版式和图均与建安书堂该书同,而虞氏刊刻的另外几种全相平话书,书名页上也有这类图示书籍内容的图像:《新刊全相平话武王伐纣书》书名页上栏为"建安虞氏新刊",中间一栏有一图,所绘似为伯夷、叔齐兄弟扣马谏阻武王伐纣事;《全相秦

---

① 《四库未收书辑刊》编辑委员会编:《四库未收书辑刊》第六辑第 15 册,北京出版社 1998 年版,第 2 页。

并六国平话》书名页中间一栏有一图，所绘为商鞅变法之初立三丈之木于都城南门、下令谁能搬到北门就赏五十金事；《全相续前汉书平话》书

图5-14 《三分事略》书名页书影

名页中间一栏所绘图似为吕后赚韩信入宫事。唯有《新刊全相平话乐毅图齐七国春秋后集》一书现存刻本缺书名页，不详是否有图，但现存虞氏所刊全相平话5种版式极其一致，因此该书书名页上照理应该也有类似图示书籍内容的图像。

　　明代一些以"全像"作为号召的小说类图书书名页上也有这类展示图书内容的图像。例如，万历二十二年（公元1594年）與畊堂朱仁斋刻《包龙图判百家公案》，书名页上面一部分为包公断案图，图中堂下所跪一为人，一似鬼，图的两旁是一对联语："日断其阳生民无不沾恩泽，夜判其阴死魂尽得雪冤愆。"类似的，万历间明德堂刘太华刊刻的《国朝明公神断详刑公案》一书，也绘有断案图。而万历三十三年（公元1605年）西清堂詹秀闽刻《按鉴增补全像两汉志传》、万历年间清白堂杨闽斋刻《新镌全像西游记传》、万历年间余象斗刻《全像东游记上洞八仙传》等书的书名页上也绘有和书中内容相关的图像。

　　管见所及，在书名页上用和图书内容相关的图像来为图书做广告，都是全相类小说，这类小说在版式上为上图下文，非常重视图像的导读

图 5-15 《包龙图判百家公案》书名页书影

功能，因此在书名页上也绘上图并不奇怪。从逻辑上来说，既然图书市场上出现了这一广告方式，似乎就不会仅限于用在某一特定种类的图书营销上，只不过我们暂时还没有发现相关例证而已。实际上，今天有些图书的封面装帧设计，有时也会绘上和图书内容相关的图案，这可以视为中国古代图书出版商类似营销智慧的现代回响。

二、书中广告

为了营销的需要，古代图书出版业在图书中所做的广告除了出现在最显眼的书名页上外，在书中的其他位置也所在多有，其表现形式主要有：一，序、跋或性质相当于序、跋的题诗、题词以及评阅意见等；二，凡例中植入广告语、比较广告、征稿广告、刻书预告及版权告示；三，牌记；四，以启事形式出现的售书书目广告；五，以启事形式出现的征稿广告；六，在卷末为续书做广告。此外，甚至书前目录中也有广告。例如，清顺治年间刊刻的李渔《无声戏》一书，在目录第一回回目"丑郎君怕娇偏得艳"后，有"此回有传奇即出"字样，而在第二回"美男子避惑反生疑"及第十二回回目"妻妾抱琵琶梅香守节"后则有

"此回有传奇嗣出"字样,这显然是在为据同一个故事编写的戏剧书做广告①。又如,清雍正间刻本《新刻扬州近事雨花香》一书于目录之后,刻有"新添通天乐十二"一行字②,这是在为《新刻扬州近事通天乐》一书做广告。因此,中国古代图书中的广告真可谓无处不在、无孔不入。

(一) 具广告色彩的序、跋及评阅意见

序作为一种文体,在古代有赠序和书序之别。赠序如著名的韩愈《送孟东野序》、宋濂《送东阳马生序》等,不外乎是临别赠言性质;而书序又有自序和他序之分,多用来说明作者情况、成书经过,介绍或评论书的内容、主旨等。中国古代的序最初是放置在书后的,例如《史记》一书的《太史公自序》就是放在最后的。后来人们把序的位置挪到书前,于是把放在书后叙说书的内容或作补充说明的文字叫"跋"。但在实际刊刻时,也有把跋放置在书前的。相较于序,跋在篇幅上要相对简短一些。

不难看出,由于文体性质使然,序和跋实际上承担的就是对图书的宣传、广告功能。也正因为这样,请名人为书籍作序在中国古代极为盛行,尤其是翻开一些明清时期刊刻的别集,卷端的序或相当于序的题诗、题词等连篇累牍③。一般来说,明清时期别集多是文人自己或其家人、师友门生等刊刻的,文人虽然好名,但又似乎羞于像坊间书商刻书那样直接做赤裸裸的广告,于是序、跋等隐性广告就成了最好的选择。当然,别集外其他图书也会利用序、跋做隐性广告。

请名人作序,其目的往往是希望借名人的声望推介书籍,利用消费者对名人的推崇和信任,促使他们作出购买该书的消费决定。中国古代图书出版业者深谙此道,例如明崇祯间毛氏汲古阁刊刻《十三经注疏》,请著名文人钱谦益作序④。钱谦益序云:

---

① 《古本小说丛刊》编辑委员会:《古本小说丛刊》第三十九辑,中华书局1991年版,第275页及278页。按,第一回故事被李渔演为传奇《奈何天》,据第二回、第十二回故事改编的传奇不详,由于李渔撰的戏曲据他自己和同时代人说共有十六种,而我们今天看见的只有《笠翁十种曲》,因此这两种传奇或即在失传的六种戏曲内。

② 《古本小说集成》编委会:《古本小说集成》第一辑第52册,上海古籍出版社1991年影印本,第6页。

③ 卷首题的这些诗词,除了作者自我感喟之外,多是朋友故旧或名流显达乃至最高统治者题赠的,在性质上与序很类似,多为揄扬、推介性文字,刊刻图书时将这些文字一并刊入,自然也是希望借此做一番广告宣传。顺便说一下,有些图书卷首的"题辞",实际上是后人在刊刻该书时写的序文,不是韵语,这和图书作者请人题赠的诗词是有区别的。

④ 毛晋和钱谦益私交不错,钱谦益编选的《列朝诗集》就是由毛氏汲古阁代刻。

> 《十三经注疏》，旧本多脱误，国学本尤为踳駮。迩者儒臣虽奉旨雠正，而其缪缺滋甚，不称圣明所以崇信表章至意。毛生凤苞窃有忧焉，专勤校勘，精良锓版，穷年累月，始告成事……

钱谦益认为该书原有的版本很差，而毛晋这一版本，花了很多年月校勘（据后面的陈序，校勘一经花一年时间，总共用了13年），是一"精良"版本。除了钱谦益的序外，卷首还另有四序，其中卢序高度评价了毛晋汲古阁所刻书籍之精善，"犹记数年前，偶得《陆放翁集》及《唐人选唐诗》，刻画如绣，心开目明"，他也认为毛晋所刻《十三经注疏》"远胜监本"。不仅如此，卢序还介绍了毛晋这位图书出版业者的为人：

> 夫子晋博学能文章，世知之矣。亦知子晋之为人乎？血气方刚，无声色货利之嗜以浅其天机，凡博弈、饮酒、车马、衣服、啖名、任侠，一切泊然。僻处昆湖之滨，读书谈道，密尔自娱。兴之所至，梨枣如云，庄严妙丽，为先民塑像，为作者传神。一堂之中，一床之上，千秋万古，四海九洲总萃焉，子晋又何与人间事，人亦乌能名子晋之所以哉①！

在他的叙说中，一位别无他好、专意刻书的图书出版家跃然纸上。卢序中这些言辞，不仅为《十三经注疏》一书作了广告，还宣传了图书出版业者毛晋的形象。

有的序文中有更为直白的图书广告，例如清初戴名世《甲戌房书小题文序》一文末尾说："于是次第刻于吴中，适小题先成，因著其说如此，以告世之学者：欲工于文章，当从此书始也。"②

此外，有的序中还顺便做征稿广告，例如清蔡殿齐编刻《国朝闺阁诗钞》，书前有蔡氏自序，序末云："惟是见闻所限，挂漏尚多。如蒙示以佳篇，更拟等为续集。"③

不过，需要注意的是，书中这些具有浓重推介广告色彩的名人序文，

---

① 钱序引文和卢序引文均见《十三经注疏》卷首，明崇祯间毛氏汲古阁刊刻本，东京大学东洋文化研究所所藏汉籍善本全文影像资料库有书影（http://shanben.ioc.u-tokyo.ac.jp/main_p.php）。
② 戴名世：《戴名世集》，王树民编，中华书局1986年版，第90页。
③ 序见《国朝闺阁诗钞》卷首，道光二十四年（公元1844年）娜嬛别馆刻本。

有时并不一定真的出自名人手笔，其中有不少只是假托名人。清代乾嘉时期蜀中著名诗人李调元就经常这样被人借重，在其《童山诗集》卷36《有好梓诗稿者，多假吾名作序，极力自誉，以弁稿端。吾实不知，作诗解嘲》中声明："寄语后人须细察，品题多未识韩荆。"①

中国古代图书出版业者同样利用跋语做广告。毛晋汲古阁曾刻有《宋六十名家词》，每一家词集都有毛晋撰写的跋语②。此书后来有清光绪戊子（公元1888年）钱塘汪氏振绮堂翻刻本，而在文渊阁《四库全书》中，于所收各家词集（如《片玉词》、《介庵词》、《于湖词》、《克斋词》、《龙川词》、《樵隐词》、《放翁词》、《平斋词》、《梦窗词》、《竹山词》、《惜香乐府》、《断肠词》等）中，也保留了毛晋所作的这些跋语。这些跋语并不都是出现在全书之末，有的是刊刻在卷中，例如《于湖词》共三卷，毛晋跋语却附在该书卷一之后。在这些跋语中，毛晋除了对词集及作者予以简单介绍评论外，大多说明自己刊刻该书所用底本以及校刻过程，其中不无广告宣传色彩。例如周邦彦《片玉词》卷后毛晋跋语称：

> 美成于徽宗时提举大晟乐府，故其词盛传于世。余家藏凡三本：一名《清真集》，一名《美成长短句》，皆不满百阕，最后得宋刻《片玉集》二卷，计调百八十有奇，晋阳强焕为序。余见评注庞杂，一一削去，厘其讹谬。间有兹集不载、错见《清真》诸本者，附补遗一卷。美成庶无遗憾云。若乃诸名家之甲乙，久著人间，无待予备述也。
>
> 湖南毛晋识③

毛晋强调自己所据底本是宋刻，而且用家藏其他两种版本作了补遗、校勘等整理工作，因此目前这一刻本是收集周邦彦词作最多、内容最准确的版本，足以告慰地下的周邦彦，让他没有任何遗憾。

---

① 李调元：《童山诗集》，收入《续修四库全书》编纂委员会：《续修四库全书》第1456册，上海古籍出版社2002年版，第427页。

② 毛晋刻书，大多亲自撰写跋语。他曾在友人建议下，将其中的125篇编成《隐湖题跋》一书。丁祖荫编辑《虞山丛刻》时收入此书。今人潘景郑重新加以校订，整理成《汲古阁书跋》一书，1958年由上海古典文学出版社出版。与此类似的是伍崇曜刻《粤雅堂丛书》，每书卷尾均有题跋，这些题跋大都是谭莹所作，间或署伍崇曜之名。参看徐珂：《清稗类钞·鉴赏类》"伍崇曜刻书"条，中华书局1984年版，第4302页。

③ 跋附周邦彦《片玉词》文渊阁《四库全书》本之后。

再如，明嘉靖四十一年（公元1562年）长洲王氏重刊《野客丛书》书后王谷祥跋语称：

> 是书家藏宋钞本，惜阙而不全。嘉靖壬辰，谷祥承乏选曹，偶于寮友处得见全帙，亦钞本。借归，命吏录之。谨自校阅……盖尝辱太史文公徵明、仪部陆君师道、乡进士袁君尊尼先后雠校再三，又蒙黄门顾君存仁、太学金君鱼借所藏钞本以资勘订……鱼豕之讹，拂尘之喻，知所不免，然亦千一矣①。

该跋语叙说了抄录、校勘该书的经过，强调用的是家藏宋钞本，又参校了众多其他钞本，参与校勘的除了自己，还有像文徵明这样的名人。类似说辞显然具有广告色彩，不过这则跋语没有像一般书坊那样吹嘘自己一字不错，而是承认校书如扫尘，随扫随生，错讹处在所难免，不过这样的错误少之又少，最多也是千分之一而已。不过分吹嘘，平实中又有适度自信，这样的广告更容易取信于人。

和书名页上简明扼要、醒目的广告词比起来，序、跋之类更像今天广告学中所谓"软广告"，其中当然也有大张旗鼓、吹吹打打者，但一般来讲要相对含蓄、婉转些。不少序的导读功能很强，在功能上和今天的产品说明书很像，这类序在营销过程中自然起着很重要的宣传作用。如今，图书出版业在对一些图书进行营销时，请名人作序加以推介的情况仍然屡见不鲜。

除了利用名人序、跋做广告外，另一种借重名人或要人推介图书的方式是强调该书经过名人或要人的审阅、鉴定。这种方式通常是在书名页上乃至书名上通过列举人名加以标示，也有在卷首单列评阅人名单的，或者在每卷开端列作者名时一并列举，但也有更特别的做法。例如，明万历十七年（公元1589年）阳春园刻吴楚材辑《彊识略》一书，在书前单列"评阅"一项，将名人的审读意见、鉴定评语择其善者予以罗列：

> 王司寇弇州先生世贞："《彊识略》，奇书也。梓之必传，第入梓时不可不更加详慎。"又《与刘应占书》："览吴国贤《彊识略》，尝鼎一脔，可以知味。兄能梓而传之，当令洛阳纸贵也。"

---

① 引文见《野客丛书》卷尾，明嘉靖四十一年长洲王氏重刊本，东京大学东洋文化研究所所藏汉籍善本全文影像资料库有书影(http://shanben.ioc.u-tokyo.ac.jp/main_p.php)。

胡方伯二溪先生定："《彊识略》略而详。楚有左、史，吴公其三之耶？当亟刻，与众共宝之。"

张奉常傅野先生汝麒："连日披读，不能释手，宏博精雅，遂为古今类书之冠。"

民部张锦亭先生问仁："大业日新，近日苦次读礼之暇，复有此奇书，遂令《合璧》、《玉海》诸编坐废，刻成幸先寄我一帙。伟裁精思，具眼方知苦心。"①

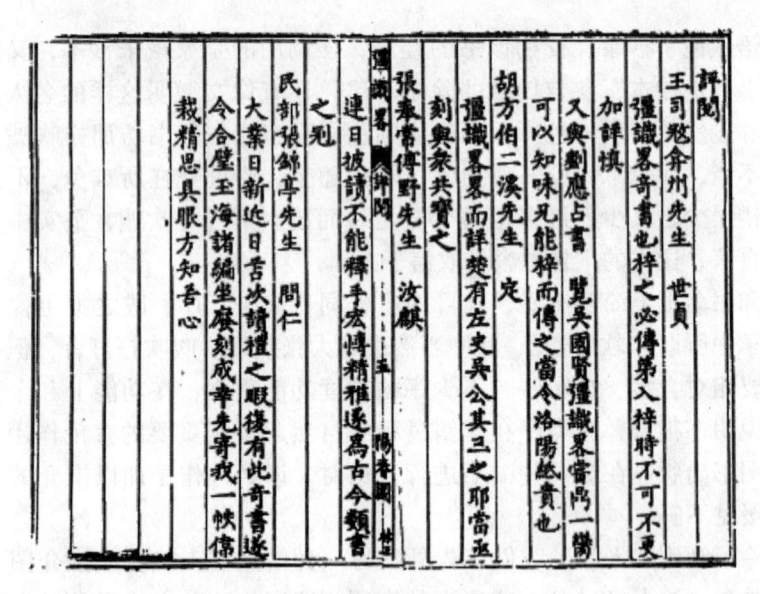

图5-16 《彊识略》书影

这也是借助名人的号召力影响消费者的购买，因为王世贞的话虽然有保留，但也说《彊识略》是一本"奇书"，而其他人甚至说该书为"古今类书之冠"，其出版后将取代《古今合璧事类备要》、《玉海》等已有的著名类书，广告推销痕迹一望而知。与此类似，清康熙九年（公元1670年）刻《广群辅录》6卷，书前在众多序言之后，有"鉴阅四方名家姓氏"一项，列举包括吴伟业、曹溶、宋琬、归庄、谷应泰、王士禄、陈维崧、王士禛、徐乾学、黄宗羲、屈大均、彭孙遹等在内的众多人名，

---

① 四库全书存目丛书编纂委员会：《四库全书存目丛书》子部第181册，齐鲁书社1997年版，第581页。

几乎囊括了清初诗坛学界名流。不仅如此，在这之后又专辟一项，名曰"《广群辅录》评林"，还特别说明"凡有序者，评不更载"。评林中摘录了四十五人的评阅意见，内容自然都是褒扬推举该书的，例如洪昇的评语说该书"隽永练净，绰乎有晋人风。昔刘彦和评楚辞云'才高者菀其鸿裁，童蒙者拾其香草'，直可移赠此书。"[1] 上述二书之外，像明嘉靖刻《芝园定集》51 卷别集 10 卷外集 24 卷书前有"《芝园定集》诸家评"、明万历三十二年（公元 1604 年）钱蕎刻《钱临江先生集》14 卷书前有"品藻"、万历四十年（公元 1612 年）唐国达刻《新刻张太岳先生诗文集》47 卷书前有"太岳先生文集评"、明书林郑大经刻《新锲官板批评注释虞精集》8 卷书前有"录诸名公评文书略"、清康熙二十八年（公元 1689 年）刻《谷口山房诗集》32 卷书前有"谷口山房诗集评"、康熙间刻《定峰乐府》10 卷书前有"附诸公论《乐府》书"、清雍正间刻《完玉堂诗集》10 卷书前有"题辞"、清乾隆三十九年（公元 1774 年）一本堂刻《屈骚心印》5 卷书前有"参阅评论"、清刻《梦月岩诗集》20 卷书前有"评语"等，虽详略不一，但性质是一样的。不过需要辨析的是，这里提到的这些诗文别集尤其是家刻本别集刊刻此类评阅意见，未必像坊刻图书那样有迫切的牟利动机，其目的恐怕主要是为了扬名。

在书前刊刻以褒扬为主的评阅意见，和今天很多图书在封底或腰封上印上名人（或著名书评人、有影响力的书刊杂志）对该书的评价如出一辙。只不过，今天的图书出版商把这些评语放在购买者甚至不用打开书就能看见的地方，可谓青出于蓝、后出转精。

此外，还有一种更为特殊的审阅意见，即强调该书经过政府有关部门审定奉令颁行。例如，明崇祯十三年（公元 1640 年）石啸居刻《四书大全辩》书前先有一告示，说该书"蒙国子监咨礼部刊行，与坊本迥别"[2]，然后胪列相关上行下达公文。这是借助公权力的公信力来强调该书的权威性。与此相类似，元建安陈氏余庆堂刻《续资治通鉴》18 卷书前刻有著者李焘宋乾道四年（公元 1168 年）进呈该书时写给宋孝宗的表。这虽然不是审阅意见，但告诉读者该书曾经宋代皇帝御定，其实也是出于促进图书销售的考虑。

---

[1] 四库全书存目丛书编纂委员会：《四库全书存目丛书》子部第 227 册，齐鲁书社 1997 年版，第 322 页。

[2] 四库全书存目丛书编纂委员会：《四库全书存目丛书》经部第 167 册，齐鲁书社 1997 年版，第 439 页。

（二）凡例中植入广告语、比较广告、征稿广告、刻书预告及版权告示

凡例，或作"例言"、"发凡"，间亦有称"释例"、"义例"、"条例"、"略例"、"起凡"者。凡例的起源，或可追溯至晋杜预《春秋释例》，袁枚为其《小仓山房文集》撰写凡例即称："古文本无例也，自杜征南有发凡起例之说，后人因之。"①《春秋释例》本来是用来解释《左氏春秋》行文义例的，后来成书单行传世。但后世凡例大多位于一书正文之前（倘若该书兼具序文和目录，则多位于序文之后、目录之前），是著者或编者用来说明图书性质、图书内容以及写作或编辑体例的文字。中国古代图书出版者充分利用凡例位于一书卷首这一位置优势，在其中植入了各种广告，包括夸耀本书的广告语辞及比较广告、为本书续增或其他图书编辑所做的征稿广告、刻书预告以及版权告示语等。

1. 夸耀性广告语辞。凡例作为说明性文字，用语本应较为平实，但著者或编者因为敝帚自珍，不由自主地自我夸耀起来；或者是亲戚故旧因为人情世故加以恭维吹捧；或者是编撰者、出版者出于促进销售的目的，有意识地用耸动视听的语辞加以推介。无论哪种情况，都是希望读者因此重视该书，使其得以流传于世。不过，同为褒扬夸示性语辞，前两者的商业气息远不如后者浓重。目前学界已经注意到的主要是明清小说凡例具有浓厚的广告性②，但在此之外，很多其他种类的图书也利用凡例大做广告。

我们先看小说凡例中的广告。例如，明天启间杭州爽阁主人履先甫刻《禅真逸史》，共有八条凡例，第一条说："是书虽逸史，而大异小说稗编……乃史氏之董狐，允词家之班马。"这是将本书抬到古之良史的地位。第五条又宣称书中图像"其间仿景必真，传神必肖，可称为写照妙手，奚徒铅椠（引者按，当为"椠"之讹）为工"。第六条说："此书旧本出自内府，多方重购始得。今编订当与《水浒传》、《三国演义》并垂不朽，《西游》、《金瓶梅》等方之，劣矣。故其剞劂也，取梨极精，染纸极洁，镌刻必抡高手，雠勘必悉虎鱼。诚海内之奇观，国门之赤帜

---

① 袁枚：《小仓山房诗文集》，周本淳标校，上海古籍出版社1988年版，第1149页。
② 例如，沈梅丽《明清小说中的凡例研究》（《哈尔滨学院学报》2007年第3期）论及凡例记载了书坊为扩大小说影响、增进小说销售所采取的各种手段，但沈文主要关注的是凡例的史料价值、小说理论价值等。程国赋《论明代坊刊小说的广告手段》（《学术研究》2007年第6期）论及小说凡例中蕴藏着广告。

也……"这是从版本、刊刻用材、刻工以及校勘等诸多方面为该书做广告。第七条则为将来刻书做预告:"嗣有古文华札、丽曲新声脍炙人口者若干卷，未行于世，并欲灾木，以公同好，先以此试一脔云。"①

再如，清嘉庆八年（公元1803年）博雅堂藏板《鬼谷四友志》凡例第一条云：

  坊刻有《孙庞演义》一书，甚属唐突诞妄，非惟不揣情理，兼文势鄙陋层出，如朱亥乃田文之勇友，而强扯作魏国大夫……今辑是传，虽未知能尽当日之事是非与否，然于情理揣度，庶几有得。施之于今，亦可醒心；度之于古，不谓无因②。

第四条又说：

  凡作书，无论经文，即如小说，亦须先知其源。约者多所挂漏，俚者岂堪入目，肤者无能醒心，繁者不胜流览。今此书悉照列国评选，稍加增删，去其缪妄穿凿，独存朴茂，自然合理，言简义尽，无挂漏不胜之苦，读之惟觉古人可爱可慕，醒诸戒诸③。

最后一条更是大肆吹嘘道：

  是集文虽不古奥，然有一等……可通世用，可警世悖。取其所长，去其所短。其与荒唐鬼神、缠绵男女等事俱无。稚幼读之，与其进业；已仕读之，坚其忠贞；庶人读，可去狡诈；隐居读，可操其志。事无几许，义举多方④。

这真是不厌其烦，一再向读者推销该书。自然，也有要言不烦的。例如，

---

  ① 《古本小说集成》编委会：《古本小说集成》第二辑第136册，上海古籍出版社1992年影印本，第1—5页。

  ② 《古本小说集成》编委会：《古本小说集成》第一辑第5册，上海古籍出版社1991年影印本，第1—3页。

  ③ 《古本小说集成》编委会：《古本小说集成》第一辑第5册，上海古籍出版社1991年影印本，第6页。

  ④ 《古本小说集成》编委会：《古本小说集成》第一辑第5册，上海古籍出版社1991年影印本，第9—10页。

清乾隆十五年（公元 1750 年）大德堂刊刻《绣像女才子书》有凡例四则，其三云："稗史至今日，滥觞已极。唯先生以唐人笔墨另施面目，海内巨眼，自应赏鉴。"①

小说之外，明清经学类图书凡例中也多有广告语辞。例如，明天启五年（公元 1625 年）刻《春秋衡库》30 卷有冯梦龙撰发凡十则，其中就书中将春秋前后的事实文章各附一卷夸耀道："俾首尾毕具，览是编者，一切书可尽置高阁矣。"②再如，明末近圣居刊刻《近圣居三刻参补四书燃犀解》的凡例随处可见诸如"便观阅而证本原"、"观者豁通心目，顿悟希夷"、"诚举业之津梁、文家之穀率"、"直讲体圣贤口吻……宛如杏坛面诏、函席耳提"之类吹嘘广告语③。清代和明代一样，由于经学和科举考试有直接关系，这类图书凡例大多也是强调图书对于读者举业的助益。例如，清康熙间新安时述堂刻《周易补义》四卷《图说》一卷，凡例第二条云：

> 是集专为举业，故于大小试题，详加研究，章旨节要，逐句阐明，逐字衬贴，仍用双圈以标眼目，尖点以醒脉络，庶大旨所在，开卷了然，而风檐寸晷之中，自能悉中款綮④。

用语虽然较为平实，但也在强调该书对于举业考试的用处。用语更为吹嘘的则有康熙三十六年（公元 1697 年）刻《读易约编》四卷，该书前有 20 条凡例，除了提到"慎校无讹"、"白文、讲义俱一例用大字，以便披览"外，还专门点出该书是针对科举考试的：

> 是编于乡、会出题诸章，尤加意探讨，务使理真词当，凡临场拈题者，可一览而得，不必更阅他书⑤。

---

① 《古本小说集成》编委会：《古本小说集成》第一辑第 87 册，上海古籍出版社 1991 年影印本，第 2 页。
② 四库全书存目丛书编纂委员会：《四库全书存目丛书》经部第 123 册，齐鲁书社 1997 年版，第 11 页。
③ 陈祖绶撰，夏允彝等参补：《近圣居三刻参补四书燃犀解》，收入美国哈佛大学燕京图书馆编：《美国哈佛大学哈佛燕京图书馆藏中文善本汇刊》第 4 册，商务印书馆，广西师范大学出版社 2003 年版，第 11—13 页。
④ 四库全书存目丛书编纂委员会：《四库全书存目丛书》经部第 27 册，齐鲁书社 1997 年版，第 238 页。
⑤ 四库全书存目丛书编纂委员会：《四库全书存目丛书》经部第 35 册，齐鲁书社 1997 年版，第 131—132 页。

管见所及，清代经学类图书凡例做广告的，还有顺治八年（公元1651年）刻《四书穷抄六补定本》16卷、康熙七年（公元1668年）刻《柴氏古韵通》8卷、康熙三十二年（公元1693年）宝瀚楼刻《孝经类解》18卷、雍正间居易斋刻《先天易贯》5卷、乾隆十九年（公元1754年）爱日堂刻《爱日堂尚书注解纂要》6卷、清刻《翼艺典略》10卷等书。

史部类图书也有在凡例中做广告的。例如，明末汲古阁刻《陆状元增节音注精议资治通鉴》120卷书前总例先是将该书与《资治通鉴》其他版本相比较，称"有诸本之所长而无其差舛，诚所谓创见者也"[1]，然后一再强调该书对于举子应试有何等助益。此外，像明万历十二年（公元1584年）刻《新刻官板大字评史心见》12卷、明万历二十一年（公元1593年）刻《诸史品节》41卷、明天启四年（公元1624年）刻《国朝典汇》200卷、明崇祯间刻《纲鉴正史约》36卷、明末刻《史品赤函》4卷、清康熙二十七年（公元1688年）刻《新编文武金镜律例指南》16卷等史部类图书凡例中均有广告语辞。

子部中的类书大多有凡例说明编纂缘起及体例，其中多有广告语辞。例如，清康熙姑苏三槐堂刻《类书纂要》33卷凡例第三条说该书不仅对于朝廷官员写作典雅的论、策、表、判极其有用，"虽谓论策津梁可也"，而且对于爱好文词者以及喜欢考究者也可以起指引作用，在第八条里甚至强调此书一出，喜欢考据者再也不必翻尽群书，"而诸书似皆可废矣"。该书凡例最后一条还说明为什么采用小版，不是为了省减，是为了"便于携取，或几案，或卧榻，或行李奚囊中，置之裕如，可以时时展读为便"[2]，这实际也是在做广告。此外，像清乾隆元年（公元1736年）浣花轩刻《群书备考古学捷》10卷、乾隆五年（公元1740年）居仁堂刻《古今记林》29卷、乾隆十五年（公元1750年）竹友草堂刻《文献通考节贯》10卷等类书的凡例中也有广告语词。类书外，子部中像明万历间刻《诸子品节》50卷、明天启二年（公元1622年）刻《镌补雷公炮制药性解》6卷、天启五年（公元1625年）刻《诠叙管子成书》15卷、明崇祯十四年（公元1641年）刻《药镜》4卷、崇祯间刻《梦林玄解》34卷、清乾隆间刻《豳风广义》3卷、乾隆三十三年（公元1768年）刻

---

[1] 四库全书存目丛书编纂委员会：《四库全书存目丛书》史部第3册，齐鲁书社1997年版，第181页。

[2] 四库全书存目丛书编纂委员会：《四库全书存目丛书》子部第237册，齐鲁书社1997年版，第554页。

《临证指南医案》10卷等书的凡例中均有广告语辞。

集部中别集类图书除了编辑全集或选辑部分诗文另成一集外，一般不需要凡例。相较而言，总集凡例要更常见些，其中也多有夸耀性广告语辞。例如，明末刻《七十二家集》卷首有辑者张燮所撰凡例，第一条述编纂缘起及该书所收范围，末云："大地精华，先辈典型，尽于此矣。"① 再如，明崇祯间平露堂刻《皇明经世文编》，卷首宋徵璧所撰凡例说该书"虽未敢云圣朝之洪谟，亦足当经世之龟鉴矣"②。又如，《天一阁书目》卷四之三集部收录《古今名喻全编》8卷，提要中录该书凡例谓："《警喻》刻自金陵唐氏，苏、浙、建阳乃其翻版。今刻《名喻全编》，尤为举业者称最。比旧刻增十之七，损五之三，次第分类，音释详明，善之善者也。"③

可见，在坊刻小说之外，与科举考试关系较为密切的经义、类书、史书、总集以及子部中偏实用的如术数、医学类图书的凡例都会植入夸耀性广告语辞（下文我们还会看到植入的其他类型广告）。而上文所列举的夸耀性广告语辞虽则缤纷多样，却不外乎以下几个方面：一是点明图书性质，强调该书对于哪些读者有特别效用；二是说明图书内容，夸耀该书质量上乘；三是说明写作、编纂体例，极力表白是如何处处替读者着想；四是追叙编著刊刻经过，宣称态度谨严、殚精竭虑、制作精良。

2. 比较广告。凡例中给人留下更深刻印象的并不是单纯夸耀本书的广告语辞，而是那些令人感觉针锋相对的比较广告。著者或编者为了宣扬自己的图书与众不同，在与其他图书比较写作角度或编辑体例的差异时，往往会贬低后者，抬高自己，在凡例中植入比较广告。

一般来说，重编、增订的图书大多会在凡例中与原书进行比较。例如，明末刻《四书名物考》24卷系钱受益等补陈禹谟所撰《名物考》20卷，凡例除了声称该书为"几案间第一种要书"、"前后场应制之总持"外④，还集中与陈书旧刻相比较。与此类似，明崇祯十三年（公元1640年）石啸居刻《四书大全辩》、清康熙五十六年（公元1717年）聚锦堂

---

① 《续修四库全书》编纂委员会：《续修四库全书》第1583册，上海古籍出版社2002年版，第1页。

② 《续修四库全书》编纂委员会：《续修四库全书》第1655册，上海古籍出版社2002年版，第55页。

③ 《续修四库全书》编纂委员会：《续修四库全书》第920册，上海古籍出版社2002年版，第275页。

④ 四库全书存目丛书编纂委员会：《四库全书存目丛书》经部第160册，齐鲁书社1997年版，第346页。

刻蔡方炳增订《广舆记》24卷图1卷、清雍正二年（公元1724年）刻重编《五经图》12卷、清乾隆间刻《重刊朱子仪礼经传通解》69卷，凡例多与旧本比较，突出该新刊本的特点。

其次，同一种图书如果已有不同版本，则新刊本凡例大多会在比较中突出自身长处。例如，清雍正四年（公元1726年）彭思眷刻《张龙湖先生文集》15卷，凡例将该书"翻本"与家藏原刻比较，指斥翻刻本"殊失本来面目"，而该书则"得善本校正，始无遗憾"①。

再次，如果同一性质或类似的图书较多，新刊刻的图书也往往会在凡例中强调其与已有图书有何不同。例如，明嘉靖间刻《宋史新编》200卷，既称"新编"，凡例多与元人所编"旧史"相比较，突出该书体例之尽善、编次之得当。类似的，明万历十四年（公元1586年）宝善堂刻《大明一统文武诸司衙门官制》5卷，凡例多与"旧本"相比较，斥其并非善本。又如，清经国堂刻《新镌分类评注文武合编百子金丹》10卷，凡例除了夸耀该书"专为趋时应科捷径，期于简便，易资记诵"、读者研读此书"则谈吐关世教，文墨别词林，取科第如拾芥"外，更对坊刻诸子书多所指斥，谓"迩来坊间知时尚子书，家家混刻"，系借此售利，图书质量却并不高②。

其实，对于比较广告而言，重要的不是与谁进行比较，而是如何在比较中突出自身特色。凡例中的比较广告在这方面真可谓挖空心思、精彩纷呈，让我们再次领略到中国古代图书出版者在营销方面的智慧。

前面我们论述过中国古代图书出版业的特色产品之道，其中有插图、套印、评点等手段。问题是，一旦成为风尚，当初的特色反而成为习见不鲜的俗套。此时出版者要想让自己的图书在众多同质化的产品中脱颖而出，要么精益求精，要么反其道而行。例如，明代人瑞堂刊《隋炀帝艳史》凡例第七条是比较广告，大肆吹嘘书中所附图像与众不同：

  坊间绣像，不过略似人形，止供儿童把玩；兹编特恳名笔妙手，传神阿堵，曲尽其妙，一展卷而奇情艳态勃勃如生，不啻顾虎头、吴道子之对面。岂非词家韵事、案头珍赏哉？

---

① 四库全书存目丛书编纂委员会：《四库全书存目丛书》集部第76册，齐鲁书社1997年版，第356页。

② 四库全书存目丛书编纂委员会：《四库全书存目丛书》子部第153册，齐鲁书社1997年版，第1页。

第八条接着又说：

> 绣像每幅皆选集古人佳句与事符合者以为题咏证左，妙在个中，趣在言外，诚海内诸书所未有也①。

此类广告语格外突出所附图像与其他坊刻不同，正说明其时坊刻小说附图极其普遍，倘若绘制不够精工，已经难以吸引消费者注意。鉴于此，也有别出心裁者干脆在图书凡例中标榜不附插图，声称文字之妙穷形尽相，无须另附图像。例如，《续屏缘》凡例第一条劈头就说：

> 小说前每装绣像数叶以取悦时目，盖因内中情事未必尽佳，故先以此动人耳目。然画家每千篇一列，殊不足观，徒灾梨枣。此集词中有画，何必画中有形，一应时像，概不发刻②。

这一比较广告可谓剑走偏锋。

与此类似，当套印成为时尚时，明末刻《孙月峰先生评文选》30卷凡例反而说：

> 迩来苕上诸刻，青黄并饰，朱紫杂陈，不图滥觞之极，绘及秽史淫词，既殄有用之赀，且嗤无益之目，识者伤之。今仍墨本，以还大雅③。

很有意思，在众多套色印本中，墨本居然成了可以标榜的"大雅"，其实真正的目的是在比较中突出自己与众不同。

评点是中国古代图书出版者常用的另一特色产品之道。到了明清时期，不但时文选本有评点，诗文别集乃至其他各类图书均有加评点者。对此，清初汪琬自题其《钝翁前后类稿》第二则中委婉讽刺道：

---

① 《古本小说集成》编委会：《古本小说集成》第三辑第69册，上海古籍出版社1993年影印本，第6—7页。

② 《古本小说集成》编委会：《古本小说集成》第四辑第48册，上海古籍出版社1994年影印本，第1页。按，该本为抄本，但第一回卷端题《新镌移本评点小说绣屏缘》，可见系据坊刻本抄录而成。

③ 四库全书存目丛书编纂委员会：《四库全书存目丛书》集部第287册，齐鲁书社1997年版，第8页。

坊间时文选本，俱有批评圈点，一则坊人射利，一则选家藉以开导初学耳。诗文别集似难效尤。迩来滥觞，甚至每篇缀以评语，不曰凌驾欧、韩，即曰偪真《左》、《国》，在时贤不愧此语，吾视古人尚不堪为之执鞭，戒勿为我加批点①。

可在时俗裹挟之下，即或不以为然，作者或图书出版者往往不得不适应读者的阅读习惯。例如，清康熙间刻《绿萍湾史论初集》一卷凡例末一条云："是集用圈点，非古也。然使我从俗不从雅者，究非我之咎也，读者宜自猛省。"② 该书作者朱直显然不认同加圈点这一做法，但又不得不从俗，不无委屈的话语在一些读者听来不免有些刺耳。既违初心，又出此言开罪读者，朱直似乎不够聪明。更高明的做法是既不加评点以示不同流俗，又让读者认同这一选择。例如，清康熙十二年（公元1673年）刻《王阳明先生全集》22卷凡例第三条云：

先辈刻书，多用圈点批评……近来滥用圈点，遂至句栉字比、零杂可厌矣。夫文章之妙，全在本文，与其评赞失真，不如深思自得。况先生之文旨深而言显，所谓"千人亦见，万人亦见"者也。予第刻刊本文，不敢妄加评点，亦从游、夏莫赞之意尔③。

之所以不加评点，一是因为滥用评点则琐碎絮叨，令读者生厌；二是因为读书贵在自得，这样可以给好学者留下思考空间；三是因为王阳明的著作好得让编者不能赞一词。这一说法，在贬低坊本做法滥俗的同时，又投合了一部分厌烦评点饶舌的读者的心理。再如，康熙三十二年（公元1693年）古渌水园刻《明文在》100卷，凡例其一云：

古本书籍不加圈点批评，欲览者自得之。近阅坊本，俱照时文小说，密圈密点，妄批妄点，此其人目未觌宋元明初板耳。

---

① 四库全书存目丛书编纂委员会：《四库全书存目丛书》集部第227册，齐鲁书社1997年版，第435页。
② 四库全书存目丛书编纂委员会：《四库全书存目丛书》史部第291册，齐鲁书社1997年版，第477页。
③ 四库全书存目丛书编纂委员会：《四库全书存目丛书》集部第50册，齐鲁书社1997年版，第248—249页。

先生未敢以之薄待天下士也①。

之所以不加评点，不仅因为这是古本书籍的做法（按，此言不确。如前所述，宋人刻书也有加圈点的），更因为编选者相信读者读后自会有心得。这就很巧妙地恭维了读者，让读者欣欣然购下此书。

此外，一些看似微不足道的地方也可以用来大作比较广告。例如，明崇祯三多斋刻《地理大全》，凡例提到：

> 坊刻多大书其文，细书其注，此旧例也。然细书易至模糊，观者不觉起厌。是编概用大字，注则止低一字以异之，可以分经别传，亦以快心爽□②。

这是突出该书不像其他坊刻那样用较小的字体刻注释，而是全用大字刊刻。对于产品营销来说，关键是突出差异，这一比较广告可谓深得要领。

3. 征稿广告。除了在凡例中植入推销图书的广告语或做比较广告外，有些图书的凡例中还包含了征稿广告。

大凡汇聚群书众作编纂一部新书，往往涉及不同时代、不同地域的众多著者与著作，单靠编纂者一人或数人的见闻所及，不仅前期寻访周期过长，而且不免挂一漏万，最便捷周全的方式自然是利用征稿广告来汇聚稿源。这些征稿广告或以启事的形式张贴在书店等读书人积聚的公共场所，或以书启的形式寄给征稿对象（详见后文征稿启事相关论述）。稿件达到一定规模后，出版者即可付梓。一旦刻印，图书本身又成了极佳的广告载体。于是，凡例里又可以塞进征稿广告，为该书的续增继续征稿。

例如，明崇祯六年（公元1633年）墨绘斋刻《名山胜概记》46卷图一卷，凡例第一条说该书比起何滨岩的书来搜罗更富，"然尚惜书邮莫致，未遑远丐；缃袠有限，靡获兼收。敢缴惠札，用广续编"③。这里提到个人的藏书毕竟有限，希望随着该书的流通，能够进一步征求稿件，以便编辑续编。

清人编辑了很多总集，不少总集的凡例中就有为编该书的续集作征

---

① 四库全书存目丛书编纂委员会：《四库全书存目丛书》集部第408册，齐鲁书社1997年版，第338页。
② 四库全书存目丛书编纂委员会：《四库全书存目丛书》子部第63册，齐鲁书社1997年版，第61页。
③ 四库全书存目丛书编纂委员会：《四库全书存目丛书》史部第252册，齐鲁书社1997年版，第67页。

稿广告的文字。例如，胡孝思辑评《本朝名媛诗钞》6卷，凡例云：

> 集中名媛，有未见专集者，未免挂一漏百，故小记内志明见于何书、附于何集，倘赐全豹，即选付续梓。思等生长偏隅，网罗未能遍及四方名媛。如不吝赐教、有琼章见贻者，幸邮至苏郡府学前凤池门胡抱一舍下，以便续刊①。

实际上，该书在卷首胡孝思撰写的序言中就已经提及为续集征稿一事："至谓见闻有限，嗣后倘有彤管之贻，即续付之梓人。"凡例中这则征稿广告则是将序言中这一设想具体化了。类似的，曾燠辑《江西诗征》，例言末一条云：

> 是编所辑国朝诗仅四百余家，卷帙尚隘。盖乡先达及山林隐逸专集遗文多未行世，燠远宦历年，无从搜采。尚冀桑梓诸公，各以家藏旧本，随时惠寄，当补刻续编，以臻广备焉②。

这也是在凡例中为编选续编征稿。

总集之外，清代诗话的编写和刊印极为繁荣，很多诗话涉及当代诗人，同样是因为编撰者个人见闻有限，为了将来采辑、编撰的便利，也会在凡例中征稿。例如，清代杨际昌《国朝诗话》在刊刻之际，有"例言四则"，其中就提到："嗣后尚将陆续采辑，倘大雅见之，不鄙其琐琐，惠示名章，深所望云。"③

清人还有编选文言小说的，也利用凡例来征稿。例如，康熙间张潮选刻文言笔记小说集《虞初新志》，该书卷首有凡例十则，第八则编选者很谦逊地说自己"第愧蒐罗未广，尤惭采辑无多，凡有新篇，速祈惠教，并望乞邻而与，无妨举尔所知"，这是在为本书征求新篇，并且不一定要求是自作的，倘若知道什么好作品，也可以推荐给编者。在紧接着的第九则中，编选者还声明本书中"已经入选者，尽多素不相知；将来授梓者，何必尽皆旧识？自当任剞劂之费，不望惠梨枣之赀。免致浮沉，早

---

① 胡孝思辑：《本朝名媛诗钞》，清康熙五十五年（公元 1716 年）刻本。
② 《续修四库全书》编纂委员会：《续修四库全书》第 1688 册，上海古籍出版社 2002 年版，第 4 页。
③ 杨昌际：《国朝诗话》，收入郭绍虞编选：《清诗话续编》，富寿荪校点，上海古籍出版社 1983 年版，第 1657 页。

邮珠玉"①，这是针对有的选家要求篇目入选者交一定刊刻费用这一情况，强调无论与选家认识与否，刻资全由选家自己一力承担，希望有好作品的话，赶紧邮寄给选家，不要有什么顾虑。

不过，需要注意的是，凡例既然可以为该书的续增植入征稿广告，自然也可以利用来为其他图书征稿。例如，清初魏宪编选诗歌总集《诗持》，一集凡例中提到：

> 余是选既竣，即有补石仓之举，各家一册，板式悉照石仓旧本，广辑昭代，上溯启、祯，补宗伯曹能始先生未竟之业。不论显晦存殁，直接十二代宗工，诚盛事也。有志千秋者，乞以全稿邮寄白下，共商剞劂焉②。

魏宪这就是在为他后来编选的另一部总集《百名家诗选》征稿。

4. 刻书预告。凡例中植入的另一种广告是刻书预告，即在凡例中提醒读者，与该书相关的图书，或者是该编撰者的另外一些著作，或者是该图书出版者计划出版的其他图书，即将出版。

例如，明万历二十一年（公元1593年）刻《诸史品节》41卷凡例云："故不佞兹编，断以后汉为绝笔，其他诸史，且姑舍是。倘欲睹其大全，则不佞寻而有《续诸史品节》在刻。"③ 万历间刻《经言枝指》99卷，该书包括《汉诂纂》、《谈经菀》等五种，书前各种书的凡例前有全书总例，末一条云："五种之外，别有二种——一《经籍异同》，以便参稽；一《字林举要》，以存小学——并有关四籍者，且次第行之。"④ 明天启四年（公元1624年）刻《雪庐读史快编》60卷凡例也提到："是编单就二十一家穷搜约取，若佚在正史外者，方随日检汇，别为《快事古今二编》，卒业未遑，旋有续勒。"⑤ 明崇祯十四年（公元1641年）君山堂

---

① 《古本小说集成》编委会：《古本小说集成》第五辑第50册，上海古籍出版社1995年影印本，第5—6页。

② 四库禁毁书丛刊编委会：《四库禁毁书丛刊》集部第38册，北京出版社2000年版，第4—5页。

③ 四库全书存目丛书编纂委员会：《四库全书存目丛书》史部第132册，齐鲁书社1997年版，第2页。

④ 四库全书存目丛书编纂委员会：《四库全书存目丛书》经部第158册，齐鲁书社1997年版，第376页。

⑤ 四库全书存目丛书编纂委员会：《四库全书存目丛书》史部第144册，齐鲁书社1997年版，第638页。

刻《春秋四家五传平文》41卷凡例中辑者张秀初提到，"秀初复有《止乱》一书，备采其精，已备梨续布"①。这些例子多是预告与该书相关的图书即将刊刻出版，提醒读者留意购买。

清代图书凡例中出现刻书预告的情况也很常见。例如，前述《虞初新志》凡例最后一则，即是在为选家编选的其他图书做预刻广告：

幽人素嗜探奇，尤耽考异。此选之外，尚有嗣选《古世说》、《古文尤雅》、《古文辞法传集》、《布粟集》、《壮游遍览》诸书，次第告竣，就正有道②。

再如，清初易堂刻《魏叔子文集外篇》，魏禧的侄子魏世杰在凡例第五条中说："叔父著作最众，贫无工赀，今先刻若干，草草竣事，请政海内。诸散文藏笥中者尚数百篇，新作百首，俟之二刻。"第六条又云："叔父著有《尚书余》一卷，《〈左传〉经世钞》十卷、拟奏疏一卷、内篇二卷，俱嗣刻。"③ 又如，康熙四十三年（公元1704年）吕氏家塾刻《晚村先生八家古文精选》凡例末条云：

八家文另有全选。又有选《公羊传》、《谷梁传》、《战国策》、《韩诗外传》、《说苑》、《新序》及唐陆敬舆、李习之、杜牧之文，将嗣刻问世④。

此外，像康熙间刻《读史津逮》4卷、康熙间刻《山法全书》19卷、康熙间刻《南沙文集》8卷、康熙五年（公元1666年）郭氏梅花屿刻《本草汇》18卷《源流》一卷《补遗》一卷、康熙十一年（公元1672年）常州岱渊堂刻《杜诗论文》56卷、雍正七年（公元1729年）敬恕堂刻《读书小记》31卷、雍正间天德堂刻《济阴纲目》14卷、乾隆四十

---

① 四库全书存目丛书编纂委员会：《四库全书存目丛书》经部第128册，齐鲁书社1997年版，第596页。
② 《古本小说集成》编委会：《古本小说集成》第五辑第50册，上海古籍出版社1995年影印本，第6页。
③ 《续修四库全书》编纂委员会：《续修四库全书》第1408册，上海古籍出版社2002年版，第285页。
④ 四库禁毁书丛刊编委会：《四库禁毁书丛刊》集部第94册，北京出版社2000年版，第312页。

九年（公元1784年）刻《读书乐趣》8卷等书的凡例中均有刻书预告。

显然，预告中提到的书后来有些未必如期刊刻。但无论刊刻与否，随着刻有预告的图书的刊行，对所预告书感兴趣的读者自然会留意搜寻，这就为该书未来的发行预先积累起一批消费者。这对于图书营销的意义是不言而喻的。

5. 版权告示语。有些图书凡例中还植入版权告示语。例如，前述明末刻《孙月峰先生评文选》凡例其一云：

> 是书稿易再三，时更五稔，爰命剞劂，求正大方，要使都邑争传，岂谓奇赢是赖？倘有狡徒射利，依样重翻，抹杀数载之苦心，自侈一朝之得计，斯有识之共愤，虽千里而相仇。允宜揣己，无或速戾①。

说的其实就是"如有翻刻，千里必究"，但格外强调了该书倾注了编撰者数载心力，维权理所当然。此外，像前述清胡孝思辑评《本朝名媛诗钞》一书凡例最后也写道："版藏凌云阁，倘有翻刻，千里必究。"②

再如，明崇祯三多斋刻《地理大全》一集30卷二集25卷，凡例提到：

> 翻刻深可痛恨，盖贾人俗子，或利其价之稍减，而不知纸板残缺、字画差讹，令览者鱼鲁不得其解，前人之意从此不明，后人之惑从此滋甚。此翻刻之所以必禁，非谓其有害于斯编，而惧其有害于斯道③。

同样是维护版权，但这里强调的是翻刻本质量低下，影响了读者阅读。而且，倘若任由低劣翻本流传，甚至可能会损害该学科领域。对自己的利益几乎避而不谈，考虑的完全是读者的利益以及该领域的长远发展，以此来讨伐翻刻本，可谓堂堂之阵、正正之旗。

特别值得一提的是，在近乎千篇一律的"翻刻必究"声中，也有像前文提及的周亮工《赖古堂名贤尺牍新钞》等书在凡例中声称不禁翻刻，

---

① 四库全书存目丛书编纂委员会：《四库全书存目丛书》集部第287册，齐鲁书社1997年版，第8页。

② 胡孝思辑：《本朝名媛诗钞》，清康熙五十五年（公元1716年）刻本。

③ 四库全书存目丛书编纂委员会：《四库全书存目丛书》子部第63册，齐鲁书社1997年版，第61页。

其说法和做法均令人耳目一新。

总体来看，利用凡例做广告，有以下几个特点：其一，主要出现在明清图书中。管见所及，明以前图书少有在凡例中做广告的。而且，并不限于明清小说，传统四部分类中各类图书都有这种情况。其二，由于凡例可以根据内容多少自由伸缩，因此不仅可以在其中做各类广告，而且相较于书名页或牌记中寥寥数语的广告，凡例中的广告要从容舒展得多，可以更为详尽些。其三，大凡由作者或编撰者（编撰者同时为图书出版者除外）亲自撰写的凡例，即使语涉夸耀、比较，用语也较为谨慎，但如果是由作者或编撰者的后人或门生故旧撰写的凡例，则用语更为夸饰，而径由图书出版者撰写的凡例，商业气息尤为浓厚。

（三）牌记的广告功能

除了书前的序、跋、评阅意见以及凡例等，书中刊刻的牌记也承担着很重要的广告功能。

从宋代开始，中国古代图书出版业者在刊刻图书时普遍加刻牌记。这些牌记在书中出现的位置并不一定，或者出现在序后，或者在目录前，或者在目录后，或者在某一卷尾，或者在一书之尾，甚至如前所述翠岩精舍刊刻的《广韵》等书，其牌记干脆出现在书名页上。最后一种情况在明、清坊刻图书中颇为常见。有的书中有好几个牌记，例如明正德十二年（公元1517年）至嘉靖十一年（公元1532年）递刻本《梓吴》一书有八个牌记[1]。

牌记，又叫"墨围"、"木印"、"墨记"、"书牌子"、"木记"、"木牌"、"碑牌"等，是在一个用单线、双线或各式花纹围起来的框中（大多是长方形的，像牌子或石碑。但也有其他形状的，例如"亚"字形、椭圆形、钟鼎形、琴瑟形、莲龛形、幡幢形等）镌有图书出版者的识语，内容一般是说明该书的出版者，即刊印者的姓名、书坊名等，以及刊印的时间、地点等。但也有些牌记字数较多，类似刊刻记，用来说明刊刻所用底本、该书内容、校勘水平乃至版权归属等[2]。其实，所谓"牌记"只不过是将原来简单的刊语或复杂的刊刻记用了墨线或图案围饰起来，

---

[1] 书影见潘承弼、顾廷龙编：《明代版本图录初编》卷6，上海书店1941年版，第60页。
[2] 林申清：《宋元书刻牌记述略》，附在他编著的《宋元书刻牌记图录》一书前，北京图书馆出版社1999年版。

让读者看着更醒目而已，但在中国古代图书出版业的写本时期和雕版印刷初期，这些刊语或刊刻记大多没有墨线或图案与正文内容区别开来①。

我们认为，牌记中那类仅以简单刊语说明该书出版者、刊印时间、刊印地点的，在性质上和今天企业的品牌标志（logo）很类似，当这类牌记在该图书出版者或出版企业刊刻的图书中一再出现时，牌记就成了该图书出版者或出版企业的形象标志，担负起宣传、广告的功能，极力扩大图书出版者或出版企业的知名度。因此，宋、元、明的图书出版，无论官刻、家刻，还是坊刻，为了将自己与别的出版者区别开来，有不少在牌记的设计上颇费苦心，力图在直观外形上就与众不同。例如，南宋临安陈宅书籍铺刊刻的图书，像《王建诗集》、《周贺诗集》、《朱庆余诗集》等书后都有刊语，或作"临安府棚北睦亲坊巷口陈解元宅刊行"，或作"临安府棚北睦亲坊南陈宅书籍铺印"，或作"临安府睦亲坊陈宅经籍铺印"，这些刊语除了强调刊刻者、刊刻地点外，在外观上还有一个共同的特点，那就是最后一个字（"印"或"行"）的最后一笔拖得很长，而且向左弯曲，这显然是有意为之。再如，黄善夫刊刻的《王状元集百家注分类东坡先生诗》、《史记集解索隐正义》、《后汉书注》等书中均有长方形牌记"建安黄善夫刊于家塾之敬室"，墨围中刊语分两行用楷书书写，字体点画遒劲，令人过目难忘。

有些牌记则摒弃单调的长方形，采用钟、鼎等更别致、美观的形状。例如平阳张宅晦明轩蒙古定宗四年刻《重修经史证类备用本草》一书，目录后"平阳府张宅印"牌记为琴形、"晦明轩记"为钟形②。还有的牌记虽然大体上仍是采用长方形，却在周围饰以别的图案，力图更加美观。例如上述《重修经史证类备用本草》一书卷首还有另外一个牌记，长方形框上方是蟠曲的龙，下方则是龟，整个牌记看起来很像一座巨型石碑，极为壮观。再如，明成化四年（公元1468年）刊刻的《全幼心鉴》，其牌记由一个小孩抱着，上书"全幼堂记"，该牌记的设计抓住一"幼"字，画上一个小孩，牌子中常见的板滞气息一扫而空，极为活泼可爱。

还有的牌记在文字后面加上特殊的图案，例如明嘉靖三十二年（公元1553年）叶宝山堂刊刻的《重刊校正唐荆川先生文集》目录后有一牌记，文

---

① 《宋元书刻牌记图录》中收录的临安府绍兴九年刻《汉官仪》、南康郡斋淳熙十一年刻《卫生家宝产科备要》、两浙东路茶盐司宋绍熙三年刻《礼记正义》等书中的刊语或刊刻记四周均无墨线或图案。见林申清编著：《宋元书刻牌记图录》，北京图书馆出版社1999年版，第19、第20、第22页。

② 书影见林申清编著：《宋元书刻牌记图录》，北京图书馆出版社1999年版，第81页。

图5-17 《重刊校正唐荆川先生文集》书影

字后有两个图案,一个似乎是铜钱,一个像座山,两个图案合在一起似乎是图解书坊名"宝山"二字,这恐怕算得上是比较早的企业名称logo了。

至迟到明代,中国古代图书出版者已经意识到,牌记作为书坊的象征,不但对于消费者有引导消费的作用,而且对于维护所刻图书的版权也起着一定作用。例如,明万历间熊氏种德堂刊刻《历朝纪要纲鉴》一书,特意在书前提醒读者:"四方君子玉石辨焉,请认种德堂牌记。"类似的,在黄仁溥源泰堂刊刻的《新刻皇明经世要略》一书前也说:"买者须认源泰为记。"①

不过,需要说明的是,在今天的我们看来,牌子在性质上类似企业的形象标志,理应设计独特,以加深消费者对企业品牌的认知度;只是在中国古代大部分图书出版业者那里,朦胧的品牌营销意识虽然有,却尚未清晰、成熟到这地步。因此我们不难发现,别出心裁的牌子设计是有不少,但各代也有不少图书出版业者的牌子在外形上大体相似。例如,明万历间余象斗刊刻的《三台馆仰止子考古详定遵韵海篇正宗》一书后有一牌记,长方形的两长边饰以双波浪线,长方形上方是一荷叶,下方是一莲台,整个牌记在外观设计上颇具匠心。余象斗刊刻的《新锓京本增补校正全像忠义水浒志传评林》书末牌记也是这样。这种莲台荷叶的

---

① 转引自袁逸:《书色斑斓》,岳麓书社2010年版,第21页。

牌子设计在当时似乎很流行,除了余象斗的双峰堂,像杨氏归仁斋、杨氏清白堂、安正书堂、余碧泉、金陵三山街唐氏富春堂、陈氏存德堂等刊刻图书时均采用过这样的图案。

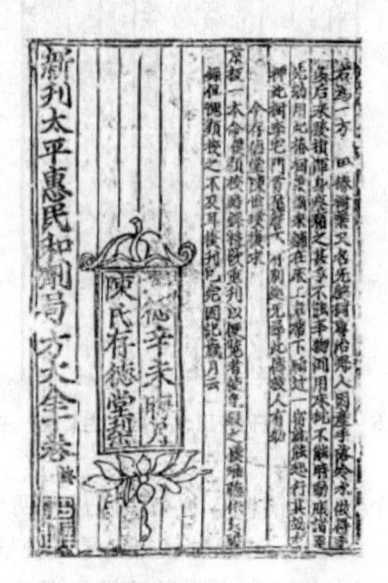

图 5-18　《新刊太平惠民和剂局方大全》书影

牌记中另一类文字相对较多的刊刻记,除了说明刊刻者、刊刻时间、刊刻地点之外,内容更复杂些,主要是说明刊刻缘起、所用底本、校勘情况等,也有申明版权的。这类牌记在记述图书刊刻情况时,有着浓厚的广告宣传意识。

牌记中的广告宣传不外乎以下内容:1. 版本之完善。例如,宋绍熙三年(公元1192年)余仁仲万卷堂刊刻《春秋公羊经传解诂》一书有牌记云:"《公羊》、《谷梁》二书,书肆苦无善本。谨以家藏监本及江浙诸处官本参校,颇加鳌正……"①而宋龙山书堂刊刻的《挥麈录》在总目之

---

① 以下所引用牌记除了注明出处者,若干为笔者目验原书所见,另外大部分依据北京图书馆编《中国版刻图录》(文物出版社1961年版)、林申清编著《宋元书刻牌记图录》(北京图书馆出版社1999年版)、《善本书影》(上海古籍书店1978年版)、南京国学图书馆编《盋山书影》(北京图书馆出版社2003年版)、《国立中央图书馆金元本图录》(中华丛书编审委员会1969年版)、潘承弼及顾廷龙编《明代版本图录初编》(上海书店1941年版)、黄永年及贾二强编《清代版本图录》(浙江人民出版社1997年版)、《静嘉堂宋本书影》(东京,昭和八年)、东京大学东洋文化研究所所藏汉籍善本全文影像资料库(http://shanben.ioc.u-tokyo.ac.jp/list.php)等提供的书影及解题。

后也有一牌记：

> 此书浙间所刊，止前录四卷，学士大夫恨不得见全书。今得王知府宅真本，全帙四录，条章无遗，诚冠世之异书也！敬三复校正，锓木以衍其传，览者幸鉴。
>
> 龙山书堂谨咨

这两个牌记，一个声称是用家藏的监本和江浙各地的官本对校整理后所得的版本，改正了很多错误，言下之意，自然是书肆中期待已久的"善本"；一个则声称得到作者"真本"，卷帙完整，学士大夫购买此书就能够得窥全貌，弥补以前不得见"全书"的遗憾。有意思的是，宋庆元三年（公元 1197 年）建安余氏刊刻《挥麈录》一书的牌记则声称"此书系求到京本，将出处逐一比校，使无差谬，重新写作大板开雕，并无一字误落"。真不知当消费者面对这两种版本，到底该作何抉择。

再如，元至元五年（公元 1268 年）古林书堂刊刻《新刊补注释文黄帝内经素问》一书总目前有一牌记：

> 是书乃医家至切至要之文，惜乎旧本讹舛漏落，有误学者。本堂今求到□□孙校正家藏善本，重加订正，分为一十二卷，以便检阅。卫生君子，幸垂藻鉴。

该牌记广告先是贬低旧本错讹太多，贻误学者，然后声称自己得到家藏善本，重新整理出版。抑人扬己，这也是中国古代图书出版业做广告时经常采用的手法。类似还有元大德三年（公元 1299 年）曹氏进德斋刊刻的《尔雅》一书，卷前有牌记云：

> 一物不知，儒者所耻。闻患于寡，而不患于多也。《尔雅》之书，汉初尝立博士矣。其所载精粗巨细毕备，是以博物君子有取焉。今得郭景纯集注善本，精加订正，殆无毫发讹舛。用锓诸梓，与四方学者共之。
>
> 大德己亥平水曹氏进德斋谨志

2. 校勘之精审。例如，宋绍兴二十二年（公元 1152 年）临安府荣六郎家刊刻的《抱朴子》一书卷末有一刊刻记：

　　　　旧日东京大相国寺东荣六郎家，见寄居临安府中瓦南街东，
　　开印输经史书籍铺。今将京师旧本《抱朴子·内篇》校正刊行，
　　的无一字差讹，请四方收书好事君子幸赐藻鉴。
　　　　　　　　　　　　　　　绍兴壬申岁六月旦日

而宋王叔边刊刻的《后汉书》一书目录后也有一牌记：

　　　　本家今将前、后《汉书》，精加校证，并写作大字，锓板刊
　　行，的无差错。收书英杰，伏望炳察。
　　　　　　　　　　　　　　　　　钱塘王叔边谨启

这两个牌记主要强调的都是书籍经过精心校勘，绝没有什么错字、讹字。而且，两个牌记对于自己广告的受众，即潜在的消费者，都是竭尽恭维之能事：一个尊称"君子"，一个夸为"英杰"，而且的刊刻时，于"英杰"二字之前空格（这在古代图书刊刻中和换行顶格书写一样是为了表示尊敬）。如此称呼，跟今天商家把消费者捧为"上帝"是一个道理。除此之外，这两个牌记还包含了不少有意味的内容。前者特意说明书铺原来是东京大相国寺东的老字号，因为时局变乱，现在迁到临安府来了，仍然刊卖经史书籍。作为昔日都城老字号图书出版者，拥有该行业新进入者不具备的优势，其中之一就是所谓"京师旧本"，虽然都城此时已经沦陷，但原来作为全国文化中心的影响力、号召力仍余音绕梁。后者则另外强调了该书是大字本，阅读起来清晰爽目。中国古代图书牌记中用大字作为卖点来广告的有不少，例如成都眉山万卷堂刊刻的《新编近时十便良方》一书总目后的牌记也说："万卷堂作十三行大字刊行，庶便检用，请详鉴。"

再如，明嘉靖二十八年（公元1549年）袁氏嘉趣堂覆宋刊本《六家文选》亦有刊刻记云："此集精加校正，绝无舛误。见在广都县北门裴宅印卖。"该广告除了强调书籍校勘精心，还说明了书籍印卖地点，便于消费者前去购买。

　　3. 书籍之实用。例如，宋代刊刻的《东莱先生诗律武库》目录前有一牌记宣称：

　　　　今得吕氏家塾手抄《武库》一帙，用是为诗战之具，固可
　　以扫千军而降劲敌。不欲秘藏，刻梓以淑诸天下。收书君子，

伏幸辨鉴。

谨咨

元泰定四年（公元1327年）翠岩精舍刊刻《诗集传附录纂疏》一书，在诗传篇目后有一刊刻记：

> 文场取士，诗以朱子《集传》为主，明经也。新安胡氏编入《附录纂疏》，羽翼朱传也。增以浚仪王内翰《韩、鲁、齐三家诗考》，求无遗也。今以《诗考》谨锓诸梓，附于《集传》之后，合而行之。学诗之士，潜心披玩，蜚英声于场屋之间，当自此得之。
>
> 时泰定丁卯日长至，后学建安刘君佐谨识

元刊本《新编阴阳足用选择龟鉴》后集目录前有一牌记：

> 是书得之贵宦家藏善本。吉凶有准，累试累验，诚为至宝。刻梓盛行，第其间门类，尚有未备。今参考诸家历书，撮其合用紧要者，续作后集刊行。使上官赴任、行商坐贾、动土兴工、婚姻丧葬、常行日用之事，一目可览。选择之士幸鉴。

而明成化十七年（公元1481年）书林刘氏溥济药室刊刻的《新编医方大成》一书，总目后有一刊刻记：

> 古今医方，汗牛充栋，虽良医有不能尽阅，阅之有不能尽用者。文江孙氏允贤，世为儒医，每用一方有验者，必集而类编之，以方名附各门圆散之下，名曰《医方集成》，意使今之医者虽行万里，不必挟他医书，而治病之要，瞭然在目。其于活人之心，视杏林阴德，不啻过矣。不敢私秘，敬锓诸梓，与天下明医之士共之。

这四个牌记都是宣传所刊刻书籍的功用，绝不会让消费者花冤枉钱。第一个牌记说拥有该书，写诗就可以纵横天下、所向无敌了；第二个牌记说只要精心研读该书，将来自然能够在科举考试中一鸣惊人；第三个牌记说该书测算吉凶极为灵验，值得珍藏为至宝；第四个牌记则说医生只

要带着这本书就可以走遍天下，各种治病的方子，在书中一目了然。

  在传统社会中，应举做官几乎是每个读书人的梦想，孔子所谓"学而优则仕"（《论语·子张》）。中国古代图书出版者针对此刊刻出版了大量和举业有关的书籍，这类书籍在刊刻记里做广告时，无一例外宣称该书对于士子们应考科举以及未来的仕途大有助益。例如，元至正十四年（公元1354年）翠岩精舍刊刻的《注陆宣公奏议》一书在权德舆序后有一牌记：

    中兴奏议，本堂旧刊，盛行于世。今因回禄之变，所幸元收谢叠山先生经进批点正本犹存，于是重新绣梓。切见棘闱天开，策以经史时务。是书也，陈古今之得失，酌时势之切宜，故愿与天下共之。幼学壮行之士倘熟乎此，则他日敷奏朝廷，禹皋陈谟，不外是矣。

           至正甲午仲夏翠岩精舍谨志

牌记广告中除了强调该书以前是畅销书、所据底本为经谢枋得批点并进呈过御览的正本外，还着重诱惑天下士子：只要年轻时揣摩透了该书中陆贽的奏议，将来壮年平步青云之后作为朝廷大手笔自然能够应对自如。

  再如，元代建阳书坊刊刻《类编皇朝大事记讲义》一书目录前刊刻记云：

    吕府教旧游庠序，惯熟国史，因《资治通鉴》摘其大纲，分为门类，集为讲义。场屋之用，如庖丁解牛，不劳余刃。昨已刊行，取信天下学者有年矣。今旧版漫灭，有妨披览，重加绣梓，视原本大有径庭，幸鉴观。

该刊刻记更是吹嘘要是读了该书去应考，那就像庖丁解牛一样游刃有余，不费吹灰之力。这样的广告说其天花乱坠实不为过。类似的还有元至正二十七年（公元1367年）刘克常刊刻的《新笺决科古今源流至论》前集目录后的牌记，说场屋之士"得而读之，如射之中乎正鹄，甚有颖焉"。

  4. 书籍内容之新颖。例如元代云坡家塾刊刻《类编层澜文选》一书，目录前有一牌记，称"今将旧本所选古文，重新增添，分为前、后、续、别四集，各十卷……视旧本大有径庭"。该广告强调的就是书籍内容上与旧本大相径庭。

5. 牌记中还有为新书作预售广告、为未来续增再版作预告以及为续书做广告的。例如，宋王叔边刊刻的《后汉书》一书目录后另有一牌记，称："今求到刘博士《东汉刊误》，须此书后刊行。"再如，元麻沙书坊刻本《韦苏州集》后牌记中也有"孟浩然诗陆续刊行"字样。这都是新书预售广告。

而元至治二年（公元1322年）刊刻的《大元圣政典章新集至治条例》目录后牌记则云："至治二年以后新例，候有版降，随类编入梓行，不以刻板已成而靳于附益也。谨咨。"类似的，元刻《类编古今事林群书一览》目录后也有一牌记云："江北诸路纪要目今编集，陆续板行。"① 这都是为未来续增再版作预告。

牌记中也有为续书做广告的。例如，由武林书坊刊刻、署"本衙藏板"的《徐文长先生批评增补绣像隋唐演义》一书最后附有一牌记云："是集自隋公杨坚于陈高宗大建十三年辛丑岁受周王禅即帝位起，历四世禅位于唐高祖，以迄僖宗乾符五年戊戌岁唐将曾元裕剿戮王仙芝止，凡二百九十五年。继此以后，则有《残唐五代志传》详而载焉，读者不可不并为涉猎，以睹全书云。"② 这就是在为《隋唐演义》的续书《残唐五代志传》做广告。

6. 版权声明。例如，南宋刻本《东都事略》目录后有牌记云："眉山程舍人宅刊行。已申上司，不许覆板。"再如元代陈寀刊刻的《古今韵会举要》一书有一长方形牌记云：

> 寀昨承先师架阁黄公在轩先生委刊《古今韵会举要》，凡三十卷。古今字画音义，瞭然在目，诚千百年间未睹之秘也。今绣诸梓，三复雠校，并无讹误，愿与天下士大夫共之。但是编系私著之文，与书肆所刊见成文籍不同。窃恐嗜利之徒，改换名目，节略翻刻，纤毫争差，致误学者，已经所属陈告乞行禁约外，收书君子，伏幸藻鉴。
>
> **后学陈寀谨白**

---

① 《四库全书存目丛书》编纂委员会：《四库全书存目丛书》子部第172册，齐鲁书社1997年版，第70页。

② 收入《古本小说集成》编委会：《古本小说集成》第一辑第16册，上海古籍出版社1991年影印本，第1520页。

明清之后，图书出版商在所刊刻图书的牌记里虚声恫吓"不许翻刻"、"翻刻千里必究"者更是屡见不鲜。

实际上，牌记中这类广告往往综合以上多方面内容，从各个角度全方位宣传所刊刻书籍。例如宋建阳书坊刻本《新纂门目五臣音注扬子法言》一书在宋咸序后有一牌记：

> 本宅今将监本《四子纂图互注》附入重言重意，精加校正，殆无讹缪。誊作大字刊行，务令学者得以参考，互相发明，诚为益之大也。
>
> 建安□□□谨咨

该牌记广告既强调所刊刻图书底本是权威的国子监本，又说明该书经过加工整理，内容上更为丰富，文字校勘无误，而且还是疏朗的大字本，几乎是尽善尽美。

再如，元代陈氏庆余堂刊刻《续宋中兴编年资治通鉴》目录后有一牌记云：

> 是编系年有考据，载事有本末，增入诸儒集议，三复校正，一新刊行。宋朝中兴，自高宗至于宁宗四朝政治之得失，国势之安危，一开卷，瞭然在目矣。幸鉴。

这一牌记广告既说了该书版本之新、内容之善、校勘之精，又说了该书的功用，真可谓全面广告。

（四）启事式售书书目广告

古代图书出版业者要将广告信息传达给消费者，在一本书中最好的广告位置自然是书名页，但书名页毕竟只有一页，而且在上面其实也并不适宜设计安排太多文字信息，上一节所述余象斗在《锲三台山人芸窗汇爽万锦情林》书名页上的做法，已经将书名页的广告功能发挥到极致。即便如此，余象斗也不得不承认更多的诗词歌赋和小说"难以全录于票上"。一旦需要罗列更详尽的销售书目，就需要在书名页外另辟专门的售书广告页。而且，由于牌记的容量也相对有限，古代图书出版业者干脆在书中专门采用启事形式来刊登售书书目广告。

据张秀民先生考证，中国古代图书出版业者在书中刊刻售书书目广告，最早似始于明嘉靖元年（公元1522年）北京书铺汪谅[①]。汪谅在其刊刻的《文选》一书目录之后，刻有如下识语：

> 金台书铺汪谅见居正阳门内西第一巡警更铺对门，今将所刻古书目录列于左，及家藏今古书籍不能悉载，愿市者览焉。

图5-19 《文选》书影
东京大学东洋文化研究所所藏汉籍善本全文影像资料库
http://shanben.ioc.u-tokyo.ac.jp/main_p.php

以下依次胪列在他书铺刊刻的十四种图书，即《史记》、《文选》、《黄鹤解注杜诗》、《千家注苏诗》、《解注唐音》、《玉机微义》、《武经直解》等七种宣称是据宋版或原版翻刻的图书，以及《名贤丛话诗林广记》、《韩诗外传》、《潜夫论》、《太古遗音大全》、《臞仙神奇秘谱》、《诗对押韵》、《孝经注疏》等七种声称是据古版重刻的图书。该售书广告除了在开头就说明书铺所在地理位置以便购买者寻找外，还特别强调自己刊刻书籍所依据不是宋、元版本就是旧版，以版本的可靠招徕消费者。

在古代众多图书出版业者中，营销头脑过人的余象斗对此同样作了

[①] 张秀民：《中国印刷史》，韩琦增订，浙江古籍出版社2006年版，第371页。

有益尝试。在他万历十九年（公元1591年）刊刻的《新锓朱状元芸窗汇辑百大家评注史记品粹》一书卷端，赫然有一份详尽的售书书目：

  辛卯之秋，不佞斗始辍儒家业，家世书坊，锓籍为事。遂广聘缙绅诸先生，凡讲说、文笈之裨举业者，悉付之梓。因具书目于后：

  讲说类，计开：

  《四书拙学素言》（配《五经》）、《四书披云新说》（配《五经》）、《四书梦关醒意》（配《五经》）、《四书萃谈正发》（配《五经》）、《四书兜要妙解》（配《五经》）。

  以上书目俱系梓行。

  乃者又弊（引者按，原文如此，当是"币"字形近而讹）得晋江二解元编辑十二讲官《四书天台御览》及乙未会元藿林汤先生考订《四书目录定意》，又指日刻出矣。

  文笈类，计开：

  《诸文评粹》（系申、汪、钱三方家注释）、《历子品粹》（系汤会元选集）、《史记品粹》（此正部也，系朱殿元补注）。

  以上书目俱系梓行。

  近又币得：

  《皇明国朝群英品粹》（字字句句注释分明）、《二续诸文品粹》（凡名家文笈已载在前部者，不再复录。俱系精选，一字不苟）、《再广历子品粹》（前历子姓氏：老子、庄子、列子、子华子、鹖冠子、管子、晏子、墨子、孔丛子、尹文子、屈子、高子、韩子、鬼谷子、孙武子、吕子、荀子、陆子、贾谊子、淮南子、扬子、刘子、相如子、文中子。后再广历子姓氏：尚父子、吴起子、尉缭子、韩婴子、王符子、马融子、鹿门子、关尹子、亢仓子、孔昭子、抱朴子、天隐子、玄真子、济丘子、无能子、邓析子、公孙子、鹖熊子、王充子、仲长子、孔明子、宣公子、宾王子、郁离子）、《汉书评林品粹》（依《史记》汇编）。

  一切各色书样，业已次第命锓，以为寓（引者按，当系"宇"之讹）内名士公矣。因备揭之于此。余重刻金陵等板及诸书杂传无关于举业者，不敢赘录。

双峰堂余象斗谨识

在这份售书书目中,用了很多推介性宣传词语,如强调选家或注释者的权威性、宣称"俱系精选,一字不苟"等。但这份售书书目广告的真正高明处却在于余象斗袒露自己曾经业儒,后来中道易辙,成为一个图书出版业者,在说明自己这番身世背景后,接下来说他聘请众先生编刻有助于科举的书籍,言外之意似乎因为他自己壮志未酬,于是尽己所能帮助天下读书应举的士子实现心中梦想。正因为有了开头这几句话,整个售书书目就从冷冰冰的、充满商业气息的书单罗列,变成了推己及人、充满关怀乃至某种责任感的告白,这种广告很容易让天下莘莘学子感到亲切,因此获得他们的信任,促成潜在的消费行为。

实际上,这些书很多应该是余象斗自己组织人编辑的,然后托名权威人士选编。例如书目中的《再广历子品粹》中罗列的前后子姓氏,有不少就是胡乱编造名目凑数的,正如《四库全书总目》卷132该书提要所指斥的:

> 而所列二十四家子书,又多杜撰名目,如《六韬》谓之《尚父子》,《诗外传》谓之《韩诗子》,《潜夫论》谓之《王符子》,《忠经》谓之《马融子》,刘昼《新论》谓之《孔昭子》,《论衡》谓之《王充子》,前、后《出师表》谓之《孔明子》,陆贽奏议谓之《陆宣子》,《骆宾王集》谓之《宾王子》,殆于一字不通[①]。

明代书坊刻书,这种情况很多。不过,我们不能因此否定这些古代图书出版业者在图书广告发展史上作出的贡献,在反思其图书质量欺诈的基础上,其中的营销技巧还是值得重视的。

更高明的是,从这份书目广告所依附的载体看来,余象斗显然考虑到了广告如何有效传达到目标消费者群的问题。有可能翻看《新锓朱状元芸窗汇辑百大家评注史记品粹》一书的消费者主要是读书应举的士子(因为揣摩太史公的文章对于他们提高写文章能力是有极大帮助的),向他们推销其他有助于科举应考的书籍正是投其所好。可见,像余象斗这样在某一本具体书籍上刊刻销售书目,该书实际上成了该广告的传媒载体,因为该载体往往被某一特定消费者群体接收,该广告实际上就成了定向广告。一旦选择对了合适的广告载体,所广告的书目信息就能够准确地传达给了目标消费者群体,能够最大效度地发挥广告的作用。

---

① 《四库全书总目》,中华书局1965年版,第1124页。

清代图书出版商也经常在书中附载售书广告。例如，清光绪六年（公元1880年）聚珍堂用木活字印刷了《儿女英雄传》，该书除了在书名页上明确标明"京都隆福寺路南聚珍堂书坊发兑"外，在目录之后专门列有"聚珍板书目"，这显然就是该书坊的售书书目。具体如下：

《绣像王评红楼梦》	四套	《济公传》	一套
《批评儿女英雄传》	四套	《红楼梦影》	一套
《忠烈侠义传》	四套	《红楼梦赋》	一套
《续红楼梦》	二套	《文虎》	二本
《续聊斋志异》	二套	《蟋蟀谱》	一本
《聊斋志异拾遗》	一套	《艺菊新编》	一本
《御制悦心集》	一套		
《想当然耳》	一套		

聚珍堂主人识

在聚珍堂同一年用活字印制的《醉菩提》一书目录之后，也附有"聚珍板书目"，所列书目是一样的，仅仅是排列顺序有异以及个别字眼不同而已。有别于余象斗的专列与科举有关书目，聚珍堂主人将其所刻书目全部发布。而且，该书目前省去了像汪谅、余象斗广告中的开场白，仅在结尾处留有启事的落款，这实际上已近乎专门的售书书目。

对于一些专业性很强或者特点很鲜明的图书，定位其目标消费者群也许并不是难事。不过，对于很多图书来说，其消费者未必是能够清晰、准确定位的群体，也就是说其目标市场很难准确划分。面对由众多消费需求不尽一致的消费者构成的市场，图书出版业者提供一份详尽完整的可销售产品清单，好让不同消费者根据自己的需要按图索骥，以此更有效地促成不同类型书籍的购买行为，这恐怕是一件更省心的事情。

或许正因为如此，中国古代图书出版业发展到后来，逐渐出现专门的书坊校刻书目或售书书目。早在明代末年，著名图书出版业者毛晋，就曾经编有《汲古阁校刻书目》，该书目于其所刊刻的每种书名下标明全书页数，不标书价。但该书目似乎未曾刊行，书坊中流传的是原抄本，上面有毛晋及汲古阁朱印，清道光二十一年（公元1841年）顾湘加以校刻出版[①]。

[①] 参看《汲古阁校刻书目》书前荥阳梅道人《汲古阁主人小传》后附记以及书后顾湘题跋，道光二十一年刻本。

从该书目不标书价以及道光刻本之前未见刊本等情况看来，该书目很有可能是毛晋为自己编的一个刻书清单，还不是商业意义上的售书书目。而在明崇祯十三年（公元1640年）石啸居刻《四书大全辩》书前有一《石啸居书目》，该书目首列《国朝今文辩》、《历科程式》等11种已"行世"书籍，然后列《诗辩》、《四书大全辩》等18种"嗣出"或"即出"书籍，在有些书籍名目下，有该书内容提要及广告推介性语词①。该书目虽然还没有标书价，但其编刻的目的显然是为了促进石啸居所刊刻图书的销售。在内容上，该书目灵活地将已刻图书名目与将刻图书名目结合在一起，既起着售书书目的营销作用，又起着刻书预告的广告作用。到了清代，乾嘉时期著名藏书家黄丕烈为自己开的书坊"滂喜园书籍铺"编的《士礼居刊行书目》就是纯粹意义上的售书书目了。该目录里著录了他业已刊印书籍的书名、册数，还标有价格以及刊刻年份，方便读者选购。及至晚清，无论是官书局，还是民营书局，都纷纷以单张或另成一册的形式刊刻售书书目②，这些书目大抵根据中国传统目录学的分类，依次胪列书名。从传统学术的角度看，目录分类是对书籍性质的划分，所谓"辨章学术，考镜源流"③；而从营销的角度看，这里隐含的是根据消费者不同消费需求予以细分的产品清单。

（五）启事式征稿广告

除了以启事形式出现的售书书目广告，古代图书中还有以启事形式出现的征稿广告。

据傅增湘《藏园群书经眼录》，宋刊本《新编四六必用方舆胜览》一书《拾遗》目录之前有这样一则启事：

> 是编既锓流布矣。重惟天下奇闻壮观见于文人才士记述者，浩不可穷。耳目所及，幸而得之，则亦泰山一毫芒耳。因阅群书，复抄小集，附刊于后，名以《拾遗》。每州各空其纸，以俟博雅君子续自笔入，或因鬻书者录以见寄，使足成此一奇书，盖所深望云④。

---

① 四库全书存目丛书编纂委员会：《四库全书存目丛书》经部第167册，齐鲁书社1997年版，第455—457页。
② 可参看周振鹤编：《晚清营业书目》，上海书店出版社2005年版。
③ 章学诚：《校雠通义·叙》，收入《章学诚遗书》，文物出版社1985年影印版，第95页。
④ 转引自傅增湘：《藏园群书经眼录》，中华书局1983年版，第383页。

这是一则征稿广告。颇具营销创意的是，该书内容是记述天下各州的奇闻壮观，图书出版者有意在书中《拾遗》部分的各州之后留了空白纸张，希望读者将他们知道的而该书又没有记载的内容写下来，通过售书商反馈到图书刊刻者这里，以便将来刻成一部更为完善的"奇书"。这样让读者参与进来完成图书的编纂，读者不再是消极阅读，而是调动起自己所拥有的知识储备，兴致勃勃地去检查该书是否遗漏了什么"天下奇闻壮观"；倘若有，再得意洋洋地在书中所附空白纸张上写下来。这在某种程度上和现代营销中一度流行的 DIY（do it yourself）模式相似，可以极大激发消费者的消费兴趣。另外，可以推想的是，倘若刊刻者真的根据反馈回来的征稿完善该书并再度印行的话，那些曾经参与征稿活动的读者极有可能成为稳定的消费者群——因为参与该书的编纂激发的自豪感、荣誉感促使他们成了"回头客"。

附带说一下，明清有些图书也会在书中留有未来补遗的空间，但那多是在全书目录框架中预留，并不像宋人这样直接在书中给读者留有空白纸张。例如，明万历间汝南郡刻《书记洞诠》120 卷，该书实际上只有116 卷，后 4 卷在目录里标"诠遗"，但书中并无相应内容，书前凡例说这是"特虚四卷，用待诠遗，所冀时贤来喆，苴其阙略，纠其訾违，总归大同，协全胜举"①。又如，清嘉庆三年（公元 1798 年）小琅嬛仙馆刻《淮海英灵集》22 卷，仿元好问《中州集》分十集之体例，内分甲、乙、丙、丁、戊、壬、癸七集，留己、庚、辛三集以待补录。这些事例均与图书营销无关，宋人的智慧在后代似已成为绝响。

在元代至元二年（公元 1265 年）建安书堂刊刻的《元诗》一书上，也出现了征稿广告：

> 本堂今求名公诗篇，随得即刊，难以人品齿爵为序。四方吟坛多友，幸勿责其错综之编。倘有佳章，毋惜附示，庶无沧海遗珠之叹云。
>
> 李氏建安书堂谨咨

张秀民先生认为："这类建本广告是空前的，明代书坊有所仿效。"② 说明代

---

① 四库全书存目丛书编纂委员会：《四库全书存目丛书》集部第 371 册，齐鲁书社 1997 年版，第 275 页。

② 张秀民：《中国印刷史》，韩琦增订，浙江古籍出版社 2006 年版，第 230 页。

书坊也有征稿广告是对的，详见下文；但说这类广告是空前的恐怕不确，因为如上文所述，宋刊本中就有类似征稿广告了，而且极具营销机巧。

有意思的是，上述两则宋、元时期的征稿广告都未曾提到报酬。这或许和儒家传统耻于言利的教化有关，毕竟，虽然也有营利目标，图书出版怎么说也是"读书人的事"，一切还是含蓄些好。不过，到了明代，这类征稿广告的商业气息就逐渐浓厚起来了，广告中会明白提到报酬问题。

明代天启三年（公元1623年）陈仁锡评选《明文奇赏》一书，首为陈仁锡序，次为总目，再次即为用浅蓝色墨刻印的征稿广告：《征昭代海内名公笥藏家刻文稿选入名文奇赏续集述引》。如果说上述宋、元两则征稿广告因文字简短，归到牌记中也并无不可的话，那这则广告绝对不属于牌记，而是纯粹以启事形式出现的征稿广告。全文如下：

  古今文章，以传重，更以选重。是编成，不敏请于先生曰："搜括数年，阅历万卷，而所选仅止于是。毋乃隘于数哉？"先生曰："余掺管与先哲从事，宁但以文夫？亦以道德品谊相征订。倘瑕瑜不标，是非颇谬，其何以垂来禩？余惟是笔削不阿，去留介介，宁求遗漏以入续编，无狃成案以淆所主。"不敏曰："休哉！美不废疵，古道振于今矣。第今宇内作者山立林超，如本宁李先生、眉公陈先生诸钜公，文集充栋，先生秘而不发，岂有所靳与？"先生曰："列公年力政富，文稿日新月异。作者未艾，而评阅者安所测其涯域、辄敢为一定之案哉？独虑往昔名作，或已刻而流布未广；或未刻而秘藏于家；或苦于后传之散失而蠹简犹存；或留于知赏之珍收而遗泽未斩。若非设法征续，终是挂一漏万。子雅意斯文，何策以处此？"不敏受命唯唯，退而作征书法于左：

  一，名公文集，虽经刻板，刷印未广，地理遥隔，未能流传此处。接武名贤，不忍先泽之落落。或邮传，或特令信鸿赍至，选定发抄，不动笔，亦不沾污，完日仍以原帙缴还，决不浪失。万一愿以本集易他书者，一一惟命。

  一，名公著作虽富，或屈于力而未梓，后贤珍藏，慨以原稿来成胜举者，本家计其道里之费、缮写之劳，一一报之，所不吝焉。

  一，名公文集无论已刻、未刻，成卷、不成卷，不拘多寡，有特赏高贤、好事良贾多方觅来，共成不朽，本家重酬，不敢匪薄。

　　愿与征者，或封寄，或面授，须至苏州阊门书坊酉酉堂陈龙山当面交付，万勿差误。

　　是订。

吴门后学沈国元顿首

　　该广告声称征稿编续集是为了让更多的好文章经过编选、刊刻流传得更广泛、更久远。在陈仁锡（即广告中的"先生"）的话里以及沈国元拟定的征稿办法第一条里，更是流露出对文人好作品以及好书的珍视、爱惜之情。这使得整篇征稿广告在开头也羞答答地蒙上了一层文人的人文关怀气息，但后文"本家计其道里之费、缮写之劳，一一报之，所不吝焉"、"本家重酬，不敢匪薄"这类文字则流露出明显的商业气息，说明这并非是一个热心的学者为了文化的传承在做公益之事这么单纯，实际上是书坊主在策划下一个选题的图书出版。

　　类似的征稿广告在明崇祯间刊刻的何伟然选、陆云龙评《皇明十六家小品》中也有，不过与上述广告不同的是，该广告所征求的文稿更加多样化，列了《行笈二集》、《广舆续集》、《续西湖志》、《明文归》、《皇明百家诗文选》、《行笈别集》、《型世言二集》等七种拟刊书名，而所征文稿除了诗文、制诰、奏疏等，还有戏曲、小说，范围很广泛。很显然，刊登广告者并不是单纯为了编一部选文的续集，而是预先设计好众多选题，然后面向社会广泛征稿，这在图书出版业的营运中，具有更加鲜明的商业色彩。从这一征稿广告中，我们看到，古代图书出版业者（书坊主）为了图书的生产，整个流程和今天很类似，即策划选题、征稿或组稿、编选（编辑）、刊刻出版。

　　清康熙三十七年（公元1698年）刻《留溪外传》18卷书前有《征近代忠孝节义贞烈豪侠隐逸高人事实作传发刻启》，这是作者陈鼎当初为了编撰该书撰写的启事，但在书成之后仍刻于卷首，还明确告诉读者"凡有事实，可寄至江宁承恩寺前轿夫营刻字店蔡丹敬家或扬州新盛街岱宝楼书坊转付可也"[①]，显然这则征稿启事仍然有效，如有相关内容寄来，陈鼎可以续增至书中。四库馆臣认为该书的编撰"则仍然征选诗文，标

---

① 四库全书存目丛书编纂委员会：《四库全书存目丛书》史部第122册，齐鲁书社1997年版，第410页。

榜声气之风"①，对其史学实录价值提出质疑，一定程度上恐怕是对其中的商业因素有成见。

如前所述，清代编选出版了大量诗文总集，这些图书的编纂，大多有征稿这一环节。有些图书出版者将征稿广告植入图书的凡例中；有些则将征稿启事张贴在一些读书人汇聚的公共场所（比如书店）里；也有的是用信函的方式直接投递给指定人员，例如，清康熙间刻《南沙文集》8卷，书前有著者弟子易士著等撰写的凡例，其中提到："凡征选诗文者，先生概不应。以为诗赋古文将以垂远，与时艺不同，今人彼此互相征选，非选诗文也；且我之诗文未必借选以传。有投征启者，先生辄付之祝融氏，此士著辈所目击。"② 当时征选诗文的"征启"泛滥至此，正说明总集编刻者对征稿广告的依赖与重视。除此之外，有些总集也会以专门启事形式出现征稿广告。例如，清初魏宪编选诗歌总集《诗持》，二集于登选姓氏之后另附启事曰"征言"，其中说"是选一集……兹谋新增是集，兼订三集，次第出质大方。凡我同人，有先世遗篇，平生枕秘，统祈全集邮教，共襄千秋盛业，幸甚"③，这就是在为《诗持》第三集征稿。

清乾隆五十三年（公元1788年）刊刻《陈紫峰先生周易浅说》五卷书前也有一篇"征书引"，这是清初著名学者仇兆鳌于康熙十年（公元1671年）撰写的，文中评论了相关《周易》研究著作，认为"《通典》作于陈紫峰，简该独胜；《正说》著于蔡存远，条畅可观"，但他寻访十余年，未找到二书，因此发文征求："鳌当厚礼相求，照刊原本。如以家传是爱，不欲外假他人，即约善书踵门抄录。庶诸儒精蕴，尽荟于一编，而世俗见闻，顿除其宿习。"④ 文中所说《通典》即《周易通典》，系陈紫峰《周易浅说》另一书名，仇兆鳌想征求此书以及蔡存远的《周易正说》，与其他《周易》研究著作汇为一编刊刻。有意思的是，仇兆鳌这则征稿广告，在百余年后该书刊刻时被特意安排在书前，好让读者知道：仇兆鳌当年极为重视、遍寻不得、百计征求的这本书如今终于付梓（据书前张慎和序，此前一直是以抄本流传），这是爱好此书者百年难得的机

---

① 《四库全书总目》，中华书局1965年版，第567页。
② 四库全书存目丛书编纂委员会：《四库全书存目丛书》集部第225册，齐鲁书社1997年版，第12页。
③ 四库禁毁书丛刊编委会：《四库禁毁书丛刊》集部第38册，北京出版社2000年版，第114页。
④ 四库全书存目丛书编纂委员会：《四库全书存目丛书》经部第4册，齐鲁书社1997年版，第6—7页。

遇，值得拥有！昔日的征稿广告就这样被精明的中国古代图书出版者变为图书的销售广告。

值得注意的是，与宋元时期的征稿广告比较而言，明清时期的征稿广告不仅不讳言报酬、更具商业性，而且征稿方法细致具体、接收征稿的地址详明准确，极具可操作性。这充分说明，随着时代的发展、图书出版业内竞争的加剧，征稿广告这一营销方式在这一时期的运用不仅越来越广泛，而且在形式上也越发成熟。

上述启事式征稿广告都是附载于已刊刻的图书中，随着图书的流通，将广告信息传达给广告受众。中国古代图书出版业者这样做，显然并不仅仅是为了省掉另外找传播媒介的麻烦，而是考虑到征稿广告的目标有意为之。征稿广告的目的是吸引稿源，有藏稿者或有意提供稿源者多为读书人，利用书籍作为广告媒介，能将广告信息更准确地传达给广告受众，实现更好的广告效果。现如今，广告媒介除了图书外，可供选择的还有报纸、杂志、广播、电视以及互联网等大众传播媒介，但对于征稿广告而言，图书自身仍不失为一种准确直达广告受众的媒介，有着极强的针对性和有效性。

其次，启事式征稿广告出现的具体位置，基本上是在一书正文之前：或在目录前，或在目录后，有的甚至直接居于一书卷首。例如，清康熙十一年（公元1672年）赵炎刊刻《诗藏》，卷首有征稿启事，启事最后说："近体先经付梓，诸卷嗣将汇成。第恐孤吟之困于壤虫，寸管难窥夫全豹，敢恳高贤长者，锡之佳制，俯慰调饥。或前编登载无多，大名不妨再见；或新咏各体具备，压卷借以增光。至于爵衔里居，原名别号，亦祈细加详示，以便刊入简端。"正文之前刊登广告，既不与正文内容相淆，又容易引起读者注意，这同样有利于广告效果的实现。

再次，征稿广告多是为续集或同类性质图书征稿。一般来说，读者购买阅读某一图书，说明其人对该领域有兴趣，甚至颇有造诣，其中自不乏有类似稿源者。倘若已刊刻的图书内容受读者欢迎，销售得不错，编辑出版者的实力和能力得到认可，这些人就会很乐意应征，这样图书的生产和销售就能进入一个良性循环。例如，王树《淄阳诗话》一书前二卷刊于咸丰十年（公元1860年），前有一启事——"征诗入淄阳诗话引"，此书后二卷刊于同治元年（公元1862年），应该是前二卷刊行后续征诗歌撰写而成，可见征稿广告对新图书的出版起了良好的促进作用。

（六）卷末为续书做广告

上一节我们曾论述过中国古代图书出版商在书名页上发布刻书预告，提醒读者购买该书的续编。除了开卷这一醒目的位置，古代图书编撰、出版者也没有忽视卷末这一重要位置，有人也曾费尽心机在一书的末尾为续书大作宣传，希望以此促进续书的销售。在这方面，明代图书出版者先做了有益探索。例如，明末余季岳刊《按鉴演义帝王御世有夏志传》4卷一书末尾云："不知后事如何，看下《商传》再说。"① 在同为余季岳刊刻的《按鉴演义帝王御世盘古至唐虞传》二卷一书末，余季岳有识语云：

> 是集出自钟、冯二先生著辑，自盘古以迄我朝，悉遵鉴史通记，为之演义，编为一传，以通俗谕人，总名之曰《帝王御世志传》②。

可见，在图书出版商余季岳的出版计划中，他要编刻一套自盘古开天辟地至明朝的系列历史演义图书，该套书的总名是《帝王御世志传》，《盘古至唐虞传》是第一部，《有夏志传》是第二部，而《有商志传》则是第三部。因此，在第二部书《有夏志传》的末尾提醒读者，要知道接下来的历史，可以接着购买阅读《有商志传》。这则卷末广告，很明显受到了讲史话本之类"欲知后事如何，请听下回分解"套语的影响，但在《盘古至唐虞传》和《有商志传》二书卷末，并没有出现类似的话，可见这并非简单地沿袭话本体制惯例不假思索添上的文字，而是图书出版商有意在卷末为即将推出的续书做的宣传。

又如，明代余象斗三台馆刊行《列国前编十二朝传》4卷一书卷末云："西伯自释囚归国，广修德政，天下诸侯多归之叛纣，纣愈淫乱不止，杀戮谏臣，至武王伐纣而有天下，《列国传》上载得明妙可观，四方君子买《列国》一览尽识。此传乃自盘古氏起，传三皇五帝至纣王丧国止矣。"③ 该书是余象斗在改编重刊他族叔余邵鱼《列国志传》后又着手编刊的图书，因此书名上有"列国前编"。虽然这是后出的书，但因为

---

① 《古本小说丛刊》编辑委员会：《古本小说丛刊》第七辑，中华书局1990年版，第1345页。
② 《古本小说丛刊》编辑委员会：《古本小说丛刊》第七辑，中华书局1990年版，第672页。
③ 《古本小说集成》编委会：《古本小说集成》第三辑第45册，上海古籍出版社1993年影印本，第583—584页。

《列国志传》所叙故事在该书之后，余象斗再次提醒购买该书的读者，欲知后事，可以接着购买"明妙可观"的《列国志传》。

清代图书中也不乏在卷末为续书做广告这种情况。例如，清光绪五年（公元1879年）活字本《忠烈侠义传》一百二十回（又名《三侠五义》），在第一百二十回末尾有这么一段文字：

> 这便是《忠烈侠义传》收缘。要知群雄战襄阳，众虎遭魔难，小侠至陷空岛、茉花村、柳家庄三处飞报信，柳家五虎奔襄阳，艾虎过山收服三寇，柳龙望路结拜双雄，卢珍单刀独闯阵，丁蛟、丁凤双探山，小弟兄襄阳大聚会，设计救群雄，直至众虎豪杰脱离难，大家共议破襄阳，设圈套捉拿奸王，施妙计扫除群寇，押解奸王夜赶开封府，肃清襄阳郡；又叙钏斩襄阳王，包公保众虎，小英雄金殿同封官，紫髯伯辞官出家，白玉堂灵魂救按院，颜查散奏事封五鼠，包太师闻报哭双侠，众英雄开封大聚首，群侠义公厅同结拜，多少热闹节日（引者按，原文如此，当是"目"字形近而误），不能一一尽述也，有不足百回，俱在《小五义》书上，便见分明①。

清道光咸丰间，评书艺人石玉昆在北京说唱包公案，名重一时，有人将其记录下来，去掉其中的韵语，成了《龙图耳录》一书。该书经问竹主人、入迷道人略加修订后以《忠烈侠义传》的书名付印。由于原来说唱的故事很长，先出版了一部分，后面还打算出版接续的《小五义》，因此在该书的末尾先把续书中精彩热闹的回目先点出来，激起读完该书的消费者对于续书的期待，并促使他们在未来续书出版后积极购买。比起上述《有夏志传》的卷末广告来，这么一大段文字显然与"欲知后事如何，请听下回分解"的简单套语距离更远些，更不像是话本体制的简单沿袭。或许这段文字在来源上仍与评书艺人在现场为吸引听众继续听讲而说的类似的话不无关系，但在脱离了现场表演的书面文字中出现，无论是图书出版商特意保留下来还是有意额外附加的，其性质已经变为续书的广告了。可不知道什么缘故，《忠烈侠义传》原刊本的出版者后来并没有顺利推出《小五义》一书，而光绪十六年（公元1890年）文光楼主人刊刻

---

① 《古本小说丛刊》编辑委员会：《古本小说丛刊》第二十九辑，中华书局1991年版，第2536—2537页。

的《小五义》一书并非从《忠烈侠义传》一书末尾续起，情节与后者在卷末所做预告也有出入，而且人名也有不同，显然不是原刊本计划中的续书。据庆森宝书氏的序言，文光楼主人"尝阅《忠烈侠义传》，知有《小五义》一书，而未见诸世，由是随在物色，不知几经寒暑，今春竟于无意中得之。因不惜重贾，延请名手，择录而剞劂之"①。可见，虽然原刊本的续书未能按计划出版，但为续书做的广告却已随着前书的刊布引起像文光楼主人这样的读者的注意，这充分说明该广告的传播已经达到应有效果。作为一个更有心的读者，文光楼主人巧妙地利用了原刊本的影响力以及原刊本卷末的广告，顺势推出续书赚取利润。

又如，清道光十年（公元1830年）厦门文德堂刻《绣像施公案传》八卷九十七回，在第九十七回的末尾，也有这样一段话：

> 要知天师提怪，惊走黑面僧人，真人敕命黑龙潭借雨一坛，傻和尚借天师法力得雨，原形显化归山，施公山东赈几（引者按，原文如此，当为"饥"字形近而误），万岁访垛子和尚，俱在下部分解明白②。

显然，这也是在为"下部"即后续图书做广告。

类似情况在古代小说刊刻时很常见，个中缘由，一方面和长篇小说在体制上受说话表演的影响有关，另一方面和中国古代小说多续书也有关。除了上述明清时期刊刻的小说，管见所及，还有清啸花轩刻《戏中戏》卷末云："要知端底，再听下部书分解。下部书名是《比目鱼》，紧接着钱万贯为色被打，县三衙巧讯得赃，东洋海宴公显圣，水晶宫夫妻回生……俱在下部《比目鱼》书中说明。"③清乾隆四十八年（公元1783年）观文书屋刊《绣像说唐后传》卷末云："还有《薛丁山征西传》，唐书再讲。"④清嘉庆十六年（公元1811年）聚锦堂刊《绣像五虎平西前

---

① 《古本小说集成》编委会：《古本小说集成》第四辑第103册，上海古籍出版社1994年影印本，第3页。按，清光绪二十二年（公元1896年）上海广百宋斋据文光楼刊本出版了石印本，书前仍保留了该序，《古本小说集成》据石印本影印。

② 《古本小说丛刊》编辑委员会：《古本小说丛刊》第三十五辑，中华书局1991年版，第2536页。

③ 《古本小说集成》编委会：《古本小说集成》第二辑103册，上海古籍出版社1992年影印本，第127—128页。

④ 《古本小说集成》编委会：《古本小说集成》第二辑第40册，上海古籍出版社1992年影印本，第932页。

传》卷末写道："……后话甚多，寔难统述。若问五虎如何归结，再看《五虎平南后传》，另有续禀详言。"①清光绪十八年（公元1892年）宝文堂刊《绣像永庆升平全传》卷末云："要知后事，紧接马梦太误走回回峪……尽在下部《永庆升平》接演。"②光绪二十三年（公元1897年）上海书局石印本《绣像七剑十三侠》初集卷末也为续集做广告："余半仙兄妹要与傀儡生大赛道术，宁王起兵造反，杨一清拜师兵败而回，后来王守仁亦拜师，征战年余，宸濠被擒正法，在后集中细禀，辰下暂请告假。"③光绪二十七年该书续集卷末复有"……许多热闹，且看下集书中分解"字句④。

附带说一下，也有的图书是在卷末预告将刻图书。例如，清刻本《笔炼阁编述五色石》一书卷末说："天下慧业文人，必能见赏此书。笔炼阁主人尚有新编传奇及评定古志藏于笥中，当并请其行世，以公同好。"⑤这是在为刊刻同一个作者编撰的其他图书做预告。

抓住读者合上书卷前最后一丝机会，在卷末为另一本书做广告，我们不得不佩服古代图书出版商在营销上用心之细致。

三、中国古代图书的广告欺骗

"广告"的本义只是广而告之，但在商业中，广而告之的最终目的往往还是为了盈利。于是，广告不仅要将产品信息传达给目标消费者，更要通过信息的有效传达促使消费者作出购买决定，进而让广告主实现盈利目的。为了更加有效地诱惑、刺激消费者作出购买决定，中国古代图书出版业的广告从最初干巴巴、实实在在的信息（刊刻者、刊刻时间、售卖地点等），很快发展到用各种美好的、富于蛊惑力的语言组成令人怦

---

① 《古本小说集成》编委会：《古本小说集成》第二辑第47册，上海古籍出版社1992年影印本，第1452页。

② 《古本小说集成》编委会：《古本小说集成》第二辑第146册，上海古籍出版社1992年影印本，第1295—1296页。

③ 《古本小说集成》编委会：《古本小说集成》第一辑第138册，上海古籍出版社1991年影印本，第300页。

④ 《古本小说集成》编委会：《古本小说集成》第一辑第139册，上海古籍出版社1991年影印本，第301页。

⑤ 《古本小说集成》编委会：《古本小说集成》第二辑第9册，上海古籍出版社1992年影印本，第585页。

然心动的吁求。这些广告文案,其措辞之巧妙,心思之宛转,即使在时光流转的数百年之后看上去,依然让人叹服。上文在谈到具体广告时,曾作过一些分析,其广告艺术真有如漫步山阴道上,佳处令人目不暇接。然而,过犹不及,正如孔子早就批评过的"巧言令色,鲜矣仁"(《论语·学而》),不少广告的好言语未能和产品的实际相吻合,不少消费者受广告的诱惑去购买了产品,结果发现名与实并不相符,这就涉嫌广告欺骗了。虽然中国古代图书出版业在广告营销上留给我们很多智慧启示,但值得警醒的是,其中也有需要我们加以反思的广告欺骗。

(一) 谎称刊刻所据底本为善本

综观中国古代图书出版业的营销广告,最喜欢宣扬的就是刊刻所依据的底本为善本。由于宋代是雕版印刷术真正盛行的时代,所以宋版往往是一些古典文献最早的刻本。一般来说,最早的刻本应该最接近该书原貌,这就是后来讲版本者看重宋版的主要原因之一。一书倘若没有宋版,那自然也是最古老、最原始的版本最权威。正因为如此,宋以后的中国古代图书出版者喜欢标举"宋版"或"古版"。然而,当看到这类广告时,有的恐怕只能姑妄言之姑听之,当不得真。例如,上一节所述明嘉靖元年汪谅在其刊刻的《文选》一书目录之后对其所刊14种书进行了重点推介,这些书无一例外都是"宋元板"或"古板"。实际上,其中的《玉机微义》,据《四库全书总目》卷104该书提要,系"明徐用诚撰,刘纯续增"[1],是一本医书。作者徐用诚和续增作者刘纯都是明代人,既然如此,又哪里可能有该书的"宋元板"呢?而《武经直解》,查清雍正时纂修的《山西通志》卷139《人物》,于明代"刘寅"名下云:

> 刘寅,字拱辰,崞县人。洪武辛亥进士。幼敏,嗜读书,承父处士菊斋教,益该博,尤精兵家言。初官兵部主事,洊历兵部侍郎。尝著《武经直解》。邑人秦世龙有赞[2]。

据该小传,则《武经直解》就是明洪武进士刘寅所作,而并非如汪谅在广告中所说的是"刘寅进士注"。同样,作者既为明人,又何来"宋元板"?另外,《臞仙神奇秘谱》一书,书名中的臞仙即朱元璋第十六子宁

---

[1] 《四库全书总目》,中华书局1965年版,第873页。
[2] 《山西通志》,文渊阁《四库全书》本。

献王朱权的别号，《神奇秘谱》是他著的一种琴谱，《明史·艺文志》有著录①。既然书作者都是明朝人，真不知汪谅所谓"古板"的"古"字从何谈起。而《太古遗音大全》恐即《太古遗音》一书，《四库全书总目》卷114有该书提要，说作者是明代杨抡，又说"焦竑《经籍志》有《太古遗音》4卷，称袁均哲著，今未之见。或抡窃其书而改窜之，未可知也"②，而《明史·艺文志》著录该书时作者即为袁均哲③。无论作者是杨抡还是袁均哲，都是明人。《诗对押韵》有可能即为明朝宣德间山西曲沃人耿纯所著④。如果真是这样，则所谓"古板"同样也是骗人。有趣的是，佞宋、佞古发展到极致，就有可能闹出诸如"宋板《大明律》"之类的笑话⑤。

附带说一下，中国古代一些不良图书销售商经常利用图书消费者这种佞古心理作伪。作伪手段高明者，几可乱真，常常有人上当受骗。明代高濂曾就当时假宋版书感慨道：

> 近日作假宋板书者，神妙莫测。将新刻模宋板书，特抄微黄厚实竹纸，或用川中茧纸，或用糊褙方帘绵纸，或用孩儿白鹿纸，筒卷用槌细细敲过，名之曰"刮"，以墨浸去嗅味印成。或将新刻板中，残缺一二要处；或湿霉三五张，破碎重补；或改刻开卷一二序文年号；或贴过今人注刻名氏，留空另刻小印，将宋人姓氏扣填两头角处；或妆茅损，用砂石磨去一角；或作一二缺痕，以燎火燎去，纸毛仍用草烟熏黄，俨状古人伤残旧迹；或置蛀米柜中，令虫蚀作透漏蛀孔；或以铁线烧红锤书本子，委曲成眼，一二转折……种种与新不同。用纸装衬绫锦套壳，入手重实光腻可观，初非今书，仿佛以惑售者。或札伙囤，令人先声指为故家某姓所遗，百计誉人，莫可窥测，多混名家，

---

① 《明史》卷98，中华书局2000年版，第1627页。
② 《四库全书总目》，中华书局1965年版，第978—979页。
③ 《明史》卷98，中华书局2000年版，第1627页。
④ 《山西通志》卷111谓耿纯"以通《诗经》名，有《诗对押韵》行世"。文渊阁《四库全书》本。
⑤ 汪琬《说铃》："顾宁人处士炎武在京师，酒次与客论经学。客或举唐石经、误为十三经者，顾厉声曰：'此与宋板《大明律》何别！'其傲岸多类此。"收入《丛书集成续编》第96册，上海书店1994年版，第106页。

收藏者当具真眼辨证①。

明代无良书商伪造宋版书，用在图书上的工夫主要有两个方面，一是用各种手段让图书外形看上去像古老的宋本，即"做旧"；二是将书内序文的年号改为宋代年号，将书中注刻人名换成宋代人名。除此之外，他们还在图书之外下工夫，即"札伙囤"，也就是合伙设骗局，让一些"托儿"先散布该书曾为某故家大族收藏过，如今流散出来，确为真品，以此引人上套。

再如，清代蒋光煦在给《拜经楼藏书题跋记》作跋时，回忆自己的购书经历，也提到：

> 稍长，欲得旧刻旧钞本，……而旧刻旧钞本中，苕贾弊更百出：割首尾；易序目；剔画以就讳；刓字以易名；染色以伪旧；卷有缺，刻他版以杂之；本既亡，录别种以代之……反覆变幻，殆不可枚举②。

蒋光煦这里提到是"苕贾"即吴兴（清时属浙江湖州）书贾作伪手段，约略言之：一是瞄准人们鉴定古籍版本的常用方法，有针对性地巧妙作伪；二是百衲衣式的拼凑；三是李代桃僵式冒充。显然，类似伎俩，绝不是清代湖州一地无良书贾的"专利"，而是元、明以来全国各地意图用所谓"旧刻"、"旧钞"牟取暴利的图书商惯用的骗技。

又如，叶德辉《书林清话》卷10"坊估宋元刻之作伪"条也谈到：

> 自宋本日希，收藏家争相宝贵，于是坊估射利，往往作伪欺人，变幻莫测。总之不出以明翻宋板剜补改换之一途，或抽

---

① 高濂：《遵生八笺》卷14"论藏书"，文渊阁《四库全书》本。按，明清两代一些图书出版者因为推崇宋版书，喜欢极意追摹宋本原样翻刻，这些书因为行款、版式、字体乃至避讳字缺笔等和宋版书一样，往往被书商用来冒充宋本。著名的例子如《天禄琳琅书目》卷10著录了十部《六家文选》，实际上都是明代嘉靖年间袁褧覆刻宋代广都裴氏本《六家文选》，但其中九部均被书商抽掉袁褧刻书识语，辅以其他作伪手段，冒充宋版书。此外像《天禄琳琅书目》卷7著录的《仪礼》、《六经图》、《许氏说文解字五音韵谱》，卷8著录的《史记》、《陈书》，卷9著录的《战国策》、《六子书》、《东观余论》以及卷10著录的《六臣注文选》、《古文苑》、《唐文粹》等书，书商都想用明代翻刻本冒充宋本。有关宋本作伪的详细情况，可以参看张丽娟、程有庆：《宋本》，江苏古籍出版社2002年版，第87—91页。

② 跋见吴寿旸《拜经楼藏书题跋记》一书前，上海古籍出版社2007年版。

去重刊书序，或改补校刊姓名，或伪造收藏家图记钤满卷中，或移缀真本跋尾题签，掩其赝迹①。

这里提到的伪造收藏家印记，和明代高濂说的"札伙囤"异曲同工，只不过这是在图书内下工夫。而将真本跋尾题签割移到赝本之上，以真掩假，欺骗性更大。

（二）宣称文字校对绝对无误

中国古代图书出版业的营销广告喜欢宣扬所刊书籍校勘之精审。其实，真正做过校勘的人都知道，校书如扫尘，随扫随生。有意思的是，有的书籍一方面在牌子里做着这种"一字不错"的广告，另一方面却连牌子里寥寥数字也不能保证全部正确无误。例如，宋淳熙三年（公元1176年）阮氏种德堂刊刻的《春秋经传集解》一书在牌子中广告说："谨依监本，三复校正刊行，如履通衢，了亡室碍处。"宣称所刊书是依据国子监本并经多次校勘，读者阅读该书如同走在平坦宽敞的大路上，没有什么阻碍。话说得很漂亮，只可惜读者在读这一牌记时就被错别字绊了一跟头："窒碍"的"窒"字误作"室"字。这真是典型的用自己的拳头堵住自己的嘴巴："三复校正"就是这样的结果吗？其实，为后人所看重的宋版，同样有错讹字。明代胡应麟、清代王士禛、钱大昕等著名学者都曾指出宋刻也有不少错讹处②。

（三）书名夸张失实

中国古代图书出版业在书名上用某些词语做广告时，也往往有夸张、失实处。例如，宋庆元六年（公元1200年）建安魏仲举刊刻的《新刊五百家注音辨昌黎先生文集》一书，书名上标举的广告色彩语除了"新刊"外，最吸引人的就是"五百家注音辨"了。然而，清光绪二十二年（公元1896年）王荣在该书后题跋语说：

> 卷首载评论、训诂、音释诸儒名氏，唐十一家，宋一百三

---

① 叶德辉：《书林清话》，刘发等校点，辽宁教育出版社1998年版，第217—218页。
② 参看胡应麟《少室山房笔丛》甲部《经籍会通》、王士禛《居易录》及钱大昕《十驾斋养新录》卷19"宋椠本"条相关议论。另，叶德辉《书林清话》卷6"宋刻书多舛讹"条所举例证颇多，亦可参看，刘发等校点，辽宁教育出版社1998年版，第132页。

十七家，其余新添集注、补注、广注、释事、补音、协音、正误、考异，凡二百三十家，皆无姓氏，亦止三百七十八家耳。而曰"总计五百余家"，夸已①！

类似的像《集千家注分类杜工部诗》，于敏中等《天禄琳琅书目》卷6该书提要也说："所列注诗姓氏，始韩愈、元稹，终以文天祥、谢枋得、刘会孟，共一百五十六家，其曰'集千家'者，盖夸大之词耳。"② 这类书名，假如碰上像王荣这类实心眼的消费者当面较起真来，做广告的中国古代图书出版业者恐怕只好推托说这只是一种修辞，文人好大言，李白说"飞流直下三千尺"，真的有三千尺吗？杜甫说"霜皮溜雨四十围，黛色参天二千尺"，他量过吗？无非就是举其成数（乃至约数）、强调数目之多而已，哪能当真啊？然而，如果站在维护企业诚信形象的高度，这种说法是很难站住脚的，不管怎样辩解，这样的书名恐怕都涉嫌用夸大的广告来欺骗消费者。

（四）假托名人作序、评点、注释或编纂

书名广告中另一种常见的欺骗消费者的做法是假托名人作序、评点、注释或编纂等。前文已述及假托名人作序文吹捧所刻图书的例子，我们再来看托名评点、注释或编纂的情况。

知存的《水浒传》明代各版本中，容与堂本、文杏堂本和袁无涯本都宣称是李贽评点本，文杏堂本还特别声明"李卓吾原评"。李贽《续焚书》卷1中有"《水浒传》批点得甚快活人，《西厢》、《琵琶》涂抹改窜得更妙"的说法③，因此可以肯定他曾经批点过《水浒传》。但问题是书坊刊刻的这些《水浒传》中的评点是否真是"原评"，历来有不少人表示怀疑。前引钱希言《戏瑕》卷3"赝籍"条已经提到这些都是叶昼托名李贽所为，类似的说法在周亮工《因树屋书影》卷1中也有："叶文通，名昼，……当温陵《焚》、《藏书》盛行时，坊间种种借温陵之名以行者，如《四书》第一评、第二评、《水浒传》、《琵琶》、《拜月》诸评，皆出文通手。"④

---

① 南京国学图书馆编：《盋山书影》，北京图书馆出版社2003年版，第141页。
② 于敏中等：《天禄琳琅书目》，文渊阁《四库全书》本。
③ 朱一玄、刘毓忱：《水浒传资料汇编》，南开大学出版社2002年版，第171页。
④ 周亮工：《书影》，古典文学出版社1957年版，第7页。

不过，李贽不管怎么说也批点过《水浒传》，有很多书商在托名时，往往只考虑该人的知名度。更有甚者，同一本书在前后两次刊刻时，托名的对象居然不同。例如明代余象斗万历二十八年（公元1600年）刊刻《新刻九我李太史编纂古本历史大方纲鉴》一书，书名中用作广告的名人是李九我，即李廷机，其人《明史》卷217有传，是福建晋江人，顺天乡试第一、会试第一，殿试第二，晚岁曾以礼部尚书兼东阁大学士入参机务，卒谥"文节"，是明代福建少数几个曾经入内阁的高官。余象斗刊刻的很多书籍书名上都有这位乡党的大名。不过，时隔10年，该书再次刊刻时，书名却成了《鼎锲赵田了凡袁先生编纂古本历史大方纲鉴补》，除了为掩人耳目加了一"补"字外，编纂者改成了"袁了凡"，即袁黄。前次余象斗托名李廷机，看重的是他显赫的地位，而10年后的李廷机入阁后正身陷朝臣交相弹劾的尴尬境地，这个时候倘若再托名他，恐怕不但起不了促销作用，反而会对图书的销售造成负面影响，于是换了一个名人。像余象斗这样假托名人来营销图书，反复之间，一如儿戏，一些消费者却难免受欺骗。明代坊刻，像这种伪托的情况极为常见。

需要说明的是，中国古代图书出版业者为了营销做这类带有欺骗性广告时，伪托古人、伪托当世名人或者像汪谅那样把今人著作含糊其辞说成是古代著作，由于古代交通、通讯不像今天这样发达，人们获取信息的途径极为有限，而信息的传播也相当缓慢，因此不仅消费者很难整合各种信息对某些广告内容的真假进行甄别，即使是被托名的当世名人也很难及时知道自己被图书出版者利用的情况。其实，因为信息匮乏，读者自己就经常犯把同时人著作误认为前人著作的错误。例如，唐代著名诗人王维在参加进士考试前，曾到玉真公主那里行卷，公主看了诗卷，说："皆我习讽，谓是古作，乃子之佳制乎？"[1] 再如，清代乾嘉时著名文人袁枚少年成名，年老时出去游玩，有些人看了他的"名纸"（如同今天的名片），知道他竟然就是袁枚，十分惊讶，因为这些人读袁枚著作时，以为是清初人[2]。这也是精明的中国古代图书出版业者在进行广告欺骗时几乎肆无忌惮的原因之一：他们抓住消费者和自己信息不对称这一状况大作文章，一切只求有利于图书的营销。

---

[1] 辛文房：《唐才子传》，徐明霞校点，辽宁教育出版社1998年版，第18页。
[2] 袁枚：《随园诗话》卷12，王英志校点，江苏古籍出版社2000年版，第317页。

（五）改换书名，旧书充新书

除了上述情况，明代图书出版业者为了图书营销，还常常把原书改头换面，然后重新起一更具广告色彩、更有吸引力的书名，不知情的消费者乍一看，还以为是一本新书。前述余象斗刊刻《再广历子品粹》就有这种情况，为了凑所谓"二十四子"名目（这一名目本身就是充满营销意味），硬是把《六韬》改为《尚父子》，把《论衡》改为《王充子》，把前、后《出师表》改为《孔明子》。再如，郎奎金刊刻《释名》一书，为了凑所谓"五雅"名目，把书名改作《逸雅》；冯梦桢刊刻《大唐新语》一书，把书名改为《唐世说新语》，等等①。

由于缺乏文献资料证明，我们现在很难知道这些广告欺骗到底是促进了中国古代图书出版业的营销，还是极大损害了相应图书出版业者的品牌形象。或许，在中国人看来，王婆卖瓜、自卖自夸的现象理所当然。于是，叫卖者为了营销顺利，大声吆喝，说得天花乱坠似乎并不存在良心不安的问题，也不像今天做虚假广告那样存在法律风险；而聪明的买者却是心中有数，自己仔细鉴别判断，作出消费与否的决定。

四、小　结

本章主要考察了中国古代图书出版业附载在书籍上的营销广告，主要有：1. 针对产品（书籍）所做的广告，包括夸耀产品（书籍）优点的广告、预售（刻）书目广告以及卷末为续书所做的广告；2. 为了促进产品生产的广告，即征稿广告；3. 企业（书坊）品牌及形象广告；4. 保护企业权益的版权广告。这些广告的表现形式主要有：1. 书名上的修饰词；2. 书名页上各类宣传广告用语及图案；3. 书中的序、跋、评阅意见、牌记、凡例、卷末语；4. 专门的广告性启事。二者之间的具体对应关系如下表所示：

---

① 叶德辉：《书林清话》卷7"明人刻书改换名目之谬"条，刘发等校点，辽宁教育出版社1998年版，第151页。

表 5-2 书载广告一览表

广告类型		表现形式	案 例
产品广告	夸耀产品（书籍）优点的广告	书名上的修饰词	明万历间余象斗刊《新刊京本全像插增田虎王庆忠义水浒全传》
		书名页上各类宣传广告用语	清雍正十二年继志堂刊刻的《按鉴三国志传》
		书名页上展示图书核心（精彩）内容	明万历间余象斗刊刻《锲三台山人芸窗汇爽万锦情林》一书书名页上展示书中汇刻的主要文言小说篇目
		书名页上的内容图示	元代李氏建安书堂至元三十一年刊刻《至元新刊全相三分事略》书名页上绘三顾茅庐
		序	明崇祯间毛氏汲古阁刊刻《十三经注疏》钱谦益作序
		跋	汲古阁刊刻《片玉词》集后毛晋跋语
		评阅意见	明万历十七年阳春园刻吴楚材辑《彊识略》书前列"评阅"
		牌记	宋建阳书坊刻本《新纂门目五臣音注扬子法言》一书宋咸序后牌记
		凡例中植入广告语	明末近圣居刊刻的《近圣居三刻参补四书燃犀解》一书前凡例
	预售（刻）书目广告	专门启事广告	明万历十九年余象斗刊刻《新锲朱状元芸窗汇辑百大家评注史记品粹》一书卷端销售书目广告
		凡例中插入刻书预告	康熙间刻《虞初新志》卷首凡例第十则
		牌记	宋王叔边刊刻《后汉书》目录后牌记预告刻书书目
		卷末广告	清刻本《笔炼阁编述五色石》卷末为同一作者其他图书作预刻广告
		书前目录中做广告	清顺治年间刻李渔《无声戏》目录第一回回目后预告

续表

广告类型		表现形式	案 例
产品广告	为续书做广告	卷末牌记中为续书做广告	武林书坊刊刻《徐文长先生批评增补绣像隋唐演义》卷末牌记
		在卷末简要预告续书精彩内容或用类似"欲知后事如何,请看……"套话提醒消费者	清光绪五年活字本《忠烈侠义传》卷末为续书《小五义》做广告
征稿广告		专门的征稿启事	明代天启三年《明文奇赏》一书总目后的征稿广告:《征昭代海内名公笥藏家刻文稿选入名文奇赏续集述引》
		凡例中植入征稿广告	清康熙五十五年胡孝思辑《名媛诗钞》
		序中植入征稿广告	清道光二十四年刻《国朝闺阁诗钞》书前蔡殿齐自序
企业(书坊)品牌及形象广告		牌记	临安陈宅书籍铺的牌记
		书名页或书中的绘图	明万历间余象斗刊刻《锲三台山人芸窗汇爽万锦情林》一书书名页上的《三台山人余仰止影图》
保护企业权益的版权广告		书名页上的版权警示	康熙五十八年乐荆堂刊刻的《定例成案合镌》书名页上有"翻刻必究"字样
		牌记	南宋刻本《东都事略》目录后的牌记
		凡例中植入版权告示	明末刻《孙月峰先生评文选》书前凡例

从上表所举典型案例不难发现,明代万历年间书商余象斗恐怕是中国古代图书出版业者中将各种广告手段运用得出神入化的最具代表性人物。

中国古代图书出版业营销中所做广告主要是附载在所刊刻的书籍中,个中原因除了书籍本身用作广告媒介省掉了另外找传播媒介的麻烦外,主要还因为利用书籍作为广告媒介能够保证广告信息更准确、有效传达到目标消费者那里,最大程度实现广告主盈利目的。

第六章　中国古代图书出版营销的个案研究：吕氏天盖楼

吕氏天盖楼的创始人是吕留良，吕氏于此藏书、刻书。吕留良（公元1629—1683年），字庄生。入清后改名光轮，应试为诸生，字用晦，号晚村。弃诸生后，又号耻斋。晚年为避清廷征召，剃发袭僧服，法名耐可，字不昧，号何求老人。浙江崇德（今属桐乡市）人。吕留良死后45年，即清雍正六年（公元1728年），因为卷入曾静谋反案，他和长子吕公忠（又名葆中）遭戮尸，第九子吕毅中斩立决，而孙辈则被遣往宁古塔给与披甲人为奴①。

吕留良刻书，除了署"天盖楼"外，有的也署"宝诰堂"②。在吕留良之后，其长子吕公忠刻书，多署"吕氏家塾"，如刻《吕晚村先生论文汇钞》、《晚村先生八家古文精选》等书即是如此；但也有仍署"天盖楼"的，例如康熙二十四年（公元1685年）刻《评注赵氏医贯》以及《吕晚村先生四书讲义》均是如此。一直到雍正三年（公元1725年），吕留良曾孙吕为景所刻《吕晚村先生文集》书名页上，虽然牌子署的是"南阳讲习堂"，但仍钤有"雍正乙巳天盖楼镌"印。而曾静案发后，吕毅中供词中述及曾静弟子张熙来访时还说"我家虽开着天盖楼书铺……"③。可见，天盖楼是吕氏几代人刻书、售书的书铺。

吕留良之所以卷入曾静案，是因为后者供认其反清思想系受吕留良影响。而吕留良思想的传播，主要是通过将其编刻的以时文评点为主的各种图书销往全国各地来实现的。实际上，吕留良在图书营销方面做得极为成功，他积累起丰富的藏书，为编书、刻书奠定了良好基础，然后通过在南京以及福建等地开设书坊，将图书销往全国各地。本章拟以吕

---

① 有关吕留良生平，可参看卞僧慧：《吕留良年谱长编》，中华书局2003年版。
② 徐德明：《吕留良宝诰堂刻书考述》，《上海高校图书情报学刊》2001年第4期。
③ 卞僧慧：《吕留良年谱长编》，中华书局2003年版，第375页。

留良为中心，利用《吕晚村先生文集》中的信件、序跋、《吕晚村先生家训真迹》中的信件以及乾隆时有关禁毁书清单等文献，对吕氏天盖楼的图书出版营销作一番考述。

一、天盖楼藏书的积累

在本书第一章讨论中国古人对图书的需要时曾提到，藏书家藏书的目的，如果摒弃清代洪亮吉"考订"、"校雠"、"收藏"、"赏鉴"、"掠贩"这类逻辑不严密的说法，大致可以分为两类：一是知识阶层进行文艺创作、学术著述等知识再生产活动时，需要大量参考文献，丰富的藏书有助于他们进行创作与研究；二是由于收藏大量图书意味着文化资本的积累，能够给藏书家个人及其家族乃至一个地区笼罩上一层耀眼的文化光芒，藏书家因此能够获得一种炫耀性的心理满足。但是，对于吕留良这类兼为出版商的藏书家来说，其藏书目的在这之外还有第三个，即为其编辑、出版图书提供可资利用的材料与底本[①]。因此，要研究吕氏天盖楼的出版营销，首先得从其藏书的积累说起。

（一）抄书与购书

一个爱书的人要积累其藏书，有各种途径[②]。其中，盗窃、劫掠是非法手段，不足为训；而馈赠（包括师友馈赠及家产继承等）、赐予则属于毫不费力、天上掉馅饼的事情，并不是每个人都能遇上。因此，积累藏书最常见的几种方法是：1.购买；2.抄写（藏书者自抄或别人代抄）；3.交换（以书易书或以他物易书）。吕留良藏书的积累，基本上是前两种方法。

首先，我们先看吕留良购买图书的情况。吕留良藏书有一大宗是得自祁氏澹生堂。澹生堂是明末浙江绍兴著名藏书楼，其创建人为祁承㸁。康熙五年（公元1666年），祁氏澹生堂藏书散出，吕留良与黄宗羲一同

[①] 谢灼华《清代私家藏书的种类》一文从藏书目的和利用将清代藏书家分为"为著述而藏、读书的著述家藏书家"、"为搜集、收藏典籍而藏书有特色的收藏家藏书家"、"为校勘、整理图书进行出版活动的出版家藏书家"，可参看。该文收入黄建国等编：《中国古代藏书楼研究》，中华书局1999年版。

[②] 任继愈主编《中国藏书楼》（辽宁人民出版社2001年版）第二章第一节论"藏书来源"，分为购买、抄写、交换、赐赠、窃掠等，还述及缴获乃至捡拾等其他来源，颇为详尽，可参看。

前往购买①，吕留良购得 3000 多册，其《梦觉集》中《得山阴祁氏澹生堂藏书三千余本示大火》即咏此事，其一云："阿翁铭识墨犹新，大担论觔换直银。说与痴儿休笑倒，难寻几世好书人。"其二云："宣绫包角藏经笺，不抵当时装钉钱。岂是父书渠不惜，只缘参透达磨禅（祁氏参曹洞宗）。"② 从诗中"大担论觔"、"不抵当时装钉钱"等词句看，吕留良当时以较为低廉的价钱购得这批书。吕留良在欣喜之余，或许是想起祁承㸁曾有藏书铭印文云"后人但念阿翁癖，子孙益之守弗失"③，感慨藏书难得有几代世守的。

自然，除了这次机缘难得的集中购买，吕留良平时肯定也会陆续购置图书。吕留良不仅自己热衷于藏书，而且教育自己的儿子要爱书、访书，例如，长子吕公忠去福建经营天盖楼分店时，他叮嘱道："一路但见好书，遇才贤，勿轻放过，馀无所嘱。"④ 在吕留良的影响下，儿子们在外，碰见家里没有的图书，也会主动询问吕留良是否要购买或抄写，我们在吕留良写给儿子的信中发现不少这类指示，例如，"《语孟说》已分抄，来月可寄还矣。《北盟会编》亦应收之书，但价太昂则不必，非不易得者也"⑤，"盛奕云处唐稿即得抄来为快，嘉善曹次典云有荆川全稿，可往天宁寺问之。即录与盛目一纸，令其对，所无者抄寄为妙"⑥，"《明文合选》，若是许伯赞选本，甚欲得之，惜太价昂耳"⑦。对于容易得到的书，如果卖方要价太高，吕留良叮嘱说不必买入，这充分体现了他作为商人精明的一面，并不说明他吝于买书。实际上，他曾明确告诉儿子，只要碰到家里没有的古书，不要舍不得花钱买："前大火带归《文献通考》续集，反阙正集，见书铺有正集，可买补之。遇古书为家中所无者，

---

① 据说吕、黄二人因此次购书事生隙，详见卞僧慧：《吕留良年谱长编》，中华书局 2003 年版，第 148—151 页。

② 吕留良：《吕晚村诗》，收入《续修四库全书》编纂委员会：《续修四库全书》第 1411 册，上海古籍出版社 2002 年版，第 23 页。

③ 林申清：《明清著名藏书家·藏书印》，北京图书馆出版社 2000 年版，第 44 页。

④ 吕留良：《吕晚村先生家训真迹》卷 2，收入《四库禁毁书丛刊》编委会：《四库禁毁书丛刊》子部第 36 册，北京出版社 2000 年版，第 167 页。

⑤ 吕留良：《吕晚村先生家训真迹》卷 2，收入《四库禁毁书丛刊》编委会：《四库禁毁书丛刊》子部第 36 册，北京出版社 2000 年版，第 160 页。

⑥ 吕留良：《吕晚村先生家训真迹》卷 2，收入《四库禁毁书丛刊》编委会：《四库禁毁书丛刊》子部第 36 册，北京出版社 2000 年版，第 165 页。

⑦ 吕留良：《吕晚村先生家训真迹》卷 3，收入《四库禁毁书丛刊》编委会：《四库禁毁书丛刊》子部第 36 册，北京出版社 2000 年版，第 176 页。

勿惜购买,此不与闲费为例也。"①

其次,吕留良藏书中有相当部分是通过抄写的方式获得的。一般来说,当世刻本较容易获得,只要有钱,即可捆载而归。但是,一些前代图书则存世本子极为稀少,一般人甚至不知道它们的存在;即使知道了,倘若藏书家不愿割爱的话,用再多的钱也难以得到。要想获得这类图书,不仅要四处寻访,还得跟藏书家建立起交情,才有可能用抄写的方式制作图书的副本。在《答张菊人书》中,吕留良在介绍完自己与吴之振叔侄选刊《宋诗钞》的动机之后,接着说:

> 近者更欲编次宋以后文字为一书,此又进乎诗矣。室中所藏,多所未尽,孟浪泛游,实为斯事。至金陵,见黄俞邰、周雪客二兄藏书,欣然借抄,得未曾有者几二十家。……如《江西诗派》一书,某求之十余年而未得者,承许秋后尽简所蓄惠教,某何幸得此于执事哉?谨以所有书目呈记室,外此倘有所遇,知勿惜搜致之力也②。

可见,康熙十二年(公元1673年)吕留良去南京,除了开拓新的图书市场外,另一个同样重要的目的就是结识当地著名藏书家,访求未见之书。幸运的是,黄虞稷和周在浚很慷慨地允许吕留良借抄,吕留良因此获致20多种原来没有的宋人书。在给儿子们的信中,吕留良欣喜不已地说:"吾所最快者,得黄俞邰、周雪客两家书甚富,而恨不能尽抄耳。"他让儿子查一下,"赵东山汸《春秋集传》吾家有否?此间有之,无则当抄归"。为了加快抄写进度,他甚至私自将两家书寄回家里分抄:"今寄归李伯纪《梁溪集》(九本),可向曾亲翁处借福建刻本一对,无者方录出,亦可省些工夫。又晁说之《嵩丘集》(七本),书到即为分写较对,速将原本寄来还之。两家极珍惜,我私发归者,当体此意,勿迟误,勿污损也。"③ 在给儿子的另一封信中他也吩咐儿子赶紧把寄回来的书抄写副本:

---

① 吕留良:《吕晚村先生家训真迹》卷3,收入《四库禁毁书丛刊》编委会:《四库禁毁书丛刊》子部第36册,北京出版社2000年版,第179页。
② 吕留良:《吕晚村先生文集》卷1,收入《续修四库全书》编纂委员会:《续修四库全书》第1411册,上海古籍出版社2002年版,第82页。
③ 吕留良:《吕晚村先生家训真迹》卷3,收入《四库禁毁书丛刊》编委会:《四库禁毁书丛刊》子部第36册,北京出版社2000年版,第169—170页。

"施卓人归,寄抄本二种,作速抄完付来,第一勿污损,切嘱。"①

在上述《答张菊人书》中,我们看到张芳也答应将他的藏书借给吕留良,其中有吕留良寻访 10 多年未见的《江西诗派》一书,这自然也让吕留良大喜过望。值得注意的是,吕留良在信中提到把他自己拥有的宋人图书书目抄给张芳看②,其目的有三:一是让张芳看看哪些图书是吕留良没有而张芳有的,挑拣出来借给吕留良;二是书目之外的宋人书,即使张芳自己没有,但如果有相关信息,请张芳为吕留良留意,帮着一起搜寻;三是让张芳看看哪些图书是吕留良有而张芳没有的,可以向吕留良借。目的三在信中并没有明说,但揆以投桃报李之人情,律以当时藏书家之间互通有无之常例③,该书目应该还承担了这一用途。实际上,在吕留良给他儿子的信中,就提到了黄虞稷向他索书目看一事:"俞邰索我家书目看,便中写来并发出。明人集亦录上,渠尤要者,经学及史料、杂家也。"④ 黄虞稷看了书目后,果然对其中的一些书感兴趣,因此吕留良在随后给儿子的信中说:"书目似尚未全,可并史料、杂书皆开来,少则吴五叔处书目并借写来可也。《西昆倡和诗》、黄度《书说》二种,黄俞邰要借看,简出寄至。"⑤

除了自己和儿子们抄书外,吕留良有时也托朋友代抄图书。在《与万祖绳书》中吕留良说:"忠介公抄集领至。刘改之、刘原父二集甚欲得之,邓枂桐诗舍间已有。天一阁中闻有袁清容(桷)、戴剡源(表元)集为刻

---

① 吕留良:《吕晚村先生家训真迹》卷 3,收入《四库禁毁书丛刊》编委会:《四库禁毁书丛刊》子部第 36 册,北京出版社 2000 年版,第 170 页。

② 在给吴之振写信时,吕留良也有类似抄录书目举动:"前札中云梁姓者多藏书,许借杨大年集。今录上宋集目一纸,幸细问之,有可假者亦快事也。"引文见吕留良:《吕晚村先生文集》卷 3《寄吴孟举书》,收入《续修四库全书》编纂委员会:《续修四库全书》第 1411 册,上海古籍出版社 2002 年版,第 116 页。

③ 《吕晚村先生文集》卷 8《客坐私告》述及"借书一痴,还书一痴"云:"但袭依抄书社例,各抄所有之书相易,则可。"见《四库禁毁书丛刊》编委会:《四库禁毁书丛刊》子部第 36 册,北京出版社 2000 年版,第 202 页。另,与吕留良同时的曹溶(公元 1613—1685 年)撰有《流通古书约》,倡议道:"予窃拟一简便法,彼此藏书家,各就观目录,标出所缺者,先经注,次史逸,次文集,次杂说,视所著门类同,时代先后同,卷帙多寡同,约定有无相易,则主人自命门下之役,精工缮写,较对无误,一两月间,各赍所钞互换。"这也是先看书目,确定对方有什么书是自己所没有,然后各自抄己有人无之书相互交换。引言见杨守敬等:《藏书绝句》,古典文学出版社 1957 年版,第 35 页。

④ 吕留良:《吕晚村先生家训真迹》卷 3,收入《四库禁毁书丛刊》编委会:《四库禁毁书丛刊》子部第 36 册,北京出版社 2000 年版,第 170 页。

⑤ 吕留良:《吕晚村先生家训真迹》卷 3,收入《四库禁毁书丛刊》编委会:《四库禁毁书丛刊》子部第 36 册,北京出版社 2000 年版,第 170 页。

本所无者，并望为弟全抄见寄。其誊写资值，兄酌命之，或以拙刻相抵，或竟奉金，无不可者。"① 在随后的《答万祖绳书》中，吕留良提到"惠以手录公是、改之二集"②，可见友人遵嘱替他抄录了刘敞、刘过的集子。

在给朋友的信中，吕留良有时也会不无炫耀地提到自己最近收藏的图书。例如，在《寄黄太冲书》中，他说："近得程北山集六本，为宋纸印者。又抄得《诚斋集》一本，则旧本所未见。又吕泾野集二十本，蔡蛟滨语录四本，及馀明人集数种，俱待晤时呈览也。"③ 藏书的快乐只能与知者道，而黄宗羲同为藏书家，因此吕留良与他分享喜悦之情。正是通过这种乐在其中、持之以恒的访求，吕留良积累起了大量藏书。

（二）吕留良藏书特色

从相关文献记载来看，吕留良的藏书呈现出极为鲜明的特色。具体说，其特色之一是收藏了大量的宋、元人文集。吕留良在《答张菊人书》中自述："自来喜读宋人书，爬罗缮买，积有卷帙。"④ 这不仅从上述相关引文中能窥一斑，而且柯崇朴《圣宋文选序》中相关说法也印证了吕留良所言不虚："先是，石门吕晚村先生收藏宋、元人文集最富，复录其所未备者数十种，嘱余觅之，则是书与焉。"⑤ 实际上，明末清初有不少藏书家都喜欢收藏宋、元人文集，王士禛《池北偶谈》卷16"宋、元人集目"条对此有详细叙述：

> 秀水曹侍郎秋岳（溶），好收宋、元人文集，尝见其《静惕堂书目》所载宋集，自柳开《河东集》已下凡一百八十家，元集自耶律楚材《湛然集》已下凡一百十有五家，可谓富矣。近时石门吴孟举（之振）刻《宋诗钞》，亦至百数十家，多秘本，盖吴与其县人吕庄生（留良）两家所藏本；而颖滨、南丰尚不及载，则未刻尚多也。吴曾为予言唐樊宗师、宋二刘公是、公

---

① 吕留良：《吕晚村先生文集》卷2，收入《续修四库全书》编纂委员会：《续修四库全书》第1411册，上海古籍出版社2002年版，第95页。
② 吕留良：《吕晚村先生文集》卷2，收入《续修四库全书》编纂委员会：《续修四库全书》第1411册，上海古籍出版社2002年版，第95页。
③ 吕留良：《吕晚村先生文集》卷2，收入《续修四库全书》编纂委员会：《续修四库全书》第1411册，上海古籍出版社2002年版，第88页。
④ 吕留良：《吕晚村先生文集》卷1，收入《续修四库全书》编纂委员会：《续修四库全书》第1411册，上海古籍出版社2002年版，第82页。
⑤ 转引自卞僧慧：《吕留良年谱长编》，中华书局2003年版，第317页。

非集，其家皆有之。又尝见金陵黄俞邰（虞稷）征刻唐、宋、元书目所载，有金赵秉文《滏水集》二十卷，元郝经《陵川集》三十九卷。癸亥，俞邰以徐都宪立斋（元文）疏荐入明史馆，予时向之借书，所见如《李观集》、司空图《一鸣集》、沈亚之《下贤集》、柳开《河东集》、王令《广陵集》、牟巘《陵阳集》、李之仪《姑溪集》、耶律楚材《湛然居士集》，皆目所未载者。又予家所有张养浩《归田类稿》、石介《徂徕集》、尹洙《河南集》、岳珂《玉楮集》，则黄氏之所未备也。近朝鲜入贡使臣至京，亦多购宋、元文集，往往不惜重价，秘本渐出，亦风会使然①。

在解释这一现象时，王士禛认为是"风会使然"。具体分析起来，这背后的原因有多个方面。首先是藏书家追求稀缺之书。对于一些藏书家来说，藏书作为收藏的一种，风雅背后仍然有其作为投资的一面。既然有投资性质，物以稀为贵，稀缺之书在保值以及未来升值方面似乎更有保障些。而且，如前所述，收藏图书作为一种文化资本的积累，是一种带有一定程度炫耀心理的消费行为，而稀缺之书显然比常见的图书更具炫耀价值。在明末清初这一历史时段中，宋、元人文集恰好是稀缺之书。而宋、元人文集之所以成为稀缺之书，恰恰和明代文坛的风尚密不可分。明代文坛复古成风，前、后七子倡导"文必秦汉、诗必盛唐"②，既然值得效仿的对象只有秦汉古文以及盛唐之诗，那么自然没有必要读别的书，因此，前七子之首李梦阳径直提倡"不读唐以后书"③。在这种观念影响下，后七子之首的李攀龙在编选《古今诗删》一书时，在唐诗之后，跳过宋、元，直接继以明诗④。后起的公安派以不拘格套、真情达意矫前后七子拟古蹈袭之弊，为矫枉，袁宏道甚至故意说："世人喜唐，仆则曰唐无诗；世人喜秦、汉，仆则曰秦、汉无文；世人卑宋黜元，仆则曰诗文在宋、元诸大家。"⑤可是，由于宗白居易、苏轼的公安末学渐趋鄙俚轻率，标举幽深孤峭的竟陵派又起，而竟陵派开出的药方仍是学古，钟惺、谭元春因此选古诗15卷、唐诗36卷为《诗归》一书，宋、元诗依然是邺下无讥。可见，有明一代文学思潮的主流在绝大部分时间里对宋、元

---

① 王士禛：《池北偶谈》，靳斯仁点校，中华书局1982年版，第386—387页。
② 《明史》卷286《文苑》二《李梦阳传》，中华书局2000年版，第4911页。
③ 钱谦益：《列朝诗集小传》丙集《李副使梦阳》，上海古籍出版社1983年版，第312页。
④ 《四库全书总目》，中华书局1965年版，第1717页。
⑤ 袁宏道：《袁宏道集笺校》，钱伯城笺校，上海古籍出版社1981年版，第501页。

文学是不够重视的，这意味着图书市场对宋、元人文集的需求不大，清初宋荦《漫堂说诗》对此说道："明自嘉、隆以后，称诗家皆讳言宋，至举以相訾謷，故宋人诗集庋阁不行。"① 因此，明代图书出版商缺乏刊刻宋、元人文集的强烈动力。一旦缺乏本朝新刻本的补充，前代刊刻、传抄的宋、元文集历经明朝200余年时间的淘洗，数量只会越来越少，日渐成为一种稀缺的收藏品。明末清初一些藏书家意识到宋、元文集的价值后开始收藏这类书，他们的广泛购求会使得这类图书的价格水涨船高，这又会吸引另外一些藏书家跟风进入，于是形成一时的收藏风气。

所谓风会的第二个方面，实际上是诗坛风尚的转移②。明末钱谦益别裁伪体，反对前、后七子独尊唐诗，推举苏轼、陆游、元好问等人，号召人们学习宋、元诗。正如钱谦益弟子冯班《钝吟杂录》卷7《诫子帖》中所说："钱牧翁学元裕之，不啻过之，每称宋、元人，矫王、李之失也。"③ 清初王士禛再度提倡宋诗，宗宋成为诗坛新风尚。钱、王二人为明末清初诗坛上相继执牛耳者，他们以诗坛领袖的身份号召大家学宋诗，人们早已对唐诗产生审美疲劳，于是宋诗作为新的效仿对象其诗学价值逐渐获得人们的认可。从《答张菊人书》可以看出，与钱、王等相同，吕留良对于受前、后七子影响以致盛行一时的"伪盛唐诗"颇不以为然④，像他与王士禛这样收藏宋、元人文集，可谓得诗坛一时风气之先。自然，也有机警的收藏者闻风而动。

风会的第三个方面，是特定历史情境下遗民的文化心理。张仲谋先生在分析清人尤其是清初遗民诗人群体对于宋诗的选择时有精彩的论述，认为这不仅仅是诗学趣尚的转移，而且与特定的历史文化情境有关，即蒙元之代宋与满清之灭明极为相似，明遗民因此对宋代心有戚戚⑤。在这一文化心理的影响下，像吕留良这样的遗民收藏的宋人文集就不仅仅是客观意义上的书籍，它们还寄托了民族情感，曲折地传达了对故国的思念。

有别于一般的藏书家与普通的明遗民，吕留良同时还是一个精明的

---

① 丁福保：《清诗话》，上海古籍出版社1978年版，第416页。
② 有关明末清初诗坛风尚的变迁，可参看蒋寅《清代诗学史（第一卷）》（中国社会科学出版社2012年版）及张仲谋《清代文化与浙派诗》（东方出版社1997年版）等著作相关章节。
③ 冯班：《钝吟杂录》，清康熙间刻本。
④ 吕留良：《吕晚村先生文集》卷1，收入《续修四库全书》编纂委员会：《续修四库全书》第1411册，上海古籍出版社2002年版，第82页。
⑤ 张仲谋：《清代文化与浙派诗》，东方出版社1997年版，第16—20页。另，赵园也注意到这一心态，她说："明人好说'宋'；明清易代之际，更以说宋为自我述说。"见其《明清之际士大夫研究》，北京大学出版社1999年版，第274页。

图书出版商。他体察到诗坛风尚由原来的宗唐在向宗宋转变，而诗人们要揣摩、借鉴宋诗，就必须读各种宋人文集。也就是说，诗坛风尚的转移培育了图书市场对于宋人文集的旺盛需求。因此，吕留良与吴之振等选刻《宋诗钞》，在市场上极为畅销，"几于家有其书矣"①。文学史研究者强调的是《宋诗钞》的刊刻对于清初宗宋诗风所起的推波助澜作用，而从我们的角度看，这一事件恰恰说明吕留良对于图书市场脉搏的精准把握，同时也让我们看到其藏书是如何为其出版服务的。

吕留良藏书的特色之二是收藏了大量的制义类图书。对于明清时期的士人来说，八股文只是进入仕途的敲门砖，一旦门已敲开，大多弃制义书如敝屣，而藏书家一般也少有重视制义书者，连吕留良自己也说过这类话："讲章制义，世间最腐烂不堪之具也"②、"盖尝以为起祖龙于今日，搜天下八股之文而尽烧之，则秦皇且为孔氏之功臣，诚千古一大快事也"③。就像搜集宋人文集是为其编刻《宋诗钞》服务一样，吕留良收藏制义类图书是想整理明代近300年间八股文成《知言集》。在《与施愚山书》，吕留良请施闰章代为购求当地八股文："比欲蒐寻三百年八股文字成《知言集》一书，凡经生社稿，无不入选。贵郡为声气渊源，遗文必多，望为某一访购罗致，感何如之。"④ 在《答李莱驭书》中，吕留良又说："比又论次有明一代之文，第苦足目隘陋，先生多闻广交，不审能为搜罗遗佚否？"⑤ 在《与董方白书》中，他跟董呆说："壬辰科张君名永祺者，余极喜其文，细实有本领。闻其宦在燕中，幸为我一访之，得其全稿为妙。其墨卷、乡、会俱不曾见，欲读尤切。目下程墨完，即料理《知言集》起矣。凡明文，不论房、行、社稿，皆为我留神访之。"⑥ 吕留良是著名的时文选家，后文我们将会看到，选刻时文是天盖楼最主要的利润来源，但他如此汲汲于有明一代时文的论次，绝不仅仅是从牟利的角度考

---

① 丁福保：《清诗话》，上海古籍出版社1978年版，第416页。
② 吕留良：《吕晚村先生文集》卷1《答吴晴岩书》，收入《续修四库全书》编纂委员会：《续修四库全书》第1411册，上海古籍出版社2002年版，第77页。
③ 吕留良：《吕晚村先生文集》卷5《戊戌房书序》，收入《续修四库全书》编纂委员会：《续修四库全书》第1411册，上海古籍出版社2002年版，第82页。
④ 吕留良：《吕晚村先生文集》卷1，收入《续修四库全书》编纂委员会：《续修四库全书》第1411册，上海古籍出版社2002年版，第74页。
⑤ 吕留良：《吕晚村先生文集》卷3，收入《续修四库全书》编纂委员会：《续修四库全书》第1411册，上海古籍出版社2002年版，第106页。
⑥ 吕留良：《吕晚村先生文集》卷3《寄吴孟举书》，收入《续修四库全书》编纂委员会：《续修四库全书》第1411册，上海古籍出版社2002年版，第116页。

虑，其中恐怕不无保存故国文献的考虑。毕竟，明代绝大多数士人都曾在时文上耗费心血、挥洒才情。也就是说，吕留良之所以到死都念念不忘《知言集》的编选，与他选刻《宋诗钞》一样，是因为其中寄托了一个顽痴遗民对于故国的恋恋与伤怀。只不过，一个直接，另一个更为曲折些。

总之，天盖楼丰富的藏书来源于吕留良父子的孜孜访求，而其藏书特色的形成则很大程度上与他们的图书编刻活动有关。在吕留良托亲友们购求图书的信中，我们常常读到的经典表述是"我最近想编……"，正是出于编刻图书的需要，吕留良父子才有意识地购求宋人文集以及制义类书籍。

二、天盖楼所编书与所刻书

在吕留良他们所处的那个时代，天盖楼名扬天下并不是因为其藏书，而是因为其所编书与所刻书风行海内。关于天盖楼的规模，吕留良《答韩希一书》中提到："弟处自开刻局，有二十许人，皆恃汤生一手写样给之。而刻局中一应收发料理，亦皆汤生主其事。"①可见，负责天盖楼图书刊刻事宜的有20多个工匠。天盖楼图书的编著队伍，则主要是吕留良父子以及他们身边的故旧门生等。其中，吕留良长子吕公忠是吕留良的得力助手，有些时文选实际是由吕公忠评点、假吕留良名刊行②。

（一）天盖楼编刻图书的选题

关于吕留良所编著、刊刻的图书，吕公忠曾在为其父撰写的《行略》中大致提到：

> 所著有诗集几卷、文集几卷、制义一卷；所评有诸先辈稿及《天盖楼偶评》若干，于医有《赵氏医贯》评；所选有《宋诗钞》初集、唐宋大家古文。惟朱子《近思录》及《知言集》二书未就而卒③。

---

① 吕留良：《吕晚村先生文集》卷4，收入《续修四库全书》编纂委员会：《续修四库全书》第1411册，上海古籍出版社2002年版，第125页。
② 吕留良：《吕晚村先生家训真迹》卷2《谕大火帖》："旧书气色不振，则乙卯以后文不得不继起，此事吾意属之汝，汝可留意，暇即阅选，吾为托作可也。"见《四库禁毁书丛刊》编委会：《四库禁毁书丛刊》子部第36册，北京出版社2000年版，第162页。
③ 吕留良：《吕晚村先生文集》卷首附录，收入《续修四库全书》编纂委员会：《续修四库全书》第1411册，上海古籍出版社2002年版，第61—62页。

笔者翻检《吕晚村先生文集》、《吕晚村先生家训真迹》及其他文献，将吕留良编刻图书的详细情况列表如下①：

表6-1　吕留良编刻图书表

序号	编刻情况	书　　名	提及该书处	备　　注
1	吕留良提及已刻图书	吕留良《晚村天盖楼偶评》	文集卷1《答戴枫仲书》	存。
2		吕留良《惭书》	家训真迹卷2《谕大火帖》	吕留良自作时文，存。
3		吕留良选《质亡集》	文集卷4《答韩希一书》	吕留良亡友所作时文，存。
4		吕留良选《江西五家稿》	文集卷2《答万祖绳书》	明杨以任《杨维节先生稿》、明艾南英《艾千子先生全稿》、明章世纯《章大力先生全稿》、明罗万藻《罗文止先生全稿》、明陈际泰《陈大士先生稿》，存。
5		陆文霦、吕留良选《东皋遗选》	文集卷5《〈东皋遗选〉序》	存佚未详。
6		吕留良选《庚子程墨》	文集卷5《〈庚子程墨〉序》	存佚未详。
7		吕留良选《五科程墨》	文集卷5《〈五科程墨〉序》	存佚未详。
8		吕留良选《戊戌房书》	文集卷5《〈戊戌房书〉序》	存佚未详。
9		吕留良选《大题》	文集卷5《选〈大题〉序》	存佚未详。
10		吕留良选《程墨观略》	文集卷5《〈程墨观略〉论文三则》	存佚未详。
11		明金声《金正希稿》	文集卷1《与钱湘灵书》	存佚未详。

---

①　需要说明的是，因为天盖楼开着刻局，吕留良也会替别人刻印图书。例如他在《与施愚山书》中提到："外所委已修改如法，并辈印二百册，附燮公驰上。"可见他曾帮施闰章刻印过图书。引文见吕留良：《吕晚村先生文集》卷1，收入《续修四库全书》编纂委员会：《续修四库全书》第1411册，上海古籍出版社2002年版，第75页。

续表

序号	编刻情况	书　名	提及该书处	备　注
12	吕留良提及已刻图书	明黄淳耀《黄陶庵稿》	文集卷4《与朱望子书》	存佚未详。
13		明钱禧《钱吉士先生全稿》	文集卷2《答万祖绳书》	存。
14		明归有光《归震川先生全稿》	文集卷2《答万祖绳书》	存。
15		明唐顺之《唐荆川先生传稿》	文集卷2《答万祖绳书》	存佚未详。
16		明陈子龙《陈大樽稿》	文集卷2《答万祖绳书》	存佚未详。
17		明黄洪宪《碧山学士传稿》	文集卷4《与徐方虎书》	存佚未详。
18		吕公忠《竿木集》	文集卷4《与朱望子书》	吕公忠所作时文。存佚未详。
19		宋朱熹《朱子遗书》	文集卷1《复张考夫书》、《复高汇旃书》	《复高汇旃书》中说有七种，具体提及的有《中庸辑略》、《延平答问》、《伊洛渊源录》。存。
20		宋吕祖谦《丽泽集》	家训真迹卷2《谕大火帖》	存佚未详。
21		宋吕本中《童蒙训》	文集卷1《答叶静远书》	存佚未详。
22	吕公忠提及已刻图书	《医贯》	文集前附吕留良《行略》	存。
23	王士禛提及已刻图书	宋司马光《稽古录》	《带经堂集》卷71《跋〈稽古录〉》	存佚未详。
24		宋范祖禹《唐鉴》	《带经堂集》卷71《跋〈唐鉴〉》	存佚未详。
25	未见提及但署天盖楼刻本	《朱子四书或问》	中国国家图书馆藏	存。

续表

序号	编刻情况	书　名	提及该书处	备　注
26	吕留良提及在编图书	《知言集》	文集卷1《与施愚山书》	未编成。
27		宋朱熹《朱子遗书》	文集卷1《复张考夫书》、《复高汇旃书》	具体提及的有《论孟精义》、《仪礼经传通解》、《小学》，后二者终未刻。现存署"御儿吕氏宝诰堂重刻白鹿洞原本"刻本。
28		宋朱熹、吕祖谦《近思录》	文集卷1《复张考夫书》	后由吕公忠刻成，汇入《朱子遗书》。存。
29		明宋濂《潜溪集》	文集卷2《寄黄太冲书》	未详刻成与否。
30		明方孝孺《逊志斋集》	文集卷2《寄黄太冲书》	未详刻成与否。
31		明王慎中《遵岩集》	文集卷2《寄黄太冲书》	未详刻成与否。
32		《明代名臣言行录》	文集卷1《复张考夫书》	未详刻成与否。
33		《传习录》批	文集卷1《复张考夫书》	未详刻成与否。
34	吕留良提及欲刻图书	明薛瑄《薛文清公读书录》	文集卷3《与周雪客书》	后刻成，现存天盖楼刻本。
35		明胡居仁《居业录》	文集卷3《与周雪客书》	未详刻成与否。
36	吕留良提及参与编纂图书	《宋诗钞》	文集卷1《答张菊人书》	存。实由天盖楼刻成。
37		明刘宗周《遗书》①	文集卷2《复姜汝高书》	存。

从表中25可以看出，全国各图书馆中肯定还藏有类似署天盖楼的刻本，因此表中所列远非天盖楼编刻图书的全部。仅就表中所列看，1—18、

---

① 据沈冰壶《黄梨洲先生传》："晚村欲刻刘蕺山遗书，致刻费三百金。先生受金不刻，而嗾姜定庵刻之，附晚村名于后。晚村愠先生甚。"转引自卞僧慧：《吕留良年谱长编》，中华书局2003年版，第159—160页。按，吕留良《复姜汝高书》明言不愿附名，要求姜削去，则沈冰壶所言或不虚。据此，则刘宗周《遗书》本来也是吕留良想刻的图书。

26皆为时文类图书；19—21、25、27、28、32—35、37为理学修身类图书；23、24为史学类图书；29—31为明人诗文集；36为诗歌总集；22为医学类。很显然，吕留良所编刻图书主要集中在时文类图书及理学类图书两个方面，这后来也成了天盖楼在图书市场上的主打产品。前者看似很容易理解，因为如本书前文所述，在明清时代，时文类图书有巨大的市场需求，是图书出版商的热门选题。可如果仅仅是这样，吕留良充其量也就是一个成功的图书出版商，绝不会成为中国思想文化史上影响如此大的人物。

吕留良笃信朱子，认为程朱之学才是先圣道学正统，而王阳明心学则是异端，在《复高汇旃书》中，他说："今日辟邪，当先正姚江之非；而欲正姚江之非，当真得紫阳之是。"① 程朱之学的要义，包蕴在朱熹《四书集注》中，吕留良认为："夫朱子章句集注，正所以辨理道是非、阐千圣绝学，原未尝为讲章制艺而设。即祖制经训从朱子，亦谓其道不可易，学者当以是为归耳，岂徒欲其尊令甲、取科第已耶？"② 因此，要讲学，绝不能忽视经义，否则就会误入歧途，"正、嘉以后诸公讲学纷纭，病谵梦呓，皆因轻看经义，不曾用得工夫，未免胡乱蹉却路头耳"③。吕留良曾感慨："道之不明也久矣。今欲使斯道复明，舍目前几个识字秀才，无可与言者。而舍四子书之外，亦无可讲之学。"④ 也就是说，吕留良刊刻时文类图书，有商人牟利的因素在里面，因为这是他家庭生计的来源，正如他在《与董方白书》中所说："选文行世，非仆本怀。缘年来多费，赖此粗给，遂不能遽已。"⑤ 但潜藏在里面、更深层次的因素是吕留良想借此引导士人寻求道学真谛，他不但有着卫道的勇气，更有着弘道的使命感⑥。只不过，吕留良的这番苦心并不为时人所了解，黄宗羲等人讥讽他批选时文是"纸尾之学"⑦，他也不得不一再向张履祥、叶静远

---

① 吕留良：《吕晚村先生文集》卷1，收入《续修四库全书》编纂委员会：《续修四库全书》第1411册，上海古籍出版社2002年版，第71页。
② 吕留良：《吕晚村先生文集》卷1《答吴晴岩书》，收入《续修四库全书》编纂委员会：《续修四库全书》第1411册，上海古籍出版社2002年版，第77页。
③ 吕留良：《吕晚村先生文集》卷1《答叶静远书》，收入《续修四库全书》编纂委员会：《续修四库全书》第1411册，上海古籍出版社2002年版，第80页。
④ 吕留良：《吕晚村先生文集》卷首附录，收入《续修四库全书》编纂委员会：《续修四库全书》第1411册，上海古籍出版社2002年版，第59页。
⑤ 吕留良：《吕晚村先生文集》卷1《答叶静远书》，收入《续修四库全书》编纂委员会：《续修四库全书》第1411册，上海古籍出版社2002年版，第129页。
⑥ 可参看杨念群：《何处是江南：清朝正统观的确立与士林精神世界的变异》，三联书店2010年版，第126—132页。
⑦ 《清代笔记小说大观》，上海古籍出版社2007年版，第2375页。

等人解释自己不是为了蜗角虚名、蝇头小利，而在批评他儿子所谓治生之计时，强调"吾之为此卖书，非求利也"①。倒是后来同为著名八股文选家的戴名世可谓知音，他认为吕留良批选的时文"为学者分别邪正，讲述指归，由俗儒之讲章，而推而溯之，至于程朱之所论著；由制义而上之，至于古文之波澜意度"②。戴名世后半句话，也能帮助我们理解吕留良为什么选唐宋八家古文以及为什么编《潜溪集》、《遵岩集》，宋濂与王慎中及八家都是古文名家，研习古文有助于时文的写作。甚至《宋诗钞》的选刻，吕留良也是希望人们由发现宋诗进而抵达宋学，他说："以破天下宋腐之说之谬，庶几因此而求宋人之全。盖宋人之学自有轶汉唐而直接三代者，固不系乎诗也。"③话里所说宋人之学即指程朱理学。在《与柯寓匏书》中，吕留良说："第程朱之要，必以《小学》、《近思录》二书为本，从此入手，以求四书五经之指归，于圣贤路脉，必无差处。"④这就是为什么吕留良直至生命最后一刻还放不下《近思录》的编刻，他认为这书与《小学》一起构成程朱理学的根本，学者由此进入方能走上正道。

可见，在吕留良心目中，批选、刊刻的时文图书只是传道的中介，其终极目标是让士人由此真正体悟像《近思录》、《朱子遗书》这类书中的理学思想，而不是仅仅将其视为换取科举功名的空洞话语。因此，以世俗的眼光看最终效果，吕留良无疑是一个成功的图书出版商；但若根究吕留良的理想初衷，他最为关心的恐怕还是思想的传播。套用今天的话说，在进行图书出版选题时，吕留良意图兼顾经济效益与社会效益。

（二）天盖楼编刻图书的优胜之道

要真正在图书市场上确立天盖楼编刻图书的品牌影响力，仅仅根据市场需要推出相应图书还不够，还必须保证图书在质量上比竞争者更胜一筹。为了做到这一点，吕留良在编刻图书时还格外重视以下几个方面。

一是在编刻的准备阶段，广泛发动亲友，搜寻相关书籍资料。上文已经引过吕留良写信请施闰章、李莱驭、董旻等人帮着搜罗制义书，在

---

① 吕留良：《吕晚村先生家训真迹》卷3，收入《四库禁毁书丛刊》编委会：《四库禁毁书丛刊》子部第36册，北京出版社2000年版，第173页。
② 戴名世：《戴名世集》，王树民编，中华书局1986年版，第101—102页。
③ 吕留良：《吕晚村先生文集》卷1，收入《续修四库全书》编纂委员会：《续修四库全书》第1411册，上海古籍出版社2002年版，第82页。
④ 吕留良：《吕晚村先生文集》卷4，收入《续修四库全书》编纂委员会：《续修四库全书》第1411册，上海古籍出版社2002年版，第133页。

他的书信中，这样的例子还有很多。例如，在《与钱湘灵书》中，吕留良请求钱陆灿利用地利之便为自己搜寻唐顺之全集："弟比为了《知言集》，先刻诸大家专稿，惟唐荆川先生未得全本。先生久处毗陵，必熟习其子孙故旧，能为弟一蒐索否？"① 因为天盖楼时文选本马上要增订，吕留良在信中还要求钱陆灿把他的时文稿子寄一本给他备选，若有新近写就未及刊刻者自然更好。康熙十年（公元1670年）吴之振去北京，说有一个姓梁的藏书多，答应借他杨亿的集子，吕留良得知后马上写信说："今录上宋集目一纸，细问之，有可假者亦快事也。"② 同样的，康熙十五年（公元1676年），吕留良让长子吕公忠到南京去负责图书销售事宜，临行前他叮嘱儿子："凡有友，即嘱访宋人文集及《知言集》稿子，不可忘。若见常熟钱湘灵名灿者，索其旧稿。无锡华氏有《虑得集》，便则求之。问顾修远家尚有书可访否。有十二科程墨朱卷未见者亦要寻。"③ 而吕公忠果然不负所托，"寻得旧文十余种"④。亲友之外，吕留良有时甚至会请求一些相知不深的人为自己搜寻编书要用的稿子，例如《与某书》中说："目下收拾有明三百年之文为《知言集》，虽布衣社稿皆与焉，但生存不录，以人物界限必盖棺论定也。苦样稿不备，正在蒐讨，不审贵处先民文字有可访求者否？"⑤ 有的是辗转求人，如《与徐子贯书》云："某近正思刻《小学》，曩晤施虹玉兄，云书铺廊郑店有高足以钦兄藏熊勿轩注甚佳，不审可惠借一录否？幸足下为我一访请之。《知言集》料深望同志留神。所示近稿二册，刘则狐禅，陈则俗套，无足选者，即节取亦不多也。"⑥ 一旦打听到某处有自己想要的稿子，吕留良会径自造访素不相识的陌生人，他在《质亡集小序·沈受祺宪吉》中回忆道："丁巳春，余寻《知言集》佚稿于鸳湖，有友言宪吉所藏之富，遂移艇子访之。

---

① 吕留良：《吕晚村先生文集》卷1，收入《续修四库全书》编纂委员会：《续修四库全书》第1411册，上海古籍出版社2002年版，第70页。
② 吕留良：《吕晚村先生文集》卷4，收入《续修四库全书》编纂委员会：《续修四库全书》第1411册，上海古籍出版社2002年版，第130页。
③ 吕留良：《吕晚村先生家训真迹》卷2《谕大火帖》，收入四库禁毁书丛刊编委会：《四库禁毁书丛刊》子部36册，北京出版社2000年版，第158页。
④ 吕留良：《吕晚村先生家训真迹》卷2《谕大火帖》，收入四库禁毁书丛刊编委会：《四库禁毁书丛刊》子部36册，北京出版社2000年版，第159页。
⑤ 吕留良：《吕晚村先生文集》卷2，收入《续修四库全书》编纂委员会：《续修四库全书》第1411册，上海古籍出版社2002年版，第105页。
⑥ 吕留良：《吕晚村先生文集》卷3，收入《续修四库全书》编纂委员会：《续修四库全书》第1411册，上海古籍出版社2002年版，第111页。

宪吉一见如素，恨相见之晚。"①

二是编刻时重视图书作者与编审者的选择。为了编出质量上乘的书，吕留良除了亲自操刀外，还充分调动他熟悉的学者如黄宗羲、张履祥等帮助其编书与刻书。康熙二年（公元1663年），黄宗羲馆于吕留良家，后移居吴之振家，其间众人一起商讨《宋诗钞》的编选。在《宋诗钞》卷首凡例中，吴之振说："癸卯之夏，余叔侄与晚村读书水生草堂，此选刻之始也。时甬东高旦中过晚村，姚江黄太冲亦因旦中来会，联床分檠，蒐讨勘订，诸公之功居多焉。"此后，黄宗羲一直在吕留良家坐馆，直到二人关系出现裂痕，才于康熙六年（公元1667年）离开吕家。而在这之后，吕留良仍曾托黄宗羲帮自己编刻图书，在《寄黄太冲书》中，他询问对方："潜溪、逊志、遵岩、荆川等集不知曾为拨忙看定否？"②

康熙八年（公元1669年），张履祥在黄宗羲之后来到吕留良家坐馆，《朱子遗书》等的编刻与他不无关系。在《复张考夫书》中，吕留良说："别后《辑略》及《延平答问》二书俱缮写讫，刻工岁前无暇，尚未上板。《渊源录》领到即发抄矣。"③ 吕留良在这里和张履祥说的，即《朱子遗书》中的《中庸辑略》、《延平答问》、《伊洛渊源录》等书。从"领到即发抄"这句话来看，似乎这些书在写样上板之前都曾经过张履祥的审定。康熙十年（公元1671年）之后，因为张履祥年老，吕留良不要求他按照常规授课讲学，因张履祥说无所事事，于是吕留良和何汝霖托他编纂《明代名臣言行录》以及批《传习录》④。

黄、张二人外，在修订八股文选本时，吕留良也会主动征求朋友们的意见，以求集思广益。例如，在《谕大火帖》中，吕留良说："程墨中欲删文字，方虎、孟举细阅过，止去龚申二首，云此外可不必。不审雪客以为何如？不妨多商也。"⑤

三是编刻过程中广求善本，精加校勘。在《复张考夫书》中，吕留

---

① 吕留良：《吕晚村先生文集》续集卷3，收入《续修四库全书》编纂委员会：《续修四库全书》第1411册，上海古籍出版社2002年版，第233页。
② 吕留良：《吕晚村先生文集》卷2，收入《续修四库全书》编纂委员会：《续修四库全书》第1411册，上海古籍出版社2002年版，第88页。
③ 吕留良：《吕晚村先生文集》卷1，收入《续修四库全书》编纂委员会：《续修四库全书》第1411册，上海古籍出版社2002年版，第69页。
④ 吕留良：《吕晚村先生文集》卷1《复张考夫书》，收入《续修四库全书》编纂委员会：《续修四库全书》第1411册，上海古籍出版社2002年版，第68页。
⑤ 吕留良：《吕晚村先生家训真迹》卷2，收入四库禁毁书丛刊编委会：《四库禁毁书丛刊》子部第36册，北京出版社2000年版，第163页。

良提到:"《近思录》虽有二本,俱未尽善,专望藏本是正。声始姊丈有一本,自称胜坊刻,不知果否。云尚在几案,幸并示之。"① 在该信中,他还问张履祥:"《仪礼经传通解》所阙数卷,冬底可借抄否?"张履祥后来将该书寄给吕留良,吕留良在另一封回信中说:"《仪礼经传通解》十四册已收领讫。所言苕中善本,可得借抄否?"② 吕留良在这里又请求张履祥帮他留意湖州的善本,希望能够借抄来校勘用。后来署"宝诰堂"刊刻的《近思录》、《仪礼经传通解》就是在广泛搜求善本对勘的基础上刻成的③。

随着越来越多的士子通过研读吕留良时文选本猎取功名,吕留良以及天盖楼的名声也越来越大,拥有极大的市场号召力。在吕留良之后,其儿子吕公忠刻《四书朱子语类摘抄》、《晚村先生家训真迹》、《晚村先生八家古文精选》、《吕晚村先生四书讲义》等书,曾孙吕为景刻《吕晚村先生文集》一书,依托的就是吕留良在图书市场上长期积累起来的品牌影响力。

三、天盖楼图书的销售

关于天盖楼图书的销售情况,王应奎《柳南续笔》卷2"时文选家"条云:"本朝时文选家,惟天盖楼本子风行海内,远而且久。尝以发卖坊间,其价一兑至四千两(见钱圆沙集),可云不胫而走矣。"④ 王应奎话里的钱圆沙即钱陆灿,字湘灵,他是吕留良的朋友,《吕晚村先生文集》卷1有《与钱湘灵书》,卷6有《题钱湘灵〈和陶诗〉》。以钱陆灿与吕留良的熟悉程度,他的话可信程度应该极高,由此可见天盖楼图书尤其是时文选本在市场上是何等畅销。本节拟对天盖楼图书的销售情况以及销售方式作一具体论述。

---

① 吕留良:《吕晚村先生文集》卷1,收入《续修四库全书》编纂委员会:《续修四库全书》第1411册,上海古籍出版社2002年版,第69页。
② 吕留良:《吕晚村先生文集》卷1《与张考夫书》,收入《续修四库全书》编纂委员会:《续修四库全书》第1411册,上海古籍出版社2002年版,第67页。
③ 在《吕晚村先生文集》卷1《复高汇旃书》中,吕留良说:"家刻《朱子遗》七种呈览。其《论孟精义》、《仪礼经传通解》正在缮写,以力艰未能速成。"《续修四库全书》编纂委员会:《续修四库全书》第1411册,上海古籍出版社2002年版,第71页。
④ 《清代笔记小说大观》,上海古籍出版社2007年版,第2375页。

（一）从禁毁清单看天盖楼图书的销售

吕留良其人在清代特定的历史遭遇，反而为我们估量天盖楼图书的销售情况提供了另外一种途径。

乾隆三十七年（公元1772年），乾隆帝下谕在全国范围内征书；次年，经朱筠建议，决定开馆校辑《永乐大典》，并征集天下图书，编纂《四库全书》[①]。为了实现思想文化上的专制，乾隆极为阴险地采取了"寓禁于征"的办法。在征书活动初期，乾隆信誓旦旦地说："朕办事光明正大，可以共信于天下。岂有下诏访求遗籍，顾于书中寻摘瑕疵，罪及收藏之人乎？"[②] 一旦人们打消顾虑，全国征书活动进入高潮之后，乾隆即于三十九年（公元1774年）下谕，提出对于忌讳之书"正当及此一番查办，尽行销毁，杜遏邪言，以正人心而厚风俗"[③]，通过全毁、抽毁、删改等方式对违碍图书进行全面清理。因为卷入曾静案，与吕留良有关的图书，和钱谦益、金堡、屈大均等的著作一样，在重点查缴禁毁之列。笔者利用中国第一历史档案馆所编《纂修四库全书档案》一书中所收各地督抚奏缴禁毁书籍清单，将其间查缴禁毁吕氏父子编著选刻图书列表如下：

表6-2 查缴禁毁吕氏父子图书表

《纂修四库全书档案》中编号	上奏人	查缴禁毁吕氏父子编著选刻图书名	数量	备注
269	浙江巡抚三宝	《吕晚村家训》	1册	
325	江南河道总督暂管江苏巡抚印务臣萨载	《吕晚村家训》	1部	
386	两江总督高晋	《晚村文稿》	59部	
		《晚村文集》	4部	
		《晚村续集》	2部	
		《惭书》	1部	
		《晚村评语》	1部	或即车鼎丰编刻之《晚村吕子评语》
		《晚村论文汇钞》	1部	

[①] 有关《四库全书》的纂修过程，可参看黄爱平：《〈四库全书〉纂修研究》，中国人民大学出版社1989年版。

[②] 中国第一历史档案馆编：《纂修四库全书档案》，上海古籍出版社1997年版，第68页。

[③] 中国第一历史档案馆编：《纂修四库全书档案》，上海古籍出版社1997年版，第240页。

续表

《纂修四库全书档案》中编号	上奏人	查缴禁毁吕氏父子编著选刻图书名	数　　量	备　　注
387	浙江巡抚三宝	《吕晚村文集》并《续集》	9 部	
		《吕留良家训信札》	7 部	
		《惭书》	26 部	
411	浙江巡抚三宝	《吕留良讲义》	267 部	或即陈钹纂次之《四书讲义》
		《晚村语录》	44 部	
		《晚村文集》	3 部	
		《惭书》	10 部	内 1 部抄本
421	两江总督高晋	《晚村家训》	5 部	
		《金正希集》	8 部	
		《天盖楼语录》	10 部	
		《晚村讲义》	33 部	
		《晚村文集》	8 部	
		《晚村文稿》	55 部	
		《惭书》	11 部	
		《晚村评语》	1 部	
425	浙江巡抚三宝	《惭书》	16 部	
		《晚村续集》	1 部	
		《晚村家训》	2 部	
470	云贵总督李侍尧等人	《八家古文》	8 本	
		《天盖楼偶评时文》	8 本	
		《四书语录》	10 本	周在延辑
		《四书讲义》	10 本	
		《惭书》	1 本	
488	闽浙总督钟音	《四书讲义》	22 部	又 68 本
		《四书语录》	8 部	又 34 本
		《天盖楼偶评》	2 部	又 12 本
		《惭书》	2 部	

续表

《纂修四库全书档案》中编号	上奏人	查缴禁毁吕氏父子编著选刻图书名	数　　量	备　注
488	闽浙总督钟音	《质亡集》	1 部	
495	湖广总督三宝等人	《四书讲义》	44 部	
		《四书语录》	20 部	
		《惭书》	4 部	
		《天盖楼时文》	20 部	
498	署云贵总督裴宗锡	《古文》	1 部	
		《时文》	4 部	
		《惭书》	2 部	
		《四书讲义》	51 部	
		《四书语录》	30 部	
		《诗经详解》	2 部	
		《易经详解》	1 部	
		《四书题说》	3 部	
		吕留良选古文	1 部	
		《偶评》	45 部	
501	贵州巡抚图思德	《诗经详解》	18 部	
		《天盖楼偶评》	12 部	
		《天盖楼四书语录》	5 部	
		《天盖楼四书讲义》	7 部	
		《评黄陶庵文稿》	11 部	
		《评金陈合稿》	5 部	
		《评唐荆川文稿》	1 部	
		《评归震川文稿》	1 部	
		《评江右五家文稿》	1 部	
		《评金正希文稿》	7 本	
		《评陈大士文稿》	3 部	
		《四书文》	1 本	
		《医贯》	5 部	

续表

《纂修四库全书档案》中编号	上奏人	查缴禁毁吕氏父子编著选刻图书名	数量	备注
501	贵州巡抚图思德	《家训》	1部	
508	江苏巡抚杨魁	《吕留良家训》	3部	
		《晚村文集》	2部	
		《惭书》	10部	
		《晚村讲义》	94部	
		《天盖楼四书语录》	49部	
		《晚村续集》	5部	
515	山西巡抚巴延三	《四书语录》	5部	
		《家训》	2部	
		《四书讲义》	11部	又9本
		《惭书》	2部	
548	湖广总督三宝	《晚村诗经详解》	2部	
		《晚村时文》	26部	
		《陈大士稿》	20部	
		《八家文选》	17部	
		《黄陶庵稿》	6部	
		《宝诰堂遗稿》	1部	
		《西江五家合稿》	1部	
		《晚村古文》	1部	孙学颜编
		《四书题说》	6部	
		《惭书》	4部	
		《吕氏医贯》	2部	
		《四书讲义》	86部	
		《四书语录》	42部	
		《晚村文集》	2部	
		《质亡集》	2部	
		《天盖楼时文》	39部	
		《金正希时文》	5部	

续表

《纂修四库全书档案》中编号	上奏人	查缴禁毁吕氏父子编著选刻图书名	数　量	备　注
548	湖广总督三宝	《碧山学士稿》	2部	
		《天盖楼庭训遗稿》	2部	
579	湖广总督三宝	《碧山学士稿》	1部	
		《钱吉士文稿》	2部	
		《天盖楼庭训遗稿》	1部	
		《吕氏医贯》	2部	
		《质亡集》	2部	
613	江苏巡抚杨魁	《吕留良家训》	4部	
		《晚村文集》	2部	
		《四书讲义》	93部	
		《天盖楼语录》	89部	
		《吕子评语》	4部	
		《惭书》	4部	
615	山东巡抚国泰	《晚村文集》	2部	
		《惭书》	2部	
		《四书讲义》	81部	
		《晚村语录》	26部	
		《金正希稿》	1部	
		《四书题说》	1部	
		《天盖楼四书文》	1部	
636	两江总督萨载	《四书讲义》	93部	
		《惭书》	13部	
		《晚村古文》	6部	
		《晚村续集》	5部	
		《晚村家训》	1部	
		《晚村评语》	3部	
		《晚村语录》	32部	
		《吕氏医贯》	64部	

续表

《纂修四库全书档案》中编号	上奏人	查缴禁毁吕氏父子编著选刻图书名	数　量	备　注
645	闽浙总督三宝	《归震川时文》	2部	
		《金正希时文》	8部	
		《碧山学士集》	1部	
		《质亡集》	1部	
		《天盖楼五家文》	1部	
		《天盖楼三家文》	1部	
		《诗经详解》	1部	
		《讲义》	5部	
		《四书语录》	1部	
		《八家文》	1部	
		《天盖楼偶评》	8部	
		《陈际泰时文》	6部	
		《黄陶庵时文》	1部	
		《吕晚村四书文》	4部	
655	湖广总督图思德等人	《天盖楼时文》	41部	
		《金正希时文》	5部	
		《金陈合稿》	1部	
		《黄陶庵文稿》	6部	
		《陈大士文稿》	10部	
		《钱吉士文稿》	6部	
		《质亡集》	12部	
		《归震川文稿》	2部	
		《晚村古文》	1部	
		《晚村易经详解》	7部	
		《晚村诗经详解》	3部	
		《晚村时文》	17部	
		《吕氏医贯》	8部	
		《惭书》	3部	

续表

《纂修四库全书档案》中编号	上奏人	查缴禁毁吕氏父子编著选刻图书名	数量	备注
655	湖广总督图思德等人	《四书题说》	9 部	
		《四书讲义》	55 部	
698	护陕西巡抚尚安	《四书语录》	11 部	
		《四书讲义》	9 部	
		《四书题说》	3 部	
		《评点陈大士稿》	1 部	
		《天盖楼偶评》	3 本	
708	浙江巡抚李质颖	《天盖楼四书讲义》	82 部	
		《天盖楼四书语录》	24 部	
		《吕子评语》	9 部	
		《晚村文集》	6 部	
		《晚村家训信札》	11 部	
		《晚村时文稿》	2 部	
		《惭书》	11 部	
755	江西巡抚郝硕	《黄陶庵集》	3 部	
		《吕晚村家训》	1 部	
		《吕晚村诗经详解》	1 部	
		《吕晚村文集》	1 部	
		《吕晚村时文》	5 部	
		《惭书》	2 部	
		《质亡集》	15 部	
		《吕选八家古文》	13 部	
		《天盖楼四书讲义》	16 部	
		《天盖楼偶评》	47 部	
		《天盖楼四书语录》	10 部	
767	山东巡抚国泰	《晚村语录》	13 部	
		《晚村讲义》	27 部	
		《质亡集》	2 部	

续表

《纂修四库全书档案》中编号	上奏人	查缴禁毁吕氏父子编著选刻图书名	数量	备注
767	山东巡抚国泰	《金正希稿》	15 部	
		《天盖楼偶评》	6 部	
		《陈大士稿》	3 部	
		《惭书》	1 本	
		《吕晚村稿》	1 部	
		《归震川文稿》	4 部	
		《黄陶庵稿》	2 部	
		《八家古文精选》	2 部	
797	直隶总督袁守侗	《今文得》	1 部	
		《今文明文商》	1 部	
		《天崇文读本》	1 部	
		《吕留良评归金陈稿》	1 部	
		《金陈合稿》	4 部	
		《陈大士稿》	13 部	
		《黄陶庵稿》	15 部	又 3 束
		《金正希稿》	19 部	
		《渔村全稿》	1 部	
		《归震川文集》	3 部	
		《钱吉士稿》	3 部	
		《章大力时文》	1 部	
		《杨维节时文》	1 部	
		《陈子龙稿》	1 部	
		《艾千子稿》	1 部	
		《医贯》	2 部	
		《四书语类》	1 部	
		《易经详解》	1 部	
		《天盖楼》	50 部	
		《罗文止时文》	1 部	

续表

《纂修四库全书档案》中编号	上奏人	查缴禁毁吕氏父子编著选刻图书名	数量	备注
797	直隶总督袁守侗	《八大家精选》	14 部	
		《四书讲义》	41 部	
		《四书语录》	20 部	
		《惭书》	7 部	
		《天盖楼述评》	1 部	吕葆中著
806	湖南巡抚刘墉	《天盖楼述评》	10 本	
		《唐顺之稿》	15 本	
808	署云南巡抚刘秉恬	《四书语录》	3 部	
		《四书讲义》	9 部	
		《金陈合稿》	1 部	
		《天盖楼偶评》	4 部	
		《天盖楼庭训遗稿》	1 部	
		《黄陶庵文稿》	1 部	
		《医贯》	1 部	
		《吕留良评古文八家》	4 部	
		《吕留良时文》	3 部	
		《质亡集》	2 部	
		《吕留良评陈际泰文》	1 部	
		《吕留良易经详解》	3 部	
		《诗经详解》	1 部	
		《黄陶庵集》	4 部	
		《归震川文稿》	4 部	
		《金正希文稿》	6 部	
		《唐荆川文》	2 部	
		《金陈合稿》	1 部	
838	贵州巡抚李本	《诗经详解》	72 本	
		《四书讲义》	5 本	
		《吕留良评陈际泰文》	18 本	

续表

《纂修四库全书档案》中编号	上奏人	查缴禁毁吕氏父子编著选刻图书名	数　　量	备　　注
838	贵州巡抚李本	《吕留良评金声文》	9本	
		《吕留良评金陈合稿》	10本	
		《吕留良评归有光文》	10本	
		《吕留良评黄淳耀文》	9本	
		《吕留良评钱禧文》	1本	
		《吕留良评墨卷质疑》	2本	
		《吕留良评今文商》	12本	
		《古文精选》	6本	
		《易经详解》	6本	
		《医贯》	4本	
		《天盖楼评》	59本	
857	闽浙总督陈辉祖	吕评各种时文稿（《唐荆川稿》、《黄葵阳稿》、《黄陶庵稿》、《章大力稿》）	60部	
		《质亡集》	25部	
		《四书讲义》	10部	
		《四书语类》	3部	
		《四书语录》	4部	
		《论文汇钞》	1部	
		《四书题说》	1部	
		《易经详解》	2部	
		《八大家古文精选》	38部	
		《吕子评语》	1部	
		《晚村文集》	1部	
		《晚村时文》	1部	
		《晚村古文》	1部	
		《吕评罗文止稿》	20部	
		《吕评金正希文》	20部	

续表

《纂修四库全书档案》中编号	上奏人	查缴禁毁吕氏父子编著选刻图书名	数　　量	备　　注
857	闽浙总督陈辉祖	《天盖楼各种文选》	25 部	
		《吕评陈大士文》	23 部	
		《吕评艾千子稿》	8 部	
		《吕评钱吉士稿》	16 部	
		《医贯》	43 部	
878	山西巡抚农起	《唐荆川稿》	7 部	
910	闽浙总督陈辉祖	《吕选八大家古文》	24 部	
		《诗经详解》	1 部	
		《四书语录》	2 部	
		《四书讲义》	5 部	
		《吕评钱吉士稿》	35 部	
		《吕评陈大士稿》	32 部	
		《吕评金正希稿》	28 部	
		《吕评艾千子稿》	25 部	
		《吕评黄葵阳稿》	10 部	
		《质亡集》	34 部	
		《天盖楼各种文选》	191 部	
		《晚村时文》	1 册	
921	湖北巡抚姚成烈	《四书语录》	3 部	
		《明文录》	1 部	
		《渔村合稿》	1 部	陈际泰、金声时文
		《陈大樽稿》	3 部	
1143	安徽巡抚书麟	《金正希稿》	1 卷	
		《竿木集》	1 本	吕葆中著
		《吾研斋小品》	1 部	吕葆中著
		《天盖楼偶评》	3 本	
1302	江西巡抚何裕城	《四书讲义》	6 本	
		《黄陶庵文稿》	53 本	又未钉 3 帙

续表

《纂修四库全书档案》中编号	上奏人	查缴禁毁吕氏父子编著选刻图书名	数　量	备　注
1302	江西巡抚何裕城	《章大力文稿》	36本	又未钉4帙
		《艾千子文稿》	24本	
		《钱吉士文稿》	18本	
		吕留良评《罗文止文稿》	31本	
		《唐荆川文稿》	29本	
		《杨维节文稿》	18本	
		《金正希文稿》	83本	
		《陈大士文稿》	177本	又未钉15帙
		《归震川文稿》	14本	又未钉9帙
		《陈大樽文稿》	22本	
1340	浙江巡抚琅玕	《质亡集》	17本	
		《吕注四书题说》	4本	
		《吕氏医贯》	6本	
		《四书语录》	16本	
		《四书讲义》	27本	
		《天盖楼偶评》	95本	
		《八家古文》	17本	
		《章大力稿》	23本	
		《罗文止稿》	13本	
		《唐荆川稿》	2本	
		《艾千子稿》	11本	
		《杨维节稿》	9本	
		《金声文》	5本	
		《钱吉士稿》	7本	
		《归震川稿》	20本	
		《黄淳耀稿》	6本	
		《陈大士稿》	22本	

续表

《纂修四库全书档案》中编号	上奏人	查缴禁毁吕氏父子编著选刻图书名	数量	备注
1340	浙江巡抚琅玕	《陈大樽稿》	19本	
1350	浙江巡抚琅玕	《四书讲义》	97本	
		《天盖楼四书语录》	41本	
		《晚村文集》	3本	
		《惭书》	1本	
		《四书题说》	6本	
		《四书语类抄》	25本	
		吕留良评选各种明文	318本	
		《天盖楼遗稿》	1本	
		《吕氏医贯》	7本	
		《天盖楼偶评》	189本	
		《质亡集》	41本	
		《评语正编》	10本	
1440	军机大臣奏应全毁书	《吕留良选评时文三种》	704本	
		《四书讲义》	121本	
		《吕评四书语录》	49本	
		《四书语类抄》	25本	
		《评语正编》	10本	
		《惭书》	1本	
		《晚村续集》	3本	
		《天盖楼遗稿》	1本	
		《古文精选》	2本	
		《吕氏医贯》	7本	

关于上表，有几个问题需要说明。其一，督抚上奏书目清单中，有些书籍因为收有吕留良的文字或因为选了吕留良有关时文评语也在查缴之列，但这些书籍跟本书论题关系不大，表中未列。

其二，有些图书，如《吕子评语》、《四书语录》等，并不是吕氏父子编刻，之所以也附在表中，是因为由此可以看出"吕留良"这一名字在图书市场上的号召力。

其三，吕留良在给儿子写信时曾问及："闻有翻板之说，确否？"① 后来又无奈地说："翻刻之说，酌事势恐未必确。即有之，鞭长不及，奈之何哉？"② 可见在吕留良生前，市场上就已经存在天盖楼图书的翻版。在曾静案发之后，虽然臣下建议禁毁吕留良著述，但雍正考虑到未必能禁绝，干脆下令说不禁毁吕留良之诗文书籍，只是为了肃清《吕晚村先生四书讲义》等书的影响，特意让大学士朱轼等人编《驳吕留良四书讲义》，颁布学宫，刊行天下③。而在查缴禁书的过程中，江西巡抚海成上奏说："查内有《晚村文集》、《续集》二种，系逆贼吕留良所作杂文，逆子吕葆中所刊，久经毁版严禁，尚有留遗未尽者，现据民间自行缴出。"④ 虽然我们不清楚具体什么时候开始禁毁吕留良有关图书，但既然说"久经毁版严禁"，则很有可能在乾隆登基之初就已经下了禁令。在雍正死后不到两个月，乾隆就下令收缴原来颁行全国的《大义觉迷录》一书，很快将当初雍正说后世子孙不许杀的曾静、张熙杀死，全面推翻了雍正当初对于曾静案的"出奇料理"。禁毁吕留良有关图书，应该是乾隆重新处理此案题中应有之义。可是，经过前面这番查禁，此次征缴禁书，浙江巡抚三宝居然又查获《吕晚村家训》和《惭书》版片各一副，两江总督高晋则查获《吕晚村文稿》板14块⑤，这些版片不太可能还是天盖楼原版。因此，天盖楼图书肯定存在着翻刻盗印情况，查缴上来这些书未必都是天盖楼刻印的。但禁毁之后仍有翻版存在，恰恰说明市场对吕留良有关图书有着极大的需求，图书出版商才冒险刊刻牟利。

其四，奏折中所附征缴书目的计量单位有兼用"部"、"本"的，但也有单用"本"的，还有用"册"、"卷"、"束"、"帙"的，因此难以完全准确计算每种书到底收缴上来多少部。

不过，虽然我们无法分辨哪些书是上次禁毁未绝遗留下来的天盖楼

---

① 吕留良：《吕晚村先生家训真迹》卷2《谕大火帖》，四库禁毁书丛刊编委会：《四库禁毁书丛刊》子部第36册，北京出版社2000年版，第163页。
② 吕留良：《吕晚村先生家训真迹》卷3《谕辟恶帖》，四库禁毁书丛刊编委会：《四库禁毁书丛刊》子部第36册，北京出版社2000年版，第176页。
③ 《世宗宪皇帝上谕内阁》卷113，文渊阁《四库全书》本。
④ 中国第一历史档案馆编：《纂修四库全书档案》，上海古籍出版社1997年版，第536页。
⑤ 中国第一历史档案馆编：《纂修四库全书档案》，上海古籍出版社1997年版，第442、第618、第604页。

原刻本，哪些是天盖楼本子的翻版，但笼统地看，我们至少可以由此了解吕留良相关图书在市场上的销售情况，而这一情况无疑能够折射出当年天盖楼图书在市场上的销售情况。

我们先看吕氏父子编著选刻图书对市场的占领情况。首先，从表中第二列的上奏人我们可以看到查缴图书的来源地。据《大清会典则例》卷31《户部·疆理》，乾隆时期，地方行政区划分为京师顺天府、盛京奉天府、直隶、山东、山西、河南、江苏、安徽、江西、福建、浙江、湖北、湖南、陕西、甘肃、四川、广东、广西、云南、贵州，其中直隶兼管顺天府①。征书活动刚展开没多久，乾隆即降诏认为"奉天风俗淳朴，本少著述流传，坊肆原无可采购"②，以后不必再访购图书进呈。因此，不计奉天，乾隆时全国18个省有14个省查出有吕氏父子编著选刻图书，王应奎所谓"天盖楼本子风行海内"，并非虚言。

其次，我们来看吕氏父子编著选刻图书的销售量。粗略统计，查缴各种书的总量近3500部，另外还有零散的近3000本。这其中，《天盖楼偶评》是吕留良所编，共缴124部又310本；《四书讲义》又名《吕晚村先生四书讲义》，由吕留良弟子陈钺与吕公忠等编刻，共缴715部又275本。《天盖楼偶评》之外，吕留良评选的各种时文选本近1200部。此外，《四书语录》又名《天盖楼四书语录》，由周在延编刻，共缴237部又160本。该书在吕留良卒后一年即刊行，卖的就是吕留良的名气，结果自然很畅销。如上所述，和吕留良有关的图书"久经毁版严禁"，居然还查缴出如此之多，我们可以想见，在查禁之前，天盖楼的图书该是何等的畅销。我们从吕留良写给儿子信中的一些话也可以略窥当时天盖楼图书畅销的情形：

> 今日始发书至坊，北客尚未到，而坊人口角，若火色颇佳，云去年秋冬北客问程墨不绝口，虽有千书来，亦早去矣。
>
> 此间北客陆续有到者，要等全场会墨出方买书，而金陵、姑苏近地买者甚众，气色殊噪也。
>
> 此处书甚行，但北客陆续来未旺云。大约今岁在秋冬极盛，为房书故也。……程墨、大题，此间随印随发，苏州、杭州、芜湖、宁国皆来要书，因待北客，未尽发去，故未暇寄回，俟

---

① 《大清会典则例》，文渊阁《四库全书》本。
② 中国第一历史档案馆编：《纂修四库全书档案》，上海古籍出版社1997年版，第34页。

吾归带来耳。

　　此间书大走而纸骤长①。

吕留良给儿子信中还提供了一些更为具体的信息，例如"并补《大题》三捆共二百七十部，付去可收明"②、"廿二日朱二船出，寄补大题三捆"③，这些让我们直接看到当时天盖楼图书的销售情况。

（二）天盖楼图书的销售方式

　　我们再来看天盖楼的图书销售方式。从现有材料看，天盖楼售书前后经历了三个阶段。早期，天盖楼的图书是寄售发行。吕留良在《答潘美岩书》中提到南京承恩寺有专门负责图书批发的"兑客书坊"，并说："某书旧亦在承恩寺叶姓坊中发兑，后稍流通，迁置今寓，乃不用坊人。"④ 话里提到，随着天盖楼在图书市场上品牌影响力的增大，加上代理发行的叶姓书坊主"颇萌欺蚀之意，敝友索之不吐"⑤，为了更好地维护自己利益，吕留良最终选择自己在南京开店直接售书，后来派长子吕公忠常驻南京负责图书销售，这是第二个阶段。第三个阶段，随着天盖楼图书进一步扩大影响，为了扩大销售，吕留良派吕公忠前往福建开设分店⑥。

　　为了促进图书的销售，吕留良他们还会根据图书在市场上的销售情况，在图书的编刻上作出调整或及时跟进。由于天盖楼经营的主要是时文选本，这类书和当下各类应考辅导书一样，讲究的是应时，因此在原

---

①　吕留良：《吕晚村先生家训真迹》卷3《谕大火辟恶帖》，四段引文分见四库禁毁书丛刊编委会：《四库禁毁书丛刊》子部第36册，北京出版社2000年版，第168、第169、第170、第171页。

②　吕留良：《吕晚村先生家训真迹》卷2《谕大火帖》，四库禁毁书丛刊编委会：《四库禁毁书丛刊》子部第36册，北京出版社2000年版，第160页。

③　吕留良：《吕晚村先生家训真迹》卷2《谕辟恶帖》，四库禁毁书丛刊编委会：《四库禁毁书丛刊》子部第36册，北京出版社2000年版，第176页。

④　吕留良：《吕晚村先生文集》卷2，收入《续修四库全书》编纂委员会：《续修四库全书》第1411册，上海古籍出版社2002年版，第101页。

⑤　吕留良：《吕晚村先生文集》卷3《与徐州来书》，收入《续修四库全书》编纂委员会：《续修四库全书》第1411册，上海古籍出版社2002年版，第110页。

⑥　吕留良：《吕晚村先生家训真迹》卷2《谕大火帖》："闽事此间亦作此商量。无人去，事恐无益；欲去，则无其人。……更思此番到闽者与向时经纪不同。笔舌两项，汝弟皆非所长，直须汝自往耳。"四库禁毁书丛刊编委会：《四库禁毁书丛刊》子部第36册，北京出版社2000年版，第166页。

有选本不太好卖时，就需要或增订，或重选，推出新的选本以吸引读者购买。我们在吕留良写给儿子信中的一些话能够看到他对图书市场反应的机敏，例如，"局中生意不佳，想非其时，亦旧书行将阑耶。若气色不旺相，急宜出新书帮衬。其乙丙丁文样须尽收选看以备用"，以及"旧书气色不振，则乙卯以后文不得不继起"①等。而吕公忠对市场反应的机敏程度也不逊色于乃父。在吕留良卒后一年，周在延即编刻《天盖楼四书语录》，在市场上抢得先机，畅销一时。自己的父亲被别人利用来挣钱，吕公忠自然不甘心，他很快组织吕留良的门人编刻《吕晚村先生四书讲义》，并攻击道："近睹坊间有《四书语录》之刻，谬戾殊甚。其中有非先生语而混入之者；有妄意增删，遂至文气不相联贯者；有议论紧要而妄削之者。其所载无党述评，十居其四，甚有以述评语为先生者。"②此书以正宗嫡传的面貌问世，自然压倒原有的《天盖楼四书语录》。吕公忠此番及时跟进，为天盖楼的图书销售再添佳绩。

总之，通过最初的寄售打开市场之后，天盖楼改由自己开店销售，最后扩张到开分店，将天盖楼的图书销往全国。随着天盖楼本子的风行，吕留良寄寓在时文评语中的思想也传播开来，最后终于引发轰动全国的曾静案。曾静案终结了天盖楼的刻书、售书，但天盖楼的书并没有因为反复禁毁而绝迹，这对于残酷、狰狞的文化专制无疑是一个冷嘲的微笑。

四、小　结

本章选取了吕氏天盖楼作为中国古代图书出版营销的个案来论述，因为它涉及中国古代图书出版"藏书—刻书—售书—藏书"等几个方面。我们从中看到，对于吕留良来说，编选、刊刻、售卖图书固然有商人逐利的一面，但绝不仅止于此，它还与个人趣味、故国情怀甚至传道救世理想相关联。我们也看到，历史情境、政治形势乃至时代审美趣味的变迁，对于图书出版营销都会产生直接影响。我们还看到，意图实现思想文化清洗的禁书令反而刺激了图书的营销。

---

① 吕留良：《吕晚村先生家训真迹》卷 2《谕大火帖》，四库禁毁书丛刊编委会：《四库禁毁书丛刊》子部第 36 册，北京出版社 2000 年版，第 162 页。
② 转引自卞僧慧：《吕留良年谱长编》，中华书局 2003 年版，第 318 页。

主要参考文献

1. 加里·阿姆斯特朗、菲利普·科特勒：《科特勒市场营销教程》，俞利军译，华夏出版社2004年版。
2. 刘拥军编著：《现代图书营销学》，苏州大学出版社2003年版。
3. 方卿、姚永春：《图书营销学》，山西经济出版社1998年版。
4. 李琛、吴秋琴编著：《图书市场营销》，清华大学出版社2004年版。
5. 艾利森·贝弗斯托克：《图书营销》，张美娟等译，河北教育出版社2004年版。
6. 孙有为：《广告学》，世界知识出版社1991年版。
7. 张秀民：《中国印刷史》，韩琦增订，浙江古籍出版社2006年版。
8. 张树栋等：《中华印刷通史》，财团法人印刷传播兴才文教基金会2004年版。
9. 钱存训：《中国纸和印刷文化史》，郑如斯编订，广西师范大学出版社2004年版。
10. 魏隐儒：《中国古籍印刷史》，印刷工业出版社1988年版。
11. 上海新四军历史研究会印刷印钞分会编：《雕版印刷源流》，印刷工业出版社1990年版。
12. 上海新四军历史研究会印刷印钞分会编：《历代刻书概况》，印刷工业出版社1990年版。
13. 肖东发：《中国图书出版印刷史论》，北京大学出版社2001年版。
14. 宋原放主编：《中国出版史料》（古代部分），湖北教育出版社2004年版。
15. 曹之：《中国印刷术的起源》，武汉大学出版社1994年版。
16. 曹之：《中国古籍编撰史》，武汉大学出版社1999年版。
17. 曹之：《中国古籍版本学》，武汉大学出版社1992年版。
18. 张丽娟、程有庆：《宋本》，江苏古籍出版社2002年版。
19. 王桂平：《家刻本》，江苏古籍出版社2002年版。
20. 李际宁：《佛经版本》，江苏古籍出版社2002年版。
21. 刘尚恒：《徽州刻书与藏书》，广陵书社2003年版。
22. 谢水顺、李珽：《福建古代刻书》，福建人民出版社1997年版。
23. 林应麟：《福建书业史——建本发展轨迹考》，鹭江出版社2004年版。

24. 叶树声、余敏辉：《明清江南私人刻书史略》，安徽大学出版社 2002 年版。
25. 郭姿吟：《明代书籍出版研究》，硕士论文，国立成功大学历史研究所，2002 年。
26. 孙殿起辑：《琉璃厂小志》，北京古籍出版社 1982 年版。
27. 李瑞良：《中国古代图书流通史》，上海人民出版社 2000 年版。
28. 李致忠：《古代版印通论》，紫禁城出版社 1999 年版。
29. 李致忠：《中国古代书籍史》，文物出版社 1985 年版。
30. 徐雁：《中国旧书业百年》，科学出版社 2005 年版。
31. 来新夏等：《中国近代图书事业史》，上海人民出版社 2000 年版。
32. 陈登原：《古今典籍聚散考》，华东师范大学出版社 2009 年版。
33. 《中国图书文史论集》，现代出版社 1992 年版。
34. 叶德辉：《书林清话》，刘发等人校点，辽宁教育出版社 1998 年版。
35. 瞿冕良编著：《中国古籍版刻辞典》，齐鲁书社 1999 年版。
36. 孙钦善：《中国古文献学史》，中华书局 1994 年版。
37. 任继愈主编：《中国藏书楼》，辽宁人民出版社 2001 年版。
38. 程千帆、徐有富：《校雠广义·典藏编》，齐鲁书社 1998 年版。
39. 程千帆、徐有富：《校雠广义·目录编》，齐鲁书社 1998 年版。
40. 张舜徽选编：《文献学论著辑要》，陕西人民出版社 1985 年版。

41. 方广锠：《佛教典籍概论》，中国逻辑与语言函授大学 1993 年版。
42. 方广锠：《中国写本大藏经研究》，上海古籍出版社 2006 年版。
43. 戴蕃豫：《中国佛典刊刻源流考》，书目文献出版社 1995 年版。
44. 陈国符：《道藏源流考》，中华书局 1963 年版。
45. 王尔敏：《明清时代庶民文化生活》，岳麓书社 2002 年版。
46. 王尔敏：《明清社会文化生态》，广西师范大学出版社 2009 年版。
47. 酒井忠夫：《中国善书研究》（增补版），刘岳兵等译，江苏人民出版社 2010 年版。
48. 游子安：《善与人同——明清以来的慈善与教化》，中华书局 2005 年版。
49. 游子安：《劝化金箴：清代善书研究》，天津人民出版社 1999 年版。
50. 王治心：《中国基督教史纲》，上海古籍出版社 2007 年版。
51. 董丛林：《龙与上帝——基督教与中国传统文化》，三联书店 1992 年版。

52. 《四库全书总目》，中华书局 1965 年版。
53. 《中国古籍善本书目》，上海古籍出版社 1996 年版。
54. 傅增湘：《藏园群书经眼录》，中华书局 1983 年版。
55. 贾晋华主编：《香港所藏古籍书目》，上海古籍出版社 2003 年版。
56. 东京大学东洋文化研究所编：《东京大学东洋文化研究所汉籍分类目录》，东京，昭和四十八年。

57. 贾贵荣辑：《日本藏汉籍善本书志书目集成》，北京图书馆出版社 2003 年版。
58. 沈津：《书城挹翠录》，上海社会科学院出版社 1996 年版。
59. 沈津：《美国哈佛大学哈佛燕京图书馆中文善本书志》，上海辞书出版社 1999 年版。
60. 屈万里：《普林斯顿大学葛思德东方图书馆中文善本书志》，联经出版事业公司 1984 年版。
61. 国家图书馆编：《国家图书馆藏古籍题跋丛刊》，北京图书馆出版社 2002 年版。
62. 李致忠：《宋版书叙录》，北京图书馆出版社 1994 年版。
63. 莫友芝：《宋元旧本书经眼录》，同治年间刻本。
64. 杜信孚：《明代版刻综录》，江苏广陵刻印社 1983 年版。
65. 中国国家图书馆中国古籍善本书目联合导航系统 2.01 版 (http://202.96.31.45/)。
66. 中华古籍善本国际联合书目系统（http://res4.nlc.gov.cn/home/search.trs）。
67. 陈衍总纂：《福建通志·福建版本志》，1938 年刻本。
68. 王清原等编纂：《小说书坊录》，北京图书馆出版社 2002 年版。
69. 孙楷第：《日本东京所见小说书目》，人民文学出版社 1958 年版。
70. 孙楷第：《中国通俗小说书目》，人民文学出版社 1982 年版。
71. 周振鹤编：《晚清营业书目》，上海书店出版社 2005 年版。
72. 孙殿起：《贩书偶记续编》，上海古籍出版社 1980 年版。
73. 王韬、顾燮光等编：《近代译书书目》，北京图书馆出版社 2003 年版。
74. 徐宗泽：《明清间耶稣会士译著提要》，中华书局 1949 年版。
75. 周宁编著：《2000 年西方看中国》，团结出版社 1998 年版。
76. 张伯伟编：《朝鲜时代书目丛刊》，中华书局 2004 年版。
77. 大庭脩：《江户时代日中秘话》，徐世虹译，中华书局 1997 年版。
78. 大庭脩：《江户时代中国典籍流播日本之研究》，戚印平等译，杭州大学出版社 1998 年版。
79. 严绍璗：《汉籍在日本的流布研究》，江苏古籍出版社 1992 年版。

80. 杨守敬：《留真谱》，北京图书馆出版社 2004 年版。
81. 北京图书馆编：《中国版刻图录》，文物出版社 1961 年版。
82. 《善本书影》，上海古籍书店 1978 年版。
83. 南京国学图书馆编：《盋山书影》，北京图书馆出版社 2003 年版。
84. 任继愈主编：《中国国家图书馆古籍珍品图录》，北京图书馆出版社 1999 年版。
85. 张玉范、沈乃文主编：《北京大学图书馆藏善本书录》，北京大学出版社 1998 年版。
86. 吴希贤辑汇：《历代珍稀版本经眼图录》，中国书店，2003 年版。
87. 静嘉堂文库编：《静嘉堂宋本书影》，东京，昭和八年版。

88. 林申清编著：《宋元书刻牌记图录》，北京图书馆出版社 1999 年版。
89. 《国立中央图书馆金元本图录》，中华丛书编审委员会 1969 年版。
90. 潘承弼、顾廷龙编：《明代版本图录初编》，上海书店 1941 年版。
91. 黄永年、贾二强撰集：《清代版本图录》，浙江人民出版社 1997 年版。
92. 翁连溪编著：《清代内府刻书图录》，北京出版社 2004 年版。
93. 熊小明编著：《中国古籍版刻图志》，湖北人民出版社 2007 年版。
94. 周芜编：《中国版画史图录》，上海人民美术出版社 1988 年版。
95. 东京大学东洋文化研究所所藏汉籍善本全文影像资料库（http://shanben.ioc.u-tokyo.ac.jp/list.php）。

96. 中国第一历史档案馆编：《纂修四库全书档案》，上海古籍出版社 1997 年版。
97. 黄爱平：《〈四库全书〉纂修研究》，中国人民大学出版社 1989 年版。
98. 王彬：《禁书·文字狱》，中国工人出版社 1992 年版。
99. 安平秋、章培恒主编：《中国禁书大观》，上海文化出版社 1990 年版。
100. 王利器：《元明清三代禁毁小说戏曲史料》（增订本），上海古籍出版社 1981 年版。
101. 吴哲夫：《清代禁毁书目研究》，台湾嘉新水泥公司文化基金会研究论文第 164 种 1969 年版。
102. 丁原基：《清代康雍乾三朝禁书原因之研究》，华正书局有限公司 1983 年版。
103. 沈松勤：《北宋文人与党争——中国士大夫群体研究之一》，人民出版社 1998 年版。
104. 萧庆伟：《北宋新旧党争与文学》，人民文学出版社 2001 年版。
105. 宋莉华：《明清时期的小说传播》，中国社会科学出版社 2004 年版。
106. 丁锡根：《中国历代小说序跋集》，人民文学出版社 1996 年版。
107. 朱一玄、刘毓忱：《水浒传资料汇编》，百花文艺出版社 1981 年版。
108. 马幼垣：《水浒论衡》，联经出版事业公司 1992 年版。
109. 马蹄疾：《水浒书录》，上海古籍出版社 1986 年版。
110. 卞僧慧：《吕留良年谱长编》，中华书局 2003 年版。
111. 杨念群：《何处是江南：清朝正统观的确立与士林精神世界的变异》，三联书店 2010 年版。
112. 张仲谋：《清代文化与浙派诗》，东方出版社 1997 年版。

113. 熊承涤编：《中国古代教育史料系年》，人民教育出版社 1985 年版。
114. 毛礼锐等：《中国古代教育史》，人民教育出版社 1979 年版。
115. 王炳照：《中国古代书院》，商务印书馆 1998 年版。
116. 黄汝成：《日知录集释》，上海古籍出版社 1985 年影印本。
117. 商衍鎏：《清代科举考试述录及有关著作》，百花文艺出版社 2003 年版。

118. 周林、李明山主编：《中国版权史研究文献》，中国方正出版社 1999 年版。
119. "二十四史"（简体字本），中华书局 2000 年版。
120. 《清史稿》，中华书局 1977 年版。
121. 王溥：《唐会要》，中华书局 1955 年版。
122. 徐松：《宋会要辑稿》，中华书局 1957 年影印本。
123. 《明实录》，中央研究院史语所校印 1962 年版。
124. 龙文彬：《明会要》，光绪十三年（公元 1887 年）刻本。
125. 《清实录》，中华书局 1987 年影印本。
126. 欧阳询：《艺文类聚》，汪绍楹校，上海古籍出版社 1965 年版。
127. 《太平御览》，中华书局 1960 年影印本。
128. 文渊阁《四库全书》（电子版），上海人民出版社、迪志文化出版有限公司，1999 年版。

后　　记

　　本书的写作，了却了我一桩夙愿。1997年我跟随于翠玲老师攻读中国古典文献学硕士学位时，于老师单独为我一个人开设了目录学课，但实际讲授内容还包括版本学、校勘学等。在学习过程中，我接触到图书出版史，对此产生了浓厚兴趣。2001年，我跟随启功先生攻读博士学位，问学期间启先生曾说要为我们几个开一门"文献典籍整理"课程（即他曾戏称的"猪跑学"），先生要求我们必读的书中有张之洞的《书目答问》。由于后来我撰写的博士论文实际上偏重在文学方面，心中对于文献学尤其是图书史的喜爱就暂时搁置起来。博士毕业2年之后的2006年，恰逢我任职的学校人事处推出一个青年博士发展基金，结合鄙校的学科特色以及长期潜藏在心底的兴趣，我报了这么一个选题，并花两年时间写出大约14万字的初稿。此后3年间，我断断续续对书稿进行了增删，2011年以此申报了国家社科基金的后期资助项目。根据评审专家反馈的意见，我再次集中精力对书稿进行了增删修订，最终于2013年3月底基本写定。不过，奉献在诸位尊敬的读者面前的这本书，仍有诸多不足和遗憾处，方家若能不吝指正，斧之削之，我自当顶礼受教。7年过去了，最后呈现的是这么一本书，虽然自知敝帚自珍不免为达人所笑，但是我也绝不敢妄自菲薄，因为只有我自己才能从敲打在书中的每一个字每一个标点上清晰看到那些已经流逝的时光，所谓生命，其实就在其中。

　　本书在申报课题过程中，于翠玲老师、谢思炜老师、王强老师以及周少川老师等曾拨冗为我撰写推荐意见书，他们的奖掖之情我将铭记在心。书中部分内容，曾在《文史知识》、《图书情报工作》等刊物发表，因此，我对于刘淑丽老师、邱长寿先生以及其他我连名字都不知道的编辑老师同样心存感恩。自然，我还得感谢国家社科基金后期资助项目那些我同样不知道名字的评审专家们，正是他们在学术上的公正与热诚，使得本书获得资助基金。在本书的出版过程中，编辑张俊老师的细致尽责令我印象深刻，我很感激他为本书所做的一切。另外，我还得感谢我的朋友杨琪、赵东亮，他们总是在我需要时给予我无私的帮助。

最后，我想把这本书献给爱辉和于野，愿她们快乐平安！

李 鹏

2013 年 5 月 20 日于北京广安门